高等院校国家技能型紧缺人才培养工程规划教材
物流管理专业

物流经济地理
（第4版）

王智利　主编
罗如学　谈超凤　副主编
靳志宏　主审

电子工业出版社
Publishing House of Electronics Industry
北京·BEIJING

未经许可，不得以任何方式复制或抄袭本书之部分或全部内容。
版权所有，侵权必究。

图书在版编目（CIP）数据

物流经济地理 / 王智利主编. —4 版. —北京：电子工业出版社，2021.4
ISBN 978-7-121-40879-3

Ⅰ. ①物… Ⅱ. ①王… Ⅲ. ①物流－经济地理－中国－高等学校－教材 Ⅳ. ①F259.22

中国版本图书馆 CIP 数据核字（2021）第 055169 号

责任编辑：刘淑敏　　　特约编辑：田学清
印　　刷：天津千鹤文化传播有限公司
装　　订：天津千鹤文化传播有限公司
出版发行：电子工业出版社
　　　　　北京市海淀区万寿路 173 信箱　　邮编 100036
开　　本：787×1 092　1/16　印张：16.25　字数：406 千字
版　　次：2007 年 5 月第 1 版
　　　　　2021 年 4 月第 4 版
印　　次：2024 年 6 月第 10 次印刷
定　　价：59.00 元

凡所购买电子工业出版社图书有缺损问题，请向购买书店调换。若书店售缺，请与本社发行部联系，联系及邮购电话：(010) 88254888，88258888。
质量投诉请发邮件至 zlts@phei.com.cn，盗版侵权举报请发邮件至 dbqq@phei.com.cn。
本书咨询联系方式：(010) 88254199，sjb@phei.com.cn。

前　言

2013年，中国物流市场规模首次超过美国，成为全球第一。今天的中国已经成为有全球影响力的物流大国和全球最大的物流市场。中国物流经济如此快速发展背后的原因无外乎是巨大的市场需求、企业家们的辛勤开拓、政府的重视和支持，当然还有优质的物流教育等。企业的发展离不开人才的支撑，物流人才的培养离不开物流教育。为了解决物流教学之需，2007年我们编写了《物流经济地理》一书。自《物流经济地理》面世至今，物流业已经发生了巨大的变化，人们认识物流并接受物流，开始前所未有地重视物流。实践的发展必然推动理论的突破与进步，顺应物流经济发展的新形势，更新知识内容，本书也在日臻完善，这也是本书的特色之一——需要不断调整与更新内容，不仅当下我国物流产业发展现实状况的经济数据、空间布局等内容需要更新，而且物流管理理念和方法同样需要更新。因此，修订后的《物流经济地理》（第4版）内容更能体现学科特色，更加贴近物流专业需求，更能反映当下的物流行业发展现状。

本书由广州航海学院王智利担任主编，广东海洋大学寸金学院罗如学、广州航海学院谈超凤担任副主编。本书编写工作分工如下：由王智利提出修订大纲，第1、7章由王智利编写，第2章由广东南方技师学院陈秀红编写，第3章由广州航海学院王泽龙编写，第4章由广州航海学院李伯棠编写，第5、8章由谈超凤编写，第6章由罗如学编写。参加本书统稿工作的有王智利、罗如学、广东河源理工学校的陈玲。另外，王智利、王泽龙制作了本书的PPT。

大连海事大学靳志宏在百忙中担任了本书主审，在此向他表示感谢。

同时，需要说明的是，在本书修订过程中，我们参考并借鉴了大量的书籍、论文等文献资料，尽可能地在书后参考文献中予以列出，对因种种原因未能列出的，作者在此深表歉意并致以诚挚的谢意。

本书被列入"十二五"国家规划教材，也曾得到国内同行的帮助和电子工业出版社的鼎力支持，在此向同行们和出版社表示衷心的感谢。

王智利

目 录

第1章 绪论 ... 1
1.1 物流经济地理学概述 ... 2
1.2 物流经济地理的学科性质 ... 3
1.3 学习物流经济地理的意义 ... 4
1.4 中国物流业发展现状 ... 5
1.4.1 中国现代物流的发展现状分析 ... 6
1.4.2 当前运行中的主要问题及后期预判 ... 7
1.4.3 中国现代物流行业发展趋势 ... 8
1.5 物流经济地理的基本研究方法 ... 9
本章小结 ... 9
思考题 ... 9

第2章 中国物流环境与物流布局 ... 11
2.1 中国物流环境 ... 12
2.1.1 中国物流社会经济环境 ... 12
2.1.2 中国物流自然环境 ... 18
2.1.3 中国生产力布局 ... 21
2.2 中国物流布局 ... 24
2.2.1 中国物流布局的基本原则 ... 25
2.2.2 中国物流网络布局 ... 26
2.2.3 中国物流基础设施空间布局 ... 27
本章小结 ... 29
思考题 ... 29

第3章 中国物流经济分区地理 ... 30
3.1 经济区划概述 ... 31
3.1.1 经济区划与行政区划 ... 31
3.1.2 中国不同时期的经济区划 ... 32
3.1.3 经济区划对物流的影响 ... 33
3.2 综合经济区 ... 35
3.2.1 东北综合经济区 ... 35
3.2.2 北部沿海综合经济区 ... 39
3.2.3 东部沿海综合经济区 ... 47
3.2.4 南部沿海综合经济区 ... 52
3.2.5 黄河中游综合经济区 ... 59
3.2.6 长江中游综合经济区 ... 66
3.2.7 大西南综合经济区 ... 71
3.2.8 大西北综合经济区 ... 78
本章小结 ... 86
思考题 ... 87

第4章 中国农业物流地理 ... 88
4.1 农业物流概述 ... 89
4.1.1 农业物流的内涵 ... 89
4.1.2 中国农业物流的现状 ... 91
4.1.3 发展现代农业物流的意义 ... 92
4.2 种植业物流地理 ... 93
4.2.1 粮食作物 ... 93

		4.2.2 经济作物 96
4.3	林业物流地理 100	
	4.3.1	中国主要林区分布 100
	4.3.2	中国林业产业 102
4.4	畜牧业物流地理 103	
	4.4.1	中国畜牧业发展概况 103
	4.4.2	中国畜牧业分布 105
	4.4.3	中国畜牧业生产基地 106
4.5	水产业物流地理 107	
	4.5.1	水产业发展概况 107
	4.5.2	中国水产业资源 109
	4.5.3	中国水产业经济布局 110
4.6	土特产品物流地理 112	
	4.6.1	干菜类 112
	4.6.2	调味类 113
	4.6.3	药材类 114
本章小结 115		
思考题 115		

第5章　中国工业物流地理 116

5.1	工业物流概述 117	
	5.1.1	工业物流的内涵 117
	5.1.2	中国工业物流现状 119
	5.1.3	发展现代工业物流的意义 120
	5.1.4	加快发展中国工业物流的途径 ... 121
5.2	重工业物流地理 122	
	5.2.1	能源工业 122
	5.2.2	原材料工业 129
	5.2.3	机械电子工业 135
5.3	轻工业物流地理 138	
	5.3.1	纺织工业 139
	5.3.2	造纸工业 141
	5.3.3	食品工业 142

本章小结 145		
思考题 145		

第6章　中国商业物流地理 146

6.1	物流与商业 147	
	6.1.1	商业物流的内涵 147
	6.1.2	中国商业物流的现状 150
	6.1.3	中国发展商业物流的意义 151
	6.1.4	加速发展中国商业物流的途径 ... 151
6.2	商业网点布局的原则和中国大宗商品的基本流向 152	
	6.2.1	影响商业布局的因素 152
	6.2.2	商业网点布局原则 154
	6.2.3	中国大宗商品的基本流向 157
6.3	中国商业中心分布 161	
	6.3.1	商业中心的形成、发展和分布的影响因素 161
	6.3.2	中国商业中心的分布特点 162
	6.3.3	中国主要的商业中心城市及其物流发展状况 163
6.4	中国对外贸易 167	
	6.4.1	中国对外贸易状况 167
	6.4.2	中国对外贸易的特点 168
	6.4.3	中国出口商品物流基地布局 ... 170
	6.4.4	中国自由贸易区 171
本章小结 173		
思考题 174		

第7章　中国交通运输地理 175

7.1	交通运输概述 176	
	7.1.1	交通运输业的概念和作用 176
	7.1.2	中国交通运输业的发展 177
	7.1.3	综合运输 178

7.2 铁路运输 179
    7.2.1 铁路运输的发展和现状 179
    7.2.2 中国铁路运输网的布局 181
    7.2.3 主要铁路枢纽和编组站 186

7.3 公路运输 189
    7.3.1 公路运输的特点 189
    7.3.2 中国公路运输的发展 190
    7.3.3 中国公路运输网的布局 191

7.4 水路运输 200
    7.4.1 水路运输的发展 200
    7.4.2 中国河运地理分布 202
    7.4.3 沿海主要港口及航线布局 206
    7.4.4 主要水路运输系统的布局 213

7.5 航空运输 216
    7.5.1 航空运输概述 216
    7.5.2 中国航空运输的发展 216
    7.5.3 中国航空运输网的布局 218

7.6 管道运输 219
    7.6.1 管道运输的特点与种类 219
    7.6.2 中国管道运输的发展及布局 221

本章小结 223
思考题 223

第8章 国际物流地理 224

8.1 国际物流概述 224
    8.1.1 国际物流环境 224
    8.1.2 国际物流的含义与特点 225
    8.1.3 国际物流的产生与发展 226
    8.1.4 国际物流的种类 227
    8.1.5 国际物流与国际贸易之间的关系 227
    8.1.6 国际贸易口岸 228

8.2 国际海上运输 229
    8.2.1 国际航区的类型 230
    8.2.2 世界主要的枢纽港口 231
    8.2.3 世界主要的海峡和运河 237
    8.2.4 海上运输航线分布 239

8.3 国际航空运输 242
    8.3.1 世界航空区划 242
    8.3.2 世界主要航空线的分布 242
    8.3.3 国际航空港与国际航空组织 243

8.4 国际多式联运及陆路运输 244
    8.4.1 国际多式联运概述 244
    8.4.2 陆桥运输 246
    8.4.3 国际铁路运输 247
    8.4.4 国际公路运输 252

本章小结 253
思考题 253

参考文献 254

第 1 章 绪 论

学 习 重 点

- 物流经济地理的含义
- 学习物流经济地理的意义
- 中国物流业发展现状
- 物流经济地理的基本研究方法

引导案例

初次步入工作岗位的小张

小张以优秀的物流管理专业成绩毕业于某大学,并取得硕士学位。经过公开考试选拔,他被录用到沿海某省商务厅的物流产业推进办公室工作。在就业压力越来越大的今天,能够获得这份工作对小张而言可谓幸运。上班一周后的一天,处长给小张布置了工作任务,让他对"××省建设临港到岸商品交易市场"这个主题进行调研。小张接受了工作任务,回到办公室后便开始了思索:领导让我搞调研,可这个省的经济发展情况怎么样?生产力布局如何?物流基础现状如何?建设临港到岸商品交易市场的条件和障碍有哪些?诸多问题,自己一点儿也理不出头绪。那应该从哪里着手开展工作呢?如何全面分析这个省的生产力布局现状呢?小张想起了在校期间学习的"物流经济地理"课程,从这门课程中学到的知识现在该派上用场了。

思考:小张在校期间学习的"物流经济地理"课程对他今天的调研工作会有帮助吗?他应当从"物流经济地理"课程中汲取哪些知识?

提示:物流经济地理学是以地理学的观点,从区域经济的角度分析物流现象,研究各种物流的地域布局问题的学科。它涉及国家经济部门在地域上的布局,各地区经济部门的结构、规模和发展,地域布局和部门结构的相互联系等,可以为国家和地区物流体系的构建提供理论和规划依据。

我们学习"物流经济地理"课程,首先应将该学科的研究对象、内容、性质及方法了然于心,明确学习的意义,清楚中国物流业发展现状,为以后深入地学习相关知识奠定基础。

1.1 物流经济地理学概述

物流经济地理学是一门新兴学科,是伴随着现代物流业的发展而成长起来的。它是一门物流学和经济地理学相结合的综合性学科。

物流学以物的动态流转过程为主要研究对象,是一门揭示物流过程中的运输、储存、装卸、搬运、包装、流通加工与信息处理等物流活动规律的学科。

 小知识

关于物流的定义

1. 《物流术语》(GB/T 18354—2006)

物流是物品从供应地向接收地的实体流动过程。根据实际需要,将运输、储存、装卸、搬运、包装、流通加工、配送、信息处理等基本功能实施有机结合。

2. 行业定义

物流是指利用现代信息技术和设备,将物品从供应地向接收地准确的、及时的、安全的、保质保量的、门到门的合理化服务模式和先进的服务流程。

3. 供应链管理专业人员委员会(CSCMP)

物流是以满足客户需求为目的,利用高效和经济的手段组织原料、在制品、制成品及相关信息从供应到消费的运动和储存的计划、执行和控制的过程。

经济地理学是一门以人类经济活动的地域系统为中心内容的学科。它是人文地理学的重要分支学科,包括经济活动的区位、空间组合类型和发展过程等内容,将地理环境放在重要的地位,着重探讨经济活动和地理环境的关系,具有自然、技术、经济相结合的特征。

具体来讲,物流经济地理学是以地理学的观点,从区域经济的角度分析物流现象,研究各种物流的地域布局问题的学科。它既包括物流活动的组织与空间分布规律,又包括行业物流活动的发生、发展及分布规律,城市(乡村)物流系统规划,以及物流经济地理学的理论与研究方法。

通过表1.1,我们可以了解本书的基本框架,从而对物流经济地理基本内容有一个清晰的认识。

表1.1 物流经济地理基本框架

序 号	内 容	
1	绪论(知识导引)	
2	中国物流环境	
	中国物流布局	
3	中国物流经济分区地理	东北综合经济区
		北部沿海综合经济区
		东部沿海综合经济区
		南部沿海综合经济区
		黄河中游综合经济区

续表

序号		内容
3	中国物流经济分区地理	长江中游综合经济区
		大西南综合经济区
		大西北综合经济区
4	中国部门物流地理	中国农业物流地理
		中国工业物流地理
		中国商业物流地理
		交通运输地理
5	国际物流地理	国际海上运输
		国际航空运输
		国际多式联运及陆路运输

物流经济地理学的研究成果可以为国家和地区物流体系的构建提供理论和规划依据，促进社会经济的发展。

1.2 物流经济地理的学科性质

物流经济地理是一门综合性学科，涉及自然、社会经济、技术条件多方面，与许多相邻学科存在着密切的联系，彼此相互补充和借鉴，因而，它具有综合性的特征。

物流是一种客观存在的社会经济现象。物流学就是从解决社会经济活动中的矛盾——流通成本上升而产生的。21世纪，人类"地球村"概念的产生，标志着生产力获得了长足的发展，经济一体化是其具体体现。在新经济形势下，生产力布局必须考虑各区域之间的关系，以及全球的发展空间。物流经济是联系区域与区域之间、区域与全球之间的重要纽带，而这恰恰是物流经济地理研究的重要领域。

经济地理学的核心内容是生产的地域布局系统。在经济地理学中的部门经济地理学对物流有很高的探讨价值。例如，运输经济地理学研究交通运输在生产力地域组合中的作用，商业地理学研究商品分布及其流通。在部门经济地理学的研究基础上，结合经济发展的特点，吸收其他学科成果，用全新的物流经济理论对研究内容进行改革与创新，即产生了物流经济地理学。

物流经济地理学与数学模型建立了越来越密切的联系。数学模型不仅适用于解决具体的物流空间地理分布、物流基础设施的配置、物流空间流向及流量的预测、物流中心和物流网络的建设与规划等问题，而且现代物流理论与经济地理学科进一步融合，逐渐使学科的基本理论定量化。利用系统论的方法来解决综合的物流经济地理问题是当前学科发展的一个新方向。

1.3　学习物流经济地理的意义

1. 学习物流经济地理有助于相关理论的研究

中国的物流理论研究已经开展了很多年，尤其进入21世纪，随着"物流热"的升温和对外经济交往的深入，物流理论研究机构和人员迅速增加，研究领域和门类逐步增多，研究内容不断深入。目前，我国物流的相关研究主要集中在以下几个方面。

（1）关于物流概念的研究。有关物流概念的研究，目前主要集中在物流、第三方物流和物流产业三个基本的概念上。许多专家和学者从不同角度对"什么是物流"这个基本的概念做了各种不同的解释。目前，尽管已经有了专门的《物流术语》（GB/T 18354—2006）对物流进行界定，但物流仍是一个发展中的概念，还需要继续探索研究。

（2）关于物流规划与政策的研究。随着物流实践的发展，特别是许多地区为发展经济大规模开展物流园区的建设，物流规划问题自然被提到议事日程。

（3）关于物流成本及统计信息体系的研究。发展现代物流的根本目的在于降低物流成本。因此，我们要研究什么是物流成本，物流成本由哪些项目构成，通过什么途径降低物流成本；如何建立物流统计信息体系和指标考核体系，以及其对促进现代物流发展有何意义，等等。

（4）关于传统物流企业流程再造和业务转型的研究。传统物流企业流程再造和业务转型的研究对象，既包括生产企业，又包括流通企业、传统的交通运输与仓储企业。这个方面已经有不少成功的案例，但需要深入研究。

（5）关于现代物流市场和物流需求的研究。发展现代物流必须培育现代物流市场，培育现代物流市场必须启动物流需求。也就是说，要学会如何促进生产和流通企业物流外包、如何加快发展专业化的物流服务，还有工业品和农产品物流市场总量研究、物流需求结构分析、市场主体的界定与分类、市场准入制度的建立、市场秩序的规范、地方保护和行业分割等内容。

（6）关于供应链理论的研究。很多人认为，供应链理论将成为今后经济发展的主导理论之一，应予以高度的重视。

（7）关于物流信息化的研究。有专家指出，信息化是物流的灵魂，没有物流的信息化，就谈不上物流的现代化。

（8）关于物流装备和技术及标准化的研究。我国的物流装备和技术及标准化有了很大的进步，但这方面的研究与推广工作需要特别加强。

（9）关于物流人才教育和学科建设的研究。物流人才短缺是制约中国物流发展的一大因素。国家十分重视物流人才教育工程，形成了中职、专科、本科、研究生等各级各类学历教育和职业教育，建设具有中国特色的物流职业教育和培训体系。

（10）关于国外物流发展趋势的研究。随着跨国公司进入中国和中国物流企业跨出国门，对国外物流的研究逐渐成为物流研究的一个热点，这为中国物流实践的发展提供了推动力。

与此同时，我们也注意到，当前的物流经济地理研究有些侧重空间经济研究的地理学领域，忽视了经济地理学领域关于物流经济的研究。因此，如何用地理学的观点，从区域经济角度分析物流现象、探讨物流经济发展问题，就成为物流经济地理研究学者面临的一个重要课题。

2. 学习物流经济地理是方法论创新的需要

物流经济的产生是经济发展到一定阶段，社会分工不断细化的产物。每种产业活动必然在一定的地域空间中进行，而且必然整合到已有的产业之中。因此，我们必然会遇到区位及空间组织活动这一类问题，这就为经济地理学的发展提供了机遇。同时，伴随着我国市场经济体制的完善，我们对单纯的资源配置研究要转向对经济过程的研究，从静态的空间向动态的空间转变。如果我们要实现上述转变，就需要加强对物流经济地理的研究，在方法论上予以创新。

3. 学习物流经济地理是推动国民经济发展的需要

传统的经济地理学关注各种资源、生产及商业的分布与自然环境的关系，以生产布局、区位分析为研究核心。现代经济地理学的研究开始重视社会结构、政府决策，以及人们的行为决策对经济布局的影响。物流经济地理为生产力合理布局服务，为促进地域经济联系服务，在促进产业结构调整、转变经济发展方式和增强国民经济竞争力等方面发挥着重要作用。《中华人民共和国国民经济和社会发展第十三个五年规划纲要》（以下简称《规划纲要》）十八次提及"物流"，从国民经济发展各个层面规划了物流发展的重点及要点，这对未来我国物流产业持续健康发展具有重要的意义。物流经济地理学将为国民经济发展做出巨大的贡献。

● 相关链接

> "一带一路"国家物流建设：我国的国家物流建设，是国家在打造陆地物流的同时，打造海上物流，从而形成陆地和海上两个物流通道，实现我国国际贸易的"一体两翼"的发展。其中，一翼是指"丝绸之路经济带"，另一翼是指"海上丝绸之路"，从而促进我国物流体系的形成与发展。

4. 现代物流业的发展为物流经济地理学提供了新的发展机遇

现代物流业的发展促使物流经济地理学理论进一步适应不断变化的市场经济及全球一体化的发展要求，从"静态"布局向"动态"的经营理念转变，推动物流经济地理学向更高层次——管理方向发展。

1.4 中国物流业发展现状

改革开放后，中国物流业中获得了长足的发展。目前，中国已经建成了由铁路、公路、水路、航空和管道五种运输方式组成的综合运输体系。中国已经成为有全球影响力的物流大国和全球最大的物流市场。现代物流业已成为中国经济发展的重要支柱性产业和新的经济增长点。但从物流业总体发展水平来看，中国的物流业还不够发达，尚有广阔的发展空间和巨大的市场潜力。未来，中国物流业发展的需求、技术供给、制度、资源环境，以及国际格局会发生重大的变化，促使中国物流业朝着自动化、信息化、数字化、网络化、智能化、精细化、绿色化、全球化等方向发展。

1.4.1 中国现代物流的发展现状分析

1. 社会物流需求进入中高速发展阶段

我国社会物流需求总体保持平稳增长，但增速有所趋缓，进入中高速发展阶段。从规模总量来看，2019年我国社会物流总额达298.0万亿元。从"十三五"时期来看，2016—2018年社会物流总额增速均高于6.0%，保持在6.1%~6.7%，2019年前三季度回落至6%以内。与同期GDP相比，"十三五"以来社会物流总额增速已连续多年低于GDP增长。相关数据显示，当前经济增长方式已从物化劳动为主向服务化活劳动为主转变。

2. 物流需求结构优化调整，消费物流新动能不断壮大

从2019年变化趋势来看，工业品物流总额增速放缓，但它仍是物流需求的主要力量。全年工业品物流需求基本平稳，但增速比上年同期均有所回落。从2019年走势来看，第二季度、第三季度下行压力较大，第四季度明显回升，全年工业品物流总额比上年增长5.7%；从需求结构看，战略性新兴产业物流、高端制造业物流继续保持较快增长，支撑作用进一步增强，结构调整优化态势进一步显现。全年战略性新兴产业物流需求增长8.4%，增速高于工业物流总额2.7个百分点。高端制造业物流需求比上年增长8.8%，增速高于工业品物流总额3.1个百分点。高端制造业物流占比达14.4%，较上年提高0.5个百分点。

以新产业、新业态、新模式为主要内容的新动能正在快速集聚，持续发展壮大，成为支撑物流需求结构调整的重要力量。2019年消费相关物流需求仍保持平稳较快增长，单位与居民物品物流总额同比增长16.1%，增速比社会物流总额高出10.2个百分点。其中，新业态、新模式仍是拉动物流需求增长的重要引擎。2019年，直播电商、社交电商、生鲜电商等新业态规划快速壮大，相关物流需求继续保持快速增长。全国实物商品网上零售额比上年增长19.5%，增速比社会消费品零售总额快11.5个百分点，实物商品网上零售额的贡献率超过45%。全年快递业务量完成630亿件，同比增长24%。

全球产业链地位继续巩固，进口物流量质齐升。2019年我国货物贸易规模迈上新台阶，全年货物进出口总额31.5万亿元，增长3.4%，出口占国际市场份额稳步提升，2019年前三季度我国出口增速比全球高2.8个百分点，国际市场份额比2018年提高0.3个百分点至13%。在此背景下，我国全球产业链的地位继续巩固，进口物流需求形势总体良好，逐季回升，特别是2019年12月进口总值创下月度历史峰值。海关数据显示，部分原材料和能源产品进口持续增加。2019年，我国进口铁矿砂10.7亿吨，增长0.5%；进口原油5.06亿吨，增长9.5%；进口天然气9656万吨，增长6.9%；进口大豆8851万吨，增长0.5%。此外，消费品、医药品进口分别增长19%和25.8%。

3. 物流市场主体规模扩大，吸纳就业能力不断增强

物流单位数快速增长，企业规模持续扩大。2018年年末全国交通运输、仓储和邮政快递企业法人单位54.0万个，比2013年年末增长126.2%，其增速快于第二产业和第三产业活动的法人单位的增速，高出26个百分点。物流市场规模持续增长，2019年物流业总收入10.3万亿元，同比增长9.0%。物流业吸纳就业能力不断增强，物流从业人员快速增长。物流相关行业从业人员数由2016年的1000万人增至2018年的1100万人。其中，快递业从

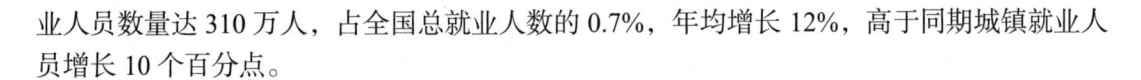

业人员数量达 310 万人,占全国总就业人数的 0.7%,年均增长 12%,高于同期城镇就业人员增长 10 个百分点。

4. 物流景气保持活跃,企业盈利能力增强

2019 年中国物流业景气指数平均为 53.5%,与上年同期基本持平;中国仓储指数平均为 52.5%,同比提高 1.2 个百分点,两个指数均处于扩张区间。相关数据显示,物流活动总体较为活跃,物流企业业务量和业务水平均保持较好增长。物流供需趋平衡,物流服务价格企稳。2019 年物流业景气指数中的物流服务价格指数平均为 50%,比上年略有回升。从 2019 年走势来看,物流服务价格指数呈现逐步回暖,2019 年年末达到年内最高水平。各环节价格均有不同程度回升。其中,运输环节中的公路物流价格指数为 98.3 个百分点,比上年回升 0.59%;仓储环节中的收费价格指数为 51.8%,比上年提高 1.1 个百分点。物流企业经营状况向好,效益稳中趋升。

5. 物流成本增势趋缓,物流效率有所改善

2019 年社会物流总费用比上年增长 7.3%,增速比上年回落 2.5 个百分点,比年初回落 1.2 个百分点。社会物流总费用与 GDP 的比率为 14.7%,比上年同期下降 0.1 个百分点。其中,运输物流效率持续改善。物流运输系统更为高效,铁路、管道运输费用占比均有提高,相对费率较高的道路运输比率有所下降,相关数据显示当前运输费用结构更趋合理。各种交通方式向一体化融合发展转变,运输结构进一步优化,铁运—水运、公运—铁运、公运—水运、空运—陆运等联运发展迅速,多式联运及运输代理等高效连接方式占比提高 1.1 个百分点。但从近年走势来看,物流成本由快速下降期转而进入平稳期。2017 年之前,社会物流总费用与 GDP 的比率连续下降,2018—2019 年则有所提高。在未来一段时期,这个比率仍可能在 14%~15% 的区间波动。

6. 物流政策更趋完善,营商环境趋好

2019 年物流业政策引领行业发展,顺应行业需求,政策前瞻性、针对性和有效性持续提升,政策体系更加完善。从政策数量来看,2019 年物流相关政策近 60 条,相关政策密集出台对物流高质量发展起到良好的促进作用;从政策分布来看,政策聚焦物流领域降本增效、现代供应链创新应用、农村农业物流等一系列重点问题,既与往年相比具有较好的延续性,又突出了高质量发展的重点,有助于行业很好地实现转型升级,帮助物流企业健康、良性发展。与此同时,"放管服"改革不断深化,物流运行的营商环境区域改善。我国物流运行的营商环境排名跃升至第 31 位,上升 15 位。

1.4.2 当前运行中的主要问题及后期预判

2020 年是"十三五"规划的收官之年,也是我国全面建成小康社会的关键之年。新冠肺炎疫情以前所未有的方式冲击全球经济,经济发展的风险和不确定性明显增加。

1. 国内外经济下行压力继续增大

随着中国疫情得到遏制,除部分地区外已经全面复工复产,市场信心稳步恢复,但疫情对消费、投资和生产形成巨大的冲击,在经济结构性和周期性因素之外增加了更多不确

定性。从国际形势来看，疫情在全球高度扩散带来跨境贸易停摆、金融期货动荡、国际物流和人流受阻，重创全球价值链、供应链、产业链，疫情持续时间、扩散程度和各国应对措施有效性相互影响，对国际经济、物流运行和企业发展带来更大的不稳定因素。从总体来看，国内外经济运行面临较大下行压力。

2. 需求变化和成本压力不容忽视

近两年，社会物流总额增长呈现波动中趋缓的走势，社会物流总额由 2018 年 2 月的 7.7%逐步回落到 2019 年的 6%以内。在产业升级的背景下，物流需求规模在由单一的规模化、数量化转向系统化、多样化。

在物流需求放缓的同时，物流行业业务量有所回落，企业运行成本持续上涨，部分领域盈利能力偏弱的问题依然突出。2019 年物流业景气指数比上年同期回落 0.1 个百分点，其中，主营业务利润指数全年均值为 50.1%，同比下降 0.2 个百分点。相关数据显示，物流企业运行成本持续上涨，盈利能力偏弱的问题依然较为突出，行业发展的困难与压力依然较大。

3. 物流运行中库存中转环节效率偏低

物流经济运行中的资金周转水平持续偏低。2019 年，工业流动资金周转次数约为 2.03，与上年基本持平，但比 2017 年下降了 0.1 次。工业流动资金周转次数下降导致运转的必要货币需求量有所增加。企业生产经营的流动资金压力也有所增加，直接导致物流运行中的资金周转效率下降。

库存周转速度趋缓，社会库存有所上升。经济环境趋于复杂，实体经济困难的状况有所加剧，企业产成品库存增加，库存周转放缓。2019 年 12 月末产成品存货周转天数为 16.9 天，与上年同期基本持平。从长期趋势来看，与 2017 年、2016 年相比库存周转速度有所趋缓，社会库存有所上升。2019 年工业规模以上企业存货与主营业务收入的比率为 11.1%，与 2017 年、2016 年相比显著提高。由此带来仓储物流成本的持续增加，2019 年仓储相关物流成本增长 10.6%，占保管费用比例提高 0.9 个百分点。

从总体上来看，新冠肺炎疫情对经济的冲击是阶段性的，不会改变中国经济中长期增长趋势。当今中国物质基础更加雄厚，经济实力和综合国力更加强大，市场规模优势更加明显，内需市场更具韧性，为疫情后的经济自我修复奠定了较好的基础。同时，我们要注意到，国际疫情持续蔓延，经济下行风险加剧，不稳定、不确定因素显著增多。面对严峻复杂的国际疫情和世界经济形势，我们要坚持底线思维，做好长期应对外部环境变化的思想准备和工作准备。

1.4.3 中国现代物流行业发展趋势

随着中国经济发展进入新常态，物流业作为重要的服务产业，将从追求规模速度增长向追求质量效益提升转变，做优存量和满足物流行业提质增效的要求。信息化、智能化、平台化、一体化、自动化将成为现代物流行业的发展趋势。

网络信息技术升级带动行业新技术、新业态不断涌现。随着信息技术和供应链管理不断发展并在物流行业得到广泛的运用，通过物联网、云计算等现代信息技术，实现货物运输过程的自动化运作和高效化管理,提高物流行业的智能化;降低物流成本,减少自然资源和市场资源的消耗;发展智能物流已经成为物流行业的普遍共识。

物流行业服务不断向供应链两端延伸,逐渐与制造业建立深度的合作。物流企业从最初只承担简单的第三方物流逐步拓展到全面介入企业的生产、销售阶段,并通过整合供应链上下游信息,优化企业各阶段的产销决策,物流企业专业化服务水平和效益得到显著提高。在国家政策的鼓励和引导下,更多的物流企业向能提供供应链服务方向延伸发展。

因此,未来综合物流将结合信息化、智能化、平台化、一体化、自动化的发展趋势,充分利用新兴信息技术进一步加深综合物流与制造业的良性互动。

1.5 物流经济地理的基本研究方法

物流学和经济地理学的基本研究方法均适用于物流经济地理的研究。根据物流经济地理的特点,物流经济地理的基本研究方法如表 1.2 所示。

表 1.2 物流经济地理的基本研究方法

类 型		特 点
企业调查及分析法	问卷调查法	书面提问的调查形式
	公司案例调查法	对典型的大企业进行访问、研究
实地考察法		赴实地考察、访问
地理信息系统技术分析		科学管理空间和非空间地理数据的技术系统

本章小结

- ☑ 物流经济地理是一门综合性学科。物流经济地理学是以地理学的观点,从区域经济的角度分析物流现象,研究各种物流的地域布局问题的学科。
- ☑ 物流经济地理研究内容:物流环境和物流布局、区域物流地理、部门物流地理和国际物流地理等。
- ☑ 研究物流经济地理的意义:填补研究理论空白的需要,满足方法论创新的需要和推动国民经济发展的需要。
- ☑ 物流经济地理的主要研究方法:企业调查及分析法、实地考察法、地理信息系统技术分析等。

思考题

1. 物流经济地理有哪些研究对象?
2. 学习《中华人民共和国国民经济和社会发展第十三个五年规划纲要》,分析其对物流业的影响。

3．物流经济地理有哪些研究方法？

4．以微观生产企业为例，试分析物流在企业合理配置资源过程中发挥的作用。

5．请登录中国物流与采购联合会（http://www.chinawuliu.com.cn）网站，查找我国近几年全国物流费用与GDP的比率、社会物流总额、物流业总收入等数据，并进行年度阶段对比，最终得出结论。

第 2 章
中国物流环境与物流布局

学 习 重 点

- 中国物流社会经济环境
- 中国主要资源分布情况
- 中国生产力布局
- 中国物流布局

引导案例

拉煤为何不走高速公路而走普通公路

在深圳举行的某次"供应链物流高峰论坛"上,一位著名经济学家举了一个例子。在此两三年前,他从太原坐大巴回北京,在路上看到一种很奇怪的现象——尽管这是一条平坦宽阔的高速公路,但是车流量非常少,而高速公路旁边的一条普通公路挤满了车。造成这种现象的根本原因是高速公路要收费,而普通公路不收费。那么,这就带来一个问题:消费者为什么选择普通公路呢?一辆车从太原到北京走高速公路比走普通公路要多花600多元"过路费"。这就导致了高速公路车流量少而普通公路不堪重负的窘境。从大同到北京,人们可以看到很多拉煤的载重汽车将公路压得破烂不堪。同样,他们不走铁路而走公路的原因是他们走公路的费用低。

然而,这样发展下去,不仅造成国家每年运费的损失,而且造成生产力布局的错误。例如,在关于建矿厂前期投资可行性研究中,运输成本是研究的主要内容。但这个运输成本是预估的,就可能导致可行性计算的失误和投资决策的错误,使决策者在不该建矿厂的地方建矿厂或者在应该建矿厂的地方却没建,如此形成的巨大经济损失不可估量。

思考: 什么原因引起了上述不同运输方式之间的替代错误,导致了不合理的物流布局?

提示: 道路收费的价格政策取向会影响物流设施使用的差异,从而影响物流布局。

探讨一个社会或地区的物流发展,必须了解该社会或地区的物流环境,才能把握其物流布局。物流环境主要包括社会经济环境、自然环境和与物流相关的生产力布局。生产力布局决定并影响着社会或地区的物流布局。物流布局必须符合相关的原则，系统地规划物流网络，通过物流基础设施建设物流基础平台。

2.1 中国物流环境

2.1.1 中国物流社会经济环境

通常，人们使用的环境概念，往往是相对某一中心来说的，即与某一中心事物有关的外部空间、条件和状况。物流经济环境是指在物流业周边对物流业产生影响的重要行业。改革开放后，中国经济发展迅速，国力增强。市场经济体制的确立和完善使资源配置更加科学化，极大地推动了物流产业的发展。国民经济实现快速增长，产业全面发展，固定资产投资快速增长，居民消费水平不断提高，对外经济迅猛发展，这些都为中国物流业发展提供了良好的经济基础。

1. 综合

中国的国内生产总值由 1952 年的 679 亿元上升至 2019 年的 990 865 亿元，迈向 100 万亿元大关。从近几年的增长速度来看，中国的国内生产总值年均增长速度虽有所放缓，但仍快于同期世界经济增长速度。从 2010 年开始，中国经济规模超越日本，成为世界第二大经济体。图 2.1 为中国 2015—2019 年国内生产总值及其增长速度。

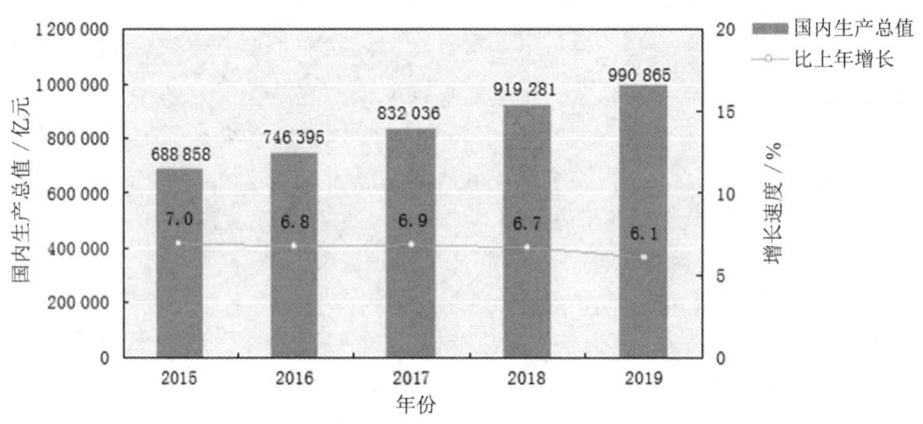

图 2.1　中国 2015—2019 年国内生产总值及其增长速度

资料来源：中华人民共和国国家统计局，2019 年国民经济和社会发展统计公报。

2019 年国内生产总值 990 865 亿元，比上年增长 6.1%。其中，第一产业增加值 70 467 亿元，比上年增长 3.1%；第二产业增加值 386 165 亿元，比上年增长 5.7%；第三产业增加值 534 233 亿元，比上年增长 6.9%。第一产业增加值占国内生产总值比重为 7.1%，第二产业增加值比重为 39.0%，第三产业增加值比重为 53.9%。

2019 年年末国家外汇储备 31 079 亿美元，比 2018 年年末增加 352 亿美元。2015—2019 年年末国家外汇储备，如图 2.2 所示。

第 2 章 中国物流环境与物流布局

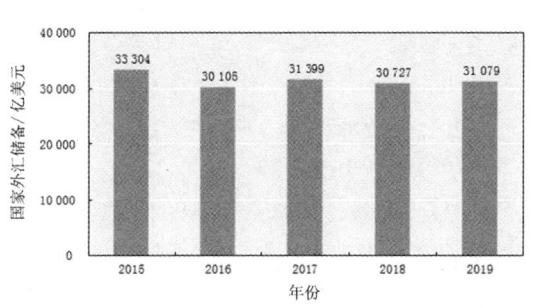

图 2.2　2015—2019 年年末国家外汇储备

资料来源：中华人民共和国国家统计局，2019 年国民经济和社会发展统计公报。

2019 年全国一般公共预算收入 190 382 亿元，比上年增长 3.8%。其中，税收收入 157 992 亿元，比上年增加 1589 亿元，增长 1.0%。全国一般公共预算支出 238 874 亿元，比上年增长 8.1%。2015—2019 年全国一般公共预算收入，如图 2.3 所示。

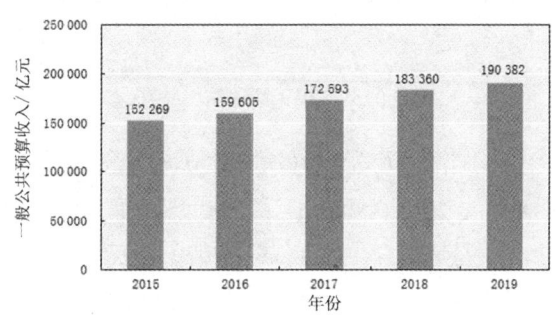

图 2.3　2015—2019 年全国一般公共预算收入

（注：图中 2015—2018 年数据为全国一般公共预算收入决算数，2019 年为执行数。）

资料来源：中华人民共和国国家统计局，2019 年国民经济和社会发展统计公报。

物流业是经济发展的加速器，在国民经济和社会发展中发挥着重要的作用。在中国实施东部加快发展、西部大开发、振兴东北、中部崛起的区域经济发展战略下，各个区域之间经济社会联系正在进一步加强，增加了对物流运输的需求。从整体来看，物流需求在经济增长的带动下，步伐有所加快。2012—2017 年，GDP 与社会物流总费用对比图，如图 2.4 所示

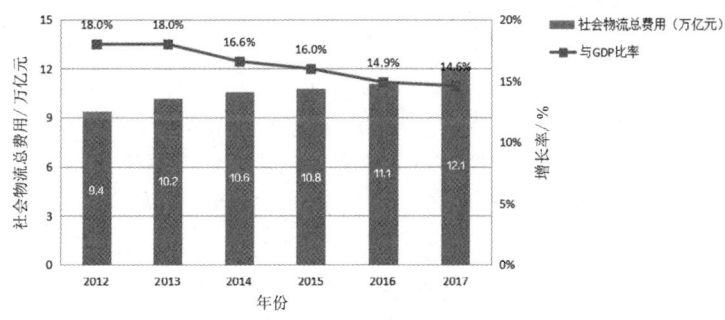

图 2.4　GDP 与社会物流总费用对比图

资料来源：中华人民共和国国家统计局，中国物流与采购联合会。

13

2. 农业

1949年中国粮食产量只有11 318万吨。2019年中国粮食种植面积为116.06万平方千米，粮食产量达66 384万吨，比上年增加594万吨，增产0.9%。全年谷物产量61 368万吨，比上年增产0.6%。其中，稻谷产量20 961万吨，减产1.2%；小麦产量13 359万吨，增产1.6%；玉米产量26 077万吨，增产1.4%。2015—2019年中国粮食产量如图2.5所示。

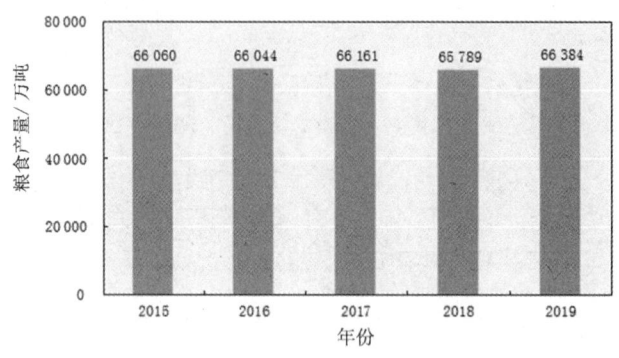

图2.5　2015—2019年中国粮食产量

资料来源：中华人民共和国国家统计局，2019年国民经济和社会发展统计公报。

根据《中国农业展望报告（2020—2029）》分析，尽管中国在2020年第一季度遭受突如其来的新冠肺炎疫情冲击，但是粮食生产能力在2020年依然稳定增长。在未来十年，中国主粮保供能力仍将大幅提升。

2019年棉花产量589万吨，比上年减产3.5%；油料产量3495万吨，比上年增产1.8%。糖料产量12 204万吨，比上年增产2.2%。茶叶产量280万吨，比上年增产7.2%。

2019年猪牛羊禽肉产量7649万吨，比上年下降10.2%。其中，猪肉产量4255万吨，比上年下降21.3%；另外，牛肉产量667万吨，比上年增长3.6%；羊肉产量488万吨，比上年增长2.6%；禽肉产量2239万吨，比上年增长12.3%。禽蛋产量3309万吨，比上年增长5.8%。牛奶产量3201万吨，比上年增长4.1%。2019年年末生猪存栏31 041万头，比上年下降27.5%；生猪出栏54 419万头，比上年下降21.6%。

2019年水产品产量6450万吨，比上年下降0.1%。其中，养殖水产品产量5050万吨，增长1.0%；捕捞水产品产量1400万吨，下降5.0%。

3. 工业

中国工业的快速发展，不仅解决了居民基本生活必需品的短缺问题，而且使中国成为一个世界制造业大国。2019年，中国全年全部工业增加值317 109亿元，比上年增长5.7%。规模以上工业增加值增长5.7%。在规模以上工业中，从经济类型来看，国有控股企业增加值增长4.8%；股份制企业增长6.8%，外商及港澳台商投资企业增长2.0%；私营企业增长7.7%。从门类来看，采矿业增长5.0%，制造业增长6.0%，电力、热力、燃气及水生产和供应业增长7.0%。2015—2019年全部工业增加值及其增长速度，如图2.6所示。2019年主要工业产品产量及其增长速度，如表2.1所示。

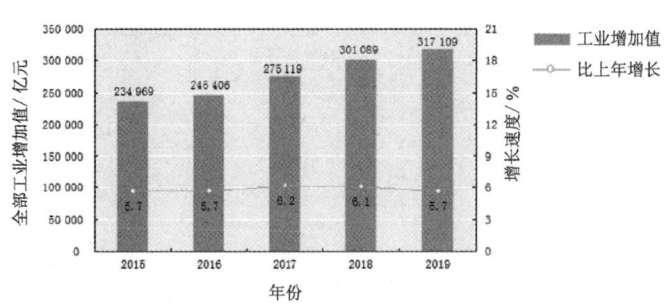

图 2.6 2015—2019 年全部工业增加值及其增长速度

资料来源：中华人民共和国国家统计局，2019 年国民经济和社会发展统计公报。

表 2.1　2019 年主要工业产品产量及其增长速度

产品名称	单位	产量	比上年增长（%）
纱	万吨	2892.1	-6.1
布	亿米	575.6	-17.6
化学纤维	万吨	5952.8	9.9
成品糖	万吨	1389.4	15.9
卷烟	亿支	23 642.5	1.1
彩色电视机	万台	18 999.1	-3.5
其中：液晶电视机	万台	18 689.7	-1.5
家用电冰箱	万台	7904.3	6.3
房间空气调节器	万台	21 866.2	4.3
一次能源生产总量	亿吨 标准煤	39.7	5.1
原煤	亿吨	38.5	4.0
原油	万吨	19 101.4	0.9
天然气	亿立方米	1761.7	10.0
发电量	亿千瓦小时	75 034.3	4.7
其中：火电	亿千瓦小时	52 201.5	2.4
水电	亿千瓦小时	13 044.4	5.9
核电	亿千瓦小时	3483.5	18.3
粗钢	万吨	99 634.2	7.2
钢材	万吨	120 477.4	6.3
十种有色金属	万吨	5866.0	2.2
其中：精炼铜（电解铜）	万吨	978.4	5.5
原铝（电解铝）	万吨	3504.4	-2.2
水泥	亿吨	23.5	4.9
硫酸（折 100%）	万吨	8935.7	-1.3
烧碱（折 100%）	万吨	3464.4	-0.3
乙烯	万吨	2052.3	10.2

续表

产品名称	单位	产量	比上年增长（%）
化肥（折100%）	万吨	5731.2	6.1
发电机组（发电设备）	万千瓦	9274.1	−14.9
汽车	万辆	2552.8	−8.3
其中：基本型乘用车（轿车）	万辆	1018.2	−16.4
运动型多用途乘用车（SUV）	万辆	876.0	−3.6
大中型拖拉机	万台	27.8	5.9
集成电路	亿块	2018.2	8.9
程控交换机	万线	790.5	−23.7
移动通信手持机	万台	170 100.6	−5.5
微型计算机设备	万台	34 163.2	8.2
工业机器人	万台（套）	17.7	−3.1

资料来源：中华人民共和国国家统计局，2019年国民经济和社会发展统计公报。

4．固定资产投资

2019年全社会固定资产投资560 874亿元，比上年增长5.1%。其中，固定资产投资（不含农户）551 478亿元，比上年增长5.4%。

5．国内贸易

2019年社会消费品零售总额411 649亿元，比上年增长8.0%。2015—2019年社会消费品零售总额，如图2.7所示。

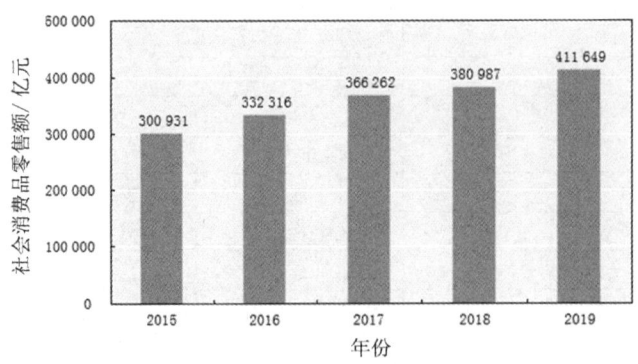

图2.7　2015—2019年社会消费品零售总额

资料来源：中华人民共和国国家统计局，2019年国民经济和社会发展统计公报。

6．对外经济

2019年货物进出口总额315 505亿元，比上年增长3.4%。其中，出口总额172 342亿元，比上年增长5.0%；进口总额143 162亿元，比上年增长1.6%。货物进出口顺差29 180亿元，比上年增加5932亿元。"一带一路"沿线国家进出口总额92 690亿元，比上年增长10.8%。其中，出口总额52 585亿元，比上年增长13.2%；进口总额40 105亿元，比上年增长7.9%。然而，2020年全球进出口贸易形势受到新冠肺炎疫情的影响较大。2015—2019

年货物进出口总额，如图 2.8 所示。2019 年中国对主要国家和地区货物进出口额及其增长速度，如表 2.2 所示。

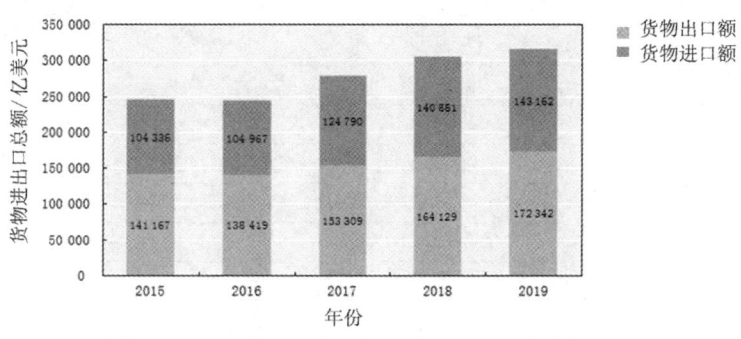

图 2.8 2015—2019 年货物进出口总额

资料来源：中华人民共和国国家统计局，2019 年国民经济和社会发展统计公报。

表 2.2 2019 年中国对主要国家和地区货物进出口额及其增长速度

国家和地区	出口额（亿元）	比上年增长（%）	占全部出口比重（%）	进口额（亿元）	比上年增长（%）	占全部进口比重（%）
欧盟	29 564	9.6	17.2	19 063	5.5	13.3
东盟	24 797	17.8	14.4	19 456	9.8	13.6
美国	28 865	-8.7	16.7	8454	-17.1	5.9
日本	9875	1.7	5.7	11 837	-0.6	8.3
中国香港	19 243	-3.6	11.2	626	10.9	0.4
韩国	7648	6.6	4.4	11 960	-11.4	8.4
中国台湾	3799	18.3	2.2	11 934	1.9	8.3
巴西	2453	10.8	1.4	5501	7.4	3.8
俄罗斯	3434	8.5	2.0	4208	7.5	2.9
印度	5156	2.1	3.0	1239	-0.2	0.9
南非	1141	6.4	0.7	1784	-0.8	1.2

资料来源：中华人民共和国国家统计局，2019 年国民经济和社会发展统计公报。

7．交通和邮电

2019 年货物运输总量 471 亿吨，货物周转量 199 290 亿吨千米。全年港口完成货物吞吐量 140 亿吨，比上年增长 5.7%。其中，外贸货物吞吐量 43 亿吨，比上年增长 4.7%。港口集装箱吞吐量 26 107 万标准箱，比上年增长 4.4%。2019 年各种运输方式完成货物运输量及其增长速度如表 2.3 所示。

表 2.3 2019 年各种运输方式完成货物运输量及其增长速度

指　　标	单　　位	绝　对　数	比上年增长（%）
货物运输总量	亿吨	470.6	—
铁路	亿吨	43.2	7.2
公路	亿吨	343.5	—

续表

指 标	单 位	绝 对 数	比上年增长（%）
水运	亿吨	74.7	6.3
民航	万吨	753.2	2.0
管道	亿吨	9.1	1.8
货物周转量	亿吨千米	199 289.5	—
铁路	亿吨千米	30 074.7	4.4
公路	亿吨千米	59 636.4	—
水运	亿吨千米	103 963.0	5.0
民航	亿吨千米	263.2	0.3
管道	亿吨千米	5 352.2	1.0

资料来源：中华人民共和国国家统计局，2019 年国民经济和社会发展统计公报。

2019 年完成邮政行业业务总量 16 230 亿元，比上年增长 31.5%。邮政业全年完成邮政函件业务量 21.7 亿件，包裹业务 0.2 亿件，快递业务量 635.2 亿件，快递业务收入 7498 亿元。2019 年电信业务总量 106 789 亿元，比上年增长 62.9%。

2.1.2　中国物流自然环境

自然资源是指在自然环境中与人类社会发展有关的、能够产生使用价值并影响劳动生产率的自然要素。它包括有形的土地、水体、动植物、矿产和无形的光、热等资源。自然资源是社会物质财富的源泉，是社会生产过程中不可缺少的物质要素，是人类生存的自然基础。

自然资源的类型有多种划分方法。①按其在地球上存在的层位划分，可分为地表资源和地下资源两类。前者是指分布于地球表面及空间的土地、地表、水生物和气候等资源，后者是指埋藏在地下的矿产、地热和地下水等资源。②按其在人类生产和生活中的用途划分，可分为劳动资料性自然资源和生活资料性自然资源两类。前者是指作为劳动对象或用于生产的矿藏、树木、土地、水力、风力等资源，后者是指作为人们直接生活资料，如鱼类、野生动物、天然植物性食物等资源。③按其利用程度划分，可分为再生资源和非再生资源两类。前者是指在一定程度上循环利用且可再生的水体、气候、生物等资源，也称为"非耗竭性资源"；后者是指储量有限且不可再生的矿产等资源，也称为"耗竭性资源"。④按其数量及质量的稳定程度划分，可分为恒定资源和亚恒定资源两类。前者是指数量和质量在较长时期内基本稳定的气候等资源，后者是指数量和质量经常变化的土地、矿产等资源。基于物流经济地理学科研究的内容要求，这里主要探讨能够产生大量货流的矿产资源和林业资源。

1．矿产资源

矿产泛指一切埋藏在地下（或分布于地表）的可供人类利用的天然矿物资源。矿产的范畴一般有以下 3 类：①可以从中提取金属元素的金属矿产；②可以从中提取非金属原料或直接利用的非金属矿产；③可以作为燃料的可燃性有机矿产。

矿产资源是人类社会得以发展的重要物质基础，自从世界各国先后进入工业化发展阶段以来，矿产资源的消耗速度快速增长。自 20 世纪初以来，全球累计消耗 1420 亿吨石油、78 万亿立方米天然气、2650 亿吨煤、380 亿吨铁（钢）、7.6 亿吨铝和 4.8 亿吨铜，以及支撑现代经济社会发展的众多矿物原料。

1）中国矿产资源状况

截至 2018 年年底，全国已发现 173 种矿产。其中，能源矿产有 13 种，金属矿产有 59 种，非金属矿产有 95 种，水气矿产有 6 种；2018 年中国天然气、铜矿、镍矿、钨矿、铂族金属、锂矿、萤石、石墨和硅灰石等矿产查明资源储量增长比较明显。中国是全球矿产资源种类比较齐全的国家之一。中国矿产资源状况呈现出以下几个特点。

（1）矿产资源总量相对较为丰富，人均占有量少。中国已查明的矿产资源总量相对较多（见表 2.4），约占世界的 12%，居世界第二位。煤、钛、钨、钼、锑、稀土、菱镁矿、萤石、重晶石、芒硝、锶、石墨、硅藻土、硅灰石等 15 种矿产储量居世界前两位，在数量或质量上具有一定的优势，有较强的国际竞争能力。然而，矿产资源人均占有量仅为世界人均水平的 58%，居世界第 53 位。在 36 种主要矿产中，矿产人均储量超过世界平均水平的仅有 10 种，如钨、钼、锑、稀土等小宗金属和石墨、重晶石、菱镁矿等非金属矿产。而另外 26 种矿产人均储量不足世界人均水平的 1/5，尤其是石油、天然气、铬、钴、金刚石、钾盐等不到世界人均水平的 1/10。

表 2.4 中国主要矿产查明资源储量

序号	矿 产	单 位	2017 年	2018 年	增减变化（%）
1	石油	亿吨	35.42	35.73	0.9
2	天然气	亿立方米	55 220.96	57 936.08	4.9
3	煤层气	亿立方米	3025.36	3046.30	0.7
4	页岩气	亿立方米	1 982.88	2160.20	8.9
5	煤炭	亿吨	16 666.73	17 085.73	2.5
6	铁矿	矿石 亿吨	848.88	852.19	0.4
7	锰矿	矿石 亿吨	18.46	18.16	−1.6
8	铬铁矿	矿石 万吨	1220.24	1193.27	−2.2
9	钒矿	V_2O_5 万吨	6 428.16	6 561.30	2.1
10	钛矿	TiO_2 亿吨	8.19	8.26	0.9
11	铜矿	金属 万吨	10 607.75	11 443.49	7.9
12	铅矿	金属 万吨	8967.00	9216.31	2.8
13	锌矿	金属 万吨	18 493.85	18 755.67	1.4
14	铝土矿	矿石 亿吨	50.89	51.70	1.6
15	镍矿	金属 万吨	1118.07	1187.88	6.2
16	钴矿	金属 万吨	68.78	69.65	1.3
17	钨矿	WO_3 万吨	1030.42	1071.57	4.0
18	锡矿	金属 万吨	450.04	453.06	0.7
19	钼矿	金属 万吨	3006.78	3028.61	0.7

续表

序号	矿产	单位	2017年	2018年	增减变化（%）
20	锑矿	金属 万吨	319.76	327.68	2.5
21	金矿	金属 吨	13 195.56	13 638.40	3.4
22	银矿	金属 万吨	31.60	32.91	4.1

注：石油、天然气、煤层气、页岩气为剩余技术可采储量，非油气矿产为查明资源储量（全部原地资源储量）。

资料来源：中华人民共和国自然资源部，中国矿产资源报告2019。

（2）优质、大宗矿产资源储量相对不足。石油、天然气储量不足，铁、锰、铬、铜、铝、钾盐等用量较大的大宗矿产资源储量不足。据统计，截至2014年年底，中国石油消费对进口的依赖程度已达59.5%。

（3）中国矿产资源贫矿多，难选矿多，中小型矿和坑采矿多；超大型矿、大型矿与露天采矿少。

（4）经济可采储量少。许多矿产资源的经济可采储量仅相当于其已查明资源储量的20%~30%。

（5）资源产区与加工消费区错位。90%的煤炭查明资源储量集中在华北、西北和西南地区；70%的磷矿查明资源储量集中在云、贵、川、鄂四省；铁矿主要集中在辽、冀、川、晋等省。中国北煤南调、西煤东运、西电东送和南磷北调的局面将长期存在。

（6）成矿地质条件良好，找矿潜力大。中国地处环太平洋、古亚洲和特提斯三个成矿域交会处，构造岩浆活动频繁，演化历史复杂，成矿地质条件良好。近年来，中国地质工作者发现了大量的物化探异常和矿化点，但大部分尚未检查、验证、评价，具有很大的找矿潜力。中国西部地区矿产调查勘察程度很低，但成矿地质条件很好，有很大的找矿潜力。中部地区、东部地区已知的重要成矿带找盲矿床及新类型矿床的潜力也很大。老矿山深部与外围资源潜力大。

2）中国矿产资源的需求

随着工业化和城镇化进程的发展，中国已经进入矿产资源高强度、快速耗费时期。中国已经成为世界多种矿产资源的第一消费大国，对外依赖程度不断增加，中国矿产供需关系矛盾日益突出。

从矿产资源需求与保证程度的角度来看，以2002年年底可供储量静态（石油、天然气除外）计算对2020年目标的保证程度。在45种主要矿产中有9种可以保证（天然气、稀土、菱镁矿、钠盐、芒硝、膨润土、石墨、滑石、硅灰石）；10种矿产基本保证（煤、钛、钨、钼、磷、玻璃硅质原料、石材、石膏、硅藻土、石棉）；21种矿产不能保证（铁、锰、铜、铅、锌、铝土矿、锡、金、银、锶、萤石、硼、重晶石、石油、铀、镍、锑、耐火材料、硫、水泥灰岩、高岭土）；5种矿产短缺（铬铁矿、钴、铂、钾盐、金刚石）。矿产资源可持续供应是全社会关注的重大问题，关系到中国经济与社会能否可持续快速发展。

中国要继续加强矿产勘察工作，部分大宗支柱性矿产资源，如石油、富铁、铜、优质铝、优质锰、铬、钾盐，必须充分利用国外资源。优势矿产，如稀土、钨、锡、钼、锑、煤及某些非金属矿产，应采取有效的措施，继续保持储量优势，缓解资源供需矛盾。

2. 林业资源

中国现有林区按地域划分，可分为东北林区、西南林区和南方林区三大区域。其中，东北林区和西南林区是中国主要的天然林生产基地。

根据《2018年全国林业和草原发展统计公报》（以下简称《统计公报》）分析，中国林业产业受到整体经济形势影响增速有所放缓，但以森林旅游为主的林业仍然保持快速发展势头，林业产业结构进一步优化。

《统计公报》数据显示，2018年林业产业总产值达76 272亿元（按现价计算），比2017年增长7.02%，增速放缓2.78个百分点。其中，第一产业、第二产业、第三产业同比分别增长5.21%、3.07%和19.69%。

新造经济林面积达1812万亩（12 080平方千米），各类经济林产品总量达1.81亿吨。大径竹材产量31.55亿根，比2017年增长15.99%。2018年年末实有花卉种植面积为16 300平方千米，观赏苗木117亿株，切花切叶177亿支，盆栽植物56亿盆。

2018年，全国商品材总产量8811万立方米，比2017年增长4.92%。人造板产量稳定增长，产量达29 909万立方米，比2017年增长1.43%。木竹地板产量达到7.89亿平方米。

与此同时，2018年中国在"一带一路"建设林业合作方面取得新进展，与"一带一路"沿线重点国家的合作机制不断完善。"一带一路"沿线国家的林产品贸易额同比增长4.7%，占中国林产品贸易总额的32%，为中国林产品贸易高质量发展凝聚新动能。

相关链接

2019年是中国植树节设立40周年，"互联网+全民义务植树"活动在各地启动。全国绿化委员会办公室联合中国绿化基金会、蚂蚁金服集团共同开展"蚂蚁森林"项目，社会公众参与超过5亿人次，植树造林390平方千米。中国绿化基金会联合腾讯、京东、苏宁等网络募捐平台，倡导绿色低碳理念，吸引超1亿人次关注并参与"百万森林计划"等绿化行动，植树1300多万株。

资料来源：国家林业和草原局，2019中国国土绿化状况公报。

2.1.3 中国生产力布局

1. 生产力布局的概念

生产力布局又称生产力配置，是指生产力在地理位置上的分布和配置，即在一定范围内（国家、地区、城市）生产力系统的空间分布与组合。其经济渊源有两个方面：①各类生产部门和企业所具备的空间条件的差异性；②在地域空间上的各特定地区所具备的空间条件的差异性。由此就产生了一定的生产实体配置在哪个地区和地点才能获得最大经济效益的问题，也就是生产力合理布局问题。

生产力布局包括三个方面内容：①在特定时间内，国民经济总投资的地区分配及重大建设项目分布地区、地点的选择；②再生产的各个环节、各生产部门、各生产要素空间组合的安排，以及各地区内的投资结构的确定；③各经济区域之间、各经济中心之间、城乡之间、城市与地区之间的分工协作及其发展比例关系的确定。

生产力布局是一个由点、线、面、网组成的多层次、多侧面、纵横交织的网络系统。生产力布局包括工业生产布局、农业生产布局、商业布局和交通布局等类型。其中，最重要的是工业生产布局。从国民经济的不同角度分析，生产力布局包括国民经济宏观布局、地区布局和地点微观布局三个层次。这三个层次之间有着密切的关系。国民经济宏观布局是全国性生产力布局的总体部署，具有全局性的战略意义。地点微观布局是基层单位的布局，是具有局部意义的战术性布局，它是生产力布局的最后落实与体现。地区布局介于国民经济宏观布局与地点微观布局之间，具有承上启下的作用。从整体来看，国民经济宏观布局对其他两个层次布局具有指导意义，其他两个层次的布局必须服从国民经济宏观布局的要求和需要。下一层次的布局应当服从上一层次布局的要求，地点微观布局应为实现国民经济宏观布局服务，但国民经济宏观布局必须顾及地点微观布局的需要。合理的地点微观布局是国民经济宏观布局的基础。只有这样，各个层次的生产力布局才能层层相连，环环相扣，组合成一个生产力布局的大系统。

2．中国生产力布局原则

按照生产力布局的三个层次，自上而下地布局生产力，使之趋于合理化，才有利于促进生产力的发展。中国生产力布局应遵循以下几个原则。

（1）统一计划原则。从发展国民经济的全局出发，有计划地安排各地区的经济发展速度和各项比例。

（2）合理利用资源原则。充分利用当地的自然资源、技术资源、劳动力资源和其他社会资源，保护生态平衡。

（3）减少不合理运输原则。生产地接近原料地、燃料地和消费地。

（4）发展生产地域分工原则。加强地区的专业化生产和综合发展，开展各个地域之间的生产协作，成组地部署工业，发挥集聚效益。

（5）尽可能地平衡发展原则。扶助边远地区和落后地区的生产力发展，尽可能地平衡发展各地区的生产力。

（6）缩小城乡差别原则。加强工业和农业协作、城市和乡村协作，逐步缩小城乡差别。

（7）巩固国防原则。

我们大致可以将上述生产力布局原则分为两部分。一部分是经济原则，以提高经济效益和劳动生产率为目标，如减少不合理运输原则、发展生产地域分工原则等。在这部分原则中，不少内容与区位理论相通。另一部分是政治原则，如缩小城乡差别原则、尽可能平衡发展原则、巩固国防原则。中国生产力布局原则，如图2.9所示。

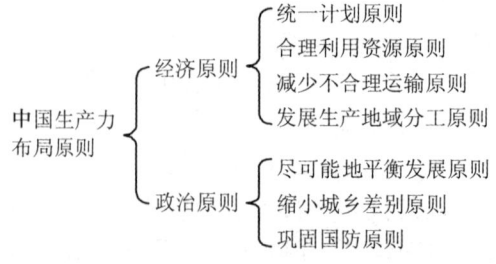

图2.9　中国生产力布局原则

3. 中国生产力布局的重心演变、成就与问题

1）重心演变

中华人民共和国成立以来，中国生产力布局的重心演变经历了4个阶段。

（1）三年恢复时期至"一五"时期，以协调沿海与内地关系为主线，工业布局由沿海向内地转移。

（2）从"二五"时期至"五五"时期，以"三五""四五"时期"大三线"建设为中心，以备战和建设战略后方为基调，以工业布局为主体的生产力布局跳跃式向西部地区推进。

（3）20世纪80年代，以争取国民经济发展的总体速度、宏观效益为目标，生产力布局大幅度向东部地区倾斜。

（4）20世纪90年代，中国开始实施内陆地区发展战略。第九届全国人民代表大会第三次会议通过的《关于政府工作报告的决议》明确指出，要统筹规划、突出重点、积极实施西部大开发战略，加快中西部地区的发展。中国生产力布局新一轮调整的序幕已经拉开。

> **小知识**
>
> 中国是以五年为一个时间段来做国家中短期规划的。第一个"五年计划"是1953—1957年，简称为"一五"；第二个"五年计划"因历史原因执行情况不好；第三个"五年计划"，为1966—1970年；以后的"五年计划"都未中断，为每一个年代十年中的前五年和后五年。其中，"一五"至"十五"称为"计划"，从"十一五"起改称"规划"。"十三五"规划的全称是：中华人民共和国国民经济和社会发展第十三个五年规划纲要。"十三五"规划的起止时间：2016—2020年。

2）成就

（1）在巩固和加强原有经济重心区的同时，中国逐步形成了一批具有战略意义的新的经济重心区。几十年来，在充分利用原有工业的基础上，中国加强和改造以上海为中心的长江三角洲工业区、京津唐工业区和辽中南工业区；改革开放后，珠江三角洲、山东半岛、闽南三角地区、以武汉为中心的长江沿岸地区、成渝地区正在崛起并成长为新的具有全国意义的经济重心区，从而奠定了沿海、沿江"T"字形经济密集带的生产力布局的基本框架，大大增强了全国经济增长的"动力源"和"发展极"。

（2）一大批能源、原材料基地建设完成，生产力布局西移。以山西为中心的能源重化工基地已形成规模，其开发重点正在向陕北、蒙西地区转移。黄河中上游、长江干流、乌江、红水河、澜沧江等能源、原材料基地的建设已形成较大规模。新疆石油基地也已揭开大开发的序幕。这种能源、原材料工业布局西移态势，适应了中国能矿资源的分布格局。从生产力布局角度来看这是合理的，对促进国民经济和区域经济进一步持续协调发展具有战略意义。

（3）全方位开放格局逐步形成。随着改革开放的逐步推进，一个多层次、有重点、点面结合的"经济特区—沿海开放城市—沿海经济开发区—内陆省会开放城市—沿边开放区—沿江开放区"全方位对外开放格局逐步形成。

（4）生产力布局机制发生重大变化，市场机制的作用越来越明显。改革开放后，随着

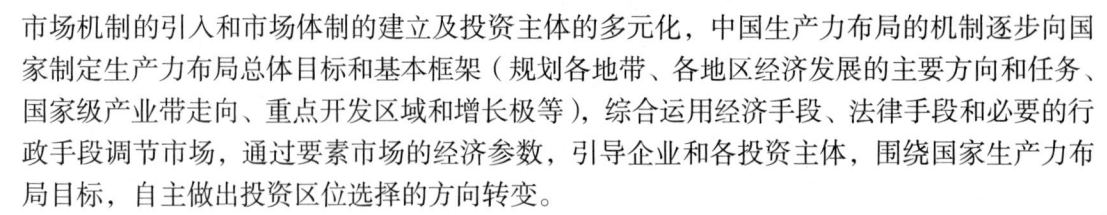

市场机制的引入和市场体制的建立及投资主体的多元化，中国生产力布局的机制逐步向国家制定生产力布局总体目标和基本框架（规划各地带、各地区经济发展的主要方向和任务、国家级产业带走向、重点开发区域和增长极等），综合运用经济手段、法律手段和必要的行政手段调节市场，通过要素市场的经济参数，引导企业和各投资主体，围绕国家生产力布局目标，自主做出投资区位选择的方向转变。

3）问题

目前，能够比较有效地发挥各地区优势、促进各地区共同繁荣、机制灵活有效的生产力布局体系已初步形成。然而，我们也看到现阶段中国生产力布局还存在着一些问题，其主要表现在：

（1）生产力布局重心一度过分向东部地区倾斜，加剧了区域经济发展的不平衡状况，并强化了"双重错位"的区域格局。中国自然资源分布偏重于中西部地区，而生产能力和生产要素偏重于东部地区的"双重错位"区域格局，是中国区域经济发展的主要矛盾之一。

第一，这种"双重错位"区域格局造成了中国宏观经济效益自1984年以来显著下降。第二，"双重错位"区域格局是造成中国自20世纪80年代以来交通运输全面紧张的根本原因。第三，"双重错位"区域格局的不断强化造成区域经济关系日益对立。

（2）重复建设、重复布局严重，区域产业结构不合理、趋同化。各地区在地方利益的驱动下，盲目追求高技术、高附加价值、高收入弹性和综合发展，重复建设、重复引进。小规模、低水平的结构趋同，抑制了各地区优势的发挥和规模经济的发展，导致国民经济效益的持续下降。

（3）生产力布局机制仍不完善，政策手段与市场手段存在着"断层"：一是生产力布局总体目标和基本框架尚不够明确，国家对各地区的经济发展和生产力布局缺乏有效的指导；二是缺乏调控生产力布局的政策手段，特别是经济和法律手段不完备、不配套，甚至相互掣肘；三是各种要素市场的发育刚刚起步，与经济发展和生产力布局的要求相差甚远，而且全国统一市场远远没有形成，市场割据，地区封锁严重；四是生产力布局主体企业的地位没有得到确认，政府相关部门与企业之间的行政依附关系没有消除，政府相关部门对企业过多的、不合理的行政干预和企业应有的经营自主权被不合理地剥夺，都使企业难以在区位选择中进行有效的决策。旧机制已经削弱，而新机制迟迟不能形成，这是导致目前中国生产力布局产生一系列矛盾的重要原因之一。

生产力布局的种种问题，必然带来中国物流布局发展的不均衡。

2.2 中国物流布局

中国物流布局必须与中国生产力布局相适应，在遵循物流布局原则的前提下，有层次地进行规划设计。首先是宏观国家级物流网络规划布局，着重以物流基础设施和物流基础网络为核心的物流基础平台建设；其次是中观省、市级的物流节点及物流园区规划布局；最后是微观企业层面以提高企业竞争力为目的的营销支持、流程再造等企业物流资源的合理配置。下面将对中国物流布局的基本原则、宏观国家级的物流网络布局和基础设施空间布局展开介绍。

2.2.1 中国物流布局的基本原则

物流布局的目的是实现物流合理化。要实现物流的合理化必须遵循以下几项基本原则。

1．物流计划化原则

物流计划化是指物流的组织管理科学规划和计划。这是实现物流合理化的首要条件。

2．物流直达化原则

物流直达化是指物流企业在组织货物运送的过程中，应尽量减少中间环节，特别是物流过程中运输、储存等环节。物流直达化，既可以缩短商品运送时间，创造时间价值，又可以降低物流费用支出。这是物流企业组织物流合理化的主要形式和目标。

3．物流短距化原则

物流短距化是指在物流过程中，物流企业根据货物的出发地、目的地，设计最佳的运送路径，使运送距离最短，减少物流费用。

4．物流钟摆化原则

物流钟摆化也称钟摆式运输，是指在组织货物运送过程中，物流企业要尽可能组织双向物流运输，提高运输工具的回运系数或里程利用率。物流企业组织双向运输的主要途径是形成全国和区域物流运输网络并配套建立有效的信息系统，及时传递物流信息。物流钟摆化可以大大提高运输效率，减少运力浪费，节约能耗，降低物流成本。

5．物流集中化原则

物流集中化，也称物流大量化，是指物流企业在组织货物运送时，把几个货主的多种商品，凡发往同一地区、同一方向的小批量、零星货物，在物流计划化原则的基础上，集零为整，变小量为大量，采用混装的形式进行集中运送。因此，物流集中化是物流合理化的一种重要形式。

6．物流社会化原则

物流社会化是指物流活动商品化、专业化和社会化。在经济体制改革中，物流布局应符合社会化大生产分工协作和市场经济运行的客观要求，加快物流活动商品化、专业化和社会化进程，使物流成为相对独立的系统。这是物流合理化的必要条件。

7．物流服务化原则

物流服务化是指明确和规范物流活动及其行为的属性。物流企业既有经营又有服务，是以服务为主的经营服务型企业，应树立"用户至上、服务第一"的经营宗旨，加强服务教育，提高员工的服务意识和素质，制定服务规范，为社会提供高标准的服务项目。

8．物流标准化原则

所谓标准化，是指系统内部及系统与系统间的软件口径、硬件模式的协同，从而便于系统功能、各要素之间的有效衔接与协调发展。物流标准化是以物流为系统，相关部门制

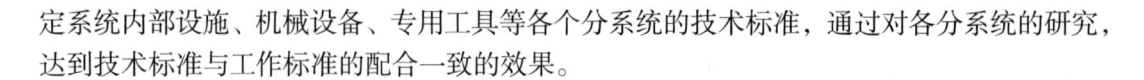

定系统内部设施、机械设备、专用工具等各个分系统的技术标准，通过对各分系统的研究，达到技术标准与工作标准的配合一致的效果。

2.2.2 中国物流网络布局

1．中国物流业格局的形成

经过多年的发展，中国物流业已经取得了很大的成就。在东部地区已经形成了以沿海大城市群为中心的四个区域性物流圈格局。

（1）以北京、天津、沈阳、大连和青岛为中心的环渤海物流圈。
（2）以上海、南京、杭州和宁波为中心的长江三角洲物流圈。
（3）以厦门和福州为中心的环台湾海峡物流圈。
（4）以广州和深圳为中心的珠江三角洲物流圈。

这四个物流圈以滚动式、递进式的扇面辐射形态，带动中国中部和西部地区的发展，激活和融通了全国的物流、人流、资金流和信息流。四个物流圈的形成使中国物流业的发展呈现出"区域引力场"的现象，周围地区包括中、西部地区都处于物流圈的引力场的吸引范围内。同时，部分大城市和特大城市已经成为区域性物流产业发展中心，而且全国范围内以基本交通运输干线为基础形成若干物流通道，使中国物流业发展呈"点—轴—面"系统样式。

2．中国物流网络格局存在的主要问题

1）东中西部地区物流业发展的不平衡

东部沿海地区经济发达且改革开放较早，经济发展快，基础设施完善，物流需求比较旺盛，提供物流服务的企业和机会较多，物流发展水平高，较易实现物流现代化；中西部地区受经济水平、区位条件、历史因素、国家经济政策等因素影响，物流业发展水平低，发展物流业的难度较大，使中国东部、中部、西部地区物流业发展差异大。

2）南方地区与北方地区物流产业的发展存在差距

物流产业作为流通领域中最重要的产业，是整个国民经济发展的衔接地带，经济发展的差距问题深刻影响了物流经济活动的发展。从1992年开始，南方地区的物流业迅速发展，虽然北方地区也在加快发展，但是北方地区已经明显落后于南方地区。南方地区与北方地区的物流业的差距客观存在。

3）城乡物流业发展的不平衡

物流企业、物流设施、物流活动高度集中在交通极为发达的大城市中，形成辐射功能极强的物流中心城市，而在乡村地区物流业的发展比较缓慢，使城市物流与乡村物流在过程上相脱节，甚至少数乡村物流几乎为零，造成物流市场的地域化、畸形化。无论是中国的东部地区还是中西部地区都首选在城市发展物流业，然后以交通运输线（如铁路、河流、公路等）为纽带形成物流节点，向城市周围地区（主要包括乡村地区）辐射。

3．中国物流业格局发展趋势分析

尽管各种原因形成了中国物流业发展的东中西部地区发展不平衡、南方地区和北方地区存在差距、城乡和区域存在差异，但物流业的发展最终会趋向平衡。这是因为中国正在实施扩大内需政策和西部大开发战略。扩大内需必将极大地促进物流量的增加，给中国物流业发展带来新的机遇。西部大开发将有数以万亿元的资金投入中西部地区的基础设施建设中，其中很大一部分资金是用于交通运输工程建设的。西部铁路网的建设首先将西部和东部地区已有铁路网的主干道相连接，同时连接西部地区各省，将成为东西部地区交流和西部地区各省市相互联系的重要通道，为西部地区协调统一发展提供有利条件。

此外，新亚欧大陆桥作为西部铁路网的一条主干线，也为西部地区经济走向国际和发展国际物流创造条件，这必将推动中西部地区与东部地区的商品交流及对外贸易的发展，拓展中国物流市场发展空间。

中国国情使物流业首先在经济发达地区得以发展并成长。在这些经济发达地区中物流业首先在城市中兴起，使城市成为物流业发展的中心，并带动周围地区和邻近城市的发展，然后向区域中的农村地区辐射、蔓延，最后由点到线，由线到面，覆盖全国，并且与世界物流业接轨，与全球物流业融为一体，形成遍及全世界的物流网络。

2.2.3 中国物流基础设施空间布局

物流基础设施布局直接影响着物流效率。物流园区、物流中心、配送中心、运输枢纽仓储设施等是影响社会和地区布局物流经济的重要因素。

1．物流基础设施的定义

现代物流是将运输、仓储、装卸、加工、整理、配送与信息等方面有机结合，形成完整的供应链，为用户提供多功能、一体化的综合性服务。从上述思路出发，物流基础设施的内涵自然是提供物流相关功能和组织物流服务的场所。

物流基础设施大致可以分为以下两类。

（1）专门化设施。它是指在特定区域，因具有上下游业务关系和产品生产过程联系的企业相对集中，或者作为一个区域中货流较集中的节点地区，需要提供可以满足集中物流组织管理要求的专门化设施，包括物流园区、物流中心、配送中心，以便在特定区域实现供应链集中管理的功能。

（2）专业化设施。它是指处在供应链的不同环节，在不同的空间位置上对供应链具有支持作用，能够满足供应链管理要求的单个功能，或者以单个功能为主，兼具其他辅助功能的专业化设施。该类设施具有按照自身服务对象的需要进行布局和功能设置的特点，这些设施包括各种运输方式的运输枢纽、场站、仓储设施等。

2．物流基础设施的基本功能

物流基础设施的基本功能应体现在物流服务方面。

1）专门化设施的功能

按照成本、效率、服务要求可以集中提供物流组织服务的专门化设施，并按照专门化的设施进行建设，从而使其具有相应的综合物流组织功能。

（1）物流中心。它是指从事物流活动的，具有完善的信息网络的场所或组织。物流中心面向社会服务，物流服务的物理设施（场、站、库房及装备）健全，信息网络和服务能力齐备，辐射范围较大，适应少品种、大批量存储吞吐能力要求，能够统一经营和管理供应链物流业务。

（2）配送中心。它是指从事配送业务的，具有完善的信息网络的场所或组织，能够为特定的用户提供服务，商品配送服务的物理设施（场、站、库房及装备）健全，信息网络和服务能力齐备，辐射范围主要以城市或企业销售网络为依托，适应多品种、小批量、高频率配送要求，以配送服务为主兼具产品库存控制与储存服务。

（3）分拨中心。它主要面向快递业、运输业，其功能与物流中心的功能相同。

（4）物流园区。它也称物流基地，是多种物流设施和不同类型物流企业在空间上集中布局的场所。物流园区功能由物流中心、配送中心等专门化综合设施，以及运输场站、仓储等单一功能的专业化设施共同组成，可以集中提供各种形态和环节的物流组织服务。正是由于物流园区的这种特征，对物流园区的建设，决策者应采取慎重的态度。作为物流中心、配送中心和物流企业在空间上相对集中布局的场所，需要更大规模的供应链物流组织需求的支撑，需要运输服务的合理化组织和仓储设施的合理规模与之相适应。

2）专业化设施的功能

专业化设施是指仅在供应链的某个环节提供运输、仓储组织服务的设施。依托这些专业化设施，物流组织的功能得以提升，满足经济发展对物流的需求。

（1）各类运输场站。它是根据一定区域的货运组织和货流特点进行规划和建设的，货运场站具备满足分散的物流组织服务需要的功能。需要注意的是，货运场站除具备货运节点功能外，还需要提升或充实其服务功能。

小知识

物流节点，又称物流结节点，是指物流网络中连接物流线路的结节之处。例如，各类运输场站、海港、空港、仓储设施等。

（2）仓储设施。无论是在调节生产过程中实施零配件供应在时间和空间上的差异化手段，还是在流通中满足市场供应的商品与生产、需求之间在时间与空间上的不统一性，都需要一定能力的库存和仓储设施。所谓"零库存"仅是针对库存处在不同环节而言的。

3．中国物流设施空间布局的思路

尽快形成各种物流、运输、仓储设施的综合开发和资源整合与利用局面，这是推进现代物流发展的前提条件，推动运输设施合理发展，营造多式联运、集装箱运输、运输网络等综合运输环境，提高运输效率，帮助物流组织实现高效率、低成本和优质服务的关键。

1）提高既有资源的整合和设施的综合利用

一方面，要从各种现有设施自身的角度考虑，对其规模、布局、功能等进行科学整合，提高现有设施的使用效率。另一方面，考虑到不同领域物流基础设施在服务上的可替代性和竞争性，在进行各种现有设施功能转型发展的同时，我们要积极整合跨行业和企业既有资源，实现设施的综合利用。

2）加强新建设施在规划上的宏观协调和功能整合

按照物流组织需求，物流基础设施建设需要占用大量土地资源。在土地资源的约束不断加大的情况下，若我们不能处理好各种基础设施发展规划之间的关系，则不利于相关设施的建设发展，并产生严重的相互制约和干扰。同时，为推进现代物流的发展需要，我国积极制定政府规划，在政府规划中必须确立物流基础设施的发展重点与空间布局。更重要的是，物流基础设施规划应在综合考虑相关专业化设施规划的基础上确立，实际上是进行相关规划的宏观协调和相关功能在规划层面的整合。

3）推进物流基础设施的合理空间布局与功能完善

无论是现有设施整合和综合利用，还是新建设施在规划上的宏观协调，我们都要真正做到按照"全面、协调和可持续"的发展观推进相关设施的合理布局，必须改变条块分割的做法。这就需要我们在以物流基础设施规划为指导的前提下进行相关实施方面的宏观协调，改变过去传统的各自实施规划的做法，否则无法推进物流基础设施的合理空间布局与功能的不断完善。这种协调的基本思路应体现在以下三个方面。

（1）在运输场站与物流基础设施规划重合时，我们应使两者在布局上实现合并建设，并按照物流基础设施规划确立的功能和规模进行运输设施的建设，或者依托运输设施进行满足物流组织要求的功能拓展建设，避免功能性的重复建设。我们要从物流基础设施整体布局的角度审视重复建设，加快已有及规划的运输设施的整合，从而推进综合运输的发展和社会整体物流效率的提升。

（2）城市生活功能区和工业产业、企业集中区域在进行仓储用地审批和建设时，必须通过土地置换方式，引导企业在规划区域内进行建设，推进仓储设施的社会化服务。

（3）城市新工业开发和商贸功能区域，不再分散进行各种运输方式的场站建设和立足于企业自动仓储设施的建设，可以通过统一规划相关运输、仓储功能的方式集中体现。

4）提高物流基础设施网络化和信息化功能

凭借对物流发展具有重要影响力的大型物流园区、物流中心，以及运输场站、仓储设施的功能，积极探索各类基础设施之间的资源共享，提高基础设施的网络化服务能力，开发和建设公共物流信息平台，构建适应经济发展需要的高效物流基础设施体系。

本章小结

- ☑ 中国具备发展物流经济的良好社会经济环境、自然环境和一定水平的生产力布局。
- ☑ 物流布局应遵循的基本原则：物流计划化原则、物流直达化原则、物流短距化原则、物流钟摆化原则、物流集中化原则、物流社会化原则、物流服务化原则、物流标准化原则。
- ☑ 物流布局既是一个过程，也可以理解为物流设施利用配置的一种状态。完善物流网络布局，开发建设物流设施公共平台是推进现代物流发展的前提条件。

思考题

1．谈一谈中国物流网络布局情况。

2．中国生产力布局经历了哪几个发展阶段？

3．考察一个距离你所在学校最近的物流园区，并了解其功能，并分析它在区域物流经济中的地位和作用。

第 3 章 中国物流经济分区地理

学习重点

- 经济区与行政区的关系
- 经济区划对物流的影响
- 各地方出台的主要物流政策
- 中国不同时期的经济区划
- 各综合经济区的经济与产业基础

引导案例

中国经济要快速发展必须打破以行政区划为基础的经济规划

前些年,前博鳌亚洲论坛秘书长龙永图在江苏吴江参加"民营企业发展之路"经济论坛时指出:随着经济全球化的不断深入发展,中国必须打破以行政区划为基础的经济规划。现在全球竞争格局发生了重大的变化。过去的竞争是国家与国家的竞争、地区与地区的竞争、企业与企业的竞争、产品与产品的竞争,而现在的竞争是生产链与生产链的竞争、供应链与供应链的竞争。中国的民营企业尤其是中小型企业必须有意识地融入经济全球化中,进入全球产业链中,这是国际经济发展的趋势,这种趋势要求必须加强各地区之间的经济合作,促进共同发展。目前,中国经济的发展和规划,仍然是以行政区划为基础进行的,这与经济全球化趋势下的经济规划是相违背的。这种以行政区划为基础的经济规划不打破,必然会制约中国经济的发展。

思考: 中国经济区划现状怎样?为什么必须打破以行政区划为基础的经济规划?

提示: 目前,中国经济区划是以行政区划为基础的经济规划,具有"多而全、小而全"的特征。判断一个企业是否有竞争力,要看企业整合资源的能力。一个企业如果从供应、生产到销售,什么都是自己做,受资源等各方面因素的限制,那会分散企业自身的优势,无法形成企业核心竞争力。

中国内地经济区域可以分为东部、中部、西部、东北四大地区,与此对应划分成八大综合经济区,本章将对各个综合经济区的物流发展情况进行详细介绍。

3.1 经济区划概述

长期以来，中国经济发展和规划是以行政区划为基础进行的。我们分析中国经济，必须结合行政区划来进行。

3.1.1 经济区划与行政区划

1. 经济区划

经济区划是在客观存在的经济区的基础上，根据特定时期国民经济发展的目标和任务，对全国区域进行分区划片，其目的是阐明各经济区经济发展的条件、特点和问题，指出各个经济区在国民经济体系中的地位和发展方向，最终为中央政府对区域经济进行宏观调控或地方政府制定区域发展规划及企业进行区域分析活动提供科学的依据。

> **小知识**
> 经济区是指以劳动地域分工为基础，客观形成的不同层次、各具特色的经济地域。它具有如下特点：①经济区的区内一致性和区外差异性；②当经济区的层次和规模达到一定程度时，经济区的合理发展通常受到政府的重视，并通过经济区划和制定区域规划来规范经济区的发展。经济区是生产力发展的产物。如果经济区存在的客观性得到科学的认识，并通过经济区划来实现合理的劳动地域分工，就可以极大地促进国民经济的发展。

经济区可以理解为一种以专业化地区经济为特色、以中心城市为依托，在生产、流通等方面紧密联系、互相协作、内部具有很强经济集聚性的经济综合体。

1）经济中心

任何一个经济区都必然有经济中心，而且往往是一个大城市或一组城市。经济中心是经济区经济发展的核心，其集聚和辐射效果对整个经济区的经济发展具有举足轻重的作用。例如，中国最大的广域经济区——长江三角洲经济区，以上海或者说以由沪、宁、苏、锡、常、杭等城市组成的城市群为核心。长江三角洲经济区的发展，在相当大的程度上依赖这个城市群的发展，以及城市群对周边地区的辐射和牵引。

2）经济腹地

经济腹地是一个与经济中心或中心城市相对应的概念。经济腹地的内涵是能够达到经济中心的吸收和辐射能力并能促进其经济发展的地域范围。如果没有经济腹地，经济中心就失去了赖以存在的基础。而没有经济中心，也就无所谓经济腹地。以上海为例，其狭域经济腹地是上海市域，而其广域经济腹地是整个长江三角洲地区。

3）经济联系

经济联系既包括经济区内的商品流通、技术协作、资金融通、信息传递，也包括经济区内的交通运输网络和通信网络。一般来讲，经济区内的经济联系越紧密，经济区的一体化程度就越高。

2. 行政区划

行政区划，又称行政区域，是国家为便于行政管理而分级划分的区域。中国的行政区域划分如下。

（1）全国分为省、自治区、直辖市。

（2）省、自治区分为自治州、县、自治县、市。

（3）县、自治县分为乡、民族乡、镇。

直辖市和较大的市分为区、县，自治州分为县、自治县、市。

自治区、自治州、自治县都是民族自治地方，国家在必要时设立特别行政区；在特别行政区内实行的制度按照具体情况由全国人民代表大会以法律形式予以规定。

目前，中国有34个省级行政区，包括23个省、5个自治区、4个直辖市、2个特别行政区。在历史上和习惯上，各省级行政区都有简称。省级人民政府驻地称省会（首府），中央人民政府所在地是首都——北京。

3．经济区与行政区的关系

中国的行政区除政治功能外，还具有经济功能。一是各级政府既有发展经济的责任，也有发展经济的需求。二是各级政府不仅拥有组织和调控经济的工具，而且拥有一定的经济资源，有能力参与经济活动。三是按照目前的体制，各级政府不仅要对行政区内企业、居民负责，而且要对上级政府负责。上级政府考核下级政府政绩的好坏通常与下级政府管辖区域的经济发展状况的好坏相关。

在行政区与经济区关系方面，我们需要注意以下4点。一是行政区经济具有自然经济和产品经济的特点，而经济区经济则具有市场经济和商品经济的特点。二是行政区与经济区不是一对一的关系，行政区在很大程度上源于政治统治和行政管理，经济区则以社会化大生产、分工和比较优势为前提，经济区一般跨越几个行政区。三是行政区经济以地区经济利益为着力点，经济区经济则以一个更大的地域甚至整个国家的利益为着力点。四是行政区经济有自己特定的边界，而且相对稳定；经济区则可能因为区域经济的发展、经济中心辐射能力的提升而扩张其边界。

3.1.2 中国不同时期的经济区划

中国幅员辽阔，陆地国土总面积约为960万平方千米。2019年年末，中国大陆总人口达14.0005亿人。受历史和现实诸多方面的影响，中国各地区之间的发展水平存在巨大的差异，讨论中国的区域问题，必须把中国分成若干不同的区域。

区域划分既要遵循区域经济发展的一般规律，又要方便区域发展问题研究和区域政策分析。借鉴国际经验，并结合中国国情，为适应区域发展问题研究和区域政策分析的需要，一般区域划分主要影响因素包括：①空间上相互毗邻；②自然条件、资源禀赋结构相近；③经济发展水平接近；④经济上相互联系密切或面临相似的发展问题；⑤社会结构相仿；⑥区块规模适度；⑦适当考虑历史延续性；⑧保持行政区划的完整性；⑨便于进行区域发展问题研究和区域政策分析。

20世纪50年代，有学者提出中国大陆分为沿海地区和内地的观点；20世纪60年代，有学者提出中国大陆分为一线、二线和三线地区的观点。改革开放后，随着区域经济研究的活跃和深化，学者提出了更多的划分方法，主要包括以下六种划分方法。

（1）三大地带：这种划分方法将中国大陆划分为东部、中部、西部三大地带，不同的时期，每个地带覆盖的地域范围不同。随着西部大开发战略的实施，三大地带覆盖的地域范围逐渐被确定下来。东部地带包括北京、天津、河北、辽宁、上海、江苏、浙江、福建、山东、广东和海南11个省市；中部地带包括山西、吉林、黑龙江、安徽、江西、河南、湖北、湖南8省；西部地带包括重庆、四川、贵州、云南、西藏自治区（以下简称西藏）、陕西、甘肃、青海、宁夏回族自治区（以下简称宁夏）、新疆维吾尔自治区（以下简称新疆）、广西壮族自治区（以下简称广西）、内蒙古自治区（以下简称内蒙古）12个省区市。

（2）六大综合经济区：它们包括东北综合经济区、黄河中下游综合经济区、长江中下游综合经济区、东南沿海综合经济区、大西南综合经济区、西北综合经济区。

（3）七大经济区：它们包括东北、西北、华北、华东、华中、华南、西南经济区。

（4）八大经济区：这里有两种划分方法。第一种划分方法将全国分为东北地区（东北三省、内蒙古东部）、环渤海地区（北京、天津、河北、山东）、黄河中游流域（山西、河南、内蒙古中西部）、长江三角洲地区（上海、江苏、浙江）、长江中游地区（湖北、湖南、安徽、江西）、东南沿海地区（福建、广东、广西、海南）、西北地区（山西、甘肃、青海、宁夏、新疆）和西南地区（重庆、四川、云南、贵州）。第二种划分方法将全国分为东北地区（东北三省）、北部沿海（北京、天津、河北、山东）、北部内陆（山西、陕西、内蒙古）、东部沿海（上海、江苏、浙江）、东部内陆（河南、安徽、江西）、中部内陆（湖南、湖北）、南部沿海（福建、广东、广西、海南）和西部、西南内陆（甘肃、青海、宁夏、新疆、西藏、重庆、四川、云南、贵州）。

（5）八个大都市经济圈：它们包括沈大（沈阳、大连等）、京津冀（北京、天津、唐山、秦皇岛、石家庄等）、济青（济南、青岛、烟台等）、大上海（上海、苏州、无锡、常州、宁波、杭州等）、珠江三角洲（广州、深圳、珠海、汕头等）、吉黑（长春、哈尔滨等）、湘鄂赣（武汉、长沙、南昌等）和成渝（成都、重庆等）。

（6）八大综合经济区：2005年国务院发展研究中心发布的《地区协调发展的战略和政策》报告指出，中国沿用的东、中、西区域划分方法已经不合时宜。为此，报告提出"十一五"期间内地划分为东部、中部、西部、东北四大板块，并可将四大板块分为八大综合经济区的具体构想，包括东北综合经济区、北部沿海综合经济区、东部沿海综合经济区、南部沿海综合经济区、黄河中游综合经济区、长江中游综合经济区、大西南综合经济区和大西北综合经济区。

3.1.3 经济区划对物流的影响

随着区域经济发展水平的提升和产业布局的调整，区域经济发展问题已经上升到国家经济发展的战略层次。2005年，中国确立了西部、中部、东部、东北地区四大区域经济发展的总体战略新格局，启动了跨省区统一规划的区域经济协调发展战略构想。2011年，中国确立了"两横三纵式"的经济区域空间布局，为促进区域经济的协调发展、构筑区域经济的优势互补、构建综合交通运输体系奠定了基础。

1. 实施区域发展总体战略，完善区域物流系统发展格局

2011年，国家提出了"充分发挥不同地区比较优势，促进生产要素合理流动，深化区域合作，推进区域良性互动发展，逐步缩小区域发展差距"的区域发展总体战略。

（1）推进新一轮西部大开发。国家提出了要坚持把深入实施西部大开发战略放在区域发展总体战略优先位置，要加强基础设施建设，扩大铁路、公路、民航、水运网络，建设一批骨干水利工程和重点水利枢纽，加快推进油气管道和主要输电通道及联网工程。坚持以线串点、以点带面，推进重庆、成都、西安区域战略合作，通过改善物流发展的基础条件，提高资源的辐射半径，降低资源开发的物流成本。

（2）全面振兴东北地区老工业基地。东北地区要发挥产业和科技基础较强的优势，完善现代产业体系，推动与装备制造、原材料、汽车、农产品深加工等优势产业相关的物流配送系统的建设和服务外包项目的进行，完善支持装备工业发展的物流基础设施建设和服务体系。重点推进辽宁沿海经济带和沈阳经济区、长吉图经济区、哈大齐和牡绥地区等区域的发展。

（3）大力促进中部地区崛起。中部地区的产业重点是粮食主产区建设、具有比较优势的能源和制造业、流通组织服务。因此，中部地区的物流发展重点是，依托承东启西的区位优势，建设农业生产资料和农产品的配送服务系统，促进流通产业发展的区域物流网络系统建设，巩固提升其综合交通运输枢纽地位。重点推进太原城市群、皖江城市带、鄱阳湖生态经济区、中原经济区、武汉城市圈、环长株潭城市群等区域发展。

（4）积极支持东部地区率先发展。要发挥东部地区对全国经济发展的重要引领和支撑作用，在更高层次参与国际合作和竞争。东部地区经济发展的任务是保持既有产业的发展能力和拓展国际国内市场，物流发展的重点是国际物流和国内物流系统的建设，推进京津冀、长江三角洲、珠江三角洲区域经济一体化发展，打造首都经济圈。

2. 区域规划蓝图基本完成，推动区域物流中心建设

区域规划方案有利于改变地理区域产业结构趋同的状况，进一步推动生产要素在地理区域间的自由流动和优化配置，改变物流活动的环境条件，并将在各区域之间、区域内部不同地区之间产生新的依托通道、枢纽的网络化、规模化物流需求，从而导致区域物流发展格局发生变化。

为继续推动"打破省级行政区划，进行跨省区的统一规划"构想的进一步实施，国务院先后批复了《珠江三角洲地区改革发展规划纲要》《长江三角洲地区区域规划》等，并发布了《京津冀都市圈区域规划研究报告》。长江三角洲、泛珠江三角洲、京津冀、东三省和中部地区都在积极推动区域物流的整合，区域物流中心与国际物流中心正在形成。长江三角洲地区以上海为核心、以江浙港口群为依托，全力打造国际物流中心。珠江三角洲地区打造泛珠江三角洲地区物流网络，成为面向东南亚乃至世界的物流重地。京津冀地区将天津打造成华北物流重地，打通西北物流。东三省地区以大连为门户，在哈尔滨、长春、沈阳建立以内陆港为基地的东北亚物流主廊道，形成东北快速出海大通道。中部地区利用武汉、郑州的地理优势，建成东西南北贯通的物流中心。

3. 城镇化快速发展，促进物流系统向高效率演进

区域经济的发展离不开城镇化进程的加速发展。近年来，中国城镇化进程的速度明显加快，2019年中国城镇化率达60.60%，比2018年年末提高1.02个百分点。城镇化是中国现代化进程中的必经阶段，城镇化的发展将带来生产要素和人才的聚集以及技术创新的不断涌现，对生产力布局、城市消费区位的选择产生重要的影响，从而影响中间产品、最终产品和消费品的物流流量和流向。

城镇化的快速健康发展有助于促使物流系统的效率不断提高。"以大城市为依托，以中小城镇为重点，逐步形成辐射作用大的城市群，促进大中小城市和小城镇协调发展"为目标的城镇化发展战略的提出，有利于加强城市群内部的分工协作和优势互补，更好地发挥城市群的聚集和扩散效应，以及对区域经济的辐射带动作用。这个城镇化发展战略的实施，要求加快城市配送体系的建设和不同城市间配送网络的完善，以及与城市产业布局相配套的生产型物流中心、物流基地的建设，以提高城市物流效率。构建综合交通运输体发展思路的确立，为城市物流系统向高效率方向发展创造了条件。

区域经济发展战略的制定、实施和城镇化的快速发展，在很大程度上造成经济要素流量、流向和强度的改变，进而要求物流在更大的区域范围内加快物流通道和节点的整合，最大限度地提高物流资源的配置效率，提升物流管理技术和专业化物流服务水平。

3.2 综合经济区

3.2.1 东北综合经济区

东北综合经济区包括黑龙江、吉林、辽宁 3 省，总面积约为 79 万平方千米。截至 2019 年年底，总人口 10 793.73 万人。这一地区自然条件和资源禀赋结构相近，历史上相互联系比较紧密。目前，该经济区面临的问题比较多，如资源枯竭问题、产业结构升级换代问题等。

1．黑龙江省

1）地理位置

黑龙江省因境内最大河流黑龙江而得名。黑龙江省位于中国的东北部，是中国位置最北、纬度最高的省份，介于东经 121°11′~135°05′、北纬 43°26′~53°33′。黑龙江省的北部和东部隔黑龙江、乌苏里江与俄罗斯相望，其西部与内蒙古毗邻，其南部与吉林省接壤。全省土地面积约为 47.3 万平方千米（含加格达奇和松岭区），占全国陆地总面积的 4.9%。

2）自然资源

（1）生物资源。黑龙江省土地条件居全国之首，总耕地面积和可开发的土地后备资源均占全国的 1/10 以上，人均耕地和农民人均经营耕地是全国平均水平的 3 倍。全省现有耕地 11.87 万平方千米，土壤有机质含量高于全国其他地区，黑土、黑钙土和草甸土等占全省现有耕地的 60% 以上。黑龙江省是世界著名的三大黑土带之一。全省盛产大豆、小麦、玉米、马铃薯、水稻等粮食作物，以及甜菜、亚麻、烤烟等经济作物。

黑龙江省草原面积约为 4.33 万平方千米，草质优良、营养价值高，适于发展畜牧业。其中，松嫩草场是世界三大羊草地之一。

（2）矿产资源。黑龙江省已发现的矿产达 135 种（含亚矿种），已探明储量的矿产有 84 种。保有储量位居全国前列的有 10 种，即石油、晶质石墨、颜料黄黏土、长石、铸石玄武岩、岩棉玄武岩、火山灰、水泥用大理岩、矽线石、铼矿。煤炭储量居东北三省首位。黑龙江省现已开发利用的矿产达71种，各类矿产年产值居全国第二位。

（3）森林资源。黑龙江省林业经营总面积约为31.75万平方千米，占全省土地面积的2/3。全省有林地面积达20.07万平方千米，活立木总蓄积15亿立方米，森林覆盖率达46.14%，森林面积、森林总蓄积和木材产量均居全国前列。黑龙江是国家重要的国有林区和最大的木材生产基地。

（4）能源。黑龙江省是国家重要的能源工业基地。2019年全省生产原煤5195万吨，是主煤炭调出省之一。除此之外，黑龙江省的发电量和燃气产量在全国占有重要的地位。

（5）动物、植物。全省野生动物兽类有6目、20科、88种，占全国野生动物种数的21.6%。全省具有经济价值的野生植物资源蕴藏量约为250万吨，可食用的野生植物资源在25万吨以上，野生条草造纸原料100多万吨，各种药材约为125万吨。

3）经济与产业基础

（1）地区生产总值。经初步核算，2019年全省实现地区生产总值13 612.7亿元，按可比价格计算，比上年增长4.2%。

（2）财政收支。2019年全省地方一般公共预算收入1262.6亿元，比上年下降1.6%。其中，税收收入924.3亿元，比上年下降5.8%。全省地方一般公共预算支出5011.5亿元，比上年增长7.2%。

（3）外贸状况。2019年全省实现进出口总额1865.9亿元，比上年增长6.7%。其中，出口额349.4亿元，比上年增长18.8%；进口额1516.5亿元，比上年增长4.2%。

（4）交通运输。2019年全省主要运输方式共完成货物运输量6.7亿吨，比上年增长6.8%。2019年完成货物周转量1880.3亿吨千米，比上年下降2.0%。其中，铁路814.3亿吨千米，比上年增长3.9%；公路724.0亿吨千米，比上年下降10.7%；水运5.6亿吨千米，比上年下降8.6%；航空2.9亿吨千米，比上年增长6.9%；管道333.5亿吨千米，比上年增长5.5%。2019年年末公路线路里程16.9万千米，比上年增长1.0%，其中高速公路总里程4512千米。

（5）支柱产业。装备制造工业、石油化工业、能源工业、食品工业是黑龙江省的四大支柱产业。

2. 吉林省

1）地理位置

吉林省位于中国东北地区中部，北与黑龙江省相连，南邻辽宁省，西接内蒙古。其处于东北亚的腹心地带，地跨东经122°38′~131°19′、北纬41°50′~46°19′。全省总面积约为18.74万平方千米，地势东南部高、西北部低，中西部是广阔的平原。

2）自然资源

（1）林业、草原资源。吉林省是中国六大林区之一。长白山脉连绵千里，素有"长白林海"之称。全省林业用地面积为9.828 6万平方千米，占全省土地面积的52.03%；西部草原地处松嫩草原中心，松嫩草原是中国著名的草原之一，也是国家北方商品牛、细毛羊主要产地之一。吉林省草原可利用面积达4.379万平方千米，主要集中于吉林省的西部和东部地区。吉林省西部草原湿地，水源丰富，草质良好。这是科尔沁草原的延伸带，也是吉林省畜牧业的发展基地。

（2）矿产资源。吉林省矿产资源丰富，已发现的矿产有158种，已探明储量矿产120

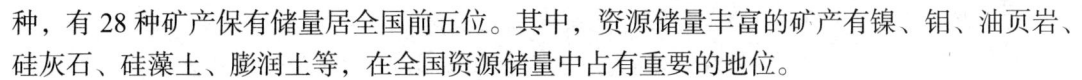

种，有28种矿产保有储量居全国前五位。其中，资源储量丰富的矿产有镍、钼、油页岩、硅灰石、硅藻土、膨润土等，在全国资源储量中占有重要的地位。

（3）野生动植物。吉林省山地资源丰富，尤以长白山区野生动植物资源为最。吉林省是闻名中外的"东北三宝"——人参、貂皮、鹿茸的故乡。另外，灵芝、天麻、不老草、松茸、猴头菇、田鸡油等在国内外比较著名。

（4）农作物。吉林省耕地土质肥沃，特别适宜种植粮豆、油料、甜菜、烟、麻、薯类、人参、药材、水果等各种作物，盛产玉米、大豆、水稻等。吉林省是中国最大的商品粮基地。吉林省的松辽平原是中国重要的粮食生产基地和世界著名的玉米带。

3）经济与产业基础

（1）地区生产总值。经初步核算，2019年全省实现地区生产总值11 726.82亿元，按可比价格核算，比上年增长3.0%。

（2）财政收支。2019年全省完成财政收入1116.86亿元，比上年下降10.0%。其中，完成税收收入797.89亿元，比上年下降10.5%。2019年全省完成地方财政支出3933.42亿元，比上年增长3.8%。

（3）外贸状况。2019年全省实现货物进出口总额1302.17亿元，比上年下降4.5%。其中，出口额323.98亿元，比上年下降0.6%；进口额978.20亿元，比上年下降5.7%。高新技术产品进出口额增长13.2%。对外直接投资增长125.50%，增速居全国第一位。

（4）交通运输。2019年，全省各种运输方式完成货物周转量1987.52亿吨千米。2019年全省完成货物运输总量4.88亿吨，货物周转量1987.52亿吨千米。

（5）支柱产业。汽车行业、石油化工业、食品工业、医药工业、电子工业等是吉林省的支柱产业。

3．辽宁省

1）地理位置

辽宁省位于中国东北的南部，介于东经118°53′～125°46′、北纬38°43′～43°26′。

辽宁省大陆海岸线长2178千米，约占中国大陆海岸线长的12%。东部山地丘陵区为辽宁省主要林区；西部山地丘陵区东缘的临海狭长平原，习惯上称为"辽西走廊"，是中国东北地区沟通华北地区的主要陆上通道。中部辽河平原是东北平原的一部分，由辽河及其支流冲积而成，地势平坦，土壤肥沃，水源充足，是辽宁省主要农业区和商品粮基地。

2）自然资源

（1）生物资源。辽宁省森林面积为5.645万平方千米，森林覆盖率达38.8%。全省有各种植物161科2200余种，具有经济价值的植物有1300种以上。动物种类繁多，有两栖、哺乳、爬行、鸟类动物7纲62目210科492属827种。

（2）矿产资源。辽宁省已发现矿产为120种，已探明储量的矿产有116种，其中菱镁矿、铁矿、硼矿、熔剂用灰岩和金刚石的保有资源储量居全国首位。全省石油累计探明地质储量23.7亿吨，剩余技术可采储量1.9亿吨，其中辽河油田是中国第三大油气田。

3）经济与产业基础

（1）地区生产总值。经初步核算，2019年全省实现地区生产总值24 909.5亿元，比上年增长5.5%。全年人均地区生产总值57 191元，比上年增长5.7%。

（2）财政收支。2019年地方一般公共预算收入2652.0亿元，比上年增长1.4%。其中，各项税收1929.2亿元，下降2.4%。全年地方一般公共预算支出5761.4亿元，比上年增长7.9%。

（3）外贸状况。2019年进出口总额7255.1亿元，比上年下降4.0%。其中，出口额3129.8亿元，比上年下降2.6%；进口额4125.3亿元，比上年下降5.0%。

（4）交通运输。2019年，全年公路、铁路、水运和民航四种运输方式完成货物运输量225 706万吨，比上年增长1.1%。全年货物周转量9460.3亿吨千米，比上年下降11.2%。全年港口货物吞吐量8.6亿吨，港口集装箱吞吐量1689.3万标准箱。

（5）支柱产业。装备制造业、冶金工业、石化工业和农产品加工业是辽宁省四大支柱产业。

4．东北综合经济区物流发展

近年来，东北地区陆续推出了辽宁省的"五点一线"战略、吉林省长吉图开发开放先导区战略、黑龙江省哈大齐工业走廊等战略，形成了东北地区以区域性中心城市为支撑，以边境口岸为节点，辐射亚欧大陆的框架。

发展东北地区物流，首先要构建东北地区合理物流体系。一系列投资超过千亿元的项目在以黑龙江为中心的东北地区域展开，要利用密集铁路线连成网络，将满洲里、绥芬河、牡丹江、同江这类对俄口岸城市连接起来，使其成为中国内地与俄罗斯远东地区贸易联通的"桥头堡"。随着东北地区区域经济合作的开展，以大连为中心的东北地区沿海港口物流发展迅速，东北地区沿海主要港口码头泊位有359个，其中万吨级以上泊位有174个，集装箱专用泊位有24个，形成了以大连港为中心，营口、丹东、锦州和葫芦岛等港口为两翼，层次分明、布局合理、结构优化、优势互补、分工合作的港口集群，促进东北地区农产品、石油化工产品等产品的贸易发展。其次，除了注重铁路、公路和内河运输建设及其三种运输方式衔接，积极发展多式联运。

做好重点领域物流业发展，具体内容如下。

（1）重点领域：粮食物流。

围绕三江平原、松嫩平原、辽河平原和蒙东地区等商品粮基地，构建东北地区主产区连接主销区，集合内外贸、生产加工、采购交易等功能的粮食物流体系。大力推广散粮运输方式，积极地推动铁海联运发展，构建以北良港为龙头，锦州港、营口港、大连港、丹东港为支撑的"北粮南运"港口物流体系；结合散粮装卸设施情况及铁路粮食大型装车点建设，建设粮食物流中心，适时开通从东北地区到华北地区、华东地区、华中地区的散粮铁路运输定点定向班列；开展东北地区半成品粮"入关"集装化运输试点；鼓励大型粮食生产、流通企业与主销区大型粮食物流节点战略合作，提高主销区散粮接卸和仓储能力。发展粮食网上交易，建立全国性的粮食物流信息服务平台。

（2）重点领域：煤炭物流。

结合铁路煤炭战略装车点的建设，加强煤炭物流基础设施和通道建设，提升蒙东煤炭物流集散能力，重点建设和畅通赤大白—锦州港、锡赤绥—绥中港、巴新铁路、巴珠铁路及扩能改造通霍线、绥满线等煤炭物流通道。加强营口港、锦州港等港口煤炭物流基础设施建设，大力发展煤炭分销物流。构建服务俄罗斯和蒙古的煤炭国际物流服务体系。

（3）重点领域：石油化工物流。

依托大连、抚顺、锦州、葫芦岛、盘锦、吉林、大庆等石油化工产业基地，建设集信息、交易、存储、运输等功能于一体的危险化学品物流中心。

（4）重点领域：钢铁物流。

提升大连港、营口港矿石码头的吞吐能力，新建丹东港矿石码头。建设同江铁路大桥，打通中国与俄罗斯矿石物流通道。建设以大连港、营口港、丹东港等为主的铁矿石供应物流系统。

（5）重点领域：①汽车物流。依托长春、沈阳、大连、哈尔滨等汽车及零部件生产和商贸流通集聚区，整合汽车及零部件制造业物流资源，规范商品车运输市场，开发标准运输装备，建立以汽车生产基地为核心的汽车物流服务体系。②装备物流。在沈阳、大连、长春、哈尔滨、齐齐哈尔等地建设装备制造物流中心，鼓励专业物流企业为装备制造产业提供包括采购、生产、销售、备品备件供应等供应链物流服务。

（6）重点领域：冷链物流。

围绕区域内主要畜牧、水产、农产品生产基地建设，以中心城市的鲜活农产品批发市场和加工配送基地为中心，应用现代物流技术，建设鲜活农产品冷链物流设施，构建冷链物流服务体系。

（7）重点领域：集装箱物流。

加强港口、边境口岸、内陆港、集装箱中心站等基础设施建设，发展以海铁联运为主的多式联运体系，建立港口、边境口岸与腹地一体化的集装箱物流网络；结合散货集装箱化的趋势，提高适箱货物的装箱率，推广集装箱运输，完善哈大集装箱铁路运输通道。

> **点评**
>
> 东三省，即黑龙江省、吉林省、辽宁省。它是中国传统的老工业基地，具有发展现代物流业的物质基础。目前，东三省以粮食、煤炭、石油化工、钢铁、汽车、装备制造等东北地区大宗商品和重要产业为服务重点，建立和完善东北地区现代物流服务体系。东三省依据产业布局、货物流向和运输方式，合理布局物流设施，提高专业物流服务水平，加快促进产业物流发展，并结合国家绿色农产品生产基地和精品畜牧业基地建设，大力发展农产品冷链物流。为适应集装化运输发展的需要，东三省积极推广集装箱物流模式，实现多种运输方式的无缝衔接。

3.2.2 北部沿海综合经济区

北部沿海综合经济区包括北京、天津两个直辖市和河北、山东两省，总面积约为 37 万平方千米，2019 年总人口 21 377.61 万人。这个综合经济区地理位置优越，交通便捷，科技、教育、文化事业发达，在对外开放中的成绩显著。

1．北京市

1）地理位置

北京市是中华人民共和国的首都，是中国政治、文化的中心，也是国际交往的中心。

北京市位于北纬39°56'、东经116°20',地处华北大平原的北部,东面与天津市毗连,其余均与河北省相邻。

2)自然资源

(1)矿产资源。目前,北京市已发现的矿产共126种,矿床、矿点产地共476处,列入国家储量表的矿产有44种。

(2)动植物资源。兽类约为40种,鸟类约为220种,爬行动物16种,两栖动物7种,鱼类60种;树木多属于暖温带落叶阔叶林兼有温带针叶林。

3)经济与产业基础

(1)地区生产总值。经初步核算,2019年全市实现地区生产总值35 371.3亿元,按可比价格计算,比上年增长6.1%。三次产业结构比由上年的0.4∶16.5∶83.1调整为0.3∶16.2∶83.5。按常住人口计算,全市人均地区生产总值16.4万元。

(2)财政收入。2019年全市完成地方一般公共预算收入5817.1亿元,比上年增长0.5%。

(3)外贸状况。2019年进出口总额28 663.5亿元,比上年增长5.4%。其中,出口额5167.8亿元,比上年增长6.1%;进口额23495.7亿元,比上年增长5.3%。

(4)交通运输。2019年货物运输量24 462.9万吨,比上年下降3.1%。2019年货物周转量782.6亿吨千米,比上年增长0.3%。

(5)支柱产业。电子信息、汽车、机电一体化装备、生物工程和新药、新能源和环保设备等现代制造业,金融服务、信息服务、科技服务、交通与物流服务等现代服务业,文化、旅游等产业是北京市的支柱产业。

2. 天津市

1)地理位置

天津市地处华北平原东北部,东临渤海,北枕燕山,位于北纬38°33'~40°15'、东经116°42'~118°03'。北面与首都北京毗邻,东、西、南分别与河北唐山、承德、廊坊、沧州接壤。天津市的海岸线长约为133千米。天津市的土地总面积为11 305平方千米。

天津市位于海河下游,地跨海河两岸,市中心距海岸50千米,距首都北京120千米,天津市是海上通往北京的咽喉要道。天津市是北方十几个省市通往海上的交通要道,拥有北方地区最大的综合性港口——天津港,其水陆域面积为336平方千米,其陆域面积为131平方千米,拥有各类泊位总数为159个,与世界上180多个国家和地区的500多个港口有贸易往来。天津港是从太平洋彼岸到欧亚内陆的主要通道和欧亚大陆桥的主要出海口。天津港具有显著的地理区位优势和十分重要的战略地位。

2)自然资源

天津市已探明的金属矿、非金属矿和燃料矿有20多种。金属矿主要有锰硼石、锰、金、钨、钼、铜、锌、铁等;非金属矿主要有水泥石灰岩、重晶石、叠层石、大理石、天然油石、紫砂陶土、麦饭石等,都具有较高的开采价值。

天津市有充足的油气资源。燃料矿主要埋藏在平原地区和渤海湾大陆架,如石油、天然气和煤成气等。天津市有渤海和大港两大油田,这两大油田是国家重点开发的油气田。已探明石油储量40亿吨,油田面积为100多平方千米;天然气地质储量1500多亿立方米;煤田面积为80平方千米。

3）经济与产业基础

（1）地区生产总值。2019年全市实现地区生产总值14 104.28亿元，比上年增长4.8%。其中，第一产业增加值185.23亿元，增长0.2%；第二产业增加值4969.18亿元，比上年增长3.2%；第三产业增加值8949.87亿元，比上年增长5.9%。

（2）财政收支。2019年地方一般公共预算收入2410.25亿元，比上年增长14.4%。其中，税收收入1634.20亿元，比上年增长0.6%，占地方一般公共预算收入的比重为67.8%。全年地方一般公共预算支出3508.71亿元，比上年增长13.0%。

（3）外贸状况。2019年外贸进出口总额7346.03亿元，比上年下降9.1%。其中，进口额4328.22亿元，比上年下降11.2%；出口额3017.81亿元，比上年下降5.9%。一般贸易出口总额1577.97亿元，比上年增长1.4%；加工贸易出口总额1271.44亿元，比上年下降10.9%。

（4）交通运输。2019年货物运输量56 940.61万吨。其中，铁路9887.42万吨，水运8954.91万吨。全年货物周转量2244.03亿吨千米。其中，铁路货物周转量271.69亿吨千米，水运货物周转量1546.01亿吨千米。港口货物吞吐量4.92亿吨，增长4.1%；集装箱吞吐量1730.07万标准箱，增长8.1%。

（5）支柱产业。航空航天、石油化工、装备制造、电子信息、生物医药、新能源新材料、国防科技和轻工纺织是天津市的八大支柱产业。

3．河北省

1）地理位置

河北省地处华北平原的北部，兼跨内蒙古高原。全省中环首都北京和北方重要的商埠天津市，北与辽宁省、内蒙古为邻，西靠山西，南与河南省、山东省接壤，东临渤海。全省海岸线长487千米。全省土地总面积为187 693平方千米。

2）自然资源

（1）矿产资源。目前，全省已发现各类矿产有156种，资源储量（矿石量）416.77亿吨。全省矿产地共1193处，已经开发利用的矿产地有817处，占用资源储量254.69亿吨。

（2）能源。全省能源资源比较丰富，一次能源的原煤、石油、天然气都有一定的储量。河北省有开滦、峰峰两大煤矿区和华北油田。

3）经济与产业基础

（1）地区生产总值。经初步核算，2019年全省实现地区生产总值35 104.5亿元，比上年增长6.8%。其中，第一产业增加值3518.4亿元，比上年增长1.6%；第二产业增加值13 597.3亿元，比上年增长4.9%；第三产业增加值17 988.8亿元，比上年增长9.4%。三次产业结构比由上年的10.3∶39.7∶50.0调整为10.0∶38.7∶51.3。全省人均地区生产总值46 348元，比上年增长6.2%。

（2）财政收支。2019年全部财政收入5850.5亿元，比上年增长4.7%。其中，地方一般公共预算收入3742.7亿元，比上年增长6.5%。税收收入2630.4亿元，比上年增长2.9%。地方一般公共预算支出8313.7亿元，比上年增长7.7%。

（3）外贸状况。2019年进出口总额完成4001.6亿元，比上年增长12.6%。其中，出口额2370.3亿元，比上年增长5.7%；进口额1631.3亿元，比上年增长24.4%。河北省对"一带一路"沿线国家进出口总额1277.2亿元，比上年增长18.1%。其中，出口额958.6亿元，比上年增长8.8%；进口额318.6亿元，比上年增长59.5%。

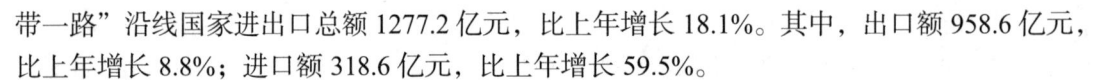

（4）交通运输。2019年货物运输量25.8亿吨，比上年增长3.4%；货物周转量14 179.5亿吨千米，比上年增长2.2%。沿海港口货物吞吐量11.6亿吨，比上年增长0.6%；沿海港口集装箱吞吐量412.7万标准箱，比上年下降3.1%。

（5）支柱产业。河北省培育壮大的战略性新兴产业包括新能源产业、新一代信息产业、生物医药产业、高端装备制造业、新材料产业、节能环保产业和海洋经济产业七大领域。

4．山东省

1）地理位置

山东省位于中国东部沿海，黄河下游，境域包括山东半岛和内陆两部分，山东半岛突出于渤海与黄海之中，同辽东半岛遥相对峙。全境南北最长420多千米，东西最宽700多千米，总面积为15.71万平方千米。

2）自然资源

（1）动植物。山东省境内的各种植物有3100余种，其中野生经济植物有645种。树木有600多种，分属74种209属。各种果树有90种，分属16科34属。陆栖野生脊椎动物有450种，占全国总数的21%。山东省是全国粮食作物和经济作物重点产区之一，素有"粮棉油之库，水果水产之乡"之称。

（2）矿产资源。山东省已发现矿产资源150种，查明资源储量矿产81种，其中能源矿产7种，金属矿产25种，非金属矿产46种，水气矿产3种。在查明储量的矿产中，保有储量居全国前10位的矿产有70种，居全国前5位的有41种。国民经济赖以发展的15种支柱性重要矿产，如石油、铁、铝、金、钾盐、矿盐、石灰岩等矿产保有资源储量居全国前10位。

（3）能源。山东省是全国重要的能源基地之一。胜利油田是中国第二大石油生产基地，中原油田的重要采区也在山东省。山东省原油产量占全国原油总产量的1/3。山东省境内含煤地层面积为5万平方千米，其中兖滕矿区是全国十大煤炭基地之一。

3）经济与产业基础

（1）地区生产总值。经初步核算，2019年全省地区生产总值71 067.5亿元，按可比价格计算，比上年增长5.5%。其中，第一产业增加值5116.4亿元，比上年增长1.1%；第二产业增加值28 310.9亿元，比上年增长2.6%；第三产业增加值37 640.2亿元，比上年增长8.7%。三次产业结构比由2018年的7.4∶41.3∶51.3调整为2019年的7.2∶39.8∶53.0。人均地区生产总值70 653元，比上年增长5.2%。

（2）财政收支。2019年全省财政收支保持稳定。地方一般公共预算收入6526.6亿元，比上年增长0.6%。其中，税收收入4849.2亿元，比上年下降1.0%，占地方一般公共预算收入的比重为74.3%。地方一般公共预算支出10 736.8亿元，比上年增长6.3%。

（3）外贸状况。2019年对外贸易稳旧拓新。全年货物进出口总额20 420.9亿元，比上年增长5.8%。其中，出口额11 130.4亿元，比上年增长5.3%；进口额9290.6亿元，比上年增长6.4%。山东省对"一带一路"沿线国家进出口总额6030.9亿元，比上年增长15.9%。其中，出口额3286.2亿元，比上年增长16.3%；进口额2744.7亿元，比上年增长15.3%。

山东省对"一带一路"沿线国家实际投资 134.6 亿元，比上年增长 5.6%。

（4）交通运输。2019 年全省交通运输形势稳定。全年全省货物运输量 36.5 亿吨，比上年增长 4.3%。沿海港口货物吞吐量 16.1 亿吨，比上年增长 8.9%。

（5）支柱产业。为加快实现工业体系由大变强的转变，山东省确立了十大重点产业，包括钢铁、汽车、船舶、化工、轻工、纺织、有色金属、装备制造、电子信息和现代物流。

5．北部沿海综合经济区物流发展

作为中国物流发展较早的地区，北部沿海综合经济区各省市地方政府大多从战略高度出发，把现代物流作为经济腾飞的重要措施，制定了一系列的相关发展战略。

1）北京市物流发展

北京市的物流需求主要以保障城市运行为基础，以提高生活性服务业品质为核心，以服务首都城市战略定位为出发点，提升物流服务保障能力和水平，为首都经济发展提供坚实的物流服务保障。

北京市物流发展的主要任务如下。

第一，夯实城市物流运行基础，着力加强民生服务保障。其一是完善城乡物流保障功能，围绕提高生活性服务业品质，统筹布局，形成层级合理、需求匹配的物流配送网络。其二是加强首都生活必需品物流服务保障。加快农产品配送现代化建设。提高生活必需品保障物流支撑功能。其三是构建现代化食品冷链物流体系。

第二，完善专业物流体系，着力支撑高精尖经济结构。推进供应链一体化服务，推动电子商务物流发展，完善医药物流体系，培育壮大会展物流。

第三，推动区域物流一体化，着力形成协调发展新格局。其一是有序疏解非首都功能。引导和推动区域性农副产品、基础原材料等大宗商品的仓储物流功能外迁。其二是加强京津冀物流产业协作。推动环京津 1 小时鲜活农产品物流圈建设，支持企业在津冀地区建设蔬菜、肉蛋等农副产品生产基地和物流仓储设施，提高产地冷链设施水平和农产品物流配送效率。其三是开展多式联运模式示范应用。推动不同运输方式在基础设施、物流装备、操作规范等方面的对接和统一，推进京津冀区域社会运力优化配置。

第四，推进物流创新发展，着力提高服务质量与效率。推动国际物流与城市物流有效联动，促进"互联网+"与物流业融合发展，鼓励先进信息技术应用。

第五，加速物流业转型升级，着力推动绿色集约发展。推进商贸物流体系规范化建设，创新物流运作模式，发展绿色物流。

第六，延伸强化国际物流功能，着力服务首都对外开放。其一是完善口岸物流功能。其二是发展跨境电子商务物流。其三是差别化发展四大物流基地。顺义空港基地重点加快完善国际物流及快递类包裹集散功能，打造北京内外贸及国际电子商务中心。通州马驹桥物流基地突出承接朝阳口岸功能，与天津口岸经营主体通过项目资金互投，利用经济纽带促进口岸合作。大兴京南物流基地充分利用区位优势，着力发挥京津冀区域联动功能，打造成京津冀一体化的重要物流枢纽。平谷马坊物流基地以"口岸+冷链+交易"为核心，建设保障首都、协同津冀的"特色口岸"型商贸流通节点，打造北京成为国内贸易与跨境电子商务融合发展的创新示范区和服务品牌。

2）天津市物流发展

天津市作为北方重要的经济中心和港口城市，对现代物流业的发展予以高度重视，将现代物流业列为支柱产业之一。当前，天津市紧抓京津冀协同发展、自由贸易试验区建设、国家自主创新示范区建设、滨海新区开发开放和"一带一路"建设的重大历史机遇。按照天津"全国先进制造研发基地、北方国际航运核心区、金融创新运营示范区、改革开放先行区"的功能定位要求，着力调整优化天津市物流业空间布局，形成产业集群、布局合理、层级分明、功能完善、高效便捷的物流设施体系和空间布局结构，促进物流产业转型升级和加快发展，提升天津市物流服务辐射能力和国内国际资源的配置能力，进一步发挥物流业对经济社会发展的支撑作用。努力打造天津市成为北方国际物流新平台、京津冀物流网络的战略核心、中国物流创新示范高地和"一带一路"的北方物流桥头堡、具有全球影响力的国际物流枢纽和供应链资源配置节点。

《天津市物流业空间布局规划（2019—2035年）》的实施包括以下两个方面。

一方面，加快海、空两港国际物流中心建设。其一是加快海港国际物流中心建设。建设大港港区深水航道、自动化集装箱码头、推进汽车、集装箱物流体系建设、加快智慧港口、平安港口建设，提升航运服务水平。其二是加快建设国际航空物流服务中心。以航空物流的综合产业体系为主导，建设一级货站、快递分拨（处理中心）、第三方物流、航空商务、物流交易展示、国际总部等功能区，搭建航空物流信息平台，大力发展电商及跨境电商物流、航空快递、保税服务和航空货运，打造特色鲜明、功能完善、产业集聚、协同京津冀、面向全球的国际航空物流服务区。其三是加快建设陆路港铁路物流基地。立足陆路港，畅通与海港、空港的优势对接，加速物流基地配套基础设施建设、功能完善及铁路口岸申报工作，大力发展陆路港集装箱产业园与海港和新港北集装箱中心站，运营好海关监管场所，打造国际物流大通道，利用紧邻外环东北部调整线和志成道快速路延长线的优势，向天津市区提供城市生活物质配送服务。

另一方面，推进三大快递专业类物流功能区建设。依托天津航空物流区，加快建设航空快递物流功能区，构建中国北方航空快递物流综合枢纽；提升武清开发区保税物流园、武清电子商务物流园、京滨工业园物流中心、京津科技谷物流中心的快递物流功能，构建服务京津冀的网络零售快递服务平台；依托东疆港跨境电子商务快递物流区，推进东疆港保税物流园建设，发展快件海淘保税仓，将东疆港打造成中国北方跨境电子商务快递集散中心。

3）河北省物流发展

目前，河北省物流产业规模大而不强，但其已成为继钢铁业、装备制造业后的第三大支柱产业。物流产业发展目标是建立联通全球、面向全国、服务京津、带动周边、发展智慧物流服务网络，使物流效率达到国内先进水平，优势领域达到或接近国际水平。

具体举措如下。

第一，优化商贸物流空间的布局，依托北京大外环高速公路、环首都城际铁路等综合交通运输通道，结合京津大型仓储、城市配送等功能向河北省环首都地区疏解，加快承接地建设，构建环京津1小时商贸物流圈。

第二，纵横"两通道"优化物流空间，整合河北资源，畅通东西向大宗商品物流通道和南北向综合物流通道。东西向大宗商品物流通道，将发挥沿海港口龙头的带动作用，推进跨区域陆海联运体系建设，构建开放型商贸物流网络。在此基础上，建设京唐秦物流带和石黄物流带。京唐秦物流带以唐山港、秦皇岛港为出海口，依托京秦、京呼包、大秦、张唐铁路和京秦、京藏高速公路等综合交通运输干线，以唐秦张承物流枢纽为支点，形成物流大通道，着力开展矿石、煤炭、有色金属等资源产品大宗交易、跨区转运分拨等物流业务。石黄物流带，以黄骅港为龙头，依托黄骅港—石家庄—太原—银川、黄骅港—邢台—邯郸—长治和朔黄、邯黄铁路的综合交通运输干线，打通沧州、衡水、石家庄、邢台、邯郸出海通道，大力发展装备制造、石油化工、现代农业、医药、新材料等专业物流。南北向综合物流通道，将发挥国家经济和城镇布局主轴线作用，推进跨区域公路、铁路联运体系建设，建设高效便捷的商贸物流网络。其中，沿海物流带，将依托秦皇岛—唐山—天津（滨海新区）—黄骅沿海综合运输干线，推进传统卸载港向现代物流商贸港转型。京广物流带依托京承、京广综合运输干线，发挥冀中南城市群和交通区位优势，大力发展装备制造业、大宗农产品、日用消费品等专业物流，着力打造一批具有全国影响力的商业中心、商品集散地和会展中心。京九物流带将发展家具、丝网、羊绒、建材等县域特色专业物流。

第三，打造5大国家级物流枢纽。

石家庄：重点依托商贸流通产业优势和电子商务发展基础，构建面向京津冀的区域分拨物流中心和电子商务物流协同发展示范基地。将石家庄打造成覆盖京津冀并辐射华北、西北的京津冀商贸物流基地西部中心。加快建设石家庄西北、正定、石家庄南部省级物流产业聚集区和石家庄动漫衍生品集散中心，积极建设高端商务聚集区、智慧物流先行区、现代商业融合区、创业创新示范区，明确石家庄正定国际机场货运干线定位，加快石家庄综合保税区建设，高标准建设华北航空货运中心，推动石家庄成为具有全国影响力的商贸物流枢纽。

唐山：依托港口条件与港口腹地产业基础，围绕港口物流服务功能的拓展延伸，与区域钢铁及相关制造业联动发展，与天津国际物流枢纽中心实施联动发展。打造与产业深度融合的供应链服务体系，打造京津商贸物流基地北部中心。重点建设迁安钢铁、曹妃甸、丰润北方等10个省级物流产业聚集区和唐山港京唐港区、曹妃甸港区保税物流中心等一批重大项目，围绕化解过剩产能，重点发展现代装备制造业物流，完善港口集疏运体系，拓展集装箱、散杂货业务，加快建成一批环渤海有影响力的商贸物流知名品牌。

秦皇岛：打造京津冀商贸物流基地北出口，重点建设临港、青龙省级物流产业聚集区，围绕西港东迁，重点发展大宗农产品和旅游产品物流。推动国家级煤炭交易中心建设，促进大型城市商贸综合体建设，形成商业商务群。

沧州：打造京津冀商贸物流基地东出口，重点建设渤海新区、沧东、肃宁省级物流产业聚集区，以黄骅港为龙头，带动冀中南地区建材、管道装备、化工、农产品等进出口物流、集装箱物流加快发展。加快建设京津"菜篮子"绿色产品生产基地、绿色食品加工物流基地。

邯郸：打造京津冀商贸物流基地南出口，重点建设新兴国际、国际陆港省级物流产业聚集区和河北武安保税物流中心等一批重大物流项目，整合晋冀鲁豫区域物流资源，大力

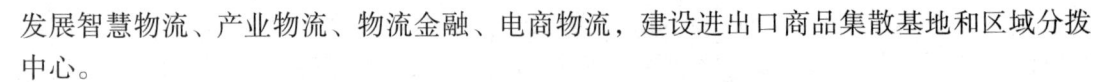

发展智慧物流、产业物流、物流金融、电商物流，建设进出口商品集散基地和区域分拨中心。

4）山东省物流发展

山东省依托区位交通优势，努力降低物流成本，提高物流效率，推进物流服务体系建设。力争到2022年，社会物流总额年均递增6.5%左右，物流业增加值年均递增6%左右；到2028年，建成布局合理、技术先进、便捷高效、管理规范的现代物流服务体系。

山东省产业布局如下。

第一，公铁物流业。依托省内公路铁路网络和中欧、中亚班列，支持多式联运、干支线衔接、口岸服务功能完善的物流园区建设。中部对接京津冀与长三角地区、中原经济区和省内各主要城市，以济南董家镇国际内陆港、黄河北岸现代智慧物流枢纽、淄博保税物流中心为基点，打造交通枢纽区域物流中心；东部以胶州湾国际物流园、即墨国际陆港物流园、鲁东物流中心为核心，打造丝绸之路国际物流枢纽；西部以临沂商城、菏泽交通物流园、万福河商贸物流园为核心，打造西部物流走廊，发挥临沂中国物流之都的"洼地效应"，建成辐射华东、华北、中原等地区的商品集散地、区域性物流枢纽。

第二，空港物流业。重点发展航空物流业，依托遥墙国际机场，重点发展航空运输、保税物流、临空经济一体化的空港物流业。依托胶东、蓬莱临空经济区，重点发展航空物流、跨境电商、航空维修、临空制造等相关高端服务业。依托临沂沭埠岭国际机场、济宁曲阜机场，加快临港国际、航空港物流园等园区建设，打通西部空港物流对外通道；重点发展海港物流业，依托青岛港、日照港、烟台港、威海港，重点发展外向型物流、保税物流和辐射型物流，加快前湾港南港区、董家口港区物流园，烟台六港、莱州滨海临港物流基地等园区建设，打造东亚国际物流中心；重点发展内河水运物流业，利用京杭运河水运成本较低的优势，推进公路、铁路、水路联运。

第三，供应链物流业。以济南、青岛入选首批国家供应链体系建设重点城市，烟台、潍坊开展国家流通领域现代供应链体系建设为契机，建设供应链协同平台，鼓励流通企业与生产企业合作，开展信息实时共享，实现产品"同线、同标、同质"。济南市以各类智慧商圈、商贸仓储和末端配送企业为实施主体，开展示范试点，形成一批高质量供应链服务平台；青岛市建设基于"海尔制造"的制造业协同服务、智能智慧供应链体系，基于"红领C2M"的制造与流通深度融合生态化的供应链体系，基于"肉菜追溯"体系的重要农产品追溯全覆盖的供应链体系等。

第四，冷链物流业。依托济南、淄博、菏泽等肉类主产区，加快冷库节点网络的拓展和优化布局，完善温度监控和质量追溯系统，打造覆盖全省、服务全国、全程"无断链"的肉类冷链物流中心；依托青岛、威海等市建设远洋渔业产品精深加工和冷链物流集群，培育远洋渔业产品精深加工和冷链物流基地，打造东亚地区重要的国际水产品冷链物流中心；依托潍坊、聊城等市瓜菜菌类农产品种植和集散功能优势，建设一批果蔬冷链物流基地；完善特种商品冷链物流监管系统，构建智能冷链物流体系，实现产品运输、仓储、配送等全过程智能化。

现代物流业产业集群：济南市现代物流产业集群、临沂兰山商城物流产业现代服务业产业集群、聊城烟店轴承商贸现代服务业产业集群、菏泽天华电商物流现代服务业产业集群。

重点园区：济南综合保税区、山东盖家沟国际物流园、济南零点物流港园、青岛胶州湾国际物流园、青岛华骏物流园、烟台保税港区西区、烟台国际商贸物流园、龙口临港物流园、鲁东物流中心、潍坊泓德物流园、金乡县鲁西南商贸物流区、石岛湾省级旅游度假区冷链物流产业园、日照（华东）国际物流城、日照天泽冷链物流园区、莒南临港物流园区、山东盖世冠威国际物流园、鲁西现代国际物流园。

> **点评**
>
> 北部沿海综合经济区的物流发展涵盖了首都北京，具有得天独厚的政治优势。该区域就是人们常说的环渤海地区，物流发展的潜力巨大。

3.2.3 东部沿海综合经济区

东部沿海综合经济区包括上海，江苏、浙江两省，总面积约为21万平方千米，2019年总人口16 348.14万人。这一地区在历史上对外经济联系密切，在改革开放的潮流中许多领域先行一步，人力资源丰富，发展优势明显。2008年，国务院颁发的《国务院关于进一步推进长江三角洲地区改革开放和经济社会发展的指导意见》，正式确立"长三角"为江苏省、浙江省两省和上海市全境，后来苏北地区和浙西南地区也被纳入"长三角"。

1．上海

1）地理位置

上海简称"沪"，位于北纬31°4′、东经121°29′。上海地处长江三角洲前缘，东濒东海，南临杭州湾，西接江苏、浙江两省，北界长江入海口，是中国南北海岸线的中部，交通便利，位置优越，上海是一个良好的江海港口。

2）自然资源

（1）生物资源。上海东临东海，有丰富的水产资源。据统计，东海、黄海的水产资源有700多种。此外，上海地处长江口，这里江面宽阔，海淡水交汇，各种鱼类有108种，其中经济鱼类有20多种。

（2）能源。上海具有一定数量和较高质量的"二次能源"生产企业。产品主要是电力、石油产品、焦煤和煤气（包括液化石油气）。经初步估算，东海大陆架油气资源储量约为60亿吨，是中国近海海域最大的含油气盆地。

3）经济与产业基础

（1）地区生产总值。经初步核算，2019年全市实现地区生产总值38 155.32亿元，比上年增长6.0%。按常住人口计算，人均生产总值15.73万元。

（2）财政收支。2019年地方一般公共预算收入7165.10亿元，比上年增长0.8%。地方一般公共预算支出8179.28亿元，比上年下降2.1%。

（3）外贸状况。2019年上海货物进出口总额34 046.82亿元，比上年增长0.1%。其中，进口额20 325.91亿元，比上年下降0.1%；出口额13 720.91亿元，比上年增长0.4%。上海与"一带一路"沿线国家和重要节点城市货物贸易额占全市地区生产总值比重达22.4%。

（4）交通运输。2019年各种运输方式完成货物运输量109 608.51万吨，比上年增长

2.1%。全年上海港口货物吞吐量达 72 031.32 万吨,比上年下降 1.4%;集装箱吞吐量 43 30.26 万标准箱,比上年增长 3.1%。

(5)支柱产业。新能源、民用航空制造、先进重大装备、生物医药、电子信息制造、新能源汽车、海洋工程装备、新材料、软件和信息服务业是上海高新产业的九大方向。

2．江苏省

1)地理位置

江苏省简称"苏",位于中国大陆东部沿海中心,地跨东经 116°18′～121°57′,北纬 30°45′～35°20′。江苏省跨长江下游两岸,东濒黄海,有近 1000 千米的海岸线,西北连安徽、山东,有低山丘陵错落,东南与浙江、上海毗邻。

2)自然资源

江苏省地跨华北地台和扬子地台两大地质构造单元,有色金属类、建材类、膏盐类、特种非金属类矿产是江苏矿产资源的特色和优势。目前,已发现的矿产有 133 种,已探明资源储量的矿产有 65 种,其中铌钽矿、含钾砂页岩、泥灰岩、凹凸棒石黏土、二氧化碳气等矿产查明资源储量居全国前列。

江苏省水资源十分丰富,降雨年径流深为 150～400 毫米。江苏省地处长江、淮河、沂河、沭河、泗水五大河流上游,境内河渠纵横,水网稠密,长江横穿江苏省南部。平原地区广泛分布着深厚的第四纪松散堆积物,地下水源丰富。

3)经济与产业基础

(1)地区生产总值。经初步核算,2019 年实现地区生产总值 99 631.5 亿元,按可比价格计算,比上年增长 6.1%。全省人均地区生产总值 123 607 元,比上年增长 5.8%。

(2)财政收支。财政收入稳定增长。2019 年完成地方一般公共预算收入 8802.4 亿元,比上年增长 2.0%;其中,税收收入 7339.6 亿元,比上年增长 1.0%。全年地方一般公共预算支出 12 573.6 亿元,比上年增长 7.9%。

(3)外贸状况。2019 年全省全年完成进出口总额 43 379.7 亿元,比上年下降 1.0%。其中,出口额 27 208.6 亿元,增长 2.1%;进口额 16 171.1 亿元,下降 5.7%。江苏省对"一带一路"沿线国家出口保持较快增长,出口额 7284.2 亿元,比上年增长 12.8%。

(4)交通运输。2019 年货物运输量,比上年增长 4.6%。货物周转量比上年增长 4.3%。外贸货物吞吐量 5.2 亿吨,比上年增长 7.0%;集装箱货物吞吐量 1872.6 万标准箱,比上年增长 4.1%。2019 年年末全省高速公路里程 4865.0 千米;铁路营业里程 3539.0 千米,铁路正线延展长度 6252.9 千米。

(5)支柱产业。新能源、新材料、生物技术和新医药、节能环保、软件和服务外包、物联网和新一代信息技术六大新兴产业正成为江苏省经济新的支柱产业。

3．浙江省

1)地理位置

浙江省位于中国东南沿海、长江三角洲南翼,其东北部与上海相邻,500 平方米以上的岛屿有 3061 个,是中国岛屿最多的一个省份。

2）自然资源

（1）生物资源。全省境内的海岸线包括海岛线总长为6486千米，内海面积为3.09万平方千米。浙江海域是中国最大的渔场，可供养殖的浅海面积有400余平方千米。

（2）矿产资源。浙江省矿产资源种类较多，已发现矿产有113种。截至2012年年底，全省已探明资源储量的矿产有93种（不包括油气、放射性矿产）。全省有1452个矿区，其中1391个固体矿产矿区，49个地热矿泉水矿区。非金属矿产丰富，已探明资源储量的矿的、明矾石、叶蜡石储量居全国之首；萤石、伊利石储量居全国第二位；膨润土、高岭土、水泥用石灰岩、沸石、硅灰石、珍珠岩储量等名列前10名之内。

3）经济与产业基础

（1）地区生产总值。经初步核算，2019年实现地区生产总值62 352亿元，比上年增长6.8%。三次产业结构增加值之比为3.4∶42.6∶54.0。人均地区生产总值107 624元，增长5.0%。

（2）财政收支。2019年全省财政总收入12 268亿元，比上年增长4.8%；地方一般公共预算收入7048亿元，比上年增长6.8%。其中，税收收入5898亿元，比上年增长5.6%。地方一般公共预算支出10 053亿元，比上年增长16.5%。

（3）外贸状况。2019年货物进出口总额30 832亿元，比上年增长8.1%。其中，出口额23 070亿元，比上年增长9.0%；进口额7762亿元，比上年增长5.8%。浙江省对"一带一路"沿线国家合计进出口额10 458亿元，比上年增长16.7%，其中出口额7961亿元，比上年增长16.8%。

（4）交通运输。2019年全省铁路、公路和水运完成货物周转量12 391亿吨千米，比上年增长7.4%。全省规模以上港口完成货物吞吐量17.2亿吨，比上年增长11.0%，其中，沿海港口完成货物吞吐量13.5亿吨，比上年增长8.3%。宁波—舟山港完成货物吞吐量11.2亿吨，比上年增长7.9%；集装箱吞吐量稳居全球第三，达2753万标准箱，比上年增长4.5%。

（5）支柱产业。浙江省的九大战略性新兴支柱产业包括：生物产业、新能源产业、高端装备制造业、节能环保产业、海洋新兴产业、新能源汽车、物联网产业、新材料产业及核电关联产业。

4．东部沿海综合经济区物流发展

东部沿海综合经济区以上海市为中心，以江苏省、浙江省为两翼，加快物流业飞速发展。

1）上海市物流发展

构建高效链接全球、服务辐射全国、线上线下联动的开放式、一体化物流业发展新格局，吸引一批全球运作的跨国公司物流总部、大型物流企业总部和物流研发中心集聚，形成"智慧互联、高效便捷、绿色低碳、高端增值"特征的物流业发展新模式，成为具有全球影响力的国际物流枢纽城市和供应链资源配置中心。

构筑协调互联空间格局。依托海空港枢纽、陆路交通门户，结合上海制造业和服务业布局，加强与全市交通组织和城市空间的协调衔接，打造由五大重点物流园区（外高桥物流园区、深水港物流园区、浦东空港物流园区、西北综合物流园区、西南综合物流园区）、四类专业物流基地（制造业、农产品、快递、公路货运）为核心架构的"5+4"空间布局，进一步完善三级城市配送网络和重点区域物流配套服务，形成东西联动、辐射内外、层级合理、有机衔接的物流业协调互联空间新格局。

五大重点物流园区。东部沿海三大物流园区（外高桥物流园区、深水港物流园区、浦东空港物流园区）对接国际，以上海自贸试验区保税区域为引领，强化临港、临空产业与现代物流联动效应，进一步优化国际物流环境，构建开放型经济新体制。西部陆路两大物流园区（西北综合物流园区、西南综合物流园区）连接长江三角洲地区，突出物流发展与交通区位、产业优势、城市功能的协调融合，着力推动传统物流的转型升级。

第一，外高桥物流园区。依托外高桥港区和外高桥保税区，发挥功能丰富、配套齐全、要素集聚的比较优势，着力培育贸易、金融与物流的整合创新体系，打造成功能前沿、总部集聚、贸易便利、联动紧密的物流贸易一体化开放运作平台，形成保税物流与国际贸易融合发展的区港联动型物流园区。着力搭建国际中转集拼服务、大宗商品交易交割服务、国际商品展示分销服务平台，创新航运、港口、物流园区一体化运作流程，促进国际中转和转口贸易发展。依托外高桥专业市场资源，做强医药产品物流贸易一体化功能，提供保税展示、咨询交易、代理服务、仓储分拨、流通加工等全程物流服务，着力打造面向国际、服务全国的药品和医疗器械物流贸易综合服务平台；形成以进出口机电产品、汽车、食品酒类、高档消费品等为代表的"前店后库"保税物流服务新模式；开展农产品、有色金属、能源等大宗商品交易交割、指数发布、仓单质押等增值服务。完善园区的物流集疏运体系，提升以海运直通、海铁联运为代表的多式联运能力。

第二，深水港物流园区。发挥洋山深水港航运优势、洋山保税港区政策优势和临港产业集群优势，打造成国际航运物流功能承载区、全球供应链亚洲枢纽，形成港口物流与临港产业优势融合的港口综合型物流园区。加快基础配套设施建设，完善功能配套服务，着力集聚现代物流服务产业链资源。突出保税与非保税联动、物流与航运共生，重点发展以国内外知名航运巨头为主体的航运物流，以农产品、食品冷链和危化品为代表的专业物流，以国际分拨、国际采购、供应链管理等为代表的保税物流。积极拓展国际中转集拼、保税展示交易、期货保税交割、大宗商品交易、融资租赁、保税维修再制造等功能。完善南港、芦潮港等临港地区港口码头、仓储堆场、集装箱内河转运等物流设施，发挥铁路集装箱中心站作用，使其成为服务临港产业、辐射内陆腹地的多式联运枢纽。

第三，浦东空港物流园区。依托浦东国际机场和空港产业园区，以浦东机场综合保税区和祝桥空港物流园区为载体，以建设临空功能服务先导区为抓手，使其成为国际航空物流重要枢纽，形成临空产业与航空物流联动发展的空港口岸型物流园区。发挥区港一体的物流运作优势，打造便捷高效的物流运作环境，重点针对工业零部件、电子产品、医疗器械、高端商品等高时效、高附加值产品物流服务需求，吸引集聚跨国公司亚太和全球分拨中心入区运作。推进保税货物与口岸货物同步运作，进一步拓展航运金融与融资租赁、国际贸易与保税展示、航空临空服务与全球维修检测、国际快件转运与国际中转集拼等功能的集聚与发展。大力推进空港物流与大飞机制造、航空配套特色产业及空港服务业的联动融合，把祝桥镇打造成国家级的临空经济示范区。结合沪通铁路规划建设，探索空铁联运物流模式，完善园区多式联运功能。

第四，西北综合物流园区。利用北虹桥区位优势，普陀桃浦、嘉定江桥产业资源优势，面向城市生产运行和生活服务，将西北综合物流园区建成与国际大都市功能协调发展的物流园区。西北综合物流园区桃浦片区着力打造成科技商贸的重要载体，强化面向本市的快消品、医药等连锁配送功能；发挥保税物流中心作用，推动与上海自贸试验区联动，拓展跨境电子商务、保税展示交易、采购分拨等功能；依托陆上货运交易中心搭建物流资源交易信息平台，提升物流资源配置效率，促进市场有序规范；推进产学研合作，开展物流科技研发、物流信息资讯、物流教育培训等服务。西北综合物流园区江桥基地着力促进物流与制造、商贸、信息等融合，打造采购分销、物流配送、贸易集散等中心功能，以重大项目为载体完善区域性大型公共配送节点和集货转运中心等设施，重点发展冷链物流、商贸物流、电商物流等。

第五，西南综合物流园区。利用松江的西南门户枢纽区位优势和加工制造业基础，以重大功能性项目为载体，形成具有供应链管理特征的物流园区。加强市区联动，建立物流园区规划建设推进机制，加快推进现代物流资源集聚发展。适应电子商务快速发展的物流需求，完善区域性电子商务分拨配送中心设施，推进物流与电子商务融合发展。积极推进松江出口加工制造业转型，发展面向制造业的生产性服务，拓展保税物流、跨境电商物流、维修检测、再制造等功能。以园区建设推动"闵行—青浦—松江"一带物流资源整合，提升西南地区物流集约化水平。

2）江苏省物流发展

"十三五"期间，江苏结合"一带一路"倡议与长江经济带战略实施，扩大有效供给，重塑产业链、供应链、价值链，全力推动物流业协同发展和创新驱动，为经济结构调整和产业转型升级提供重要支撑。围绕三大中转联运走廊，重点推进"五大通道、四大枢纽、九大节点"建设，基本建成布局科学、技术先进、智慧高效、绿色环保、安全有序的物流服务体系，打造成现代物流强省、物流业创新发展的先导区和示范区。

三大中转联运走廊：以海铁联运、海河联运建设为重点，打通连接中亚、欧洲要道，面向日本和韩国的新亚欧大陆桥的双向物流走廊；以海陆联运、江海联运和港口共建共享为重点，打造面向东亚地区、连接中巴和孟中印缅经济走廊的海上物流走廊；以江海联运、水铁联运和集疏运体系完善为重点，打造对接上海、联通中西部地区的长江物流走廊。

五大物流通道：沿沪宁线物流通道、沿长江物流通道、沿海物流通道、沿东陇海物流通道、沿运河物流通道。

四大综合性物流枢纽：南京、徐州、苏州、连云港。

九大区域性物流节点：常州、南通、无锡、扬州、淮安、盐城、宿迁、镇江、泰州。

3）浙江省物流发展

围绕打造世界级现代化大湾区，构建现代化经济体系，立足大湾区物流产业发展实际，浙江省印发了《浙江省大湾区物流产业高质量发展行动计划（2019—2022）》（以下简称《行动计划》）。《行动计划》为浙江建设绿色智慧和谐美丽的世界级现代化大湾区提供有力支撑。

在空间布局上，适应大湾区"一环、一带、一通道"总体布局，依托三大科创走廊和四大新区建设，构建"大湾区智慧物流环、甬台温物流协同带、义甬舟国际物流通道"空间布局形态。

聚焦"大湾区智慧物流环"。突出"数字经济"引领，鼓励"互联网+"物流创新，以杭州"全国智慧物流中心"为核心，联动嘉兴全球超级共享中心，构建全球智慧物流枢纽；依托绍兴发达的制造业和专业市场优势，进一步优化区域物流园区布局，提升物流园区信息互联水平，打造智能制造服务型物流枢纽；发挥湖州内河水运优势，完善公铁水多式联运物流设施布局，加快融入全省骨干物流园区"互联互通"网络，打造浙苏皖省际智慧物流枢纽；依托大湾区四大新区建设，应用大数据提升都市圈物流中转集疏、分拨配送能力，形成快速响应的城市配送物流枢纽。

打造"甬台温物流协同带"。以宁波舟山港为枢纽，统筹温州港、台州港发展，强化港口、航道、铁路、高速公路、管道等物流集疏运设施联网协同，对接国家沿海运输大通道，构筑甬台温物流协同带。依托温州国际商贸优势，加强货运场站、多式联运设施改造提升，建成"长三角"南翼和海西经济区北翼综合物流枢纽；立足台州制造业转型升级和临港产业发展需求，创新物流业发展模式，建设以服务临港产业为核心的物流枢纽；按照军民融合发展战略和国防建设有关要求，依托综合交通设施协同优势，构建服务军事物流需求的干线调配能力和快速分拨网络。

拓展"义甬舟国际物流通道"。依托宁波舟山港、义乌陆港、浙中公铁联运港等物流基础设施，提升国际物流资源整合能力，建成国家级商贸服务物流枢纽，构建连通全球主要港口、亚欧大陆的义甬舟国际物流通道；向西联动衢州、丽水地区，联通长江经济带中上游地区和丝绸之路经济带，拓展内陆港口和市场腹地，完善中欧班列和中亚班列的海外服务网点，扩大境外回程货源组织；打造国际商贸物流服务通道和高端要素资源集聚通道。

点评

以上海市为中心，以江苏省、浙江省为两翼的"长三角"城市圈地处我国沿海地区的中部，内外交通发达，地理位置显要。东部沿海综合经济区是我国经济规模最大、潜质最好的区域经济体，是我国经济重要的增长极，独特的地理位置和经济发展水平，奠定了该地区发展现代物流业的良好基础。目前，中远、中海、中外运、中储和中集等物流集团都已经在"长三角"建立了物流基地，联合包裹（UPS）、马士基、联邦快递（FedEx）、日本通用株式会社、佐川急便和荷兰天地快运（TNT）等国际物流巨头也先后进驻上海、南京、杭州、苏州和宁波等城市，促进了该地区物流业的发展。现在，"长三角"城市圈已基本形成了以上海市为中心约为 150 千米半径区域，包括苏州、无锡、南通、嘉兴和湖州等城市的上海物流圈；以南京为中心，包括镇江、扬州、常州和泰兴等城市的南京物流圈；以杭州为中心，包括宁波、绍兴、舟山等城市的杭州物流圈。

当前，"长三角"物流发展的重点方向是抓住物流发展升级的机遇，把制造业或者商贸业的产业升级作为物流发展的考核目标。随着梅山保税港区的启动建设，杭州湾跨海大桥和苏通大桥的相继通车，"长三角"物流发展迎来了新机遇。在良好的物流发展环境下，加快国际物流中心建设，提升城市核心功能是东部沿海综合经济区既定不变的目标。

3.2.4 南部沿海综合经济区

南部沿海综合经济区包括福建、广东、海南 3 省。总面积约为 33 万平方千米，2019 年总人口 16 438.72 万人。该地区面临我国港、澳、台地区，社会资源丰富，经济开放程度高。

1. 福建省

1）地理位置

福建省地处我国东南部、东海之滨，陆域介于北纬 23°30′～28°22′、东经 115°50′～120°40′。全省海域面积为 13.6 万平方千米，比陆地面积还大；海岸线长达 3324 千米，居全国海岸线长第二位。

2）自然资源

（1）生物资源。福建省的森林覆盖率为 65.95%，居全国首位。福建省拥有 766.67 亿平方千米的森林面积，为全国六大重点林区之一。福建省的海域面积 13.6 万平方千米，水深 200 米以内的海洋渔场面积为 12.51 万平方千米，如闽东、闽中、闽南、闽外和台湾浅滩五大渔场，海洋生物种类有 2000 多种，其中经济鱼类有 200 多种，贝、藻、鱼、虾种类数量居全国前列。

（2）矿产资源。福建地质构造复杂，已探明储量的矿产有 118 种（含亚矿种），其中能源矿产有无烟煤、地热 2 种，金属矿产 31 种，非金属矿产 82 种，水气矿产 1 种。此外，金、银、铅、锌、锰、高岭石、水泥石灰岩、花岗石材、明矾石、叶蜡石、硫等矿产储量也较大。石英砂储量和质量居全国首位。

3）经济与产业基础

（1）地区生产总值。经初步核算，2019 年全省实现地区生产总值 42 395.00 亿元，比上年增长 7.6%。全年人均地区生产总值 107 139 元，比上年增长 6.7%。

（2）财政收支。2019 年全省财政总收入 5147.04 亿元，比上年增长 2.0%。其中，地方一般公共预算收入 3052.72 亿元，比上年增长 1.5%；地方一般公共预算支出 5097.25 亿元，比上年增长 5.5%。

（3）外贸状况。2019 年进出口总额 13 306.70 亿元，比上年增长 7.8%。其中，出口额 8277.86 亿元，比上年增长 8.7%；进口额 5028.83 亿元，比上年增长 6.3%。进出口顺差 3249.03 亿元。

（4）交通运输。2019 年全省交通运输、仓储和邮政业实现增加值 1484.58 亿元，比上年增长 9.5%。公路通车里程 109 785.16 千米，比上年增长 0.8%。铁路营业里程 3509.5 千米，与上年持平。全年货物运输量 133 692.85 万吨，货物周转量 8296.63 亿吨千米。全年沿海港口新增货物通过能力 744 万吨。沿海港口完成货物吞吐量 5.95 亿吨，比上年增长 6.6%。其中，外贸货物吞吐量 2.38 亿吨，比上年增长 13.0%。集装箱吞吐量 1725.97 万标准箱，比上年增长 4.8%。

（5）支柱产业。电子信息、装备制造和石油化工是福建省的三大支柱产业。

2. 广东省

1）地理位置

广东省陆地面积为 17.8 万平方千米，海岛面积为 1600 平方千米，南临南海，大陆海岸线总长 3368 千米，岛屿众多。流经广东省的珠江为中国第三大河流。广东省土地肥沃，物产丰富，是我国著名的"鱼米之乡"。

2）自然资源

（1）生物资源。广东省海域辽阔，河网纵横，水库众多，鱼塘遍布，水产资源丰富。海水养殖可养面积为0.78万平方千米，淡水养殖可养面积为0.43万平方千米。全省森林覆盖率为57%，主要林木有松、梓、杉、桉等，水果有200多种。

（2）矿产资源。广东省地处欧亚板块与太平洋板块交接处，是国内具有丰富矿产资源的省份之一，有"稀有金属和有色金属之乡"之称。全省已发现矿产品种有148种，探明储量的矿种有101种[①]。储量列全国第一位的有矿产资源高岭土、泥炭土，水泥用粗面岩、碲；储量列全国第二位的矿产资源有油页岩、重稀土、独居石、锗、铋、铊、锆、硒、冰洲石、饰面用大理岩、冶金用脉石英；储量列全国第三位的矿产资源有银、铅、镉、钛、玉石；储量列全国第四到第六位的矿产有钨、锡、硫铁矿、铌、钽、压电水晶、玻璃用砂、陶瓷土、汞、锌、萤石、叶蜡石等。广东省比较短缺的矿产资源主要有煤、铁、磷、钾、菱镁矿、铜、铝，以及优质耐火黏土、云母、石棉等。

3）经济与产业基础

（1）地区生产总值。2019年全省实现地区生产总值107 671.07亿元，比上年增长6.2%。人均地区生产总值94 172.00元，比上年增长4.5%。

（2）财政收支。2019年广东省地方一般公共预算收入12 651.46亿元，可比增长4.5%；其中，税收收入10 062.35亿元，增长3.3%。全年地方一般公共预算支出17 314.12亿元，比上年增长10.0%。

（3）外贸状况。2019年货物进出口总额71 436.8亿元，比上年下降0.2%。其中，出口额43 379.3亿元，比上年增长1.6%；进口额28 057.4亿元，比上年下降2.9%。进出口差额15 321.9亿元，比上年增加1512.2亿元。广东省对"一带一路"沿线国家进出口额171 44.2亿元，比上年增长6.3%。全省纳入统计的跨境电子商务进出口额1264.3亿元，比上年增长66.4%。

（4）交通运输。2019年全省货物运输量446 050万吨，比上年增长5.0%。货物周转量29 232.14亿吨千米，比上年增长2.1%。全年全省港口货物吞吐量完成191 819万吨，比上年增长11.4%。其中，外贸货物吞吐量60 809万吨，比上年增长3.1%；内贸货物吞吐量131 010万吨，比上年增长15.7%。港口集装箱吞吐量6711万标准箱，比上年增长5.2%。2019年年末公路通车里程22.0万千米，其中高速公路里程9495千米，比上年年末增长5.5%。

（5）支柱产业。三大新兴产业是电子信息、电气机械及专用设备、石油及化学；三大传统支柱产业是纺织服装、食品饮料、建筑材料；三大潜力产业是森工造纸、医药、汽车及摩托车。

3．海南省

1）地理位置

海南省位于中国最南端，北以琼州海峡与广东省划界。海南省的行政区域包括海南岛和西沙群岛、中沙群岛、南沙群岛的岛礁及其海域。全省陆地（包括海南岛和西沙群岛、

[①] 资料来源：《2009年广东省矿产资源年报》。

中沙群岛、南沙群岛等）总面积为 3.5 万平方千米，海域面积约为 200 万平方千米。

2）自然资源

（1）生物资源。海南省陆生脊椎动物有 500 多种。其中，两栖类 37 种；爬行类 104 种；鸟类 344 种；哺乳类 82 种。海南省的植被生长速度快，植物种类繁多，是热带雨林的原生地。

（2）矿产资源。海南省矿产资源种类较多。在全国占有重要位置的优势矿产主要有石英砂、天然气、钛铁砂、锆英石、蓝宝石、水晶、三水型铝土、油页岩、化肥灰岩、沸石等 10 多种。其中，石绿铁矿的铁矿储量约占全国富铁矿储量的 70%，居全国首位。

3）经济与产业基础

（1）地区生产总值。2019 年全省实现地区生产总值 5308.94 亿元，按可比价格计算，比上年增长 5.8%。2019 年，三次产业结构比调整为 20.3∶20.7∶59.0。人均地区生产总值 56 507 元，按可比价格计算，比上年增长 4.7%。

（2）财政收支。2019 年全省全口径一般公共预算收入 1399.60 亿元，比上年增长 1.9%。其中，地方一般公共预算收入 814.13 亿元，增长 8.2%。在地方一般公共预算收入中，税收收入 653.23 亿元，比上年增长 3.9%。全省地方一般公共预算支出 1859.08 亿元，比上年增长 9.9%。

（3）外贸状况。2019 年全省全年货物进出口总额 905.87 亿元，比上年增长 6.8%。其中，出口额 343.71 亿元，增长 15.4%；进口额 562.15 亿元，增长 2.1%。货物进出口逆差 218.44 亿元，比上年减少 34.21 亿元。海南省对"一带一路"沿线国家进出口总额 352.29 亿元，比上年增长 10.6%，占货物进出口总额的 38.9%；对东盟进出口额 277.69 亿元，比上年增长 42.3%，占货物进出口额的 30.7%。

（4）交通运输。2019 年全省交通运输、仓储和邮政业实现增加值 246.93 亿元，比上年增长 13.7%；2019 年全省货物运输量 1.86 亿吨；货物周转量 1668.54 亿吨千米，其中水运周转量 1590.46 亿吨千米。全年主要港口货物吞吐量 1.92 亿吨，比上年增长 8.4%，其中海口港 1.24 亿吨，比上年增长 4.8%；洋浦港 5015.03 万吨，比上年增长 19.2%；八所港 1506.96 万吨，比上年增长 8.0%。

（5）支柱产业。农业、旅游业、石油化工业、电子信息业、海洋生物制药业是海南省的支柱产业。

4. 南部沿海综合经济区物流发展

南部沿海综合经济区的物流发展具有良好的市场需求、得天独厚的区位优势和深厚的基础条件。其中，广东省是全国物流业较发达的地区之一。

1）广东省物流发展

广东省现代物流业已步入快速转型升级的新阶段，物流基础设施一体化程度和多式联运发展水平明显提高。农产品冷链物流体系基本形成，流通率显著提升。粤港澳大湾区物流枢纽、国际国内物流大通道建设取得明显进展，物流节点布局更趋合理，逐步建成具有国际资源配置功能的全国现代物流业发展先导区，实施"一带一路"倡议、自由贸易试验区和泛珠三角地区合作的重要物流枢纽。

推进区域物流协调发展。加快完善全省城市物流节点布局，构建以广州、深圳为枢纽，珠海、佛山、惠州、东莞、中山、江门、肇庆、汕头、韶关、湛江市为区域节点，河源、梅州、汕尾、阳江、茂名、清远、潮州、揭阳、云浮市为支撑的三级城市物流发展布局，促进区域物流协调、联动发展。着力推动广州、深圳建设国家现代物流创新发展试点城市，打造具有国际资源配置功能和国际商务营运功能的全球物流枢纽城市。持续推进珠三角地区物流一体化发展，促进优质物流资源和要素的合理流动，增强珠三角地区物流业在国际市场的核心竞争能力。加快完善粤东西北地区综合交通网络，强化与珠三角地区快速便捷的交通联系，建成较为完善的出省综合运输大通道，大力发展具有特色优势的商贸、大宗货物、农产品物流产业；积极服务珠三角地区产业转移，发展生产性物流业，促进粤东西北地区与珠三角地区产业互联、互补、互动发展。充分发挥珠三角地区物流发展的辐射带动和示范作用，推进泛珠三角地区物流设施一体化建设，加快建设区域综合交通枢纽，加强多式联运、甩挂运输等运输方式衔接，推进交通运输物流公共信息平台发展，着力构建泛珠三角地区国际物流主干网络。

推动国际物流发展。充分发挥广东自由贸易试验区先行先试优势，实施海空港联动，发展国际航运与物流业。加强与区外航运产业聚集区协同发展，探索形成具有国际竞争力的航运发展制度和协同运作模式。积极建设粤港澳大湾区物流枢纽，深化与港澳在港口、机场、陆路交通、物流组织服务上的对接。依托广州南沙、深圳前海等平台，提高广州物流业发展的辐射带动能力，推动深圳与中国香港共建全球性物流中心。积极推进粤港澳大湾区物流一体化，建设粤港澳航运服务示范区，推动粤港澳航运物流服务自由化。积极推动建设东莞石龙（铁路）国际物流基地和广州大田集装箱中心站，充分发挥中欧、中亚货运班列连接俄罗斯、中亚、东北亚市场的作用，打造华南地区连接"一带一路"国际物流枢纽。依托广东经广西、云南至越南、缅甸、泰国等"一带一路"沿线国家的铁路动脉，构建"粤港澳—西南省份—东盟国家"国际综合物流大通道。支持企业开辟东南亚等国际航线，与"一带一路"沿线国家共建友好港口、临港物流园区，打造成"21世纪海上丝绸之路"的重要航运和物流节点。

打通南北粮食物流主通道，配合国家跨省"南粮北运"物流通道建设，着力完善中东西三条连接省外粮食产区与省内粮食主销区的跨省水运主干通道。连通国际海运通道，重点形成省内各大港口与北美、南美及东南亚等海外来粮对接的配套设施。围绕"一系三线"（珠江水系，京广线、广梅汕线、广茂湛线）选点布局，加快建设粮食物流重点线路和关键节点。

2）福建省物流发展

按照功能区定位，结合地方产业特点、发展水平、设施状况、市场需求等，建设分工明确、布局合理、功能互补、错位发展的"一通道、二枢纽、三中心"物流空间格局。

一通道：充分发挥福州、厦门、泉州、漳州、莆田和宁德沿海港口优势，完善龙岩、三明和南平闽粤赣物流通道，以福州新区、厦门东南国际航运中心、泉州"海上丝绸之路"先行区、平潭综合实验区等重点开发开放功能区为先导，加强海陆空通道建设，完善集疏运体系和口岸通关功能，促进与"一带一路"沿线国家互联互通，实现"海上丝绸之路"与"陆上丝绸之路"的无缝衔接，打造贯穿南北、衔接东西、辐射全国、面向世界的海峡西岸物流大通道。

二枢纽：继续发挥国家级流通节点城市厦门、福州，以及国家一级物流园区布局城市厦门和国家二级物流园区布局城市福州、泉州，区域级流通节点城市泉州、漳州的辐射带动作用，落实福建省委、省政府同城化的战略部署，推动区域物流协调发展，促进物流基础设施高效衔接，建设福（州）莆（田）宁（德）大都市区物流主枢纽和厦（门）漳（州）泉（州）大都市区物流主枢纽。

三中心：充分发挥自贸试验区溢出效应，扩大航运服务，强化保税物流载体支撑，加强与境内外沿海、沿边口岸的战略合作，建立口岸物流联检联动机制，推动海关特殊监管区域、陆地港、口岸等协调发展，强化互联互通和资源共享，形成以中国（福建）自贸试验区平潭片区为核心的海峡两岸物流集散中心，以厦门片区为核心的东南国际航运中心、以福州片区为核心的区域性国际物流中心。

优化全国性、区域性、地区性三个层次的物流节点城市网络。继续提升厦门作为全国性物流节点城市的重要作用。把福州、泉州建设成为全国性物流节点城市；平潭综合实验区建设成为自由港；莆田、漳州、龙岩、宁德、三明、南平建设成为区域性物流节点城市，支持厦门、泉州建设全国一级快递物流园节点城市；福州、莆田建设全国二级快递物流园节点城市，从而形成支撑中国东南沿海物流区域和东部沿海物流通道的物流节点城市网络。

3）海南省物流发展

根据"一带一路"倡议发展布局和海南省经济发展的需要，建设"海上丝绸之路"亚欧航运干线经停、中转、分拨和补给服务的战略支点，建设面向东南亚、连接北部湾、服务于中国—东盟自由贸易区的连南接北的区域性国际航运中心和物流中心。

统筹规划全省双核枢纽，三枢纽，五大物流集聚区，六大物流园区，市县物流节点，物流配送末端的物流空间布局。

（1）海口、洋浦双核心枢纽。海口核心枢纽依托海口港、海口美兰国际机场和粤海铁路的运输优势，综合规划布局物流集聚区，构建水路、公路、铁路、航空等多式联运体系，加快打造面向东南亚，连接泛珠省市和地区的区域性航运枢纽、物流中心和国家级流通节点城市。洋浦核心枢纽依托洋浦港的区域性枢纽港的区位优势，构建"水水中转"为主的公路—水运多式联运体系，把洋浦打造成面向东南亚，连接北部湾的区域性航运枢纽和物流中心。

（2）三亚、东方、琼中次枢纽。三亚次枢纽依托三亚凤凰国际机场的地位优势，构建民航、公路多式联运体系，以三亚凤凰国际机场为基础，把三亚新机场打造成面向东南亚，连接大洋洲的国际货物航空中转重要节点。东方次枢纽依托八所港，构建公铁水多式联运体系。琼中次枢纽依托海口至琼中、万宁至洋浦高速公路以及海榆中线公路等，构建以琼中为核心、辐射周边市县的公路货物中转中心。

（3）五大物流集聚区。以物流枢纽为依托，加快形成全省物流集聚区服务网络，形成一级物流节点，促进各类物流园区、物流中心有效连接和高效畅通。第一，海口物流集聚区。以海口市为中心，加快临港、临空、临铁路、临公路货站等物流基础设施建设，面向琼北地区，兼顾辐射全省以及全省外贸进出口物流，逐步建立全省物流配送、城市配送和进出口综合物流服务体系。构建陆岛、海上、空中物流大通道，打造"海上丝绸之路战略"支点。重点服务海口综合保税区、老城经济开发区、美安科技新城、美兰临空产业园、木兰湾新区、跨境电子商务、生物医药基地，以及全省居民消费品的集散与配送；机电、橡胶、轻工业产品、新能源新材料、电子电器、食品饮料、图书音像、邮政、快递等专业物流服务。两大物流园区：海口美安物流园区（综合服务型）和澄迈金马现代物流中心（货运枢纽型）。第二，洋浦物流集聚区。以洋浦经济开发区为中心，以服务西北部、中部物流需求和工业供应链物流为目标，打造石化、油气、浆纸行业国内、国际物流配送和供应链管理体系，大力发展油轮、集装箱运输，构建干线通达、支线密集的海上物流大通道。主要服务西部市县工业园区，中国石化海南炼油化工有限公司、海南金海浆纸业有限公司以及原油成品油储备、LNG项目和洋浦保税港区，为国际货物中转提供服务。物流园区：洋浦物流园区（生产服务型）。第三，三亚物流集聚区。以三亚市区为中心，以服务琼南地区需求和保税免税商品进出口为目标，加快临空物流服务设施体系建设，建立城市配送和农产品、离岛免税特色物流服务体系，构建空中物流大通道。重点打造服务三亚免税购物中心、临空产业园等，以及居民消费品、食品冷链、农产品、快递等专业物流服务。配合三亚新机场建设，合理规划预留物流发展的设施空间。物流园区：三亚综合物流园区（综合服务型）。第四，东方物流集聚区。以东方市八所镇为中心，以服务西南部地区物流需求和工业物流、南海资源开发技术装备保障和农产品边贸物流为目标，打造与洋浦工业一体化供应链管理体系和东盟农产品入境物流服务体系；主要服务中海化学、石禄铁矿、可再生资源生产等石化、矿产资源深加工产业，农产品进出口贸易专业物流服务。物流园区：东方物流园区（生产服务型）。第五，琼中湾岭物流集聚区。以琼中黎族苗族自治县为中心，联合屯昌、定安、五指山等市县，以服务中部地区农村物流集疏运为目标，主要承担海南省中部地区的鲜活农产品、南药、土特产品及生产资料等物流服务需求，打造农产品和农村物流配送服务体系。物流园区：海南湾岭热带农产品物流园区（生产服务型）。

（4）市县物流节点。以五大物流集聚区为基础，结合全省货物分布和居民消费需求，规划建设由市县综合物流中心和专业物流中心构成的二级物流节点。综合物流中心布局：永兴岛、定城、万城、椰林、保城、通什、营根、屯城、金江、临城、那大、石禄、洋浦、八所、抱由、牙叉综合物流中心。专业物流中心布局：那大、嘉积、通什设速递配送物流中心；儋州、东方、定安、昌江设仓储中心；在整合田头预冷资源的基础上，规划建设营根、八所、老城、万城、定城、新村渔港、通什、屯城、清澜、九所冷链物流中心。

（5）物流配送末端布局。以综合物流中心和专业物流中心为节点辐射商场、超市和乡镇货站末端、村邮站，与乡村邮政、快递、供销服务网络融合，形成全省物流服务全覆盖。

城市物流配送设施布局如下：

以海口、三亚、儋州、文昌、琼海、万宁、澄迈等市县农产品流通体系和生活必需品配送体系的发展需求为重点，进一步完善物流、邮政、快递配送重点设施布局，提高运行效率和保障能力，满足城乡配送需要和生活需求。

农产品批发市场物流配送中心建设。加快海口、三亚等市农副产品交易配送中心建设，发挥农产品物流配送骨干企业的作用。提升儋州、文昌、琼海、万宁、澄迈、屯昌等市县农产品批发市场配送中心的功能和配送能力。鼓励人口为10万人以上的城镇建设农产品物流配送中心，形成新的物流节点，逐步建立与健全全省农产品物流配送体系。

调整和优化城市商业布局和餐饮业配送中心布局，逐步建立以海口、三亚为中心，辐

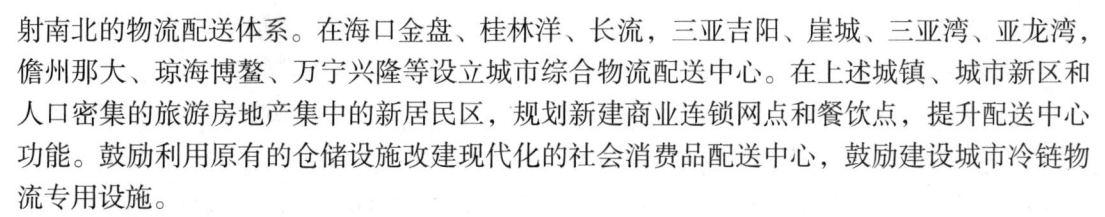

射南北的物流配送体系。在海口金盘、桂林洋、长流，三亚吉阳、崖城、三亚湾、亚龙湾，儋州那大、琼海博鳌、万宁兴隆等设立城市综合物流配送中心。在上述城镇、城市新区和人口密集的旅游房地产集中的新居民区，规划新建商业连锁网点和餐饮点，提升配送中心功能。鼓励利用原有的仓储设施改建现代化的社会消费品配送中心，鼓励建设城市冷链物流专用设施。

国际物流设施布局如下：

以海口综合保税区、洋浦保税港区等海关特殊监管区域为平台，以加快全省开放口岸建设为基础，以服务免税购物、融资租赁、邮轮游艇、跨境电子商务等产业发展为重点，进一步完善海口港、马村港、洋浦港、八所港、三亚邮轮母港和海口美兰国际机场、三亚凤凰国际机场口岸设施建设，推动保税仓储、物流配送、国际贸易、转口贸易等业务发展。

为此，海南省加快建设物流大通道。以环岛高速公路和高速铁路及海运为主体，加快西环铁路与大陆铁路网的衔接，形成以四方五港和南北两个大型机场作为对外运输联系门户。以海口为核心，建设洋浦、三亚、八所、琼中为重要节点的铁路、公路、水运、航空相协调的立体运输通道网络，形成岛内通道、陆岛通道、国际通道的"三大物流通道"框架。

陆岛物流大通道。加快海口港新海港区汽车客货滚装码头工程二期建设，构建海口连接内陆海铁一体化运输通道和海口连接内陆滚装运输通道，进一步开辟国内海运航线，构建连接东北地区、京津冀地区、长三角地区、珠三角地区和西南地区集装箱和能源运输通道。积极构建南海诸岛及大型能源建设平台物资配送通道。

岛内物流大通道。加快万宁—儋州—洋浦、琼中—五指山—乐东、文昌—琼海博鳌高速公路和铺前大桥建设，构建以"田"字形高速公路运输为主骨架，国道、省道和县道公路网络辐射乡镇的岛内运输大通道。

国际物流大通道。鼓励航运企业积极开辟国际海运航线，建设南海国际航线中转补给站，利用开展成品油转口贸易业务，吸引国际航班在海口、洋浦等港口开展中转、装卸；深化与环北部湾之间的航线合作，推动外贸船舶在各港口之间相互挂靠。拓宽海南—东南亚海上运输通道，构建连通非洲、欧洲和中东地区的海上丝绸之路运输网络，打造以海口美兰国际机场、三亚凤凰国际机场为主体的航空运输网络体系。

点评

在南部沿海综合经济区中，广东省自然是"龙头"，这个经济强省早早地经历了改革开放的风雨洗礼，正在加快升级转型步伐，努力保持"排头兵"的优势。南部沿海综合经济区紧邻我国港、澳、台地区，要进一步开放物流市场，整合分散的物流资源，在竞争中壮大实力，构建粤、港、澳大物流圈，增加地缘新优势。

3.2.5 黄河中游综合经济区

黄河中游综合经济区包括陕西、山西、河南三省和内蒙古自治区，总面积为 160 万平方千米，2019 年总人口 21 097.03 万人。这一经济区自然资源，尤其煤炭和天然气资源非常丰富。该经济区地处内陆，战略地位重要，对外开放不足，经济结构调整任务十分艰巨。

1. 陕西省

1）地理位置

陕西省居于黄河中游，地处中国内陆腹地，是中国大西北的门户，也是连接中国东部、中部地区和西北、西南地区的交通枢纽。东起连云港，西至荷兰鹿特丹，跨亚欧的国际经济大通道"新亚欧大陆桥"横贯陕西省中部；省境南北长1000多千米，东西宽约为360千米。境内最高峰为秦岭主峰太白山，海拔3771.200米。全省总面积为20.58万平方千米。

2）自然资源

（1）生物资源。全省森林覆盖率为41.42%，野生脊椎动物有750多种，野生植物有3300余种，药用植物有近800种。丰富的沙棘、绞股蓝等保健药材资源极具开发价值。生漆产量和质量居全国之首。红枣、核桃仁、桐油是传统的出口产品。

（2）矿产资源。目前，已查明有资源储量的矿产有92种，其中能源矿产5种，金属矿产27种，非金属矿产57种，水气矿产3种。储量居全国前10位的矿产有58种。其中，黄金储量居全国第五位，黄金产量居全国第四位。钼精矿产量占全国钼精总产量的1/2。煤炭探明储量1618亿吨，煤炭是陕西省第一大矿产资源。

3）经济与产业基础

（1）地区生产总值。经初步核算，2019年实现地区生产总值25 793.17亿元，比上年增长6.0%。人均地区生产总值66 649元，比上年增长5.4%。

（2）财政收入。经初步统计，2019年全省地方财政收入完成2287.73亿元，财政运行平稳有序。

（3）外贸状况。2019年全省全年外贸进出口总额3515.75亿元，比上年增长0.1%。其中，出口额1873.27亿元，比上年下降9.8%；进口额1642.48亿元，比上年增长14.5%。

（4）交通运输。2019年全省全年完成货物运输量15.48亿吨。其中，铁路货物运输量4.48亿吨，比上年增长5.9%；公路货物运输量10.98亿吨，与上年持平。货物周转量3483.45亿吨千米。

（5）支柱产业。电子、机械、医药、化工、能源、食品、旅游等产业是陕西省的支柱产业。

2. 山西省

1）地理位置

山西省地处黄河流域中部，位于北纬34°34'～40°44'、东经110°15'～114°32'。因地属太行山以西，故取名山西。全省总面积为15.67万平方千米。地形多为山地丘陵，山区面积约占全省总面积的80%以上。东有太行山，西有吕梁山，西、南以黄河与内蒙古、陕西、河南等省区为界。

2）自然资源

（1）生物资源。山西省野生动物以陆栖类为主，已知的野生动物有400多种，属于国家级保护动物的珍稀动物有70多种，药用动物有70多种。已知的种子植物有134科，约1700种，其中木本植物有480多种。山西省森林资源稀少，是全国森林资源较少的省份之一。

（2）矿产资源。山西省矿产资源极为丰富，已发现的地下矿产达 120 多种，其中探明储量的矿产有 53 种。煤炭、铝矾土、珍珠岩、镓、沸石的储量居全国之首，尤其以煤炭闻名全国。目前，山西省已探明煤炭储量达 2612 亿吨，占全国煤炭总储量的 1/3，故有"煤乡"之称。

3）经济与产业基础

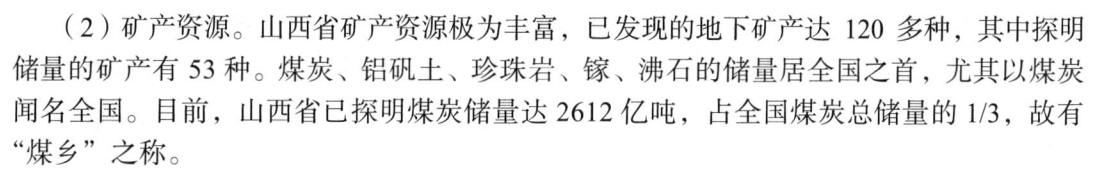

（1）地区生产总值。经初步核算，2019 年实现地区生产总值 17 026.68 亿元，按不变价格计算，比上年增长 6.2%。人均地区生产总值 45 724 元。

（2）财政收支。2019 年全省地方一般公共预算收入完成 2347.6 亿元，增长 2.4%。税收收入完成 1783.5 亿元，比上年增长 8.4%。2019 年全省地方一般公共预算支出 4713.1 亿元，比上年增长 10.0%。

（3）外贸状况。2019 年全省进出口总额 1446.9 亿元，比上年增长 5.7%。其中，进口额 640 亿元，比上年增长 14.6%；出口额 806.9 亿元，比上年下降 0.4%。

（4）交通运输。2019 年年末全省公路线路里程 14.4 万千米，其中，高速公路 5711 千米。民用航空航线 242 条。2019 年货物运输量 21.9 亿吨，比上年增长 3.7%。货物周转量 4690.4 亿吨千米，比上年增长 4.5%。

（5）支柱产业。煤炭、冶金、机械、电力、化学、轻工、纺织等产业是山西省的支柱产业。

3．河南省

1）地理位置

河南省位于中国中东部、黄河中下游、黄淮海平原西南部，大部分地区在黄河以南，故取名"河南"。全省总面积约为 16.7 万平方千米。黄河流经河南境内约为 700 多千米。

2）自然资源

（1）生物资源。河南省的生物资源，仅高等植物就有 197 科、3830 余种，动物有 418 种。在全国占有重要地位的经济作物有小麦、玉米、棉花、烟叶和油料等。

（2）矿产资源。河南省地质构造复杂，成矿条件优越，蕴藏着丰富的矿产资源，是全国矿产资源大省之一。目前，已发现各类矿产有 126 种；探明储量的矿产有 73 种；已开发利用的矿产有 85 种。其中，能源矿产有 7 种，金属矿产有 18 种，非金属矿产有 58 种，水气矿产有 2 种。

3）经济与产业基础

（1）地区生产总值。经初步核算，2019 年全省实现地区生产总值 54 259.20 亿元，比上年增长 7.0%。三次产业结构比调整为 8.5：43.5：48.0，第三产业增加值占全省地区生产总值的比重比上年提高 0.7%。人均地区生产总值 56 388 元，比上年增长 6.4%。

（2）财政收支。2019 年全省地方财政总收入 6187.23 亿元，比上年增长 5.3%。地方一般公共预算收入 4041.60 亿元，比上年增长 7.3%。地方一般公共预算支出 10 176.26 亿元，比上年增长 10.4%。

（3）外贸状况。2019 年全省货物进出口总额 5711.63 亿元，比上年增长 3.6%。其中，出口额 3754.64 亿元，比上年增长 4.9%；进口额 1956.99 亿元，比上年增长 1.2%。

（4）交通运输。2019 年全省货物运输量 21.86 亿吨，货物周转量 8595.74 亿吨千米。机场货邮吞吐量 52.42 万吨，比上年增长 1.3%。2019 年年末全省铁路营业里程为 6080.26 千米，其中高铁营业里程为 1915.15 千米。高速公路通车里程为 6966.76 千米。

（5）支柱产业。机械电子、化工、食品、轻纺、建材等产业是河南省的支柱产业。

4．内蒙古

1）地理位置

内蒙古位于中国北部边疆，由东北向西南斜伸，呈狭长形，东西直线距离为 2400 千米，南北跨度为 1700 千米。内蒙古的土地总面积为 118.3 万平方千米，占全国陆地总面积的 12.3%，在全国各省区市中名列第三位。东、南、西与 8 省区毗邻，北与蒙古、俄罗斯接壤，国境线长 4200 千米。

2）自然资源

（1）生物资源。内蒙古各类植物品种有 2351 余种。其中，草本植物分布面积最广。野生动物众多，共有 117 种兽类，362 种鸟类。其中，列入国家和地区重点保护的动物种类有 49 种，珍贵动物和稀有动物的种类为 10 多种。

（2）矿产资源。内蒙古的矿床类型比较齐全。截至 2011 年年底，在全国已发现的 172 种矿产资源中内蒙古就有 143 种，其中已查明资源储量的矿产资源有 98 种。矿产资源储量居全国之首的矿产有 12 种，居全国前 3 位的有 30 种，居全国前 10 位的有 70 种。此外，稀土资源储量 8459 万吨，占世界储量的 80%，占全国储量的 90% 以上；已探明煤炭储量 2247.5 亿吨，居全国第二位；石油、天然气储量十分可观，已探明 13 个大型油气田，预测石油资源总量 20 亿吨～30 亿吨，天然气总量 10 000 亿立方米。矿产资源储量（不含石油、天然气）潜在价值达 13 万亿元，占全国的 10% 以上，居第三位。

3）经济与产业基础

（1）地区生产总值。经初步核算，2019 年全区实现生产总值 17 212.50 亿元，按可比价计算，比上年增长 5.2%。三次产业结构比调整为 10.8∶39.6∶49.6。人均地区生产总值达 67 852 元，比上年增长 5.0%。

（2）财政收支。2019 年全区地方一般公共预算收入 2059.7 亿元，比上年增长 10.9%；其中，税收收入 1539.7 亿元，比上年增长 10.0%。地方一般公共预算支出 5097.9 亿元，比上年增长 5.5%。

（3）外贸状况。2019 年全区海关进出口总额 1095.7 亿元，比上年增长 5.9%。其中，出口额 376.8 亿元，比上年下降 0.4%；进口额 718.9 亿元，比上年增长 9.5%。与"一带一路"沿线国家贸易额达 713.0 亿元，比上年增长 1.9%。

（4）交通运输。2019 年全区全年完成货物运输总量 19.8 亿吨。其中，铁路货物运输量 8.7 亿吨，公路货物运输量 11.1 亿吨。完成货物周转量 4634.0 亿吨千米。其中，铁路货物周转量 2679.5 亿吨千米，公路货物周转量 1954.5 亿吨千米。

（5）支柱产业。农畜产品加工、能源、冶金、化学等产业是内蒙古的支柱产业。

5．黄河中游综合经济区物流发展

1）陕西省物流发展

全力构筑物流基础设施网络，以大西安为核心节点，宝鸡、榆林、安康三市为一级节点，铜川、渭南、延安、汉中、商洛、杨凌六市（区）为二级节点，各县（区、市）为三

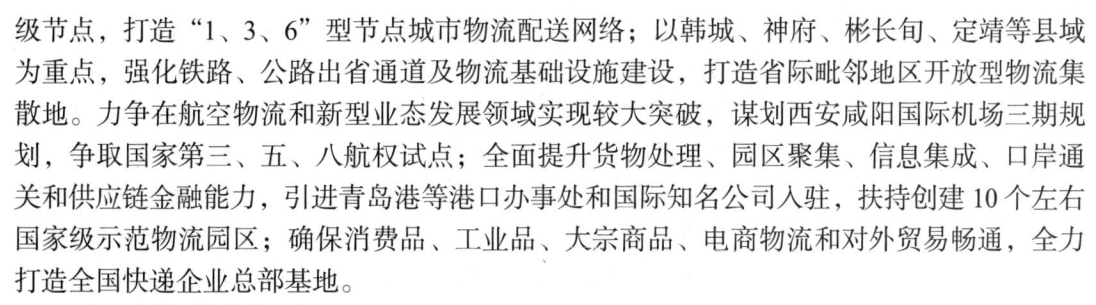

级节点，打造"1、3、6"型节点城市物流配送网络；以韩城、神府、彬长旬、定靖等县域为重点，强化铁路、公路出省通道及物流基础设施建设，打造省际毗邻地区开放型物流集散地。力争在航空物流和新型业态发展领域实现较大突破，谋划西安咸阳国际机场三期规划，争取国家第三、五、八航权试点；全面提升货物处理、园区聚集、信息集成、口岸通关和供应链金融能力，引进青岛港等港口办事处和国际知名公司入驻，扶持创建10个左右国家级示范物流园区；确保消费品、工业品、大宗商品、电商物流和对外贸易畅通，全力打造全国快递企业总部基地。

2）山西省物流发展

山西省主动对接京津冀经济圈、环渤海经济圈、欧亚贸易通道、中原经济区和丝绸之路经济带建设，充分发挥区域比较优势，按照"天"字形布局现代物流产业，重点打造三大现代物流业密集区。

"天"字形物流通道布局。"天"字形物流通道由大秦线、京包线、同蒲线、太焦线、太中银线、石太线、大西客运专线、石太客运专线等重大铁路交通轴线和西进东出、南北贯通的高速公路交通运输大通道构成，是山西省煤炭、特色农产品、大型装备等的主要外送通道和经济社会发展的主要物流通道。

中部现代物流业密集区。依托铁路太中银线、石太线、瓦日线、太兴线、大西客运专线、石太客运专线和京昆高速、青银高速、二广高速等交通轴线，结合太原市、晋中市、阳泉市和吕梁市的生产力布局及战略定位，打造功能齐全、集聚辐射能力强的现代物流业密集区，成为山西省打造中西部现代物流中心的核心载体。其中，太原市和晋中市集中布局保税物流、商贸物流、制造业物流、农产品物流、电子商务物流、应急物流等业态，打造产业集聚、品牌汇集、业态丰富、功能完善的现代物流业核心区，成为具有全国影响力的区域性物流枢纽。阳泉市和吕梁市重点布局资源型产品物流、电子商务物流、制造业物流、农产品物流、区域性再生资源回收物流、商贸物流等业态，建设煤炭集散、储配中心和特色农产品现货交易市场，积极推动与太原市、晋中市分工协作发展，构筑太原—晋中现代物流业核心区域横向承接产业转移示范区和功能拓展区。

北部现代物流业密集区。依托贯通东西的铁路大秦线、京包线、大张客专和宣大高速、荣乌高速、忻阜高速、忻保高速、灵河高速及连接南北的铁路北同蒲线、大西客运专线和二广高速等交通轴线，充分发挥大同市、朔州市、忻州市资源优势和涉煤产业发展优势，结合晋北现代煤化工基地、雁门关生态畜牧经济区及乌（乌兰察布）大（大同）张（张家口）金三角区域等方面的发展，大力推动煤炭物流、制造业物流、商贸物流、农产品物流、电子商务物流等业态发展，建设煤炭集散、中转煤炭储配中心、省外煤焦物流仓储配送中心，形成产运需有效衔接、省内外市场相互贯通、生产、运输、储备、配煤相互支持、整体推进的煤炭物流网络，打造中西部现代物流中心的重要支撑。

南部现代物流业密集区。依托铁路南同蒲线、太焦线、侯月线、侯阎线、大西客运专线和京昆高速、二广高速、青兰高速等交通轴线，充分发挥长治市、晋城市、临汾市、运城市自身发展基础和优势，强化区域合作，完善晋陕豫黄河金三角承接产业转移示范区物流基础，构建辐射东南和西南的区域格局，积极融入中原经济区、关中天水经济区和丝绸之路经济带建设，大力发展资源型产品物流、电子商务物流、商贸物流、特色农产品物流等业态，引领晋南地区传统产业升级，打造山西省现代物流业对黄河中游地区开放与合作的桥头堡，成为链接我国东部沿海大通道的现代物流基地。

加强综合运输通道建设，优化通道结构，加强多种运输方式无缝衔接，提高通道运输集约效应，推动物流业多种运输方式的协调发展。第一，推动铁路物流通道建设。按照"天字形"布局，充分利用铁路路网能力，将铁路货运场站、物流中心（园区）规划建设与全省物流业发展规划统筹谋划，科学定位，加快铁路物流中心建设；推进铁路物流发展，促进装车线改造，完善货运安全、服务设施，拓展服务范围；促进货运信息系统开发，实现运输全程货物信息互相衔接、流转顺畅，大幅提升货运信息化水平；发挥好瓦日铁路、太中银铁路、太兴铁路和吕临支线铁路等新增装车能力，加快推进乌兰察布（集宁）至大同快速铁路、蒙西至华中地区铁路煤运通道山西段建设，打造以铁路煤炭物流体系为中心，生产资料物流、普通商品等非煤商品物流为辅助的综合性物流体系。第二，推动公路物流通道建设。以"三纵、十二横、十二环"高速公路网为骨干，国道、省道、县道公路网为基础，形成纵横交错、分层推进、高效直达的公路物流通道。重点实施高速公路建设，建成与邻省对接的33个高速公路出省口，形成纵贯南北、承东启西、覆盖全省、通达四邻的高速公路网络；新改建与铁路、民航货运站场衔接的路线，提升技术等级，提高通行能力；加强市到县、县到乡重要路段等级改造，为邮路畅通提供基础保障。全力推进高速公路ETC全国联网工程，打造内畅外联的物流通道网络体系。第三，推动航空物流通道建设。统筹规划建设以太原武宿国际机场为中心，长治、运城、大同、吕梁、五台山、临汾等省内支线机场为节点的全省民航机场航空物流网络体系，完善航空物流基础设施，推进航空物流通道建设，积极扩大与快递企业合作范围，推进联动发展，提高空港物流运作能力，推动航空货运向现代物流转变。加强航空与其他运输方式间的有机衔接，开展多式联运，形成覆盖全省、辐射周边、连通世界的航空物流通道。

3）河南省物流发展

按照现代物流业转型发展战略定位，优化区域功能分工和空间布局，构建以郑州为中心、区域物流节点城市为支撑、城乡分拨配送网络为基础的"一中心、多节点、全覆盖"的现代物流空间网络体系。

"一中心"，即郑州现代国际物流中心，是现代物流业创新发展的先导区和示范区。加快建设立足河南并辐射全国，连接世界的国际冷链物流中心、国际快递物流枢纽、全球网购商品集疏分拨中心，提升郑州在全球物流格局中的枢纽功能和地位。

"多节点"，即区域物流节点城市。推动其他省辖市和位于省际交界的省直管县（市），发挥区位交通、产业基础和市场空间等比较优势，完善物流通道、园区、口岸等基础设施，强化区域集散分拨和物流配送功能，发展成为服务本地、辐射周边的重要物流节点城市，形成郑州国际物流中心与各物流节点城市分工合理、配合紧密、互为支撑、互动发展的物流节点城市网络。

"全覆盖"，即覆盖全省城乡的分拨配送物流网络，主要建设市县分拨配送中心和城乡末端设施网络。

4）内蒙古物流发展

进一步完善全区流通网络布局。着力构建联结东西、贯穿南北、畅通高效的全区流通

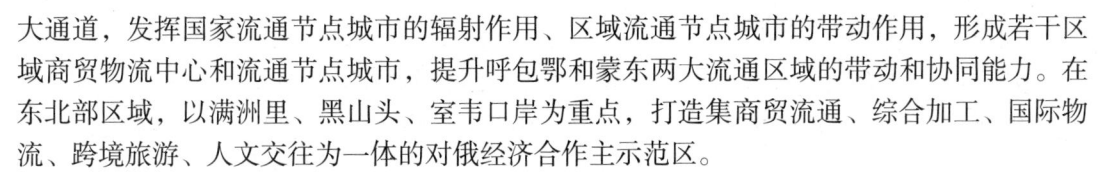

大通道,发挥国家流通节点城市的辐射作用、区域流通节点城市的带动作用,形成若干区域商贸物流中心和流通节点城市,提升呼包鄂和蒙东两大流通区域的带动和协同能力。在东北部区域,以满洲里、黑山头、室韦口岸为重点,打造集商贸流通、综合加工、国际物流、跨境旅游、人文交往为一体的对俄经济合作主示范区。

重点建设四条核心通道:

(1) 全力构筑京津冀两翼通道。积极响应丝绸之路经济带、京津冀协同发展、新型城镇化国家战略,贯通东西向区域交通骨架,完善以呼包鄂城市群、赤通锡新型城镇化片区为核心的对外快速公路、铁路网络,强化综合运输枢纽之间的衔接,增强沿自治区城镇轴、产业轴的辐射与吸引能力。

(2) 着力强化乌兰察布至通辽通道。支撑自治区城镇体系建设,密切衔接呼包鄂城市群、赤通锡城镇化片区,加快完善快速城际交通网,强化蒙东、蒙西核心区的联系。

(3) 加快优化满洲里至齐齐哈尔通道。支持中蒙俄经济走廊建设,借力东北振兴战略,强化口岸运输条件,密切联系东北产业腹地,完善口岸旅游交通体系,加强高速公路及快速铁路至口岸的直接连通。

(4) 继续完善二连浩特至太原通道。加强与蒙古互联互通,提高开放性,加快以铁路和高速公路为重点的沿边口岸与沿海港口快速通道建设。

加快建设 5 条主要通道和 2 条辅助通道:

(1) 满洲里至巴彦淖尔沿边通道。支撑向北开放,串联沿边口岸,为对外物资运输提供保障,在自治区层面,服务腹地城镇节点,分层次提供设施供给,推进铁路通道建设,将口岸节点更紧密地衔接至铁路网络上,完善通道国、省干线公路布局,保障基本联通。

(2) 阿日哈沙特至长春、阿尔山至沈阳通道。衔接蒙古、蒙东地区和东北两大经济中心,将中蒙合作范围扩展至整个东北地区,加强通道内铁路、公路建设,保障对内对外物资及旅游产业运输需求。

(3) 珠恩嘎达布其至锦州通道。强化以铁路、公路口岸为主的与环渤海港口交通基础设施对接的国际陆海合作通道,提升传统通道能力,加强网络衔接。

(4) 满都拉至西安通道。积极融入西部大开发战略,构建蒙古至中国西部内陆的高等级、大容量物资运输通道,强化通道的保障性,提升铁路运输能力,增强公路网络衔接优化。

(5) 甘其毛都至银川通道。服务蒙西口岸、城镇节点、产业基地对外衔接,强化内引外联,提升通道服务质量。

(6) 策克至酒泉通道。强化口岸与西北地区衔接,构建西北部运输大通道与陆桥运输大通道两大横贯中国东西方向的国家级通道,提升通道服务能力。

> **点评**
>
> 黄河中游综合经济区自然资源丰富,因此商品货流大,但物流发展水平总体不高,基础设施不完善是制约其前进发展的瓶颈性因素。因此,该经济区在加大基础设施投资力度的同时,务必注意物流基础设施建设要与产业相关联,只有这样才能收到成效。当然,为解决投资薄弱问题,培育投资主体是一件重中之重的大事。

3.2.6　长江中游综合经济区

长江中游综合经济区包括湖北、湖南、江西、安徽四省，总面积为68万平方千米，截至2019年年底，总人口为24 630.9万人。这一地区农业生产条件优良，人口密度大，对外开放程度低，产业转型压力大。

1. 湖北省

1）地理位置

湖北省地跨长江和汉江两大水系，在长江中游的洞庭湖以北，故称"湖北"，简称"鄂"。湖北省东西长740千米，南北宽约470千米，面积为18.59万平方千米。

2）自然资源

（1）生物资源。全省已发现的木本植物有1300种，其中乔木类有425种、灌木类有760种、木质藤本类有115种。这在全球同一纬度木本植物所占比重是最大的。湖北省在动物地理区划系统中属东泽界、华中区，陆生脊椎动物有562种。全省被国家列为重点保护的野生动物有112种。

（2）矿产资源。湖北省各类资源十分丰富，全省已发现矿产有138种，约占全国已发现矿种数的81%，已查明资源储量的矿产有89种，新发现矿产有2种。矿盐、芒硝、石膏、铁、铜、金、银、石灰岩等是湖北省具有储量优势的矿产。另外，橄榄岩、碘、溴、石榴子石、累托石黏土，建筑材料辉绿岩储量居全国首位。

3）经济与产业基础

（1）地区生产总值。2019年全省实现地区生产总值45 828.31亿元，比上年增长7.5%。三次产业结构比从2018年的8.5∶41.8∶49.7调整为2019年的8.3∶41.7∶50.0。

（2）财政收支。2019年全省完成财政总收入5786.86亿元，比上年增长1.8%。其中，地方一般公共预算收入3388.39亿元，比上年增长2.5%。在地方一般公共预算收入中，税收收入2530.64亿元，比上年增长2.7%。地方一般公共预算支出7967.73亿元，比上年增长9.8%。

（3）外贸状况。2019年全省实现货物进出口总额3943.6亿元，比上年增长13.1%，其中，进口额1458.7亿元，比上年增长18.2%；出口额2484.9亿元，比上年增长10.3%。湖北省对"一带一路"沿线国家进出口总额1183.3亿元，比上年增长22.4%。

（4）交通运输。2019年全省完成货物周转量7237.85亿吨千米，比上年增长8.4%；公路总里程达289 029.20千米，比上年增长5.1%；高速公路里程达6860.32千米，比上年增长7.8%；港口完成货物吞吐量3.07亿吨，比上年增长26.7%。

（5）支柱产业。湖北的六大经济支柱产业分别为汽车产业、机电产业、冶金产业、化工产业、轻纺产业、建材和建筑产业。

2. 湖南省

1）地理位置

湖南省地处东经108°47′~114°45′与北纬24°39′~30°28′，东西宽667千米，南北长774千米，总面积约为21.18万平方千米。省境绝大部分在洞庭湖以南，故称"湖南"。

2）自然资源

（1）生物资源。湖南省地处中亚热带地区，气候温和，植被茂盛，为野生动物提供了适宜的生存场所。在野生动物资源中，对农业有益的动物有 265 种；属国家级保护的珍稀动物有 90 种，其中国家一级保护动物有白鳍豚、华南虎等 18 种，二级保护动物有猕猴、短尾猴等 65 种。

（2）矿产资源。湖南省素以"有色金属之乡"著称。目前，已发现各类矿产有 143 种。已探明储量的有色金属有 37 种，其中锑的储量居世界首位。非金属矿是仅次于有色金属矿的第二大矿产资源，在已探明的矿产储量中，重晶石、长石、海泡石等储量均居全国第一位。

3）经济与产业基础

（1）地区生产总值。经初步核算，2019 年全省实现地区生产总值 39 752.1 亿元，比上年增长 7.6%。按常住人口计算，人均地区生产总值 57 540 元，比上年增长 7.1%。

（2）财政收支。2019 年全省地方一般公共预算收入 3006.99 亿元，比上年增长 5.11%。其中，税收收入 2061.92 亿元，比上年增长 5.22%。

（3）外贸状况。2019 年全省进出口总额 4342.2 亿元，比上年增长 41.2%。其中，出口额 3076.1 亿元，比上年增长 51.9%；进口额 1266.1 亿元，比上年增长 20.4%。

（4）交通运输。2019 年全省客货运输换算周转量 5660.3 亿吨千米，比上年增长 3.9%。货物周转量 4593.3 亿吨千米，比上年增长 4.3%。其中，铁路货物周转量 855.4 亿吨千米，比上年增长 5.2%；公路货物周转量 3297.7 亿吨千米，比上年增长 5.9%。2019 年年末全省公路通车里程 24.1 万千米，比上年年末增长 0.2%。其中，高速公路通车里程 6802 千米，比 2018 年年末增加 77 千米。2019 年年末铁路营业里程 5271 千米，其中高速铁路营业里程 1986 千米。

（5）支柱产业。湖南省的工业门类齐全，已初步形成以冶金、机械、电子、食品、能源、建材等工业为主体的产业结构体系。

3．江西省

1）地理位置

江西省简称"赣"，位于中国的东南部，在长江中下游的南岸，处于北纬 24°29'14"～30°04'40"，东经 113°34'36"～118°28'58"。全省总面积约为 16.69 万平方千米。

2）自然资源

（1）生物资源。江西省植物资源十分丰富，种子植物有 4000 余种，蕨类植物约为 470 种，苔藓植物有 100 种以上。全省现有 600 余种脊椎动物。其中，鱼类有 170 余种，约占全国鱼类品种的 21.4%。

（2）矿产资源。江西省矿产资源极为丰富，在目前已知的 150 多种矿产中，江西省已发现各类固体矿产资源有 140 多种。其中，探明工业储量的矿产有 89 种，居全国前 5 位的矿产有 33 种。江西省已建成亚洲最大的铜矿和全国最大的铜冶炼基地。

（3）森林资源。江西省森林覆盖率高达 50.9%，木材蓄积量 2.5 亿立方米，毛竹蓄积量约为 10 亿根，均居全国前列。

3）经济与产业基础

（1）地区生产总值。2019年全省实现地区生产总值24 757.5亿元，比上年增长8.0%。三次产业结构比调整为8.3∶44.2∶47.5。人均地区生产总值53 164元，比上年增长7.4%。

（2）财政收支。2019年全省财政总收入4001.5亿元，比上年增长5.4%。其中，地方一般公共预算收入2486.5亿元，比上年增长4.8%。税收收入1746.8亿元，比上年增长5.0%。地方一般公共预算支出6402.6亿元，比上年增长13.0%。

（3）外贸状况。2019年全省货物贸易进出口总额3511.9亿元，比上年增长11.1%。其中，出口额2496.5亿元，比上年增长12.3%；进口额1015.5亿元，增长8.2%。江西省对"一带一路"沿线国家出口额903.5亿元，比上年增长15.1%。

（4）交通运输。2019年全省货物运输量150 860.6万吨，货物周转量3858.8亿吨千米。南昌港完成货物吞吐量3826.6万吨，比上年增长32.7%；完成集装箱吞吐量18.9万标准箱，比上年下降2.2%；九江港完成货物吞吐量12 333.4万吨，比上年增长5.5%；完成集装箱吞吐量52.1万标准箱，比上年增长21.4%。2019年年末全省公路通车里程209 131.0千米，其中，高速公路通车里程6144.0千米，铁路营运里程4534.7千米。

（5）支柱产业。汽车航空及精密制造产业、特色冶金和金属制品产业、中成药和生物医药产业、电子信息和现代家电产业、食品工业、精细化工及新型建材产业为江西省的支柱产业。

4．安徽省

1）地理位置

安徽省简称"皖"，位于中国东南部。全省南北长约为570千米，东西宽约为450千米，总面积约为13.96万平方千米。

2）自然资源

（1）生物资源。安徽省的动植物资源相当丰富。全省林业用地约为4.18万平方千米，约占全省总面积的30%；草地1.66万平方千米，占全省总面积的12%。全省动植物种类丰富，木本植物有1300余种，草本植物有2100余种；动物500余种，其中兽类有90多种，鸟类有320种，爬行类和两栖类有90多种。

（2）矿产资源。安徽省矿产资源种类繁多，储量丰富，分布集中。已发现各类矿产资源有130多种，其中探明储量的矿产资源有67种，已开发利用的矿产资源有49种，保有储量居全国前10位的矿产有38种。

3）经济与产业基础

（1）地区生产总值。经初步核算，2019年全省实现地区生产总值37 114亿元，按可比价格计算，比上年增长7.5%。三次产业结构比由上年的7.8∶41.4∶50.8调整为7.9∶41.3∶50.8。人均地区生产总值58 496元。

（2）财政收入。2019年全省财政收入5710亿元，比上年增长6.5%。其中，地方一般公共预算收入3183亿元，比上年增长4.4%；地方一般公共预算支出7392亿元，比上年增长12.5%。

（3）外贸状况。2019年全省进出口总额687.3亿美元，比上年增长9.4%。其中，出口额404亿美元，比上年增长11.6%；进口额283.3亿美元，比上年增长6.3%。

（4）交通运输。2019年全省交通运输、仓储和邮政业实现增加值1973.9亿元，比上年增长6.4%。全年货物运输量36.8亿吨，货物周转量10 217.4亿吨千米。全年港口货物吞吐量5.5亿吨，增长8.5%。

（5）支柱产业。材料产业、汽车及零部件制造业、能源产业、食品工业、化工产业是安徽省的支柱产业。

5．长江中游综合经济区物流发展

1）湖北省物流发展

进一步促进区域物流合作。加强与湖南、江西、河南、陕西、重庆等周边省市的区域合作，以区域性物流圈（带）连接湖南、江西、河南、陕西、重庆等周边其他省市，为跨区域的产业对接与合作发展提供物流服务平台。进一步做实物流基础支撑体系。进一步完善铁路、公路、航空、水运等立体交通运输基础设施建设，加强铁路、公路、航空、水运基础设施在物流枢纽上的无缝衔接，加快集疏运通道建设。

进一步完善优化湖北省区域物流布局，形成武汉（城市圈）物流圈、鄂西物流圈、长江物流带、汉江物流带等湖北省物流业"两圈两带"区域布局，依托四大物流通道，利用物流核心节点城市（武汉、宜昌、襄阳等）的发展，带动湖北省物流业"两圈两带"集聚发展。武汉（城市圈）物流圈，以武汉为核心，辐射城市圈及周边省市；鄂西物流圈，依托鄂西生态文化旅游圈，以宜昌、襄阳两个省域副中心城市为支撑，辐射湖北省西部及周边省市；长江物流带，依托长江经济带，辐射带动长江沿岸及周边省市；汉江物流带，依托汉江经济带辐射带动汉江沿岸及周边省市。围绕湖北省"一主、两副"规划布局，以武汉为全国性物流节点城市，以襄阳、宜昌规划为区域性物流节点城市。

重点打造农产品物流、物流园区、沿江物流等十大工程：农产品物流工程，发展粮食储、运、装、卸"四散化"和多式联运，形成承接东西、通达江海、辐射南北、进出通畅、高效便捷的粮食现代物流体系；物流园区工程，按照全省物流园区布局城市等级及所确定的各类物流园区建设数量的控制要求，以武汉、襄阳、宜昌等国家物流园区一级、二级节点城市为核心，加快整合与合理布局物流园区；沿江物流工程，推动长江经济带、汉江经济带开放开发，推动武汉长江中游航运中心建设，加快湖北省航运物流发展；多式联运工程。加快多式联运枢纽设施建设，实现多种运输方式间的无缝衔接；物流信息化工程，推进"互联网+高效物流"快速发展；电商物流工程。构建电子商务物流服务平台和配送网络体系；城乡物流配送工程。发展共同配送、统一配送、直接配送等现代化配送方式；应急物流工程。布局建设2~3个应急物流中心；物流标准化工程；物流新技术开发应用工程。

2）湖南省物流发展

湖南依托"一核、三区、多园、六通道"物流发展布局，构建陆水空物流大通道，打造长江经济带物流中心。

（1）一核。以长株潭城市群为中心，打造长江经济带物流业核心增长极。依托长株潭两型试验区、自主创新示范区和湘江新区等国家级平台，推动长株潭核心区物流一体化，引领高附加值的高端物流产业集群发展，重点发展制造业与物流业两业联动、多式联运、航空物流、农产品冷链物流、城市共同配送及电子商务物流等。

（2）三区。环洞庭湖地区：以岳阳市为增长极，常德市、益阳市为支点，构建环洞庭湖物流网络。依托洞庭湖生态经济区，借助长江黄金水道，建成长江中游区域性航运物流中心，为推进临湖、临港产业发展提供物流服务。重点发展港口物流、农产品冷链物流及能源、石化物流。湘南地区：以郴州市为增长极，衡阳市、永州市为支点，建设泛珠三角物流集群。依托湘南承接产业转移示范区，对接珠三角、东盟，为承接产业转移提供高效物流服务。重点发展公铁联运、无水港、农产品物流及快递物流。大湘西地区：以怀化市为增长极，邵阳市、娄底市、湘西自治州、张家界市为支点，建成5省边区物流中心。依托武陵山片区区域发展和脱贫攻坚，对接成渝城市群和云贵经济区，辐射大西南。重点发展商贸物流、电商物流、农产品物流及公铁联运。

（3）多园。服务国家级新区、国家级经济技术开发区、高新技术开发区、综合保税区和特色产业园区，配套建设一批物流园区。重点建设2~3家国家级示范物流工程，支持建设20家省级示范物流园区。

（4）六通道。以服务四大经济带为目标，依托五纵五横的铁路网、七纵七横的公路网、一纵五横的水运网、一枢纽一干多支的航空网等综合运输大通道，国家一级物流园区布局城市长沙市、二级物流园区布局城市（岳阳市、衡阳市、娄底市）和三级物流园区布局城市（株洲市、湘潭市、郴州市、常德市、邵阳市、怀化市、永州市）为节点，构建陆、水、空对外开放的六大物流通道，全面对接国家和省经济社会发展大战略。

3）江西省物流发展

发挥江西省交通区位优势，着力构建以昌九物流枢纽为核心，以赣中南、赣东北、赣东南、赣西四大特色物流集聚发展区为支撑，以"四纵四横"物流通道为纽带的"一核、四区、多通道"发展格局，并积极拓展国际物流发展空间。

（1）一核。抓住国家级赣江新区建设和昌九一体化发展的重大契机，进一步强化南昌全国区域性物流节点城市、九江全国物流园区二级布局城市的功能地位，加快昌九物流一体化进程，重点推进赣江新区综合交通物流枢纽建设，培育发展汽车、航空、智能制造、电子信息、生物医药等产业物流，加快发展城市配送、社区物流等城市物流，推进保税物流、快递物流、电子商务物流、第四方物流、物流金融等高端物流业态发展。

（2）四区。赣中南物流区，以赣州、吉安为中心，以瑞金、会昌、定南、峡江、新干等为重要节点，大力发展无水港、公铁海联运、城市配送等，重点培育南康家具、赣南脐橙、新干箱包灯饰、吉州商贸等物流产业集群。推进赣州建设国家现代物流创新发展试点城市，支持赣州等城市打造连接"海上丝绸之路"与"陆上丝绸之路"的重要节点城市和国际货物集散地；赣东北物流区，以上饶、景德镇为中心，以乐平、鄱阳、横峰、上饶县等为重要节点，大力发展工业物流、农产品物流、商贸物流、高铁物流、电子商务物流等，重点培育上饶商贸、景德镇陶瓷、上饶电子商务、横峰工业、鄱余万农产品等物流产业集群；赣东南物流区，以抚州、鹰潭为中心，以广昌、南城、余江、贵溪等为重要节点，大力发展铁路物流、农产品物流、物流总部经济等，重点培育南丰蜜橘、广昌汽运、黎川陶瓷、鹰潭有色金属等物流产业集群；赣西物流区，以宜春、萍乡、新余为中心，以樟树、高安、丰城、上栗等为重要节点，大力发展工业物流、医药物流、农产品物流、危险品物流等，重点培育樟树医药化工、万载烟花鞭炮、萍乡装备建材、高安建筑陶瓷等物流产业集群。

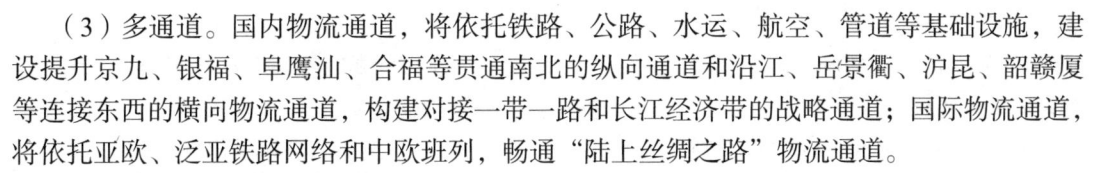

（3）多通道。国内物流通道，将依托铁路、公路、水运、航空、管道等基础设施，建设提升京九、银福、阜鹰汕、合福等贯通南北的纵向通道和沿江、岳景衢、沪昆、韶赣厦等连接东西的横向物流通道，构建对接一带一路和长江经济带的战略通道；国际物流通道，将依托亚欧、泛亚铁路网络和中欧班列，畅通"陆上丝绸之路"物流通道。

4）安徽省物流发展

结合安徽省生产力布局和城镇化规划，着力构建"一圈、四区、多点"的区域布局和"两纵三横"网状物流通道，加强与沿海、沿边地区合作，加快陆港、航空口岸建设，推动形成层级清晰、功能完整、互联互通的立体化物流体系，全面融入全国物流大循环。

"一圈、四区、多点"的空间布局。"一圈"，即合肥物流圈，以合肥为核心，淮南、六安、滁州等市为支撑，把合肥物流圈打造成引领全省物流发展的核心圈层，符合"长三角"城市圈副中心定位、具有国际竞争力的重要物流增长极。"四区"，即四大物流重点区域，芜马物流区以芜湖、马鞍山为中心，建成服务皖江城市带、面向苏浙沪等沿海省市的全国现代物流中心；安庆物流区以安庆为中心，建成服务皖西南、联通长江中游城市群的区域物流集群；蚌埠物流区以蚌埠为中心，打造服务皖北、面向淮海经济区的现代物流基地；阜阳物流区以阜阳为中心，建成服务皖西北、面向中原经济区的区域物流枢纽。"多点"，即依托交通区位、主导产业和资源优势，规划建设宣城、池州、亳州、铜陵、黄山、宿州、淮北等物流节点城市。

"两纵三横"的物流通道。依托铁路、公路、水运、航空、管道等基础设施，积极打造淮北、宿州、合肥、芜湖、黄山和亳州、阜阳、六安、安庆等贯通南北的纵向物流通道，建设沿江、沿淮和合肥、滁州、六安等连接东西的横向物流通道，提升面向苏浙沪、长江中游城市群、中原经济区、淮海经济区等国内主要经济区域的物流集聚辐射能力，打造内畅外通、开放型网状物流通道。

> **点评**
>
> 长江中游综合经济区承接我国东西地区，贯通南北地区，是全国物流网络中的重要环节，近年来呈现出加快发展的良好势头，未来发展空间很大。当前，该经济区应主动融入国家战略，加强区域开放合作，推进深度融合。

3.2.7 大西南综合经济区

大西南综合经济区包括云南、贵州、四川三省，重庆直辖市和广西，总面积约为134万平方千米，2019年总人口为26 400.07万人。这一地区地处偏远，土地贫瘠，贫困人口多，对南亚开放有着较好的条件。

1. 云南省

1）地理位置

云南省简称"云"或"滇"，地处中国西南边陲，北回归线横贯云南省南部。云南省总面积为39.4万平方千米，占全国总面积的4.1%；东与广西和贵州省毗邻，西部与缅甸唇齿相依，共有4061千米陆地边境线。

2）自然资源

（1）生物资源。云南省拥有丰富的自然资源，素有"植物王国""动物王国""有色金属王国""药材之乡"的美誉。云南省是全国植物种类最多的省份，在全国近3万种高等植物中，云南就有1.8万种，占全国高等植物总数的一半多。云南省的森林面积为15.60万平方千米，居全国前3位。脊椎动物达1737种，占全国的58.9%。

（2）矿产资源。云南省目前已发现可用矿产有150余种，保有储量的潜在价值可达3万亿元，其中燃料资源约占40%，金属矿产占7.3%，非金属矿产约占52.7%。已探明储量的矿产有86种，矿产地共2700处。云南省有61个矿种的保有储量居全国前10位，其中铅、锌、锡、磷、铜、银等25种矿产储量居全国前3位。

3）经济与产业基础

（1）地区生产总值。2019年全省经济稳中有进。2019年全省实现地区生产总值23 223.75亿元，比上年增长8.1%。三次产业结构比调整为13.1∶34.3∶52.6。全省人均地区生产总值47 944元，比上年增长7.4%。

（2）财政收支。2019年全省财政总收入4031.19亿元，比上年增长8.4%。地方一般公共预算收入完成2073.53亿元，比上年增长4.0%。地方一般公共预算支出完成6770.09亿元，比上年增长11.4%。

（3）外贸状况。2019全省外贸进出口总额336.92亿美元，比上年增长12.8%。其中，出口额150.22亿美元，比上年增长17.3%；进口额186.70亿美元，比上年增长9.5%。

（4）交通运输。2019年全省交通运输、仓储和邮政业完成增加值1113.14亿元，比上年增长8.4%。全年货物运输量16.01亿吨，比上年增长7.4%。货物周转量2150.32亿吨千米，比上年增长10.6%。

（5）支柱产业。烟草业、生物业、矿产业、旅游业等是云南省的支柱产业。

2. 贵州省

1）地理位置

贵州省位于中国西南部云贵高原东部，东经103°36'~109°31'、北纬24°37'~29°13'；全省面积为17.61万平方千米。贵州省是全国唯一没有平原的省份。省内有乌蒙山、大娄山、苗岭山、武陵山四大山脉，山地和丘陵占全省总面积的92.5%，喀斯特地貌分布面积为10.9万平方千米，占全省总面积的61.9%。贵州省山高谷深，1000平方千米以上的坝子（枣形盆地）有300多个。

2）自然资源

（1）生物资源。贵州省生物资源丰富，种类繁多。药用植物有3700余种，占全国中草药品种的80%。野生植物有3800多种，其中珍稀植物有70种；野生动物资源有1000余种，其中83种动物被列为国家保护的珍稀动物。贵州省是全国重要的动植物种源地和中药材四大产区之一。

（2）矿产资源。贵州省是中国的矿产资源大省之一，矿产资源分布相对集中，全省已发现矿产（含亚矿种）有128种，其中76种矿产已探明资源储量。全省有42种矿产的保有储量排名居全国前10位，列全国前3位的有22种。其中，煤、磷、汞、铝土矿、锰、锑、金、重晶石、硫铁矿、水泥与砖瓦原料，以及各种用途的白云岩、砂岩、石灰岩等优势明显，在中国占有重要地位。

3）经济与产业基础

（1）地区生产总值。经初步核算，2019年全省实现地区生产总值16 769.34亿元，比上年增长8.3%。人均地区生产总值46 433元。

（2）财政收支。2019年全省财政总收入3047.81亿元，比上年增长2.5%。2019年全省地方一般公共预算收入1767.36亿元，比上年增长2.3%。2019年全省地方一般公共预算支出5921.40亿元，比上年增长17.7%。

（3）外贸状况。2019年全省进出口总额453.57亿元，比上年下降9.5%。其中，出口总额327.14亿元，比上年下降3.1%；进口总额126.43亿元，比上年下降22.6%。

（4）交通运输。2019年全省全年铁路、公路、水运货物运输总量106 802.26万吨，比上年增长3.7%；货物周转量1953.89亿吨千米，比上年增长8.7%。民航货邮吞吐量12.74万吨，增长8.0%。2019年年末全省公路通车里程20.47万千米，比上年年末增长4.0%。其中，高速公路通车里程7004.47千米，比上年增长8.6%；内河航道里程3755.09千米，比上年增长0.3%。

（5）支柱产业。原材料工业、机械电子、轻纺工业等是贵州省的支柱产业。

3. 四川省

1）地理位置

四川省位于中国内陆西部腹地，占据着四川省盆地的绝大部分；四面环山，气候温和湿润，总面积约为48.6万平方千米。四川省是承接华南华中、连接西南西北、沟通中亚南亚东南亚的重要交会点和交通走廊。

2）自然资源

（1）生物资源。四川省动植物资源丰富，其中高等植物近1万种，国家重点保护野生植物有63种，包括国家一级保护野生植物为14种。全省森林覆盖率为35.3%。全省脊椎动物有近1300种，其中国家重点保护野生动物145种，包括国家一级保护野生动物32种。

（2）矿产资源。四川省是中国矿产资源丰富的省份之一。现已探明资源储量的矿产达101种，有57种矿产的保有资源储量位居全国前5位；已探明的地下矿藏有132种，其中钛、钒、锂、轻稀土、岩盐、芒硝等14种矿产储量居全国首位。钛储量居世界第一位，钒储量居世界第三位。

3）经济与产业基础

（1）地区生产总值。经初步核算，2019年全省实现地区生产总值46 615.8亿元，按可比价格计算，比上年增长7.5%。三次产业结构比由2018年的10.3∶37.4∶52.3调整为2019年的10.3∶37.3∶52.4。人均地区生产总值55 774元，比上年增长7.0%。

（2）财政收支。2019年全省地方一般公共预算收入4070.7亿元，同口径比上年增长7.7%。其中，税收收入2888.8亿元，增长6.3%；地方一般公共预算支出10 349.6亿元，增长6.6%。

（3）外贸状况。2019年全省进出口总额6765.9亿元，比上年增长13.8%。其中，出口额3892.3亿元，比上年增长16.8%；进口额2873.6亿元，比上年增长9.9%。

（4）交通运输。2019年全省通过公路、铁路、民航和水路等运输方式完成货物周转量

2573.3亿吨千米，比上年下降8.7%。2019年年末高速公路建成里程7520.9千米；内河港口年集装箱吞吐量233.0万标准箱。

（5）支柱产业。电子信息产业、水电产业、机械冶金产业、医药化工产业、旅游产业、饮料食品产业是四川省的支柱产业。

4．重庆市

1）地理位置

重庆市位于中国内陆西南部、地处长江上游，与川、陕、鄂、湘、黔接壤。重庆市东西长470千米、南北宽450千米，总面积约为8.24万平方千米；地貌以丘陵、山地为主，其中山地占76%，有"山城"之称。

2）自然资源

（1）生物资源。重庆市的生物物种较为丰富。全市有2000种以上维管植物，至今还保留着1.6亿年以前的"活化石"水杉及伯乐树、飞蛾树等世界罕见的珍稀植物。在世界濒危物种中，世界仅存数十株的野生南川木菠萝，分布在重庆金佛山。各类动物资源有380余种。

（2）矿产资源。重庆市有丰富的矿产资源，已探明储量的矿产主要有煤、天然气、锶、铝土、锰、石灰石、大理石、晶石、石膏、石英石、汞、盐岩等68种，其中锶矿储量分别居中国第一位、世界第二位。

3）经济与产业基础

（1）地区生产总值。经初步核算，2019年全市实现地区生产总值23 605.77亿元，比上年增长6.3%。三次产业结构比调整为6.6∶40.2∶53.2。按常住人口计算，全市人均地区生产总值75 828元，比上年增长5.4%。

（2）财政收支。2019年全市地方一般公共预算收入2134.9亿元，比上年下降5.8%。其中税收收入1541.2亿元，比上年下降3.9%。地方一般公共预算支出4847.8亿元，比上年增长6.8%。

（3）外贸状况。2019年全市实现货物进出口总额5792.78亿元，比上年增长11.0%。其中，出口额3712.92亿元，增长9.4%；进口额2079.86亿元，增长13.8%。

（4）交通运输。2019年全市交通运输、仓储和邮政业完成增加值977.14亿元，增长6.9%。全年货物运输量11.28亿吨。货物周转量3610.54亿吨千米。全年内河港口货物吞吐量17 126.77万吨，比上年增长9.0%。空港货物吞吐量41.40万吨，比上年增长7.8%。国际标准箱吞吐量149.33万标准箱，其中铁路集装箱吞吐量24.21万标准箱，比上年增长15.4%。

（5）支柱产业。汽车摩托制造业、化工医药业、建筑建材业、食品业、旅游业是重庆市的支柱产业。

5．广西

1）地理位置

广西地处中国南部，位于北纬20°54′～26°23′、东经104°29′～112°04′，陆地区域面积为23.67万平方千米。

2）自然资源

广西的矿产资源种类繁多，资源储量较大，尤其有色金属矿藏最为丰富。广西素以"有色金属之乡"著称，是中国 10 个重点有色金属产区之一。已发现矿产资源有 167 种（含亚种），已查明资源储量的矿产有 124 种，列入矿产资源储量统计表的矿产有 95 种，储量居全国首位的矿产有锰、锡、砷、膨润土等 13 个矿种。

3）经济与产业基础

（1）地区生产总值。经初步核算，2019 年全区实现地区生产总值 21 237.14 亿元，按可比价计算，比上年增长 6.0%。按常住人口计算，人均地区生产总值 42 964 元，比上年增长 5.1%。

（2）财政收支。2019 年全区财政收入 2969.22 亿元，比上年增长 6.4%；地方一般公共预算收入 1811.89 亿元，比上年增长 7.8%，其中税收收入 1146.78 亿元，比上年增长 2.2%，占地方一般公共预算收入的比重为 63.3%。全区地方一般公共预算支出 5849.02 亿元，比上年增长 10.1%。

（3）外贸状况。2019 年全区货物进出口总额 4694.70 亿元，比上年增长 14.4%。其中，出口额 2597.15 亿元，比上年增长 19.4%；进口额 2097.56 亿元，比上年增长 8.7%。进出口顺差额（进口额小于出口额）499.59 亿元，比上年增加 252.91 亿元。

（4）交通运输。2019 年全区货物运输量 20.53 亿吨，比上年增长 7.6%。货物周转量 5382.86 亿吨千米，比上年增长 8.0%。全年港口完成货物吞吐量 3.79 亿吨，比上年增长 27.0%，其中外贸货物吞吐量 1.39 亿吨，增长 9.2%。港口集装箱吞吐量 494.68 万标准箱，比上年增长 34.2%。2019 年年末全区公路总里程 12.78 万千米，比上年年末新增 0.24 万千米，其中高速公路里程 6026 千米，比 2018 年年末新增 463 千米。2019 年年末铁路营业总里程 5206 千米，比上年年末增加 4 千米，其中高速铁路营业里程 1792 千米。

（5）支柱产业。制糖业、电力业、机械业、冶金业、医药业等产业是广西的支柱产业。

6．大西南综合经济区物流发展

1）云南省物流发展

云南省提出"做强滇中、搞活沿边、多点支撑、联动全国、双向开放"的思路，规划建设"一核心、四区域"物流产业集聚区。"一核心"，即以昆明为中心的物流产业核心区，"四区域"为东南西北部物流产业集聚区；构建以大城市为中心、中小城镇为基础、重点口岸为支撑、物流园区为载体的多层次物流节点体系，主要布局四级物流节点：昆明市 1 个核心物流节点，曲靖市等 7 个区域物流节点，水富县等 15 个次区域物流节点，腾冲市等 12 个跨境物流节点；在全省重点打造 15 个物流示范园区。其中，中部物流产业核心区建设昆明王家营物流产业园、昆明晋宁物流产业园等 6 个重点物流产业园。

2）贵州省物流发展

贵州省物流节点城市将形成"一主、一次、八枢纽、多节点"的四级节点网络结构，其中"一主"为贵阳市；"一次"为遵义市；"八枢纽"为贵安新区、安顺、铜仁、都匀、凯里、兴义、六盘水、毕节；"多节点"为遵义习水、正安、桐梓、湄潭、毕节大方、织金、威宁，黔南的福泉、瓮安、贵定、独山、罗甸，黔东南的榕江、从江、黎平，六盘水的盘州、水城、钟山区、钟山经济开发区，黔西南的兴仁、望谟、册亨，铜仁的碧江、德江、沿河、思南、玉屏等重点县为物流业发展节点。同时，提出"一体、两带、五圈"的商贸物流空间布局。一体：建设以贵阳为核心，以贵安新区、安顺和龙里县为次核心的"大都市物流综合体"。两带：首先是黔北物流通道，具有密集的铁路、发达的公路和悠久的乌江水运通道，交通优势明显；黔北物流通道也是贵州连接成渝经济区、融入长江经济带、对接中国陆上丝绸之路的重要通道，区位优势突出，以遵义市为中心的黔北经济基础较好，以旅游和白酒为特色产业，带动和辐射作用大；其次是黔东南物流通道，黔东南、黔南是沪昆和贵广铁路沿线区域，是贵州融入珠江经济带、对接中国"海上丝绸之路"的重要通道，该区域以都匀和凯里为中心，旅游资源丰富，民族特色商品交易活跃。五圈：五大商贸物流圈。遵义商贸物流圈根据遵义市区位条件、市场需求、产业布局、商品流向、资源环境、交通条件等因素，建成中部现代物流产业带，连通遵义—重庆—长江经济带和遵义—广州—珠三角两条通江达海物流大通道，形成以遵义为中心，辐射毕节、铜仁和川南的三条快捷物流连接线；毕节商贸物流圈以建设川滇黔结合部商贸物流中心为发展目标，总体布局围绕"一核、两区、三特色、五组团"的模式规划，以黔西、金沙、织金、纳雍、威宁五县为支撑，建设连接成都、贵阳、重庆、昆明四大省会中心城市，辐射遵义、安顺、六盘水、曲靖、昭通、宜宾、泸州七市的川滇黔结合部商贸物流中心；都（匀）凯（里）商贸物流圈，以民族风情特色、旅游业资源开发为契机，推进碧波物流园、凯里东出口物流园、黔东物流园区（羊坪）、罗甸港、三穗经济开发区物流园、天柱商贸园、大健康产业示范区商贸物流园、丹寨金钟经济开发区商贸物流园、凯里黄平机场和黎平机场航空物流园区、昌明国际陆港、甘塘现代物流园区、都匀现代农产品物流园、福泉及麻江等无水港等物流基地建设，把都匀、凯里建成民族地区特色商贸旅游消费中心、西南连接华南的重要特色商贸物流枢纽和全国流通领域现代物流示范节点；六（盘水）兴（义）商贸物流圈，六盘水作为川、滇、黔结合部铁路枢纽的优势，依托丰富的矿产资源，重点建设中心城区的水城经济开发区现代物流园、钟山经济开发区（红桥新区）物流园、钟山区水月物流园，并以盘州市红果经济开发区物流园区、西部煤炭交易中心、六枝特区郎岱现代高效农业扶贫产业示范园物流园区、木岗工业产业园物流园区等配送中心、专业市场配套建设为辅。黔西南以"建设滇桂黔三省结合部商贸物流中心"为目标，按照"一核、一圈、四带"进行空间布局。其中，将打造"东联西出、西来东去、北上入川、南下出海"的四大开放型物流带；铜仁商贸物流圈，构建以铜仁市为中心的商贸物流圈，使之成为贵州东部物资集散地、武陵山经济协作区物流节点，以及承接成渝经济区、黔中经济区、长株潭城市经济圈的区域性物流枢纽。

3）四川省物流发展

四川省是"一核、五极、多点"的物流空间布局。

一核：成都为全国性物流节点城市，具有全省物流主枢纽的核心地位。

五极：沿江物流增长极、川北物流增长极、川东北物流增长极、攀西物流增长极、川中物流增长极。

多点：依托周边毗邻经济大县（市、区）和人口大县、产业集中区、交通枢纽型货站，规划建设辐射型省际物流节点和商贸流通型、产业配套型、交通运输型物流节点，重点支持物流园区、转运设施和快件分拨中心建设。

四川省物流物流园区布局城市分为三级。

（1）一级物流园区布局城市：成都。

（2）二级物流园区布局城市：绵阳、达州、泸州、南充、宜宾、遂宁、攀枝花。

（3）三级物流园区布局城市：自贡、乐山、内江、广安、广元、雅安、德阳、资阳、西昌、眉山、巴中、马尔康、康定。

4）重庆市物流发展

重庆市物流发展重点任务：

第一，加强物流通道建设。进一步提升"一干两支"航运能力，积极推进三峡大坝过闸扩能工作，加快实施长江涪陵至江津至宜宾段、嘉陵江、乌江航道整治工程；加强长江沿线港口建设，完善进港铁路和公路运输网络，形成果园港、新田港、龙头港、猫儿沱港等六大铁公水联运港口体系；推进船舶标准化改造和甩挂运输，提升长江通航能力。加快兰渝铁路、渝黔新线、渝怀二线、黔张常铁路等在建项目建设，积极推进郑—渝—昆、渝西等高速铁路和安张、沿江货运铁路前期工作；启动铁路枢纽东环线、市郊铁路建设，提高既有铁路利用率，推进铁路货运进园区，形成覆盖千亿级工业园区的铁路集疏运体系，构建内通外畅的货运铁路网络。加快高等级公路建设，着力提升普通国省干道公路等级，完善以港口、铁路站场、沿江物流园区和产业开发区为节点的网络状公路运输体系，实现高等级公路网对市域内重要物流节点的全覆盖。强化航空货运枢纽功能，拓展江北国际机场航空物流用地，加快临空经济区建设，构建航空大通关体系，完善机场地面交通运输网络，增开全货机航线，打造中西部航空物流高地。

第二，加快完善物流网络。按照各功能区定位，依托物流交通大通道，优化整合市域物流布局。围绕国家级物流枢纽，构建以重点物流平台为支撑、以区域性物流节点为纽带、以城乡社区商业网点为末端的三级物流网络体系。完善物流节点网络布局。以"三基地三港区"国家级物流枢纽为核心，加快完善形成全市物流网络，促进各类物流节点有机连接、高效畅通。依托交通枢纽，在都市区二环区域布局团结村、白市驿—双福、珞璜、南彭、东港、洛碛、果园港、寸滩、空港九大重点物流枢纽，建设西部现代物流园、白市驿涉农物流园、珞璜物流园、南彭贸易物流园、鱼嘴果园物流园、洛碛化工物流园、空港航空物流园七大物流园区。按照"辐射周边、服务本地"的原则，规划布局区域性物流节点，重点推进万州新田港口物流园、涪陵龙头港物流园、江津珞璜物流园、长寿沿江物流园、合川渭沱综合物流园、秀山武陵山现代物流园等物流园区建设。根据城市发展的需求，规划建设区县级物流节点，并合理布局大型超市、社区商业网点等货物装卸点。调整优化物流枢纽平台功能。着力推进铁路、港口、公路、航空等物流基地建设，优化重点物流园区功能。继续推进铁路物流基地建设，加快建成铁路保税物流中心（B型）和保税贸易产业园。积极推进南彭贸易物流园布局口岸功能。充分利用江北机场跑道空侧资源和空港保税港区功能，布局航空货运功能区，增强航空物流枢纽功能。调整优化寸滩港、果园港、东港物流功能，寸滩港重点发展口岸物流，其他物流功能逐步转移至果园港；果园港重点发展集装箱、商品滚装和散货，增加保税物流功能；东港重点发展件杂、散货、液态类以及重滚物流。白市驿涉农物流园重点发展涉农物流及加工、冷链物流及相关市场群，建设全市农产品冷链、粮食物流配送中心。洛碛化工物流园建设成为以成品油物流仓储功能为主的化工品仓储基地及成品油、危化品交易中心。

5）广西物流发展

根据《西部陆海新通道广西物流业发展规划（2019—2025年）》（以下简称《规划》），广西构建"双通道、六枢纽、四轴带、多门户"的发展空间格局。力争到2035年，西部陆海新通道全面建成，主通道各条通路在广西汇集，与北部湾港口、沿边口岸顺畅衔接，便捷开展多式联运，物流服务与通关效率达到国际一流水平，国际海铁联运、国际铁路联运及综合物流成本大幅下降，整体发展质量显著提升。

《规划》提出的"双通道、六枢纽、四轴带、多门户"的空间布局，即打造国际海铁联运主通道，建设国际铁路、公路联运辅通道"双通道"，建设南宁、钦州—北海—防城港、柳州、桂林、防城港（东兴）、崇左（凭祥）等国家物流枢纽"六枢纽"，培育国际海铁联运物流产业带、北部湾港航物流产业带、国际铁路联运和跨境公路运输物流产业带、承接东部产业转移物流产业带等"四轴带"，以及拓展铁路口岸门户、水运口岸门户、公路口岸门户、航空口岸门户"多门户"。

点评

> 大西南综合经济区地区人口稠密，资源丰富，交通发达，城市星罗棋布，是中国重要的重型机械制造、电站设备制造、军用飞机设计制造、电子信息科研和设备制造、汽车制造、水能资源开发、天然气资源开发、天然气化工、核工业和其他军事工业基地，也是中国农业较发达的地区之一，需要政府部门把各种新经济要素串联起来，借助网络协同，建立经济平台，推动物流发展。

3.2.8 大西北综合经济区

大西北综合经济区包括甘肃、青海两省和宁夏、西藏、新疆3个自治区，总面积为398万平方千米，2019年总人口为6523.69万人。这一地区自然条件恶劣，地广人稀，市场狭小，向西对外开放有着一定的条件。

1. 甘肃省

1）地理位置

甘肃省位于中国西部内陆，地处黄河上游，东接陕西，东北与宁夏毗邻，西连青海、新疆，北邻内蒙古，并与蒙古接壤，东西蜿蜒1655千米，南北宽530千米，海拔1000～3000米。

2）自然资源

（1）生物资源。全省林业用地面积为9.8121万平方千米，森林覆盖率为13.42%；主要树种有冷杉、云杉、栎类，以及华山松、桦类等。全省药材有450种，如当归、党参、黄芪、冬虫夏草等。甘肃省境内共有650多种野生动物。其中，两栖动物有24种，爬行动物有57种，鸟类有441种，哺乳动物有137种。

（2）截至2018年年底，全省已发现各类矿产119种(计算到亚矿种则为180种)，其中已查明资源储量的75种（计算到亚矿种则为112种）。列入《甘肃省矿产资源储量表》的固体矿产96种、矿产地1381处(含共伴生矿产)，其中大型规模矿床124个、中型规模矿床186个、小型规模矿床1071个。在已查明的矿产中，甘肃省资源储量名列全国第1位的矿产有11种，居全国前5位的矿产有33种，居前10位的矿产有58种。

（3）能源。甘肃省的能源种类较多，除煤炭、石油、天然气外，还有太阳能、风能等新能源。其中，石油可采储量6亿吨~7亿吨，天然气探明储量31.57亿立方米，全省煤炭预测储量1428亿吨，已探明储量125亿吨，保有资源储量120亿吨。风能资源总储量2.37亿千瓦，风力资源居全国第五位，水资源全年总径流量为614亿立方米，全省总装机容量已经超过300万千瓦，年发电量235.65亿千瓦时。

3）经济与产业基础

（1）地区生产总值。经初步核算，2019年全省实现地区生产总值8718.3亿元，比上年增长6.2%。三次产业结构比调整为12.05∶32.83∶55.12。按常住人口计算，人均地区生产总值32 995元，比上年增长5.7%。

（2）财政收支。2019年全省地方一般公共预算收入850.2亿元，比上年下降2.4%；考虑政策性减税因素，同口径增长5.2%。其中，税收收入577.6亿元，比上年下降5.4%；非税收入272.6亿元，比上年增长4.6%。地方一般公共预算支出3956.7亿元，比上年增长4.9%。

（3）外贸状况。2019年全省进出口总额379.9亿元，比上年下降3.9%。其中，出口额131.4亿元，比上年下降10.0%；进口额248.5亿元，比上年下降0.4%。甘肃省对"一带一路"沿线国家进出口总额200.9亿元，比上年增长2.8%，占全省进出口总额的52.9%。其中，出口额61.6亿元，比上年下降14.1%；进口额139.3亿元，比上年增长12.6%。

（4）交通运输。2019年全省交通运输、仓储和邮政业完成增加值438.4亿元，比上年增长8.0%。全年各种运输方式完成货物周转量2710.6亿吨千米，比上年增长3.9%。甘肃省民航机场集团完成货邮吞吐量7.5万吨，比上年增长18.6%。2019年年末全省公路总里程15.14万千米，其中等级公路里程为14.6万千米。

（5）支柱产业。有色金属工业、电力业、石油化工业、石油机械制造业、建筑材料业是甘肃省的支柱产业。

2. 青海省

1）地理位置

青海省简称"青"，因境内有中国最大的内陆咸水湖青海湖而得名。青海省是长江、黄河、澜沧江的发源地，被誉为"江河源头"。全省面积约为72万平方千米。

2）自然资源

（1）生物资源。全省森林面积为3.700 1万平方千米，森林覆盖率为5.2%。全省湿地面积为4.126万平方千米，占全省总面积的5.7%。在野生植物群中，已发现经济作物有1000多种。全省鸟类有290多种，哺乳兽类动物有109种。在野生动物中，属于国家一级重点保护动物有21种，二级重点保护动物有53种，省级重点保护动物有36种。

（2）矿产资源。青海省现已发现各类矿产有127种，矿产保有储量潜在价值约为17万亿元。在已探明的矿产保有储量中，有58种矿产储量居全国前10位。镁、钾、锂、芒硝、化肥用蛇纹岩、冶金用石英岩、玻璃用石英岩等10种矿产储量居全国第一位。2010年在青海冻土带又发现了"可燃冰"资源。中国成为世界上第三个在陆地上发现"可燃冰"的国家。

（3）畜牧草场。青海省天然草原辽阔，是中国五大牧区之一，全省牧草地面积约为40.34万平方千米，其中可利用面积为31.61万平方千米。畜牧业物质基础雄厚，主要牲畜如藏羊、

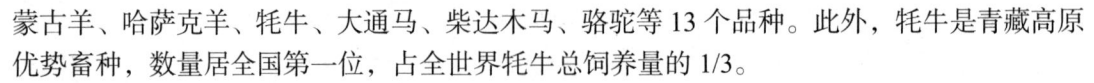

蒙古羊、哈萨克羊、牦牛、大通马、柴达木马、骆驼等13个品种。此外，牦牛是青藏高原优势畜种，数量居全国第一位，占全世界牦牛总饲养量的1/3。

3）经济与产业基础

（1）地区生产总值。经初步核算，2019年全省实现地区生产总值2965.95亿元，按可比价格计算，比上年增长6.3%。人均地区生产总值48 981元，比上年增长5.4%。

（2）财政收支。2019年全省地方一般公共预算收入456.85亿元，比上年增长1.8%。其中，地方一般公共预算收入282.14亿元，比上年增长3.4%。在地方一般公共预算收入中，税收收入198.68亿元，比上年下降3.3%。全省地方一般公共预算支出1863.74亿元，比上年增长13.1%。

（3）外贸状况。2019年全省全年货物进出口总额37.25亿元，比上年下降22.7%。其中，出口额20.20亿元，比上年下降35.1%；进口额17.04亿元，比上年下降0.1%。

（4）交通运输。2019年全省全年交通运输、仓储和邮政业增加值123.18亿元，比上年增长0.9%。2019年年末全省铁路营运里程2356千米，比2018年年末增加57千米，其中高速铁路营选里程218千米。全省公路通车里程83 761千米，比2018年年末增加1624千米，其中高速公路通车里程3451千米，比上年增加123千米。民航通航里程167 104千米，比上年增加21 368千米。

（5）支柱产业。农业、水电业、盐化工业、有色金属工业、石油天然气工业是青海省的支柱产业。

3. 宁夏

1）地理位置

宁夏位于中国西北部，地处黄河中上游，是中国5个少数民族自治区之一。

2）自然资源

（1）生物资源。宁夏的自然植被面积约为3.064 7万平方千米，其中草原植被（草甸草原、干草原、荒漠草原）面积为2.437 5万平方千米，占自然植被面积的79.5%，是宁夏自然植被的主体。荒漠草原和干草原面积共有2332平方千米，占草原面积的97.8%，是宁夏草原植被的代表。宁夏有51种受国家保护的珍贵稀有动物和37种有害动物；在野生植物中，宁夏有917种药用植物和14种受国家保护的珍贵稀有植物。

（2）矿产资源。宁夏的地质构造有利于能源矿产和非金属矿产的形成。已经发现各类有用矿产资源有50余种，产地近千处。D级以上储量的矿产地110余处。宁夏煤炭预测储量2027亿吨，居全国第5位。已探明煤炭储量316.5亿吨，居全国第6位。此外，还有水泥石灰岩、玻璃石英砂岩、黏土、芒硝、重晶石、燧石、硅石、石油、铜、铁、磷、盐等矿产资源。

3）经济与产业基础

（1）地区生产总值。经初步核算，2019年全区全年实现地区生产总值3 748.48亿元，按可比价格计算，比上年增长6.5%。按常住人口计算，人均地区生产总值54 217元，比上年增长5.5%。

（2）财政收入。据统计，2019年全区财政收入747.76亿元，同口径增长6.6%。其中，地方一般公共预算收入423.55亿元，同口径增长7.2%。

（3）外贸状况。据海关统计，2019年全区外贸进出口总额240.62亿元，比上年下降3.3%。其中，出口额148.92亿元，比上年下降17.3%；进口额91.70亿元，比上年增长33.4%。货物贸易进出口差额（出口额减进口额）57.22亿元。宁夏对"一带一路"沿线国家进出口总额为69.20亿元，比上年下降5.1%。

（4）交通运输。2019年全区货物运输量4.37亿吨，货物周转量710.31亿吨千米。

（5）支柱产业。目前，全区已形成以煤炭、电力、冶金、机械、纺织、造纸、食品等行业为主的工业体系。

4．西藏

1）地理位置

西藏位于中国的西南边疆，青藏高原的西南部。全区边境线全长近4000千米，全区土地面积约为122万多平方千米，约占全国总面积的12.8%。

2）自然资源

（1）生物资源。西藏有原始森林面积为7.17万平方千米，森林蓄积量20.84亿立方米，居全国首位。西藏是一个巨大的植物王国，有高等植物6400多种、藻类植物2376种、木本植物1700余种、药用植物1000余种；有脊椎动物798种，昆虫近4000种。大中型野生动物数量居全国首位，特别是藏羚羊数量占世界藏羚羊种群数量的70%以上；野牦牛数量占世界整个种群数量的78%。在兽类中，藏羚羊、野牦牛、盘羊等系青藏高原特产珍稀动物，均属国家级保护动物。

（2）矿产资源。西藏目前已发现101种矿产资源，已查明资源储量的矿产有41种，勘查矿床100余处，发现矿点2000余处，已开发利用的矿产有22种。西藏的优势矿产有铜、铬、硼、锂、金、锑及地热、矿泉水等，矿产资源储量居全国前5位的矿产有铬、工艺水晶、刚玉、高温地热、自然硫、砷等12种。

3）经济与产业基础

（1）地区生产总值。初步核算，2019年全区实现地区生产总值1697.82亿元，按可比价计算，比上年增长8.1%。人均地区生产总值48 902元，比上年增长6.0%。

（2）财政收支。2019年全区一般公共预算收入222.00亿元，比上年下降3.6%。其中，税收收入157.52亿元，增长1.1%。地方一般公共预算支出2180.88亿元，比上年增长10.6%。

（3）外贸状况。2019年全区全年货物进出口总额48.76亿元，比上年增长2.6%。其中，出口额37.45亿元，比上年增长31.1%；进口额11.30亿元，比上年下降40.4%。

（4）交通运输。2019年全区完成货物周转量156.14亿吨千米。其中，铁路货物周转量39.91亿吨千米，比上年增长20.1%；公路货物周转量114.47亿吨千米；民航货物周转量0.65亿吨千米，比上年增长17.3%；管道输送周转量1.12亿吨千米，比上年下降5.1%。2019年年末公路总通车里程103 951千米，比上年增加6167千米，其中有铺装路面总通车里程35 262千米。

（5）支柱产业。旅游业、藏医药业、高原特色生物产业和绿色食（饮）品业、农畜产品加工业和民族手工业、矿业、建筑建材业是西藏的支柱产业。

5. 新疆

1）地理位置

新疆位于中国的西北部，总面积为166万平方千米，约占全国陆地总面积的1/6，是中国行政面积最大的省区。新疆边界线长达5600千米，是中国边界线最长的省区。

2）自然资源

（1）生物资源。新疆生物资源种类繁多，品种独特。野生植物达4000多种，其中具有特殊经济价值的植物有罗布麻、橡胶草等1000多种。果树资源丰富，其中优良品种300余个。自古以来，新疆就有"瓜果之乡"的美誉。新疆有700余种野生动物，占全国总量的11%。新疆有116种国家重点保护动物，约占全国总量的1/3，其中包括蒙古野马、藏野驴、藏羚羊、雪豹等国际濒危野生动物。

（2）矿产资源。新疆已发现的矿产有138种，占全国已发现矿产品种的80.7%。已查明有资源储量的矿产有96种，储量居全国首位的矿产有5种，居全国前5位的矿产有27种。其中，石油、天然气、煤、铁、铜、金、铬、镍、稀有金属、盐类矿产、建材非金属等资源蕴藏丰富。新疆的石油预测资源量209.2亿吨，占全国陆上石油资源量的30%；天然气预测资源量11万亿立方米，占全国陆上天然气资源量的34%；煤炭预测储量2.19万亿吨，占全国煤炭预测储量的40%。

（3）能源。新疆地表水年径流量约为884亿立方米，地下水可采量252亿立方米，冰川面积2.4万平方千米，储水量25 800多亿立方米。煤的预测储量占全国煤预测总储量的37.7%；石油、天然气储量预计300亿吨，占全国石油、天然气预测总储量的25%以上。

3）经济与产业基础

（1）地区生产总值。初步核算，2019年全区实现地区生产总值13 597.11亿元，比上年增长6.2%。人均地区生产总值54 280元，比上年增长4.5%。

（2）财政收入。2019年全区地方一般公共预算收入1577.6亿元，比上年增长3.0%。其中，税收收入1016.1亿元，比上年下降3.4%；非税收入561.5亿元，比上年增长17.1%。地方一般公共预算支出5269.1亿元，比上年增长5.7%。

（3）外贸状况。2019年全区货物进出口总额237.09亿美元，比上年增长18.5%。其中，出口额180.44亿美元，比上年增长9.9%；进口额56.65亿美元，比上年增长57.9%。货物进出口顺差额（出口额大于进口额）123.79亿美元，比上年减少4.49亿美元。

（4）交通运输。2019年全区全年交通运输、仓储和邮政业完成增加值953.72亿元，比上年增长34.3%。全年货物运输量100 062.96万吨，货物周转量4139.30亿吨千米。

（5）支柱产业。新疆的重点产业有钢铁工业、石油工业、煤炭工业、电力工业、有色金属工业、机械工业、化工业、皮革业、纺织业、制糖业。

6. 大西北综合经济区物流发展

1）甘肃省物流发展

依托甘肃省综合交通运输网络体系，结合全省产业布局要求和城镇体系建设，按照"一带一路"倡议，形成"一中心、四枢纽、五节点"的物流产业发展布局。

一中心：兰（含兰州新区）白（银）都市圈构成的物流发展中心。以兰白两市为核心，依托良好的区位交通条件，发挥兰州作为中心城市对全省的带动作用，加快兰州国际港务区、兰州中川机场空港物流园区等重点物流项目建设，扩大兰州航空口岸程度，争取兰州和兰州新区铁路口岸开放，大力发展国际航空物流、铁路物流、多式联运、商贸物流、区域分拨配送，建设兰州重要节点城市铁路国际班列物流平台，使兰白地区成为甘肃省国际物流、产业物流和面向全省分拨配送的物流组织中心。

四枢纽：天水物流枢纽以构建陇东南立体大通道为基础，提升天水区域性综合交通枢纽地位和货运编组功能，建设丝绸之路经济带国际陆港，重点发展装备制造和电子产品物流、特色农产品物流和区域性商贸物流。平（凉）庆（阳）物流枢纽依托能源、煤化工、绿色农产品等优势产业，重点发展能源石化物流、农产品及加工品物流。金（昌）武（威）物流枢纽依托国际物流发展基础，推动武威保税物流中心升级为综合保税区，依托"天马号"国际货运班列加快建设武威国际陆港，形成完善的国际物流体系；依托区域产业基础重点发展农产品及加工品、建材、装备制造等产业物流，支撑区域产业扩张发展。酒（泉）嘉（峪关）物流枢纽依托冶金、煤化工、新能源装备制造等优势产业，重点发展金属、新能源装备制造、农产品及加工品物流；推动酒泉、嘉峪关与哈密、格尔木加强物流领域合作，实现区域物流一体化；争取马鬃山口岸复关，扩大嘉峪关、敦煌航空口岸开放程度，打造丝绸之路经济带国际航空港，支撑国际物流跨越式发展。

五节点：主要在张掖、陇南、定西、临夏、甘南等区域中心城市，打造一批服务于区域经济、满足居民生活的物流节点。张掖发挥绿洲经济优势，重点发展绿色农产品及冷链物流，依托区位和产业优势发展国际物流。陇南依托特色农副产品种植基础，重点发展药材、特色农产品物流；发挥与中国西南地区联系的新通道优势，打造丝绸之路经济带与长江经济带重要物流节点。定西依托农产品、中医药等产业优势，重点发展日用消费品、特色农产品、医药、工业原材料物流。临夏依托清真食品加工等产业优势，重点发展日用消费品、清真食品、工业原材料物流。甘南发挥农畜产业和区位优势，重点发展农畜产品物流，培育发展甘肃南部辐射甘、青、川三省交界的商贸物流。

2）青海省物流发展

青海省融入"丝绸之路经济带"，重点打造西宁、海东、格尔木等物流节点城市，使青海物流成为沿"丝绸之路经济带"向西开放的主阵地和推动青海省经济发展的新增长点。重点支持建设西宁朝阳物流园、青藏农副产品集散物流园、西宁市综合保税区、海东青藏高原东部物流商贸中心（曹家堡综合保税物流园区）、民和铭德现代物流港、平安公铁应急物流中心，海西格尔木综合物流园、德令哈综合物流园、恰卜恰农畜产品物流园、饮马峡煤炭和化工物流园，结合区位特点，发展货运枢纽型、生产服务型、商贸服务型、口岸服务型和综合服务型物流园区，发挥物流园区的示范带动作用。

3）宁夏物流发展

宁夏提出在深耕自治区物流市场的同时，加大对国内国际市场的开发开放力度。结合中国西北地区缺乏面向中亚、西亚、欧洲航空枢纽的现实情况，充分发挥银川河东国际机场对阿航权开放优势和"一带一路"发展机遇，打造向西开放的国际航空物流枢纽。积极挖掘全区区位优势，重点打造以银川、迪拜为节点的国际航空运输通道，推动向西开放的四条陆上通道、完善陆海联运的三条陆上通道，以中卫云基地和智慧银川大数据中心为依托的跨境电商物道。

围绕"一带一路"倡议支点和中阿合作先行区战略定位，突出重点，错位发展，强化银川都市圈物流核心圈层地位，打造固原、中卫两大物流枢纽，发展沿黄、太中银、清水河三大物流产业带。推动建立区域物流联动发展合作机制，加强与阿拉山口、霍尔果斯、乌力吉等沿边口岸及天津港、青岛港、连云港等沿海口岸的联动，加快推进国际陆运节点建设。

推进跨区域物流通道建设，强化与呼包鄂榆地区、太原城市群、关中—天水地区、兰州—西宁地区的沟通联系，进一步完善国家高速公路网和铁路网。推进与呼和浩特、西安、太原、兰州等重要物流枢纽、节点的联动，完善多式联运体系建设。

4）西藏物流发展

着力打造西藏"一核、三轴、三区、四中心"的物流产业发展格局，有力支撑全区物流服务体系的系统构建。

一核：充分发挥拉萨市的区位条件、综合交通枢纽、产业基础等方面的优势条件，系统完善物流基础设施建设，提升物流服务功能，建设拉萨物流产业集聚发展核心圈，将其打造为自治区级物流产业发展核心动力引擎。

三轴：沿国道318线、拉日铁路，联动日喀则市形成面向南亚开放的国际物流产业发展轴，以尼泊尔等南亚国家的物流中轴线，与南亚国家实现深度合作发展，与"一带一路"南亚国家高效联动发展，为实现西藏对内对外开发开放提供有力支撑；依托国内面向陕甘新，沿国道317线、318线，联动林芝市、昌都市形成川渝联动物流产业发展轴，实现与川渝经济圈、长江经济带沿线地区高效联动发展；沿国道109线、青藏铁路，联动那曲、藏青工业园区，形成甘青新联动物流产业发展轴，与丝绸之路经济带沿线地区高效联动发展。

三区：重点建设日喀则市、林芝市和藏青工业园物流产业集聚区，打造区域性物流枢纽，为支撑我区物流网络高效运行提供基础设施支撑。其中，发挥核心承载南亚国际物流大通道核心功能，通过对接吉隆边境经济合作区，打造成西藏乃至中国面向南亚开放的重要支撑平台；重点建设林芝市面向四川、重庆等区域联动发展的物流产业集聚区，打造成面向川渝开放的重要发展平台；重点建设面向青海、甘肃、新疆等区域联动发展的藏青工业园区，发挥物流产业集聚区功能，打造成面向甘青新开放的重要发展平台。

四中心：在那曲、昌都、山南、阿里等地建设四大物流中心，成为骨干物流网络节点的重要补充和本地区域性物流的组织中心，与"一核、三轴、三区"共同形成覆盖全区的物流服务网络体系。

5）新疆物流发展

根据城市总体定位、交通区位条件、产业发展水平和集聚辐射能级，新疆确定了"1+4+10+N"物流节点城市布局，即以乌鲁木齐市为核心节点，以喀什市、伊宁—霍尔果斯（城市组团）、库尔勒市、哈密市为一级节点，以克拉玛依市、奎屯—独山子—乌苏（城市组团）、博乐—阿拉山口—精河（城市组团）、石河子市、阿勒泰—北屯（城市组团）、塔城市、阿克苏市、和田市、准东经济技术开发区、若羌县为二级节点和具备一定区位交通条件及特色产业优势的重点城镇为三级节点的物流节点城市布局，以东西向出疆国际通道为主和南北向疆内联系通道为辅的物流通道体系。

围绕建设国际商贸物流中心，明确建设物流园区建设工程、多式联运提升工程、物流产业集聚工程、城乡物流配送工程、电商物流协同工程、冷链物流提升工程、大宗商品物流工程、物流企业培育工程、智慧物流创新工程、应急物流保障工程十大重点工程。

五项重点工作如下：

第一，打造中欧班列新疆集结中心。在稳定开行新疆—中亚和新疆—俄罗斯国际货运班列基础上，积极与中西亚和欧洲铁路枢纽城市加强合作，开行新疆—格鲁吉亚、新疆—土耳其、新疆—伊朗等国际货运班列；整合优化国内西行班列资源，通过与内地中欧班列始发城市及运管机构的协作联盟，加强与相关省市合作，优势互补，吸引国际货物在乌鲁木齐等铁路货运枢纽集散、中转，在德国、法国、波兰及中西亚国家的枢纽节点城市建立返程货源组织中心，实现中欧国际货运班列高密度、常态化、钟摆式运行。

第二，构建以乌鲁木齐国际机场为核心的机场群。推进乌鲁木齐国际航空枢纽建设，构建以地窝堡国际机场为核心，吐鲁番、石河子等地机场为辅助的机场群，初步形成"东西成扇、疆内成网、四通八达"的航线网络，打造面向中亚、西亚、南亚地区和连接亚欧的国际航空物流枢纽和货运中转基地。

第三，启动海关"信任通道"试点。新疆启动中哈海关都拉塔（中）—科里扎特（哈）口岸"信任通道"试点，逐步将"信任通道"并入中哈 AEO 合作轨道，并扩大至中吉、中塔、中蒙、中巴等新疆周边国家主要口岸；继续推进霍尔果斯、吉木乃、红其拉甫等口岸纳入农产品快速通关"绿色通道"。

第四，加快建设综合物流园区。在主要物流节点城市，加快建设一批综合物流园区。重点建设乌鲁木齐国际陆港区、昌吉亚欧国际物流区、吐鲁番空港物流产业园、喀什远方国际物流港、霍尔果斯国际物流园、伊宁国际物流园、奎屯保税物流园区、库尔勒苏中农产品物流园、哈密城北物流园区、克拉玛依锦泰国际物流园、阿勒泰跨国合作示范区物流园区、塔城国际物流港、阿克苏经开区物流园、阿克陶中巴经济走廊物流园、和田火车站物流园等。

第五，支持在重点口岸城市和交通节点城市，建设国际邮件交换站和快件处理中心，打造跨境电商物流服务基地和国外向中国出口电商产品备货中心，探索利用海外物流基地和商贸物流设施，在一些重要的轨迹物流节点城市构建跨境电商海外仓、商品展示中心和物流配送集散中心。

◎ 点评

大西北综合经济区主干物流网络不发达，分级物流体系尚未建立，但"十三五"以来，各省区努力优化资源配置，促进结构调整，转变发展方式，降低社会成本，提高国民经济竞争力。除个别省份在发展规划方面语焉不详外，绝大部分省区都制定了符合本省区物流经济发展的政策，列出了给力的保障措施。当前的任务是继续完善交通基础设施，加快交通网络化建设，培育市场，引进物流人才。

本章小结

- 经济区划是在客观存在的经济区的基础上，根据特定时期国民经济发展的目标和任务，对全国区域进行的分区划片。行政区划是国家为便于行政管理而分级划分的区域。行政区与经济区之间存在着密切的联系。
- 改革开放后，随着区域经济研究的活跃和深化，人们对中国经济区划提出了多种多样的划分方法。2011年，中国提出了"充分发挥不同地区比较优势，促进生产要素合理流动，深化区域合作，推进区域良性互动发展，逐步缩小区域发展差距"的区域发展总体战略，并按照西部、东北、中部和东部的顺序对中国经济区的空间布局给予详细规划。这也是中华人民共和国成立以来第一次完整的经济区域发展规划。
- 东北综合经济区物流发展已形成以大连、沈阳、长春、哈尔滨等主要城市为中心，多个物流网络交叉的格局。东北综合经济区的物流发展以辽宁省为重点，而辽宁省的物流发展又以沈阳和大连为重点。初步建立了布局合理、技术先进、便捷高效的现代物流服务体系，有力支撑了东北老工业基地全面振兴。
- 作为中国物流发展较早的地区，北部沿海综合经济区各省、市地方政府大多从战略高度出发，把现代物流作为经济腾飞的重要措施，制定了一系列的相关制度，并致力于物流规划的有效执行。
- 东部沿海综合经济区以上海市为中心，以江苏省、浙江省为两翼，物流业飞速发展。大部分省市基本完成本地物流发展纲要或规划的编制工作，并已进入实施阶段。当前"长三角"物流发展的重点方向是抓住物流发展升级的机遇，把制造业、商贸业的产业升级作为物流发展的考核目标。
- 南部沿海综合经济区面临我国港、澳、台地区，社会资源丰富，经济开放程度高。南部沿海综合经济区的物流发展具有良好的市场需求、得天独厚的区位优势和基础条件。广东省更是全国物流业较为发达的地区之一，广东省将发展物流产业作为经济领域四大主攻方向之一。福建省正努力建设成海峡西岸区域性国际物流中心区。海南省明确把物流业作为经济发展的重要支柱产业之一。
- 黄河中游综合经济区的自然资源尤其煤炭和天然气资源丰富，地处内陆，战略地位重要，对外开放不足，产业结构调整任务艰巨，物流发展水平总体不高。基础设施不完善是制约其前进发展的瓶颈因素，为解决投资薄弱问题，培育投资主体是重中之重的大事。
- 长江中游综合经济区承接我国东西，贯通南北，是全国物流网络中的重要环节。这一地区农业生产条件优良，人口稠密，对外开放程度逐年提高，产业转型压力仍较大，正处于物流加速发展的上升阶段。
- 大西南综合经济区地处偏远，土地贫瘠，贫困人口多，物流发展起步较晚。随着全球经济一体化步伐在我国西部地区的不断深入，大西南综合经济区物流业发展需求将不断增长，物流资源会进一步整合和优化。大西南综合经济区各省、区、市政府已着手各地物流发展规划的制定工作，并在实施方面取得了初步成效。

☑ 大西北综合经济区自然条件恶劣，地广人稀，市场狭小，向西对外开放有一定的条件。物流业发展尚处于滞后状态，主要表现在物流成本明显高于东部地区，物流技术水平处于较低层次。但物流业对带动地区经济发展起到重要的战略作用，大西北综合经济区各级政府正着手发展物流业。

思考题

1．分析经济区域对物流的影响。
2．改革开放后，中国经济区划主要有哪几种划分方法？
3．请你草拟一份调研提纲，利用周末及"五一"或"十一"假期考察分析自己家乡的物流经济布局，回校后撰写一份调研报告，然后在课堂上与大家进行交流。

第4章

中国农业物流地理

学习重点

- 农业物流的内涵
- 发展现代农业物流的意义
- 中国种植业分布
- 中国主要林区分布
- 中国畜牧业分布
- 中国水产业经济分布

引导案例

粮食"四散"运输和粮食集装箱运输

粮食的散装、散卸、散存、散运,即"四散"。澳大利亚政府在1930年就立法确定推行粮食"四散"制度,形成了一套完善配套的"四散"系统。这套"四散"系统实现了管理规范化、法制化、技术现代化。粮食在流通过程中损耗很少,运营成本也很低,由此带来了巨大的经济效益和社会效益。根据粮食主要产区和港口的分布,澳大利亚政府建立了以各州为基本覆盖范围的散装粮食运输系统,并配有发达的运输网络,粮库配有铁路和汽车车辆散粮装卸系统;在水路运输条件较好的港口配有粮食专用码头和粮食散装散运系统,利用铁路、公路和水路,澳大利亚整个粮食运输系统实行散装、散运,粮食运输配送效率较高,大大节约了粮食运营成本。

加拿大农业物流专家提出了粮食集装箱运输理论,通过对集装箱运粮与一般运粮的经济技术指标的对比分析来研究集装箱运粮的优越性和使用范围,并提出建立包、散、集装箱共存互补的粮食运输系统。加拿大已有5%的粮食通过集装箱装运出口,主要粮食品种有豆类、油菜籽和啤酒大麦等。根据有关预测,到2025年加拿大粮食集装箱运输量占粮食总运量的比重将是现在的两倍。

思考:1. 粮食实现"四散"的好处是什么?
2. 粮食集装箱运输的优势是什么?
3. 中国粮食运输现状如何?

> 提示：粮食实现"四散"是粮食流通实现现代化的重要标志，不仅可以大大提高粮食流通效率和降低粮食物流成本，而且十分有利于保证粮食品质和减少粮食损耗。
>
> 粮食集装箱运输在对多品种、小批量及多种质量等级的粮食运输实行"门到门"运输服务等方面有诸多优势，对减少粮食损耗和经济损失，保证运输安全有重大意义。
>
> 中国包粮流通应用十分广泛，废弃包粮流通方式将会造成巨大的浪费，并且部分交通落后地区也无法废弃包粮流通方式。中国散粮流通已经提倡多年，占比为10%左右，中国与发达国家散粮流通系统相比，还有一些差距；中国的集装箱运输系统经过多年的发展已经初具规模。因此，中国建立合理的粮食物流体系，应遵循的原则是：在合理利用包粮流通系统和发展散粮流通系统的同时，大力发展粮食的集装箱运输系统，形成三者互补的、合理的粮食物流系统。

从本章开始进入对中国产业物流地理的学习，首先介绍农业物流地理，然后各章将分别介绍中国工业物流地理、中国商业物流地理和中国交通运输地理。在农业物流中，物流货流量比较大的是粮食作物、经济作物、林产品、畜产品、渔产品和土特产品。本章以下各节分别述之。

4.1 农业物流概述

4.1.1 农业物流的内涵

1. 农业物流的概念

农业的概念有狭义和广义之分。狭义的农业是指种植业，即在耕地上种植农作物的农业生产部门。广义的农业是指利用动植物的生长繁殖机能，经过人工种植、培育、饲养等生产活动以获得各种农产品的生产部门，即通常人们所说的"大农业"，包括种植业、林业、畜牧业和渔业等部门。在国民经济中，农业属于第一产业。本书中所讲的"农业物流"，采用是广义的农业概念。

农业物流是从农业生产资料的采购、农业生产的组织到农产品的加工、储运、分销等，从生产地到消费地、从生产者到消费者的过程中所形成的包括信息传递在内的一系列计划、执行、管理控制的过程。

● 相关链接

大农业观，不仅包括农、林、牧、副、渔，以及它们之间的相互关系，还包括第一产业的内部关系。例如，玉米分为工业用玉米、饲料用玉米、食用玉米等，其他种类的产品也是如此。另外，大农业观还包括各种农产品加工业，以及运输、销售等有关的服务业，把从生产到加工及销售的全过程作为整个产业链来看待。从大农业观出发，我们应掌握一些与农产品有关的代用品以及进出口对农业生产的影响。例如，化纤不是农产品，但它的产量会影响到纺织业对棉花、羊毛、蚕丝的需求。再如，农产品的进出口量也会影响到农产品的生产量。类似地，还有皮革、造纸、酿酒、饮食等行业。此外，我们不仅要注意国内市场的需要，还应预测气候的变化及各国政策的走势对中国农业生产可能产生的影响。也就是说，只有将与农业有关的方方面面都考虑在内，才能树立起大农业观。

2．农业物流的类型

农业物流可以划分为不同的种类，常见的划分方式主要有：根据农业物流的流体对象可以分为农业生产资料物流和农产品物流两类；根据农业生产的主要过程和物质转移可以分为农业产前物流、农业生产物流、农产品流通物流和农业废弃物物流四类。

3．农业物流的特点

1）农业物流涉及面广、量大。农业物流的流体包括农业生产资料和农业的产出物，基本涵盖了种苗、饲料、肥料、地膜等农用物资和农机具，以及种植业、养殖业、畜牧业和林业等，物流节点多，结构复杂。

2）农业物流具有独立性和专属性。农业生产资料和农产品的生化特性，使得它们有别于一般物流的流体，农业物流系统及储运条件、技术手段、流通加工和包装方式都具有独立性，且农业物流的设施、设备和运输工具具有专属性。因此，处于起步阶段的中国农业物流所需投入大，发展慢。

3）保值是中国农业物流发展的核心。中国农业物流的发展水平较低，每年农产品在物流方面（特别是流通环节）的损耗巨大。因此，农业物流的流体与载体等其他要素如何匹配，如何运用物流技术使农产品在物流过程中有效保值，是当前比农业物流增值更为重要的核心问题，减少农产品在物流过程中的损耗应该放在与农业生产同等重要的位置。

4．农业与物流的关系

目前，中国农业生产过程大致分为产前准备、产中管理、产后加工、商业流通和最终消费五大环节。如果把这五大环节作为整体来看，就形成了中国农业生产链状结构。中国农业生产过程，如图4.1所示。

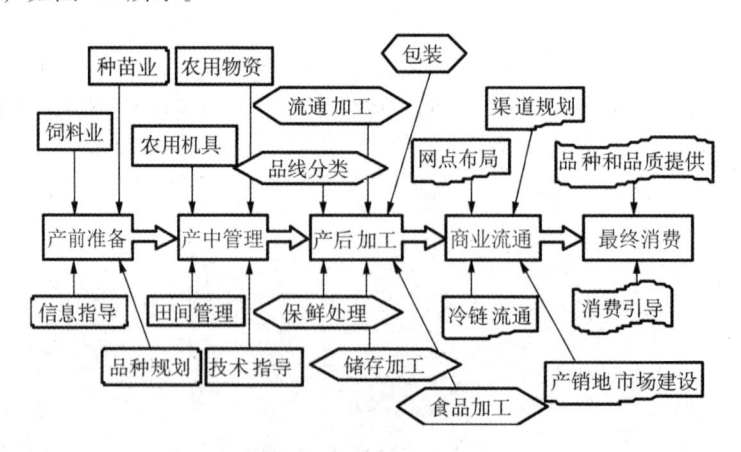

图4.1 中国农业生产过程

在中国农业生产链状结构的各环节和节点中,农业物流发挥着重要的衔接作用,深刻地影响着农业生产和流通的状况与水平。

4.1.2 中国农业物流的现状

目前,中国农业物流在农业生产发展的带动下,正处于起步阶段。由于起点较低,基础薄弱,与发达国家的差距十分明显,主要表现在以下几个方面。

1. 农业物流整体处于低水平运行

中国 2018 年社会物流总额构成及增长变动情况,如表 4.1 所示。

表 4.1 中国 2018 年社会物流总额构成及增长变动情况

物流总额构成	同比增长（%）	在物流总额中所占比重（%）	物流总额构成	同比增长（%）	在物流总额中所占比重（%）
全社会物流总额	6.4	100.000 0	进口货物物流总额	3.7	4.980 6
农产品物流总额	3.5	1.377 6	再生资源物流总额	15.1	0.459 2
工业品物流总额	9.6	90.710 0	单位与居民物品物流总额	22.8	2.472 6

2018 年,全国社会物流总额 283.1 万亿元,同比增长 6.4%,保持了缓中趋稳的增长态势,但农产品物流总占全社会物流总额的比重很小,仅占 1.3776%,同比增长 3.5%,低于全社会物流总额的增长幅度。农产品物流总额与突出的高额农产品物流损耗和成本一起,反映了农产品物流与其他物流的差距悬殊。

2. 农业物流的基础投入不足

一直以来,我国在农业生产环节的增产上全力以赴,但在物流保鲜技术、物流加工和冷链建设等后续物流环节的基础投入明显不足。

中国薄弱的农业物流现状与过去数量型农业生产投资结构密切相关,中国产后商品化处理为 1%,保鲜储藏比例不足 20%,加工比例不到 10%。中国生鲜冷链薄弱的现状与巨大数量的农产品生产形成很大的矛盾。如果矛盾得不到解决,高损耗的状况就难以得到根本性的扭转。

3. 农业物流市场的规划和布局不合理

农业物流市场体系不健全、市场主体比较单一和分散。其具体表现为农业物流市场主体的组织化程度低,组织规模较小,市场的基础设施简陋,服务设施不配套、不完善,运作不够规范化,代理商、批发商等市场中介组织不发达。

4. 农业物流成本偏高

目前,中国的农业物流成本比较高,而且不稳定。其中,有物流利润和运输成本因素,但更多的是物流环境的影响,由于路况不良的时间成本以及交通秩序中的不良现象无形中增加的物流成本(如设卡收费等)。

5．农业物流的相关理论研究严重滞后

在中国的农业发展过程中,"重生产、轻流通"的思想意识影响广泛,而对农业生产资料、农产品流通和物流配送等相关产业的协同发展作用认识不足,没有形成完整的农业物流行业体系框架。

6．农业物流的法制环境不完善

这主要表现在:农业物流缺乏系统而专门的法律保障,在物流市场进入与退出的竞争规则上无统一的法律法规可循;对社会性的物流服务缺乏有效的外部约束,致使不正当竞争难以避免。另外,缺少系统的农产品质量监督管理手段。随着国际贸易中的绿色贸易壁垒加高,阻碍了农业物流国际化的进程。

4.1.3 发展现代农业物流的意义

发展中国现代农业物流是促进中国农村经济发展的必要条件。只有深刻地认识农业物流的发展现状和发展趋势,建立完善的农业物流发展机制,才能真正引领中国农业未来的前进方向。具体来说,发展现代农业物流具有如下现实意义。

1．发展现代农业物流,加强对农业物流的管理

这样有利于提高农产品生产的市场反应速度,降低库存数量,缩短生产周期,提高服务水平,降低物流成本,增加农产品销售利润,最大限度地满足社会的需要。

2．进一步开拓农村市场,促进农业产业化

农民最需要的是适合农村的各种生活消费品、生产资料。据测算,如果农资的质量和价格可以满足农民需求,每年就可以增加约1500亿元的农资销售额。保持物流顺畅,建立健全市场流通网络,可使需求和供给的衔接更加紧密,农民、农村需要什么生产资料可以及时地反馈到市场中,为生产资料经营主体提供真实、准确、有效的信息,通过适时调整生产品种,运用多种流通渠道保质保量地、合理地配送到农户手中,并进一步扩大农村市场。

3．大大提高农产品流通速度,降低农业物流成本

现代农业物流以物流配送的规模大、速度快、辐射面广、效率高见长,尤其对农产品来说,多为鲜活农产品,对时间、新鲜程度的要求很高,发展现代农业物流,可以减少流通环节,充分运用专业化、现代化的运输工具将农产品及时地运往消费地,提高农产品流通速度,降低农产品积压在产地所占据的成本,同时通过大规模作业降低作业成本,减少多次装卸搬运所产生的农产品破损,从而有效地降低物流成本。

4．通过专业化物流增值服务提升农产品价值,增加农民收入

农产品的价值本不高,发展专业的第三方农业物流组织,可以发掘农产品的内在价值,同时为农产品提供专业的物流增值服务,包括对农产品进行进一步深层次的加工,提供规范化、合理化的包装,根据不同产品的不同要求提供不同的储存条件,并且及时提供供求信息,合理组织配送,使农产品有合理的流向,多层次、全方位地提升农产品价值,增加农民收入。

4.2 种植业物流地理

种植业是指在耕地上种植农作物的农业生产部门。其中,农作物是指在耕地上人工种植的、以满足人们某种需要为目的的草本植物,包括粮食作物和经济作物两类。

4.2.1 粮食作物

粮食作物,又称食用作物,是谷类作物(包括稻谷、小麦、大麦、燕麦、玉米、谷子、高粱等)、薯类作物(包括甘薯、马铃薯、木薯等)、豆类作物(包括大豆、蚕豆、豌豆、绿豆、小豆等)的统称。

中国粮食作物种类多、分布广、地域差异大,粮食生产水平不平衡而发展潜力大。中国栽培较普遍的粮食作物共有 20 余种,世界主要粮食作物普遍见于中国。中国是世界主要的产粮国之一,2019 年中国粮食产量约占世界粮食产量的 24.4%,居世界前列。

1. 中国粮食生产发展

中华人民共和国成立以来,粮食生产有了较大的发展,但粮食产量不稳定,存在波动周期,具体分为以下几个阶段。

(1)1949—1958 年:粮食生产迅速恢复和发展阶段。粮食总产量由 1.132 亿吨增加到 2 亿吨,增加了 0.868 亿吨。这一阶段,粮食增产的原因在于粮食播种面积的扩大、土地制度改革,以及农民互助合作的制度创新。

(2)1958—1978 年:粮食生产长期徘徊阶段。粮食总产量由 2 亿吨增至 3.048 亿吨,增加 1.048 亿吨粮食用了整整 20 年的时间。这一阶段,粮食生产长期徘徊的原因在于粮食播种面积的不稳定及历史因素等。

(3)1978—1993 年:粮食生产超常增长到缓慢增长阶段。这一阶段,以 1984 年为分界线,1984 年之前粮食总产量首次突破了 4 亿吨大关,扭转了中国粮食长期严重短缺的局面;1984 年之后,粮食生产缓慢增长,1993 年增至 4.655 亿吨,粮食播种面积减至 1949 年前的水平,但食物多样化却有长足的变化。

(4)1993—1996 年:粮食生产平稳阶段。1996 年粮食供求紧张的形势明显好转,总供给在满足国内总需求后仍略有结余。

(5)1996—2005 年:自 1998 年起,粮食产量逐年下降,到 2003 年中国首次成为农产品净进口国,中国粮食产量严重不足。2005 年中国粮食总产量 4.84 亿吨,比 2004 年增产 0.146 亿吨,再创历史新高。2004 年和 2005 年粮食产量连续两年增长,特别是粮食单产连续刷新历史纪录。

2006 年 1 月 1 日,联合国宣布不再对中国进行粮食援助。而中国在停止接受来自世界粮食计划署援助的 2005 年,就以 57.7 万吨的粮食援助总量,一跃成为仅次于美国和欧盟的世界第三大粮食援助捐赠国。

目前,粮食产量逐年上升,2019 年中国粮食总产量高达 6.64 亿吨,相比 1949 年,中国粮食年产量提高近 6 倍;年人均占有量翻了一番多,从 400 多斤[①]增加到 900 多斤,高于

---

① 注:1 斤=500 克。

世界平均水平。中华人民共和国成立以来，我国粮食生产不断进步，已先后迈上多个新台阶，从供给短缺转变为供求基本平衡。2004年以来，粮食生产实现"十五连丰"。其中，2012年至2018年年产量连续保持在6亿吨以上。同时，粮食进口量有逐年上升趋势，其中2008年至2017年中国粮食净进口从3752万吨快速地增加到1.3亿吨。2019年中国进口约255万吨大米，进口约为8800万吨大豆，进口的粮食总量达1.06亿吨，较2018年下降9.2%。2017年以来粮食进口量下降明显。

2. 中国粮食作物的地区分布及特点

中国九大商品粮基地主要包括：生产条件和基础较好的地区——太湖平原、洞庭湖平原、江汉平原、鄱阳湖平原、成都平原、珠江三角洲；增产潜力较大的地区——江淮地区；粮食商品率较高的地区——松嫩平原、三江平原。

除少数纯牧区外，中国各县均有粮食种植，但地区分布很不平衡，粮食组合又各具特色。内蒙古乌拉特中旗—乌审旗一线以东及长城以南、青藏高原以东地区，粮食播种面积和粮食总产量分别占全国的95%、96%；西部地区粮食播种面积不足全国的5%，西部地区粮食产量仅为全国的4%。

中国不同的粮食作物分布相对集中，主要有以下几个特点。

（1）秦岭、淮河以南，青藏高原以东：以稻谷生产为主，同冬季作物（小麦、油菜、蚕豆、豌豆、绿肥）进行复种轮作，实行一年两熟或三熟制，粮食耕地复种指数约为195%。

（2）秦岭、淮河以北：以小麦生产为主，在其偏南的冬麦区主要和夏季作物（玉米、谷子、大豆、绿肥）轮作，实行两年三熟或一年两熟制，粮食耕地复种指数约为150%，在其偏北的春麦区，春麦主要同糜子、谷子、马铃薯、玉米、豌豆等轮作，以一年一熟为主，粮食耕地复种指数约为115%。

（3）东北三省大部分地区：以玉米、大豆、高粱、谷子为主，与小麦轮作，基本上实行一年一熟制，粮食耕地复种指数低于100%。

（4）西部青藏高寒山区：以青稞、豌豆、春麦为主，实行轮歇轮作制，粮食耕地复种指数约为95%。

3. 中国主要粮食作物及其分布

中国粮食作物以稻谷、小麦、玉米、高粱、谷子、大豆、薯类等为主，其中又以稻谷、小麦、玉米分布最广且产量最大，三者合占全国粮食总产量的86%以上。

1）稻谷

中国是世界上种稻谷最早、产稻谷最多的国家。稻谷在各种粮食作物中平均单产最高，占全国粮食播种总面积的29%、总产量的42.4%。全国90%以上的稻谷集中于淮河、秦岭以南的南方地区。在北方地区，稻谷种植面积少且零星分散，近几年有所发展，以东北三省稍多，播种面积约占北方稻区的40%。

中国稻谷产销量大，年产量在1.7亿吨左右，占世界总产量的30%以上，而东北四省区稻谷产量在1600万吨左右，占全国稻谷总产量的10%左右。另外，稻谷的商品化程度高、用途广、东北水稻流通量大（呈逐年上升的趋势）、生产地域广、品种多，标准化有些难度，价格波动较为明显，受季节性影响较大。

按自然条件和稻谷栽培制度及品种类型划分，可分为有以下几个生产区：
（1）华南双季稻区。
（2）长江中下游单、双季稻区。
（3）云贵高原稻谷区。
（4）四川盆地丘陵稻谷区。

2）小麦

中国统计年鉴公布的数据显示，2019年小麦播种面积和产量分别占全国粮食播种总面积和总产量的20.4%、20.1%。全国有东北春麦、北部春麦、西北春麦、新疆冬春麦、青藏春冬麦、北部冬麦、黄淮冬麦、长江中下游冬麦、西南冬麦，以及华南冬麦10个麦区。按其走向又分为南方麦区和北方麦区两大麦区。

（1）春小麦种植区：全国有14个省区市种植春小麦，主要分布在长城以北，岷山、大雪山以西地区，占全国春小麦播种面积的85%以上。

（2）冬小麦种植区分为北方和南方两大区。长城以南，六盘山以东，秦岭、淮河以北为北方冬麦区，播种面积和产量均占全国的70%左右，大都与玉米、甘薯、高粱、谷子、大豆等轮作，多实行二年三熟制，部分地区实行一年一熟或一年二熟制。淮河秦岭以南属南方冬麦区，大部分地区实行麦稻两熟制或麦稻稻、麦豆稻、稻麦肥等三熟制。但长江以南、湖南以东各省区小麦种植很少，如江西、广东和广西。

3）玉米

中国是全球第二大玉米生产国和消费国。2018—2019年度世界玉米总产量约为10.99亿吨，同年度中国玉米总产量约为2.6亿吨，占世界玉米总产量的23.71%，仅次于美国。

从物流的角度来看，玉米产销量大、流通量大、商品化程度高，用途广、产业链长，市场化程度较高、价格波动比较明显，易于标准化，储存性良好。大连是中国最大的玉米转运口岸和集散地。

玉米在粮食作物构成中仅次于稻谷、小麦。2019年中国玉米播种面积达41.28万平方千米，达到历史最高水平，产量约为2.06亿吨，占粮食总产量的31.02%。

玉米的主要集中种植区是从黑龙江省大兴安岭，经辽宁、冀北、晋东南、陕南、鄂北、豫西、四川盆地四周及黔、桂西部至滇西南，玉米种植面积占全国玉米种植面积的80%左右，其中东北地区的种植面积多于西南地区的种植面积。

4）高粱

中国高粱年产量在300万吨左右。高粱是中国所有杂粮中产量最大的一种经济作物。其中，东北四省区总产量为189万吨，占全国高粱总产量的67.5%。高粱的商品化程度高，用途广，市场化程度较高，价格波动大，易于标准化。

高粱出口主要是通过北方环渤海港口，如营口、锦州、大连和天津等。其中，东北的辽宁和吉林两省高粱出口量占全国高粱总出口量的90%左右。

5）谷子

谷子耐旱性强，在中国分布极其广泛，全国各地均有种植，但主要产区分布在北纬30°～48°、东经108°～130°地区，从淮河以北到黑龙江的广大地区种植面积最大。西部的甘肃、新疆及西藏的部分地区阳光充足、积温高、昼夜温差较大，特别适合"金谷子"种植。长城以南的大部分地区一般在夏麦收后播种，由于谷子产量不高，谷子种植面积不断减小。全国 95%的谷子种植面积集中分布在黄土高原、黄淮平原、松辽平原和内蒙古的西部及东南部。东北地区和西北地区以春谷为主，华北地区以夏谷居多。

谷子是中国主要农作物在世界上单产量领先的农作物之一，也是目前世界上单产量唯一能够翻几番，并具有粮草兼用双重特性的农作物。传统谷子的产量太低，谷子种植面积不断锐减，由此导致资源量少，目前尚有较大的市场缺口。

6）大豆

大豆原产中国，中国大豆产销量大，年产量在 1530 万吨以上，但仍需要大量进口。大豆储存性好，易于标准化，品种单一（尤其油用大豆在流通中占统治地位），市场化程度高，价格波动较大，受国际大豆市场价格影响明显。

中国大豆种植历史悠久，主要集中分布在东北的沈阳—哈尔滨—克山铁路两侧平原地带，松花江下游，黄淮平原的鲁西南、豫东、冀东北及晋西北和苏、皖两省淮北地区，大豆种植面积和产量分别占全国的 76%、80%。

7）薯类作物

其中，以甘薯为主，约占薯类种植面积的 80%。其次为马铃薯和少量木薯。2019 年全国薯类种植面积和产量分别占粮食种植面积和产量的 7.8%、5.3%。除青藏高原外，各地均有甘薯种植，以黄淮海平原、长江中下游、珠江流域和四川盆地最多。黄淮海平原和长江中下游以夏秋薯为主，华南沿海以秋冬薯为主，内蒙古东部及东北三省以春薯为主。马铃薯主要分布在东北、内蒙古和西北各地。木薯集中分布在南岭以南的两广、滇南地区。

4.2.2 经济作物

1. 经济作物的概念

狭义的经济作物又称技术作物、工业原料作物，是指具有某种特定经济用途的农作物。按其用途可分为：纤维作物（棉花、麻类、蚕桑）、油料作物（花生、油菜、芝麻、大豆、向日葵）、糖料作物（甜菜、甘蔗）、饮料作物（茶叶、咖啡、可可）、嗜好作物（烟叶）、药用作物（人参、贝母等）、热带作物（橡胶、椰子、油棕、剑麻）。广义的经济作物还包括蔬菜、瓜果、花卉等园艺作物。

经济作物具有地域性强、技术性高、经济价值大和商品率高的特点，对自然条件要求较高，宜集中进行专门化生产。世界上一些主要经济作物（如棉花、甜菜、甘蔗、麻类）及热带、亚热带经济作物的集中化与专门化程度均较高。

2. 中国经济作物及其分布

中国经济作物主要包括棉花、油料、糖料、烟叶、麻类、药材等，占农作物总播种面积的 14.1%，但茶、桑、水果、橡胶等木本经济作物未包括在内。经济作物产值约占种植业产值的 30%。

中国经济作物地理分布广泛，遍及全国。生产规模较大的棉花、油料、糖料等分布也很普遍，但地域差异明显：中国东部集中了中国经济作物播种面积的 90%以上，是棉花、油料、糖、烟叶、茶叶、蚕茧、麻类、桑葚的主要产区。中国南北差异也很大：在热带地区主要种植橡胶、咖啡、可可、胡椒、椰子、油棕、香蕉、龙眼、荔枝、菠萝和特种药材等；在亚热带地区主要种植甘蔗、茶树、油桐、柑橘等；温带地区主要种植棉花、苹果、梨、葡萄，是棉花及温带水果的集中产区；中温带地区以种植甜菜为主，是甜菜的主产区。下文将分述各种主要经济作物及其分布范围。

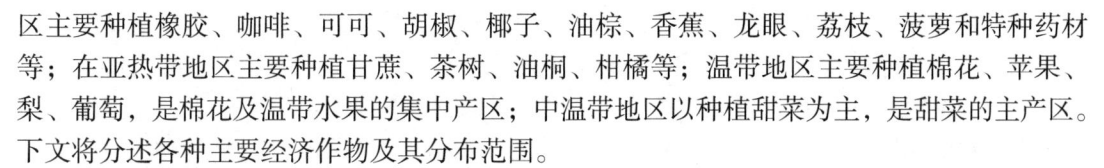

1）棉花

中国是世界上的产棉大国。中国统计年鉴显示，2019年全国棉花播种面积为4.573万平方千米，棉花产量达652.2万吨，但中国棉花种植面积有限，中国仍需要进口棉花。

中国棉花种植分布在北纬19°～45°、东经76°～125°范围内。

中国五大商品棉基地分别为：冀中南、鲁西北、豫北平原；长江下游滨海、沿江平原；江淮平原；江汉平原；南疆棉区。

近年来，新疆通过推广并应用高密度栽培、宽膜覆盖、膜下滴灌等新技术，棉花每平方千米产量由20世纪80年代的70千克提高到现在的137.1千克。棉花种植面积从1978年的0.15万平方千米增加到2019年的1.832万平方千米。目前，棉花已成为新疆最大宗的经济作物，其产量占全国的1/3，棉花在品质、商品量、调出量、总产量、单产量等方面均居全国首位。

2）油料作物

油料作物是供人食用并具有商品特性的经济作物。油料作物种类多，种植历史悠久，主要包括油菜、花生、芝麻、胡麻、向日葵、蓖麻、线麻子、苏子、油茶、核桃、油桐、乌桕等。油料作物常年播种面积在各种经济作物中居于全国首位。其中，油菜、花生、芝麻、胡麻四大油料作物占全部油料作物播种面积的90%以上。其中，以油菜、花生、芝麻的种植面积最大、分布最广。

在木本油料作物中，油茶播种面积最大，油菜籽是亚热带丘陵地区的主要食用油；核桃广泛分布于中国南北地区，但很少用于榨油；油桐、乌桕分布于中国南方地区。上述油料作物中，桐油、蓖麻油和乌桕油是非食用油，主要供工业使用。食用油中的一小部分用于肥皂、油漆、油墨、医药等方面。此外，植物油源中还有棉籽和大豆。棉籽是棉花的副产品，大豆在中国被列为"粮食"，每年大豆总产量的30%供榨油用，但两者都不属于油料作物。

目前，中国主要有五大油料作物，即油菜、花生、芝麻、向日葵和胡麻等。

（1）油菜是中国第一大油料作物。油菜原产于中国，其播种面积和产量均占全国油料作物的50%左右。油菜种植区域分布广泛，在中国20多个省区市都有种植。油菜性喜凉湿，可在高寒地区种植，也可以在中国南方地区越冬。油菜按播种期分为春播油菜和秋播油菜两类。

中国以秋播油菜为主，主要分布在长江流域，其中以四川省居第一位，其次有安徽、江苏、湖北和湖南等省区。春播油菜，主要分布于燕山以北和陇山以西地区的青海、甘肃、新疆和黑龙江等省区。

（2）花生是中国第二大油料作物。花生原产于美洲热带、亚热带的巴西。明代中后期引入中国。花生性喜温，短日照，适宜在沙质土壤中生长。在中国集中产区有华北的山东、河南、河北；华南的广东、广西；长江流域的江苏、安徽和四川；东北的辽宁等。

（3）芝麻原产于中国，性喜温、耐旱，在中国已有2000多年的种植历史。芝麻主要分布在湖北江汉平原和黄淮海平原，以湖北省居全国第一位，其次是河南、安徽、河北。

（4）胡麻。是中国西北和华北北部的主要油料作物。胡麻性喜凉、耐旱，主要分布在长城以北阴山丘陵地区（河北坝上和内蒙古东部）、六盘山两侧和甘肃定西等地区。

3）糖料作物

糖料作物包括甘蔗和甜菜。其中，2018年全国甘蔗种植面积和产量分别占全国糖料作物种植面积和总产量的87.31%、90.55%，甜菜种植面积和产量分别占全国糖料作物种植面积和总产量的11.52%、9.44%。

（1）甘蔗原产于热带、亚热带地区，产量高，收益大。甘蔗是中国制糖的主要原料。在世界食糖总产量中，蔗糖约占65%；而在中国，蔗糖则占80%以上。蔗糖是糖果、饮料等食品工业的重要原料。同时，甘蔗是轻工、化工和能源的重要原料。

甘蔗主要分布在粤、闽、桂、滇南等地区及四川盆地中南部地区。甘蔗的两个重要主产区是广西和海南。自20世纪80年代中期以来，中国的蔗糖产区迅速向广西、云南等西部地区转移。至2018年，广西、云南两省的蔗糖产量已占全国的82.63%（不包括中国台湾）。

（2）甜菜作为糖料作物栽培始于18世纪后半叶，目前世界甜菜种植面积约占糖料作物种植面积的48%，仅次于甘蔗而居第二位。中国大面积引种糖用甜菜始于1906年。人们先在东北地区试种，1908年建立第一座甜菜糖厂后逐渐向其他地区推广。甜菜主产区在北纬40°以北，主要分布于长城以北，以东北地区松嫩平原为最大产区，其次为内蒙古河套及新疆玛纳斯河流域等地区。甜菜产区包括东北、华北、西北3个产区，其中东北地区种植面积最大，约占全国甜菜种植面积的65%。

4）茶叶

茶叶性味甘、苦，微寒，是中国传统的天然保健饮料。按商品茶的分类和加工，中国市场上销售的茶叶有红茶、绿茶、花茶、乌龙茶、紧压茶、普洱茶和黄茶七类。2018年全球茶叶产量达创纪录的585万吨，中国茶叶产量达261万吨，茶叶出口达36.47万吨。

茶叶在秦岭淮河以南、青藏高原以东的广大南方丘陵地区均有种植。在各类茶叶产量中，以绿茶产量最大，占茶叶总产量的一半以上；其次为红茶，约占茶叶总产量1/4；再次为乌龙茶、紧压茶和其他茶类。就产茶省区而论，浙江、湖南、安徽、四川、福建为中国五大产茶省，产量约占全国的70%，其次为云南、湖北、广东、江西等省。

5）烟叶

中国是世界烟草种植第一大国，年产量约占世界总产量的32%。我国烤烟、白肋烟、晒烟和香料烟的产量均位列世界前10位。其中，烤烟产量居世界第一，其产量占世界烤烟总产量的85%以上且产区集中。河南、云南均是中国较大的烤烟生产基地，产量合占全国的2/5，尤其集中于许昌地区和玉溪地区，其次为贵州、广西、安徽、湖南等省区。

6）蚕茧

中国蚕茧产量占世界40%以上，其中桑蚕茧占91.1%，柞蚕茧占9.9%。桑蚕茧以川、浙、苏、粤4省产量最大，占全国桑蚕茧产量的86.98%，尤以太湖流域、嘉陵江流域及珠江三角洲最为集中。柞蚕茧为中国特产，全国产量约有3/4产于辽宁省，其次为山东的胶东半岛和河南省西部等地。目前，中国蚕桑生产主要分布在26个省区市多个县，桑园面积达

0.80万平方千米以上，年产茧量达62万吨，涉及农户近2000万户，蚕农收入120多亿元；丝绸工业年产值1600多亿元，产业工人近100万人。

近年来，全国范围内"东桑西移"的趋势越发明显。截至2019年年底，在21个桑蚕生产省区市中，8个主产省区市的桑园面积和产茧量约占全国的80%。其中，广西初步形成了桂西北（河池市）、桂中（来宾市、柳州市等）和桂南（南宁市、贵港市等）三大优势蚕桑产业带，5市的桑园面积占全区桑园总面积的85%以上，蚕茧产量约占全区总产量的95%。同时，"东桑西移"加快了"东丝西移"的步伐。广西、云南、陕西不仅上了缫丝、绢纺生产线，还建成了丝绸织造厂，实现了茧丝绸深加工零的突破。湖北茧丝绸产业链在逐步延伸，初步形成了从种桑、制种、养蚕、制茧、收烘到缫丝、丝绸制品、服装、桑蚕副产品深加工、市场销售等农工贸一体化、产供销一条龙的蚕桑产业化链条。

7）麻类作物

麻类作物包括黄麻、红麻、大麻、亚麻、苎麻、苘麻等。其中，黄麻、红麻种植面积约占麻类作物种植面积的一半。目前，黄麻主要分布于浙、粤、桂、川、皖、苏等省区。红麻常年种植面积0.267万平方千米，纤维总产量约为73万吨，约占世界纤维总产量的80%。红麻种植区域辽阔，南起海南岛，北至黑龙江，东起中国台湾，西达新疆，都有种植。

8）水果

水果主要有苹果、梨、柑橘、柿、红枣、葡萄、香蕉、荔枝、龙眼、菠萝等。在水果总产量中，苹果占24.7%、梨占17.42%、柑橘占18.91%，这是中国的三大水果。约54.43%的苹果产于山东和辽宁等省，中国每年的苹果产量，约占世界苹果产量的一半。中国苹果浓缩汁的产量占世界出口市场总量的70%。梨的产量以冀、鲁、辽、苏等省最多。柑橘主产区分布于川、浙、粤、桂、湘、闽等省区。香蕉、荔枝、龙眼、菠萝等以粤、桂、闽等省区为主产区。中国柑橘总产量达1000万吨，占世界柑橘总产量的11%，位居世界第三。

9）热带作物

其中，以橡胶种植面积为最大，占热带作物总面积的80%以上；其次为香茅、剑麻、椰子、腰果、胡椒、咖啡、油棕、南药等，分布于琼、粤、滇、桂、闽5省区的南部，尤其以海南岛和西双版纳地区为主，是橡胶的主要生产基地。

目前，中国已经成为世界上有影响的热带作物生产大国。

● 相关链接

中国商品性农业生产基地比较，如表4.2所示。

表4.2 中国商品性农业生产基地比较

基地类型	分 布 地 区
商品粮基地	九大基地：①生产条件和基础较好的地区：太湖平原、洞庭湖平原、江汉平原、鄱阳湖平原、成都平原、珠江三角洲；②增产潜力较大的地区：江淮地区；③粮食商品率较高的地区：松嫩平原、三江平原
商品棉基地	五大基地：冀中南、鲁西北、豫北平原；长江下游滨海、沿江平原；江汉平原；江淮平原；南疆棉区

续表

基地类型		分布地区
油料作物基地	花生	花生在油料作物中，重要性居于首位；主要分布在温带、亚热带的沙土和丘陵地区；山东花生产量最大
	油菜	油菜是中国播种面积最大的油料作物，主要分布在长江流域；有"北移南迁"的趋向，如黄淮海平原、辽宁、黑龙江及华南地区
	芝麻	主要在湖北省
	胡麻	西北内陆地区
糖料作物基地	甘蔗	生长习性：喜高温、需水肥量大、生长期长；主要产于中国台湾、广东、福建、四川、云南，海南是主要产区（热带、亚热带地区）
	甜菜	生长习性：喜温凉、耐盐碱、干旱，生长期短；主要产于黑龙江、吉林、内蒙古、新疆四个省区（中温带地区）
出口商品基地		以进入国际市场为目标：主要产于太湖平原、闽南三角洲地带、珠江三角洲；以种植花卉、蔬菜、水果为主，发展塘鱼禽畜生产

4.3 林业物流地理

4.3.1 中国主要林区分布

中国林区主要有东北内蒙古林区、西南高山林区、东南低山丘陵林区、西北高山林区和热带林区五大林区。这五大林区的土地面积占全国总面积的40%，森林面积占全国的近80%，森林蓄积量占全国的90%以上。

森林覆盖率以东北内蒙古林区为最高，以西南高山林区为最低；森林面积以东南低山丘陵林区为最多，以西北高山林区为最少；森林蓄积以西南高山林区为最多，以西北高山林区为最少。中国主要林区森林资源，见表4.3。

表4.3 中国主要林区森林资源

林区	森林覆盖率（%）	森林面积（万平方千米）	森林蓄积（万立方米）
东北内蒙古林区	66.83	30.941 8	321 158.37
西南高山林区	22.27	42.510 9	508 107.73
东南低山丘陵林区	50.67	56.240 8	255 276.31
西北高山林区	38.49	5.249 8	57 108.85
热带林区	43.57	10.348 1	85 517.65

资料来源：中华人民共和国国家统计局。

中国幅员辽阔，由于各地自然条件不同，加之植物种类繁多，森林植物和森林类型极为丰富多样。各林区主要森林资源如下。

1. 东北内蒙古林区：针叶林及针阔叶混交林

东北内蒙古林区是中国最大的天然林区。东北内蒙古林区是目前中国主要的木材供应基地，树木以红松、云杉、桦树、兴安落叶松等为主。

本林区西北部的大兴安岭主要是落叶松（兴安落叶松）林和采伐后的桦木、山杨次生

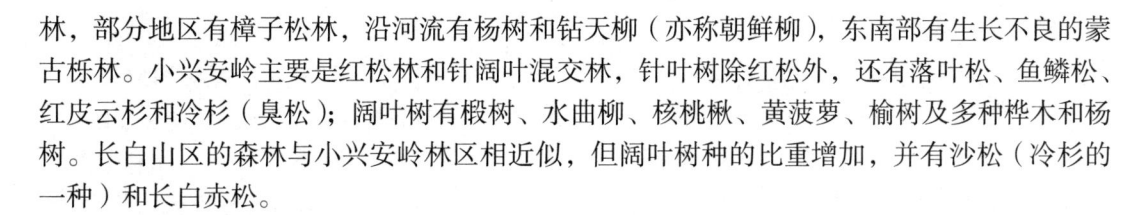

林，部分地区有樟子松林，沿河流有杨树和钻天柳（亦称朝鲜柳），东南部有生长不良的蒙古栎林。小兴安岭主要是红松林和针阔叶混交林，针叶树除红松外，还有落叶松、鱼鳞松、红皮云杉和冷杉（臭松）；阔叶树有椴树、水曲柳、核桃楸、黄菠萝、榆树及多种桦木和杨树。长白山区的森林与小兴安岭林区相近似，但阔叶树种的比重增加，并有沙松（冷杉的一种）和长白赤松。

2. 西南高山林区：高山针叶林和针阔叶混交林

西南高山林区位于青藏高原的东南部，是中国第二个重要的天然林区。

林区针叶树包括多种冷杉、云杉及落叶松、高山松、铁杉；阔叶树包括多种桦木、槭树、高山栎。海拔较低处，还有椴树、榆树、槭树和高山松、华山松等，海拔更低的山坡分布有壳斗科、樟科等常绿阔叶树。林区林下植物有杜鹃、悬钩子、忍冬和箭竹等。林区内栖息着许多珍稀动物，大熊猫即生长于以箭竹为主要林下植物的云杉、冷杉林内；另外，还有金丝猴、扭角羚等。

3. 东南低山丘陵林区：松杉林和常绿阔叶林及油茶、油桐等经济林

东南低山丘陵林区主要森林树种有马尾松、黄山松、杉木、柳杉、柏木，多种竹类（主要有毛竹、淡竹、桂竹、刚竹，南部还有丛生竹）和多种常绿阔叶树（主要有樟树、楠木、栲类、石栎、常绿青冈、木荷、木莲、阿丁枫、胆八树等）。此外，还有许多落叶阔叶树，如多种栎类（包括栓皮栎、麻栎、小叶栎、槲栎）、山毛榉、枫香、檫树、拟赤杨、光皮桦等。中国多种特有树种原产于此。针叶树有银杏、水杉、杉木、金钱松、银杉、台湾杉、白头杉、福建柏；阔叶树有珙桐、杜仲、喜树、观光木、伯乐树、香果树等。多种经济林产品中重要的品种有油茶、油桐、乌桕、漆、棕榈、厚朴、杜仲、白蜡。油茶面积有3万多平方千米，油桐约为2万平方千米。

4. 西北高山林区：落叶阔叶林及油松、侧柏林

西北高山林区树种目前仅有以散生的小片栎类、桦木、山杨为主的落叶阔叶林和小片的侧柏、油松等针叶林。在水分条件较好的山谷局部地区，有少数的白蜡、槭树、椴树、青杨等。在海拔较高的山地还有小片华北落叶松、云杉（青秆和白秆）及少数冷杉。本林区需大力保护和培育森林、生产用材、薪材并涵养水源，保护土壤。

5. 热带林区：热带季雨林

热带林区森林基本属热带季雨林，在湿润的山谷，树木板根现象较明显，林下有高大的树蕨、棕榈科植物，树干附生兰科、蕨类及天南星科植物，呈现出热带雨林的景观。这一林区蕴藏并保存着极为丰富的森林植物，有青梅、坡垒、龙脑香、娑罗双树等龙脑香科树木，并有蝴蝶树、人面子、番龙眼、山棟、麻楝、卵叶阿丁枫等热带树种，在西双版纳和广西南部还有野生团花树。此外，陆均松、鸡毛松在海南岛和云南南部也有分布。在海拔较高的山地则有以常绿壳斗科树木为主的常绿阔叶树林。低海拔及河谷雨量较少处旱生型现象明显，如海南岛南部有厚皮树、闭花木、合欢树、刺竹等近似稀树草原的旱生型热带林。

6．其他林区

中国森林除分布于上述各林区外，在广阔的西北干旱、半干旱地区，绿洲境内及沿河流域，以及一定高度的山地也有分布，如新疆塔里木河流域的胡杨林，天山、祁连山中山地段的云杉林等。此外，在中国东部分布着大大小小的平原、盆地和三角洲，原有天然林早已破坏，只有零星散生的树种和小片丛林。20世纪50年代以来，我国营造了农田防护林、农林间种和四旁植树，许多县的森林覆盖率已达10%~15%。这些地区的农田防护林对农田起到很大的防护作用，改善并美化了环境，也提供就地需要的用材、薪材和多种林产品。截至2008年，中国人工林面积达61.6884万平方千米，居世界首位。

4.3.2 中国林业产业

1．中国森林资源现状

总体来说，中国森林面积小，覆盖率低，资源数量少，地区分布不均，在世界上属于少林国家。但中国的树林种类丰富，珍贵经济林木繁多。中国有木本植物8000多种，乔木树种约为2800种，其中材质优良、经济价值较高的树种将近1000种。另外，还有许多特有的树种，如著名的"活化石"水杉和银杏，以及银杉、珙桐等。

2015年发布的第八次全国森林资源清查结果显示，全国森林面积为2.08亿公顷，森林覆盖率为21.63%，森林蓄积量为151.37亿立方米；人工林面积为0.69亿公顷，人工林蓄积量为24.83亿立方米。

中国森林面积居世界第五位，森林蓄积量居世界第六位。但中国的森林覆盖率只有全球平均水平的1/3，不足世界人均占有量的1/4。

中国大部分森林资源集中分布于东北、西南等边远山区和台湾山地及东南丘陵，而广大的西北地区森林资源贫乏。全国森林覆盖率较高的10个省区分别是福建省（65.95%）、江西省（63.1%）、广西（61.8%）、浙江省（61.5%）、台湾地区（58.79%）、广东省（58.2%）、湖南省（55.38%）、云南省（54.64%）和贵州省（48%）。

2．中国林业产业发展

中国林业产业持续增长，但增速放缓。《中国林业发展报告2018》显示，2018年中国林业产业受整体经济形势影响增速有所放缓，但以森林旅游为主的林业第三产业仍然保持快速发展的势头，林业产业结构进一步优化。2018年，林业产业总产值达76 272亿元（按现价计算），比2017年增长7.02%，增速进一步放缓。从木材产量来看，近年来随着国家逐步加强环境保护力度及一线城市木材使用量的减少，中国木材产量基本稳定在8500万立方米左右，2015年略有下降，木材产量为7200.29万立方米；到2018年木材产量为8811万立方米，同比增长4.92%。

从地区来看，东部地区林业产业总产值33 114亿元，中部地区林业产业总产值19 606亿元，西部地区林业产业总产值19 488亿元，东北地区林业产业总产值4064亿元。受我国整体经济形势影响，各地区增速均有所放缓，但中、西部地区林业产业增长势头依然强劲，增速分别为8.84%和12.04%。东部地区林业产业总产值所占比重最大，占全部林业产业总产值的43.42%。受国有林区天然林商业采伐全面停止和森工企业转型影响，东北地区林业产业总产值连续四年出现负增长。

林业产业总产值超过 4000 亿元的省份共有 9 个，分别是：广东、山东、福建、广西、浙江、江苏、湖南、江西和安徽。2017 年，广东林业产业总产值独占鳌头，是林业产业总产值唯一超过 8000 亿元的地区。

林业产业结构进一步优化。超过万亿元的林业支柱产业分别是经济林产品种植与采集业、木材加工及木竹制品制造业和以森林旅游为主的林业旅游与休闲服务业、木材加工及木竹制品制造业和森林旅游为主的林业旅游与休闲服务业，产值分别为 14 492 亿元、12 816 亿元和 13 044 亿元，森林旅游产值首次超过木材加工产值。以森林旅游为主的林业第三产业增速最快，林业旅游与休闲服务业产值增速达 15.38%，全年林业旅游与休闲的人数达 36.6 亿人次，比 2017 年增加 5.6 亿人次。林业三次产业结构比进一步得到优化，由 2017 年的 33：48：19 调整为 32：46：22，第三产业比重增加 3 个百分点。

从整体来看，林业产业横跨第一产业、第二产业、第三产业，产业链条长、涵盖范围广。未来，我国仍将着力优化林业产业结构、提高产业素质，加快培育林业龙头企业和产业集群，开展林业重点会展，不断增强林业产业发展的内生动力，推动林业产业快速发展。

> **相关链接**
>
> **中国主要的防护林**
>
> （1）三北防护林。1978 年 11 月，国务院批准在中国西北、华北北部、东北西部建设一个大型防护林工程——三北防护林。它包括了新疆、青海、甘肃、宁夏、陕西、内蒙古、山西北部、河北北部、北京、天津、辽宁、吉林、黑龙江 13 个省区市，从新疆到黑龙江，三北防护林总长达 1.4 万千米，形成一条"绿色长城"。
>
> （2）冀西、豫东沙荒林。冀西、豫东是黄河、漳河、沙河泛滥的沙荒地带。中华人民共和国成立以后，在这些沙荒地带上营造了沙荒林，现已泡桐成林，果树成片，改造了低产田，收到了良好的经济效益。
>
> （3）沿海防护林。1988 年沿海防护林体系工程开始建设，在中国 1.8 万千米的海岸线上，营造起防风固沙、防浪护堤、保护农田、涵养水源等为主体的多林种、多树种与多形式、多功能相结合，带、片、网、点相结合的区域性防护林体系。
>
> （4）长江中下游防护林。为了防止长江中上游的水土流失，保护农田，防止生态失去平衡，1989 年国家规划在这一地区进行防护林体系建设。

4.4 畜牧业物流地理

4.4.1 中国畜牧业发展概况

中国是世界上畜牧业资源丰富和畜牧业历史悠久的国家之一。中国拥有草地资源 0.0317 亿平方千米，生长着多种牧草，在不同的地理环境和气候条件下，形成了多种多样的草场类型，有利于各种牲畜在不同季节食用，草地可利用率约为 68.4%。在广大农区每年可提供大量农副产品和饲草饲料资源约为 7 亿吨，种类多，数量大，营养丰富。此外，还有食品、畜产、水产、酿造等加工工业的大量下脚料，均可作为饲料。同时，中国的牲畜品种资源极为丰富，经过长期选择培育和引进改良，全国已育成优良的畜禽地方良种约为 260 个，成为全国畜牧业发展的宝贵基因库。

自 20 世纪 50 年代以来，中国畜牧业虽然已有很大的发展，但是发展速度缓慢，生产量低而不稳，产品率和商品率均不高。20 世纪 80 年代，猪、牛、羊和大牲畜头数有了显著增加，肉、奶、蛋、毛等畜产品产量也大为增长，商品率也大大提高。无论生猪头数、猪肉总产量和马、骡、山羊、兔的头（只）数均居世界首位，绵羊和黄牛的数量则分别居世界第三、第五位。从 1991 年开始，中国的肉、蛋产量已跃居世界第一。

当前，中国畜牧业总产值继续下滑，但是主要产品产量仍保持平稳，羊肉产量稳步提高，未来随着国家调整农业生产结构，提高畜牧业的现代化水平，中国畜牧业产值将保持稳定增长。

1．中国畜牧业发展的现状

1）主要成就

（1）畜牧业生产水平稳步提高。2018 年，全国全年猪牛羊禽肉产量 8517 万吨。其中，猪肉产量 5404 万吨，同比下降 0.9%；牛肉产量 644 万吨，同比增长 1.5%；羊肉产量 475 万吨，同比增长 0.8%；禽肉产量 1994 万吨，同比增长 0.6%；禽蛋产量 3128 万吨，同比增长 1.0%；牛奶产量 3075 万吨，同比增长 1.2%。

（2）畜牧业在农业和农村经济的地位较为突出。2018 年畜牧业总产值 2.8 万亿元，占农业总产值的 25.27%。农民人均来自畜牧业的收入超过 1000 元，约占农民家庭经营现金收入的 29%。

（3）畜牧业生产逐步向优势区域集中。目前，中国 13 个生猪主产省区的猪肉产量已占全国猪肉总产量的 76.8%；肉牛产业带 8 个省区的牛肉产量占全国年肉总产量的 66.3%；7 个奶业主产省区的牛奶产量占全国牛奶总产量的 62.2%；10 个家禽主产省区的禽蛋产量占全国总禽蛋产量的 79.2%。

（4）畜牧业增长方式开始发生转变。全国已有 6 万多个养殖小区，牧区和半农半牧区、舍饲半舍饲养殖方式正在逐步推广。退牧还草工程，促进了草原畜牧业生产方式的转变。畜牧业发展正在由产量扩张向产量、质量和效益并重转变。

2）存在的问题

目前，中国畜牧业的发展存在着规模化生产水平低、生产总体水平不高、畜产品质量安全监管的难度比较大等问题。

未来，中国肉类和禽蛋产品将长期保持供给略大于需求的格局。与肉类产品和禽蛋产品相反，中国奶产品长期处于相对短缺的状态。

2．今后的发展重点

注重产业结构调整，稳定发展生猪和禽蛋生产。在发展高产品种的同时，我国要重视特有品种的发展，满足各地区、不同消费人群的特殊需求。加快牛羊肉、禽肉生产，突出奶类和优质细羊毛生产。

发挥区域优势，在各地形成各具特色的畜产品集中生产区，加速全国畜牧业区域化进程。农区畜牧业要重点发展养猪、养禽和节粮型草食家畜（如牛、羊）的饲养。牧区畜牧业要改善草地生态环境，以草定畜，走可持续发展的道路。东部沿海地区和大中城市城郊要大力发展外向型畜牧业。各地畜牧业发展要走因地制宜的发展道路，尽量避免畜牧业产业结构的趋同。

畜产品加工业的发展，重点是要大力提升畜产品加工能力，提高加工深度，增加加工品在总产品中的比重，尽快改变加工业发展严重滞后的局面。

发挥畜牧业科学技术对畜牧业的促进作用。在加速传统畜牧业向现代畜牧业转变过程中，技术因素起着决定性作用。重点抓好畜牧业现代养殖示范园区、畜产品加工示范区。

进一步促进畜牧业规模化生产。专业户和中等规模户是中国未来畜牧业的主力，也是实施小农户与大市场对接战略的重要基地。

4.4.2 中国畜牧业分布

中国幅员辽阔，自然条件复杂多样，畜牧业资源分布不均，畜牧业生产发展地区差异显著。北部与西部广大地区历来为全国重要牧区，拥有牲畜头数约占全国的10%，而以种植业为主的东部广大农区拥有牲畜头数占全国的86%，提供的肉食约占全国的95%，奶、禽、蛋等畜产品也占绝对优势。

根据畜牧业生产发展的条件和特点，以及民族的生活、生产习惯与历史发展的地区差异等，中国畜牧业可划分为牧区、农区、半农半牧区、城郊畜牧区4种类型。

1. 牧区

牧区主要分布于中国北部的内蒙古高原、西部的新疆和西南部的青藏高原，从东向西呈明显的地带变化。2012年内蒙古畜牧业综合生产能力位居全国五大牧区之首，牛奶、羊肉、山羊绒、绵羊毛、裘皮等产量均居全国第一，草业发展排在全国前列。

（1）东部草甸草原地区。牧草生长茂密，产草量高，质量好，适宜发展牛、马、羊等多种牲畜，该地区所产的三河牛、三河马全国著名。

（2）中部干草原（包括荒漠草原）地区。牧草较稀疏矮小，产草量较低，宜于牧羊，为中国重要的羊毛、羊皮与羊肉生产基地与耕役马的主产地。

（3）西部半荒漠—荒漠地区。水草条件较差，宜于对羔皮羊、裘皮羊、山羊和骆驼等牲畜进行放牧，但以山羊所占比重较大，骆驼的分布也相当集中，这里是中国骆驼的重要分布区。

（4）西部阿尔泰山、天山等地的山地区。天然草场类型多样，垂直差异十分显著。放牧牲畜一般为绵羊、山羊、马、牛和骆驼。其中，尤以新疆细毛羊、阿勒泰肥臀羊、伊犁牛、伊犁马等著称。

（5）青藏高原区。天然草场类型繁多，牧草低矮，产量低，是以牦牛、藏系羊为主体的高寒牧区。世界上约有85%的牦牛分布在中国，而以青藏高原区最为集中，是国内外牦牛的集中产区。

牧区是以天然草地为主要饲料来源的放牧畜牧业地区，以牛、马、羊、骆驼等草食牲畜为主，以畜产品为畜牧业主要利用方式，是全国重要的畜牧业生产基地。

2. 农区

农区向来以从属于种植业,并带有副业性质的舍饲畜牧业为特点,家畜猪和家禽占重要地位,而黄牛、水牛、马、驴、骡等役畜主要供役用。农区大致以秦岭—淮河为界,可分为北方农区和南方农区两类。

(1)北方农区:接近牧区和半农半牧区,北方农区内有一定面积的天然草场,绵羊和山羊的比重大于南方农区,并有小群的放牧畜群和放牧经营的方式。此外,黄牛、马、骡等役畜是农区平原地带的主要役畜,驴是山地丘陵地区的主要役畜。黄淮海平原、东北平原、关中平原、河西走廊等地养猪较多,猪具较高的商品性。禽类以鸡为主,水禽(鸭、鹅)较少。

(2)南方农区:饲料来源丰富,牲畜种类较多,以猪、黄牛、水牛、山羊等为主。全区猪头数接近全国总猪头数的2/3,以四川盆地、两湖平原、珠江三角洲、长江下游平原、浙江中部及西南部、闽东南沿海、桂东部、滇中和台湾西南部平原等种植业发达的地区最为集中。饲养量大,出栏率、商品率均较高。黄牛与水牛分别为南方农区旱地与水田的重要耕畜。黄牛在全国农区也占重要地位,主要见于台地和丘陵山地区。水牛头数约占全国的99%以上,多分布于平原稻作区。马、驴、骡数量极少。山羊遍及农区内,但以丘陵山区居多。绵羊虽不多,但以杭嘉湖平原和太湖地区的湖羊最为著名。南方农区禽类仍以鸡为主,但水禽数量和放养规模远远超过北方农区。

3. 半农半牧区

半农半牧区区沿长城南北呈狭长的带状分布,是农区役畜和肉食牲畜主要供应基地之一。该区在历史上曾是农牧业交替发展变化较大的地区,以具有汉族经营纯农业与蒙古族经营纯牧业的生产方式为特色。区内旱作农业与放牧畜牧业交错分布,畜牧业兼有纯牧区放牧与农区舍饲的特点。区内科尔沁草原和坝上高原等天然草场以放牧牛、马、羊为主,是肉、乳、细毛的重要生产基地。此外,宁夏的盐池、同心及内蒙古毗邻地区,历来以发展滩羊为主,该地区所产的二毛裘皮颇负盛名。

4. 城郊畜牧区

城郊以城市为中心,主要生产肉、乳、禽、蛋,属于小规模集约化经营和生产。其中,生猪、奶牛、菜牛、奶羊和家禽所占比重较大,主要为城市提供肉制品、乳品和禽、蛋类产品,商品率高。饲料来源主要是农产品加工后的副产品、混合饲料和居民饮食的下脚料。目前,城郊畜牧业正向集中、大型和专业化方向发展,以都市畜牧业为主要代表,正在由传统畜牧业向现代畜牧业转变。

4.4.3 中国畜牧业生产基地

经过长期发展,中国逐步形成了一些畜牧业生产优势区域。中国畜牧业生产区域化布局已初步形成,区域化发展的优势正在逐步显现。畜牧业产业化组织占到整个农业产业化组织的20%以上,成为农业产业化程度较高的行业。

目前,中国已形成了以长江中下游为中心产区并向南北两侧逐步扩散的生猪生产带,以中原肉牛带和东北肉牛带为主的肉牛生产带,以西北牧区及中原和西南地区为主的羊肉

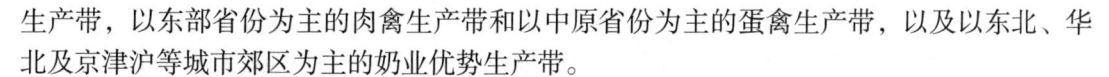

生产带,以东部省份为主的肉禽生产带和以中原省份为主的蛋禽生产带,以及以东北、华北及京津沪等城市郊区为主的奶业优势生产带。

中国重点建设的畜牧业基地主要包括以下 5 个基地。

1. 大兴安岭两侧肉乳和皮毛生产基地

该生产基地包括黑龙江与吉林西部、内蒙古东部。这里为草甸草原区,分布着大面积天然草场,是中国重要的肉、乳、皮毛生产基地,着重发展乳、肉兼用牛和细毛羊、半细毛羊。

2. 新疆北部细毛羊、肉用牛羊和马生产基地

该生产基地是中国荒漠草原发展畜牧业条件较好的地区。在阿尔泰山与天山垂直分布着山地草场,饲草类型多,可供细毛羊、肉用牛及马匹的发展;山间盆地和谷地具有生产饲草饲料的良好条件,是新疆细毛羊、阿尔泰肥臀羊、伊犁马等优良畜种的主要分布地。

3. 青藏高原东部牛羊肉、乳、皮毛生产基地

该生产基地是由亚高山和高山草甸组成的天然牧场,该生产基地的条件不如上述两个生产基地,但在青藏高原上的畜牧业发展条件最好。目前,该生产基地以生产绵羊、山羊、牦牛和马等各种牲畜为主,特有畜种是牦牛和藏绵羊。

4. 华北和西北农牧交错区牛羊肉、皮毛生产基地

该生产基地包括河北承德、张家口地区,晋西北和陕西、甘肃的黄土高原。这里自然条件比较好,又临近畜产品消费地,具备发展畜牧业的一定条件,主要从事牛羊肉和羊毛生产。

5. 东部平原地区以养猪、禽为主的肉、蛋生产基地

该生产基地是中国的主要产粮区,并且是猪、禽的集中产区。该生产基地需要提高生产专业化、集约化程度,加强饲料工业建设,改良畜禽品种,进一步提高肉、禽产量和商品率。重点建设的区域有:东北平原牛羊猪饲养基地、四川盆地肉猪供应基地、长江三角洲和珠江三角洲商品畜禽生产基地、黄淮海平原黄牛和猪生产基地。

4.5 水产业物流地理

4.5.1 水产业发展概况

水产业,或称渔业,是在海洋和江、河、湖、沼等水域中从事捕捞或养殖水生动物的生产性产业。水产业包括捕捞、养殖、保鲜加工和运销等一系列生产环节,一般以鱼类的捕捞、养殖和加工为主。

1. 中国水产业发展概况

水产业作为中国的传统产业,具有悠久的历史。2019 年,全国水产品产量达 6450 万吨,约占全世界水产品总量的 1/3。中国已连续多年位居世界水产品总量排名之首。

2020年全面完成"十三五"渔业发展目标，持续推进渔业高质量发展，必须认真分析国内外日益增多的风险挑战，充分认清复杂严峻的形势问题，准确把握发展中的新要求、新任务。"菜篮子"稳价保供为渔业发展提出了新要求，要始终把确保水产品安全有效供给作为渔业工作的首要任务。生态文明建设持续推进给渔业发展提出了新课题，要坚持养护资源。实施乡村振兴战略要求渔业实现新突破，渔业要在振兴发展中发挥更大的作用。

目前，中国渔业已发展成为集养殖、捕捞、加工、流通，以及工、商、贸、科研、教育融为一体的完整的产业体系。

2．中国水产业发展前景

作为快速崛起的水产大国，中国渔业具备广阔的发展前景。

1）水产资源丰富

一方面，水域辽阔。中国四大海区总面积约为354万平方千米，渔场约为82万平方千米，浅海、滩涂面积约为13万平方千米，有着漫长的海岸线和优良港湾。同时，中国是世界上内陆淡水总面积最大的国家，内陆水域面积为17.6万平方千米。另一方面，水生生物资源丰富。中国水生生物2万余种，具有经济价值的海洋动植物2000余种，淡水水生动植物800余种。丰富的水生生物资源为中国未来渔业的发展提供了有利的储备资源。

2）消费潜力巨大

随着中国经济发展和人们生活水平的提高，尤其水产品营养价值被越来越多的人所接受，水产品的消费群体逐步扩大。

3）国际市场广阔

尽管目前中国水产品进出口贸易受到一些非贸易壁垒的影响，但从长远看：一方面国际渔产品供应短缺及由此带动的价格上涨，在捕捞业零增长的情况下，必定对养殖业的依赖有所提高，这将给中国发达的养殖业带来巨大的发展机遇；另一方面中国可养水面和渔业劳动力资源丰富，生产成本低，因此在国际水产品市场占有明显的价格优势。

4）产业优势明显

一是渔业在大农业中的比较优势。渔业生产的效益明显高于其他行业，在很多地区，渔业已成为重要的支柱产业和主要的经济增长点。二是渔业是较早进入市场的产业，市场经济发育相对完善，其国际化程度高于农业中的其他行业，贸易条件也优于其他行业。三是渔业已发展成为集养殖、捕捞、加工、流通、工业，以及科研、技术推广相配套的比较完整的产业体系。

5）淡水渔业发展迅猛

淡水渔业在国家改革政策的鼓励和市场发展、消费升级的拉动下，2018年的淡水水产品产量为3360万吨，比上年增长5.05%，在全国水产品中的比重稳步上升。

3．中国水产业发展策略

纵观中国的渔业发展，前景广阔，但问题严峻。我们应树立科学发展观，采取有效的对策，实现生态效益、社会效益、经济效益的高度统一，促进渔业的健康持续发展。具体策略包括：

（1）由产业发展调整为水生生物资源与水域生态的可持续利用、城乡居民水产品消费安全和渔业生产者收入增加。

（2）由生产管理调整为水生生物资源和生态管理。

（3）由推动产量增长调整为规范管理。

捕捞领域要加大力度借鉴国外先进的管理办法，养殖领域要强化"以我为主"的国际合作，把中国已经成熟的经验国际化，完善水产养殖管理制度的建设，为中国水产品市场的国际化服务。

4.5.2 中国水产业资源

中国水域广阔，水产资源品种繁多，总产量较高。

水产资源大致可分为：鱼类、甲壳动物类、软体动物类、藻类、哺乳类。其中，鱼类是水产资源中数量最大的类群。全世界约有 3000 种鱼类，中国就有 2400 多种，其中海洋鱼类约占 3/5，其余为淡水鱼类。

1. 海洋水产资源

中国海洋水产品产量约占全世界水产品总产量的 57.72%，其中鱼类的数量占绝对优势。中国海洋鱼类有 1700 多种，经济鱼类约有 300 种，产量较高的经济鱼类有 60~70 种。此外，沿海藻类约有 2000 种；东海、黄海、渤海的虾蟹类共有近 300 种；经济软体动物有 200 多种。海洋水产区主要分为以下几个。

（1）黄海、渤海区：共有鱼类 250 多种，主要的经济品种有小黄鱼、鳕鱼、太平洋鲱等。另外，还有对虾、毛虾、海蜇、海带等其他水产资源，其捕捞产量占中国海洋捕捞产量的 27.9%。

（2）东海海区：共有鱼类 440 多种。东海海区是带鱼、大黄鱼、小黄鱼、乌贼四大经济品种的最大产区。东海、黄海的浅海渔场是世界上较大的渔场之一，素有"天然鱼仓"之称。东海带鱼产量占中国带鱼总产量的 85%左右，其他 3 种产量均超过全国的一半。此外，东海海区还有质量较高而单一品种数量较少的品种，如鲳鱼、鳓鱼、真鲷、海鳗、鹰爪虾、梭子蟹等，捕捞产量占中国海洋捕捞产量的 51.8%。

（3）南海海区：该区水产资源品种繁多，而单一品种的数量较少，仅鱼类近千种，主要经济品种有鲷鱼、沙丁鱼、金线鱼等。此外，南海海区还盛产金枪鱼、鲣鱼、旗鱼、鲨鱼等大洋性鱼类，其他贝类、虾蟹类、藻类资源十分丰富，西沙、南沙、中沙群岛附近所产的海龟、海参、玳瑁等比较著名，其水产捕捞产量占中国海洋捕捞产量的 20.3%。

2. 近海水产资源

目前，中国养殖的鱼、虾、贝、藻类共有 60 多种，主要品种有海带、牡蛎、珍珠贝、鲍鱼、紫菜、对虾、海参、扇贝、鲻鱼等。中国台湾地区斑节对虾和遮目鱼养殖技术培训较为发达。近海水产资源的某些品种从 20 世纪 60 年代开始衰退。中国水产捕捞产量逐年增加，但是单位船产或单位马力产量逐年下降，而且渔获物个体变小，优质鱼比例下降。

近年来，在渤海、东海和南海分别实施了增殖放流和投放人工鱼礁的措施，以增加自然海区的水产资源，取得了一定的效果。

3．内陆水产资源

中国内陆水域共有鱼类800多种，主要经济鱼类有40~50种。此外，还有虾蟹类、贝类，其产量仅占淡水渔业总产量的3.2%左右。其中，青鱼、草鱼、鲢鱼、鳙鱼是中国的四大家鱼。鲤、鲫、团头鲂、鳊、沼虾、绒螯蟹、河蚌等是经济价值较高的品种。就鱼类而言，以温水性者居多，其中鲤科鱼类约占中国淡水鱼类的1/2，鲇科和鳅科共占中国淡水鱼类的1/4，其他各种淡水鱼类占中国淡水鱼类的1/4。

中国内陆水域的鱼类依地区特点，大体可分为以下5个区域。

（1）北方区：包括黑龙江、鸭绿江、图们江等水系，主要有鲑科、茴鱼科、狗鱼科、江鳕等耐寒性很强的鱼类。此外，还有一些鲤科、鳅科、刺鱼科鱼类。

（2）西北高原区：包括藏北、内蒙古、青、甘、陕、晋等省区，主要有适应高原急流、耐旱耐碱的鳅科鱼类及青海湖的裸鲤（又名湟鱼）。

（3）江河平原区：包括长江、黄河、辽河下游的广大平原区及各河干流支流和鄱阳、洞庭等湖。该区鱼类鲤科种属特别多，形成中国淡水渔业中心。

（4）华南区：包括粤、桂、滇东、黔、闽、台湾地区，主要以鲤科、鳅科、鲇科鱼类占优势。

（5）西南区：包括雅鲁藏布江、怒江、澜沧江、金沙江等流域，以及藏南、川、滇西等省区，主要有鲤科、鳅科和鲇科鱼类，不少鱼类与缅甸、印度、泰国和越南的鱼类相同。

4.5.3 中国水产业经济布局

中国的水产业分为海洋水产业和淡水水产业两大部分。

1．海洋水产业

海洋水产业是对海洋中的鱼类、虾蟹类、贝类、藻类和海兽类等水产资源进行人工繁殖、合理捕捞和加工利用的生产事业。它包括海洋捕捞业和中国海洋养殖业两类。目前，中国以海洋捕捞业为主。在中国海洋水产品中，鱼类的产量最大，约占海洋水产品总量的3/4。海洋渔业的生产总量一直处于世界前列。

中国海域辽阔，从北到南主要分布的渔场，具体如下。

（1）渤海海区渔场。渤海位于中国北部，南、北、西三面被陆地环抱，属于内海。渤海的东南是渤海海峡，与黄海相连，总面积为7.7万多平方千米，平均水深18米。渤海有辽东湾、渤海湾和莱州湾三大海湾，成为鱼类的天然产卵场所和重要渔场。渤海常见鱼类有70多种，加上虾蟹类、贝类、藻类，共计170多种。渤海主要水产品有小黄鱼、带鱼、鳓鱼、对虾、毛虾及海蟹等。其中，对虾是中国著名的特产，在国际市场上享有盛誉。

渤海海区庙岛群岛、长兴岛、凤鸣岛、西中岛和菊花岛，均可停泊渔船，还有天津、秦皇岛、龙口、营口等大中型渔港。渤海海底平坦，有利于拖网作业。渤海水浅底缓，滩涂面积约为0.133万平方千米，发展养殖业潜力很大，但因捕捞过于集中及海洋污染等原因，水产资源日渐衰退。

（2）黄海海区渔场。黄海位于长江口北角至济州岛西角一线以北，渤海以东海域，总面积为38万平方千米，为渤海的5倍，平均水深44米，全部属浅海大陆架。北部水域较深,是中国冷水鱼类和鳕鱼等分布的海区。经济鱼类品种十分丰富,有300种之多,是中国唯一有冷水性鳕鱼分布的海区。渤海海区主要经济鱼类有大黄鱼、小黄鱼、带鱼、乌贼、鲅鱼、鲐鱼、鲥鱼和对虾等。

黄海海区有海洋岛、鸭绿江口、大连、烟台和威海外海、石岛、青岛、海州湾及吕泗渔场,是中国现代化海洋渔业生产基础较好的海区。另外,黄海海区渔场养殖业发达,牡蛎、贻贝、海带、紫菜、石花菜等为大宗产业,其中,海带产量最大;海参、海豹、对虾等养殖也获得了成功。黄海海区浅海滩涂为0.307万平方千米,发展潜力极大。

(3)东海海区渔场。东海海区渔场总面积约为77万平方千米,其中大陆架面积为52万平方千米,有长江、钱塘江、甬江、闽江、瓯江等河流注入,已成为中国重要的渔场。东海海区渔场鱼类有700多种,以暖性鱼为主。大陆架以东深海水域,处于暖流高温水的控制范围内,以暖性鱼类占绝对优势。

东海海区渔场是中国最大的海洋渔业产区,主产全国四大经济鱼类,即带鱼、大黄鱼、小黄鱼、墨鱼,已建有上海、舟山、宁波、镇海、温州、马尾和厦门东渡等重要渔港。其中,浙江的舟山渔场是全国最大的海洋渔业基地,商品鱼数量约占全国总量的1/2,被称为"中国海洋鱼类的宝库"。

东海滩涂宽广,总面积达0.20万平方千米,是贝类、藻类的良好养殖场所,海水养殖业比较发达,主要养殖蚶、牡蛎、紫菜、鳗鱼和海带等。

(4)南海海区渔场。南海海区渔场总面积为350万平方千米,是东海海区渔场的3倍多。南海海区四周较浅,中间深陷,是一个深海盆地,海域辽阔。南海海区渔场是中国海洋水产的第二大产区。

南海有珠江、韩江、釜江、南渡江、龙门江及红河等注入,地处热带、亚热带,以暖水种鱼类为主。南海中已经鉴定的鱼类有860种之多,经济价值较高的有池鱼、沙丁鱼等,还盛产金枪鱼等大洋性鱼类。海龟、海参、玳瑁等是南海的特产。

南海共有海南岛、西沙群岛、黄岩岛等800多个岛屿,还有北部湾、雷州湾、广州湾、大亚湾、红海湾和汕头港等。各岛屿、海湾均是良好的渔船停泊地,有的还是远洋渔业的优良基地。其中,北部湾是中国重要的热带、亚热带海洋渔业区。

● 相关链接

> 中国主要渔场包括黄渤海渔场、吕泗渔场、大沙渔场、舟山渔场、南海沿岸渔场、东沙渔场、北部湾渔场、中沙渔场、西沙渔场、南沙渔场等。其中,黄渤海渔场、舟山渔场、南海沿岸渔场、北部湾渔场产量高,称为"中国的四大渔场"。

2. 淡水水产业

中国水域分布很广,淡水面积为20万平方千米,淡水渔业历史悠久。中国是世界上开展池塘养鱼最早的国家。从渔业生产的自然条件、资源分布和渔业生产现状看,全国分为四大水产区。

(1)长江、淮河流域渔区。该渔区包括秦岭—淮河以南、南岭以北的长江中下游平原、盆地和丘陵地区,是全国最大的淡水鱼产区。该渔区位于亚热带范围内,雨量充沛,河湖

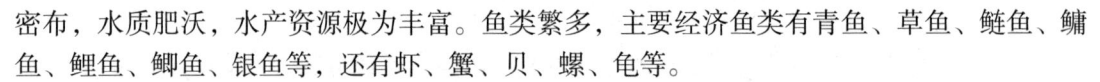

密布，水质肥沃，水产资源极为丰富。鱼类繁多，主要经济鱼类有青鱼、草鱼、鲢鱼、鳙鱼、鲤鱼、鲫鱼、银鱼等，还有虾、蟹、贝、螺、龟等。

（2）华南塘鱼精养渔区。该渔区包括广东、广西和福建南部，是中国淡水渔业发达地区之一，也是全国第二大渔区。这里地处热带、亚热带，鱼类生长期长，生长迅速，是全国淡水鱼单产最高的地区。以养殖为主，养殖的品种主要有草鱼、鲫鱼、鲢鱼、鲤鱼、青鱼等。珠江三角洲已形成农渔副结合经济合理的"桑基鱼塘""蔗基鱼塘""果基鱼塘"等良好的农业生态系统。

（3）华北平原及黄土高原塘库粗养渔区。该渔区包括秦岭—淮河以北、长城以南、黄土高原西缘以东的广大地区，属暖温带地区，水源不够充分，水域面积小，水库洼塘分散，管理粗放，单产较低，以塘库粗养为主。该渔区主要经济鱼类有鲤鱼、鲫鱼、鳊鱼、鳜鱼、草鱼等。

（4）东北河、湖、库、泡渔业区。该渔区包括黑龙江、吉林、辽宁三省，地处高纬度，气候寒冷，河、湖、库、泡子面积大，是中国冷水性鱼类产区之一。该渔区主要河流有黑龙江、乌苏里江、松花江、嫩江，还有兴凯湖、镜泊湖、松花湖等大型湖泊。该渔区特产有镜泊湖的鲫鱼，兴凯湖的大白鱼，嫩江上游的哲罗鱼、细鳞鱼，名贵鱼类品种有黑龙江、乌苏里江、松花江的大马哈鱼、鲑鱼、鲟鱼和鳇鱼。

4.6 土特产品物流地理

中国是农业大国，农业发展历史悠久，全国各地的土特产资源十分丰富、种类繁多。

4.6.1 干菜类

干菜品种很多，主要有以下几种。

1. 黄花菜

黄花菜，又名金针菜。中国黄花菜主要产于湖南、江苏、四川、河南、陕西、甘肃等地。其中，以湖南、江苏的黄花菜产量居多，质量较好。陕西（大荔）、河南等省也盛产黄花菜。在出口产品中，黄花菜常分为南菜（主产于湖南邵东）、北菜（主产于江苏宿迁、淮阳一带）和川菜（主产于四川渠县、城口、巫溪一带）3种类别。

2. 黑木耳

黑木耳营养价值高，是重要的保健食品，也是中国的传统出口商品。中国黑木耳主要产于湖北郧阳、保康，广西百色，黑龙江牡丹江，吉林延边。其中，吉林延边的黑木耳产量居多，因此该地素有"黑木耳之乡"的称誉。

3. 白木耳

白木耳色白如银，故又称银耳，是一种珍贵的补品。中国银耳的著名产地有四川通江、万源、源北房山、贵州遵义、湄潭、福建古田等。其中，四川通江和万源的银耳产量居多，质量较好，享有"银耳之乡"的盛誉。

4．菇类

菇类，又称食用菇，是菌体最大、最高的真菌，能供人类食用的菇类有 500 多种。中国菇类种类繁多，资源极为丰富，产地遍布全国。人们比较熟悉的有蘑菇、香菇、平菇、金针菇、草蘑、猴头蘑、元蘑、白蘑、口蘑等。

中国是世界菇类生产大国之一，菇类品种达 300 多个，年产量已超过 200 万吨，世界菇类贸易总额的 30%来自中国。口蘑、猴头蘑、元蘑主要分布在内蒙古锡林郭勒盟及大兴安岭一带，肉质鲜，富营养，除作菜肴食用外，还可供药用及工业用；香菇主要分布在新疆阿尔泰、玛纳斯湖滨和西藏察隅、云南、贵州、广西等地，少数部分供鲜食、制作罐头，大部分干制，在国际市场上销量很大。

5．笋干

笋干是以笋为原料，通过去壳、蒸煮、压片、烘干、整形等工艺制取而成。笋干主要产地分布于浙江、广东、广西、江西和福建等南方山区，销往世界各地。

6．榨菜

榨菜为中国特产，与德国的甜酸甘蓝、欧洲的酸黄瓜并列，被誉为世界三大腌菜。

中国榨菜生产遍及全国 14 个省市，其中四川是榨菜的主要产地，主要分布于涪陵、忠县、江北、长寿等地，以"涪陵榨菜"最为著名。四川榨菜产量和质量均居全国前列，是传统的出口商品之一，销往日本、东南亚、欧美等国家和地区。浙江是中国榨菜的第二大产地，以海宁出产的"斜桥榨菜"质量较好。

4.6.2 调味类

调味料种类众多，包括姜、葱、蒜、八角、花椒、胡椒、肉桂等，下面简要介绍几种。

1．八角

八角又名大茴香，是八角树的果实。八角是中国传统的出口商品，在国际市场上久负盛名，历年销售量居世界首位。八角主要产于广西百色、龙津、德保、凭祥等地，产量占全国八角总产量的 80%，其次为云南富宁。

2．花椒

花椒主要产于山东、河北、山西、甘肃、陕西、四川、云南等省。其中，山东省产量最大，山东的淄博、沂源、蒙阴、沂水、莱芜都是花椒的集中产地。河北涉县所产的花椒个小、皮薄、味香，称为上品。

3．胡椒

中国胡椒主要产于中国台湾、海南、湛江及云南西双版纳等地。目前，海南的胡椒产量最大，云南西双版纳所产的胡椒质量最好。

4．肉桂

肉桂是南亚热带常绿乔木剥取下来的树皮，俗称"桂皮"。肉桂是上等调味品，也是医

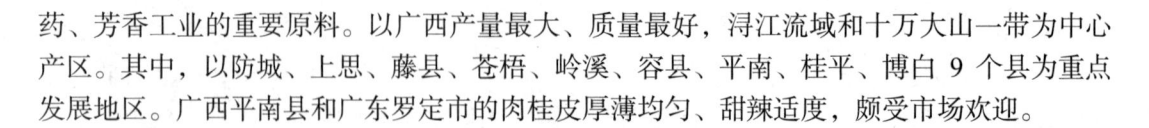

药、芳香工业的重要原料。以广西产量最大、质量最好，浔江流域和十万大山一带为中心产区。其中，以防城、上思、藤县、苍梧、岭溪、容县、平南、桂平、博白9个县为重点发展地区。广西平南县和广东罗定市的肉桂皮厚薄均匀、甜辣适度，颇受市场欢迎。

4.6.3 药材类

中国药材资源丰富、种类繁多，下面简要介绍几种。

1．麝香

麝香是雄獐的肚脐和生殖器之间的腺囊的分泌物，干燥后呈现颗粒状或块状，有特殊的香气，味苦。它是制造香精、香料和化妆品的优质原料。麝香是中国名贵药材，有獐麝、鹿麝和马麝等品类。其中，獐麝和鹿麝主要产于川西和西藏昌都、那曲、拉萨东部林区等地，马麝主要产于内蒙古。目前，麝香以川西产量最大，云南麝香的质量最好。

2．鹿茸

鹿茸是雄鹿头上初生的嫩角，是一种强身剂和补血剂。中国东北、西北、西南、内蒙古等地均产鹿茸，主要产区为延边自治州、西藏和川西等地区。其中，东北吉林的鹿茸产量最大、质量最好。

3．人参

人参是珍贵的滋补药用植物。人参原系野生宿根植物，现在人参已成功进行人工栽培，并得到迅速发展。人参有野参（又称山参）和家参（又称园参）之分。中国野参主要分布在长白山地区和小兴安岭一带。家参主要产于吉林抚松、集安、通化等地。其中，抚松的家参产量最大，且质量好，该地故有"人参之乡"的称誉。延边朝鲜族自治州是著名人参产区。

4．当归

当归为多年生草本植物。甘肃岷县的当归产量高、质量佳，驰名中外。此外，陕西安康、四川大宁厂、湖北恩施都是当归的主要产地。产于甘肃东部、陕西西部的当归称为"秦归"，产于云南南部、四川西北部的当归称为"川归"，都是中外畅销品。

5．冬虫夏草

冬虫夏草简称虫草或冬虫草，是中国名贵的滋补药，与人参、鹿茸齐名。冬虫夏草为真菌类植物，是虫与菌的复合体，主要产于西藏那曲、昌都等海拔3500米以上的阴湿地带和青海地区。其中，西藏冬虫夏草的产量居全国第一。

6．三七

三七是一种多年生草本植物，它的块根是一种驰名中外的名贵药材，主要产于云南岘山、文山、西畴、马关，西藏聂拉木，广西百色、那坡等地。著名的"云南白药"主要成分就是三七。

7. 枸杞

枸杞是一种名贵药材，为宁夏"红黄蓝白黑"五大宝之首。枸杞主产地在宁夏中宁、中卫市及七星渠灌区。该地区所产枸杞粒大皮薄、红润甘甜、营养丰富，质量最好。

8. 甘草

甘草是一种多年生草本植物，被誉为"百药之王"，主要产于甘肃、宁夏和内蒙古等省区，其中内蒙古甘草产量最大，宁夏甘草是该区"五大宝"中的"黄宝"。

本章小结

- ☑ 农业物流是从农业生产资料的采购、农业生产的组织到农产品的加工、储运、分销等，从生产地到消费地、从生产者到消费者的过程中所形成的包括信息传递在内的一系列计划、执行、管理控制的过程。在中国农业生产链状结构的各环节和节点中，农业物流发挥着重要的衔接作用，深刻地影响着农业生产和流通的状况和水平。
- ☑ 种植业是指在耕地上种植农作物的农业生产部门。其中，农作物是在耕地上人工种植的以满足人们某种需求为目的的草本植物，包括粮食作物和经济作物两类。
- ☑ 中国林区主要有东北内蒙古林区、西南高山林区、东南低山丘陵林区、西北高山林区和热带林区五大林区。
- ☑ 中国畜牧业可划分为牧区、农区、半农半牧区、城郊畜牧区四种类型。
- ☑ 中国的水产业分为海洋水产业和淡水水产业两大部分。
- ☑ 全国各地的土特产资源十分丰富、种类繁多。

思考题

1. 结合本章图 4.1，分析物流在农业生产和流通中的作用。
2. 简述中国粮食作物和经济作物的生产布局。
3. 课后考察一个农产品市场，记录各种不同农业物流流体的不同流向，找出它们的特点。

第 5 章

中国工业物流地理

学 习 重 点

- 工业物流的概念和特点
- 发展现代工业物流的意义
- 工业与物流的关系
- 中国重工业物流布局
- 中国轻工业物流布局

引导案例

海尔的现代物流之路

海尔集团创立于 1984 年,经过多年的艰苦努力,已发展为海内外享有较高声誉的大型国际化企业集团。海尔成为中国家电业的著名品牌。

海尔首席执行官张瑞敏说,在网络经济时代,一个现代企业如果不搞现代物流,就没有生路。海尔现代物流的出发点是使企业每时每刻都能对市场做出最快反应。为此,海尔集团对企业的整个流程进行了"革命",即"业务流程再造"。

现在,海尔构建了一个快速反应的现代物流体系。这个体系的一头面对消费者(全球用户资源网),另一头面对供方(全球供应链资源网)。目前,海尔接到客户的订单,在 10 天内即可完成从采购、制造到配送的全过程。海尔通过 3 个 JIT 采购(需要多少,采购多少)、JIT 送料(海尔立体仓库的零部件直接送到生产线,送料时间不超过 4 小时)、JIT 配送(海尔在全国建立物流中心系统,无论在什么地方都可以送货),摸索出一套海尔独有的物流管理模式,创立了海尔独特的物流体系。

目前,海尔已经具备整合全球资源的能力,发展第三方物流是海尔公司的发展战略之一。海尔的第三方物流已经起步,发展空间极为广阔。海尔物流服务也要像海尔产品那样走向世界。

思考: 海尔成功的关键因素是什么?

提示: 物流是第三利润源,发展现代物流是提升企业竞争力的重要途径。

5.1 工业物流概述

工业物流是工业生产力与其经营活动的重要组成部分,是创造"第三利润"的源泉。工业物流与其他形式的物流相比具有其自身的特点,全面认识工业物流的内涵对发挥工业物流的优势、提高工业企业的市场竞争力具有重要的意义。

5.1.1 工业物流的内涵

1．工业的概念

工业是从自然界取得物质资源和对原材料进行加工、再加工的社会物质生产部门。现代工业主要包括重工业和轻工业两大门类。

工业是社会分工发展的产物,经过手工业、机器大工业、现代工业几个发展阶段。工业决定着国家国民经济现代化的速度、规模和水平,在国民经济中起着主导的作用。

2．工业物流的概念和类型

工业物流产生于美国,其理念是:以集中采购为主、零部件加工为核心,为工业企业产品出口搭建平台,引导仓储、运输、配送企业发挥协同作用,提高社会资源的综合利用效果,降低各企业之间的互动成本,面向全球工业企业提供延伸和成套服务的系统工程。

对应工业部门门类,工业物流可以划分为重工业物流和轻工业物流两类,我们将在 5.2 节和 5.3 节中分别叙述。

3．工业物流的特点

与传统物流相比,工业物流具有如下特点:

(1)价格变化波动小。由于大量集中采购物资,以及与固定客户建立长期而有效的符合行业先进标准的合作关系,原材料及零部件生产的价格变化比较稳定,与市场的巨大波动相比,通常比较明显地呈现出稳定状态。

(2)订单数量比较恒定。由于主要面向固定客户及规范的市场,订单一般会比较稳定,除非客户端市场发生剧烈变化。

(3)拆零方便。供应商以大包装标准化供货,产品易于区分,配送中心或者工业品超市等如果有需要,就可以按照企业的订货量进行拆零分拣。

(4)退货与产品更换容易。长期稳定的合作关系及良好的生产配送渠道使得出现的诸如退货与产品更换等问题更容易处理,并有利于保障产品质量。

(5)可以满足客户的不同要求。在统一标准的情况下,可以在后期生产、加工、配送时,根据客户要求进行灵活处理。

4．工业与物流的关系

1) 工业企业是拉动物流业发展的原动力

物流活动是伴随着工业企业的"投入—转换—产出"而发生的。工业企业物流是相对于社会物流而言的,以工业企业为核心的物流活动,是具体的、微观物流活动的典型领域,是工业企业生产与经营的组成部分,也是社会化物流的基础。工业企业物流在投入环节表现为原材料供应等外部输入物流；在转换环节表现为生产制造等转换物流；在输出环节表现为产品外销等对外服务物流。工业企业物流，如图 5.1 所示。

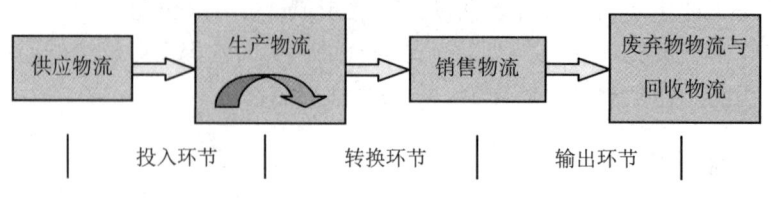

图 5.1　工业企业物流

工业企业的业务来自供应链的各个环节，而工业企业是供应链的重心，是带动供应链运作的主体。因此，工业企业的运作是产生物流需求的源泉。同时，物流的数量在供应链上的分布是不均匀的。在供应链上，大量物流集中在供应物流、生产物流、销售物流上，从产品到用户的配送只是整个物流的一部分。从这个意义上讲，工业企业是物流服务的最大需求者。另外，工业企业是物流服务的重要提供者。尽管物流不是工业企业主业，但工业企业既是物流需求者又是物流服务提供者，是一种双重角色。

2）物流对工业企业的发展具有重要的作用

（1）物流是工业企业生产正常运行的保证。工业企业的生产物流活动不但充实、完善企业生产过程中的作业活动，而且把整个生产企业的所有孤立的作业点、作业区域有机地联系在一起，构成一个连续不断的企业生产物流。企业生产有节奏、有秩序、连续不断地运行，不可避免地要受到生产所需物料的相关装卸、搬运、运输以及生产的运动方向、流量、流速等因素的影响。工业企业物流示意图，如图 5.2 所示。

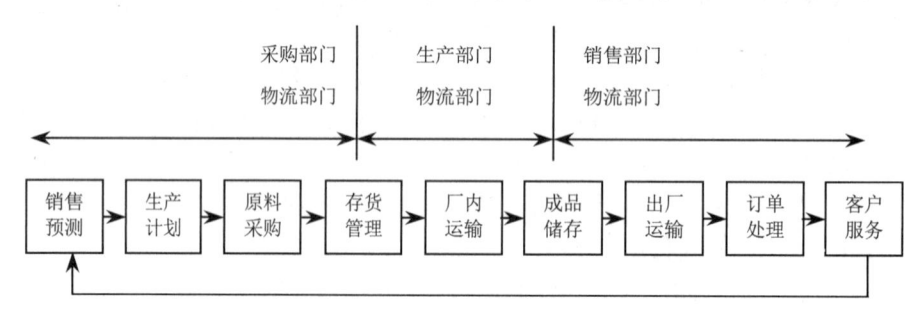

图 5.2　工业企业物流示意图

（2）物流为工业企业经营创造了良好的外部环境。一个工业企业的正常运转，不仅要有可按企业生产计划和生产节奏提供原材料、燃料、零部件的外部环境，还要有将产品和制成品尽快输送出去的支持系统，这些只有依靠物流活动才能做到。

（3）物流可以降低工业企业的成本。发展物流产业，利用供应链降低库存、整合运输可有效降低社会流通成本，从而降低企业供应及销售的成本，达到提高企业效益的目的。

（4）物流是工业企业发展的重要支撑力量。工业企业以质量、产品和效益为核心，物流是企业的"第三利润"源泉，可以降低生产各环节的成本，增加企业利润，促进企业的发展。

第 5 章　中国工业物流地理

> **相关链接**
>
> 人类历史上曾经有两个提供利润的领域：
>
> 第一个是物质资源领域。起初是廉价的原材料、燃料的掠夺或获得，后来是依靠科技进步，节约消耗、节约代用、综合利用、回收利用、资源再生以及大量人工合成资源而获取高额利润。这个领域习惯称为"第一利润源"。
>
> 第二个是人力资源领域。起初是廉价劳动，后来依靠科技进步提高劳动生产率，降低人力消耗或采用机械化、自动化、信息化的办法降低劳动消耗，从而降低成本，增加利润。这个领域习惯称为"第二利润源"。
>
> 在前两个利润源潜力越来越小、利润开拓越来越困难的情况下，物流领域的潜力逐渐被企业所重视，这个领域习惯称为"第三利润源"。

3）工业企业物流发展滞后已影响到物流业的发展

虽然中国许多大中型企业在生产流程、物料搬运、库存控制、定制管理、物流系统等方面取得了相当大的进步，出现了一批像青岛海尔、上海华联、广东宝供等建立在电子化、网络化、共同化、自动化基础上的企业，但是只有把工业企业融入供应链的物流服务中，渗透到物流的组织运作中，参与物流信息平台构建，制定物流服务标准，物流产业及物流企业才有可能得到全面、健康、可持续的发展。

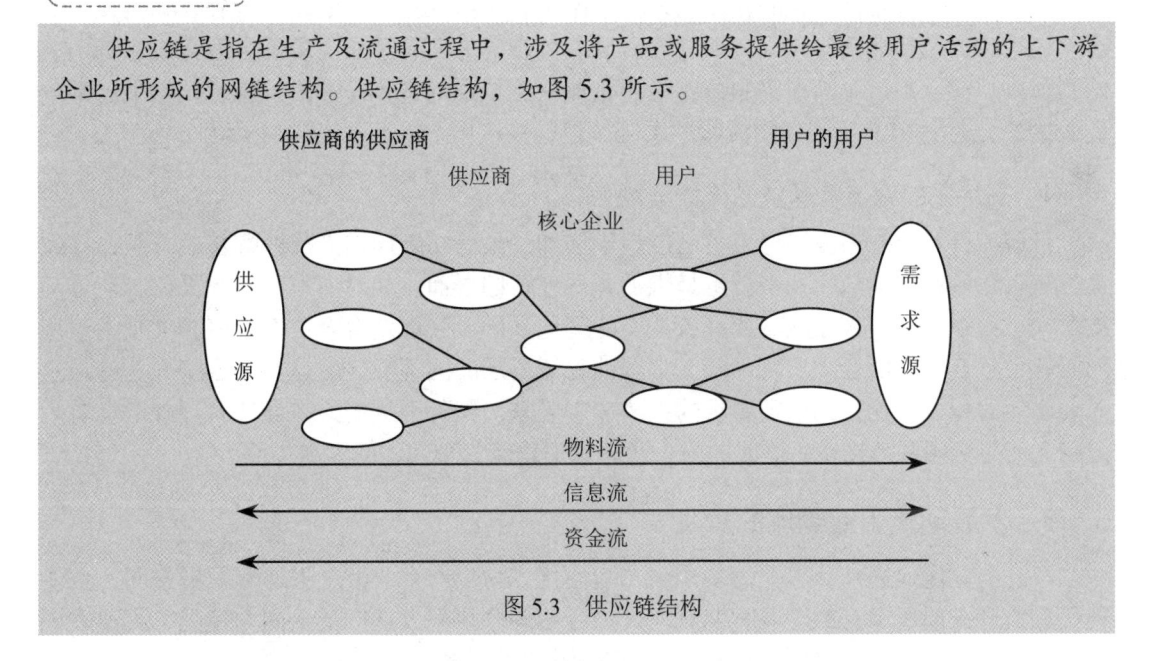

> **相关链接**
>
> 供应链是指在生产及流通过程中，涉及将产品或服务提供给最终用户活动的上下游企业所形成的网链结构。供应链结构，如图 5.3 所示。

图 5.3　供应链结构

5.1.2　中国工业物流现状

尽管目前中国工业企业的生产系统已采用现代生产方式和管理手段，但是其发展水平与世界水平相比仍有差距。特别是企业生产物流基础设施落后，使企业物流环节制约了企业的发展。

1．物流还未得到足够的重视

物流还没得到企业管理层和业务部门的足够重视，中小型企业日常管理内容比较繁杂，只把物流看作其中一项辅助作业，并没有对物流管理给予应有的重视。有些中大型企业虽然成立了专门的物流管理部门，但是认识不到物流对优化生产过程、强化市场经营的作用，并不重视物流管理的积极作用，工作只是简单地进行传统的采购，仓储和运输，很少会从供应链的角度出发和思考问题，统一协调和管理信息的能力较低，无法促进物流管理与其他工作内容的相互衔接。

2．物流管理水平落后

物流管理是企业管理的重要组成部分。多数企业在管理机构设置上，没有专门的物流管理组织；在经济核算和财务管理上，没有专项物流核算和财务分析。由此，带来了物料等生产环节滞留时间长、占用空间大、重复作业多、物流路线长、效率低、资金占用多、经济效益差等种种弊端。

3．缺乏现代物流技术的有力支撑

现代物流运作方式与企业生产方式、生产规模和销售方式密切相关。现代企业生产方式的规模化、全球化、专业化的发展，要求规模化、系统化、网络化的现代物流技术提供强有力支撑。在当前我国互联网及信息技术快速发展的过程中，物流信息化的发展非常迅速，然而企业对物流信息化的建设投入明显不足；中国工业企业的仓库设施、物流设备等还比较落后，虽然近几年在设备引进、研制、生产等方面有了长足发展，但是观念陈旧、体制落后、资金不足等因素仍制约着工业企业物流技术的进步。在信息管理技术上，部分企业尽管引进了 ERP 等现代物流管理系统，但是在应用上具有一定的局限性。

4．高水平的物流管理技术人才紧缺

目前，行业内的初级操作人员已经趋于饱和，虽然初级操作人员薪酬普遍不高，导致人员流动性较大，但从长期来看也是供需"两旺"的局面。相对而言，高水平的物流管理技术人员紧缺，这类人才既需要具备扎实的理论基础，又能结合企业实际将相关技术运用到实践中且有丰富的管理实践经验。中国的物流发展时间不长，对这类综合型人才的培育需要多年的积累，能达到这类要求的人才非常紧缺。国外引进的人才虽然有国外的经验，但是无法与中国国情接轨，造成国内企业高水平物流管理人才的紧缺局面。

5.1.3 发展现代工业物流的意义

经济全球化促进社会需求的多样化、个性化，为生产企业带来机遇和发展空间，也使现代物流进入前所未有的发展时期。现代物流的理念得到大众广泛认同并接受，飞速发展的信息与网络技术、先进的物流技术与装备使企业物流的现代化成为可能。

1．有利于促进工业企业的快速发展

在世界经济环境不断变迁的情况下，现代物流技术与运作方式对工业现代化进程起着

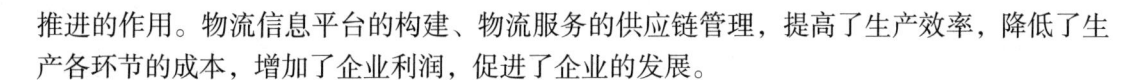

推进的作用。物流信息平台的构建、物流服务的供应链管理，提高了生产效率，降低了生产各环节的成本，增加了企业利润，促进了企业的发展。

2．有利于加强工业企业管理技术的创新

现代物流的发展，"准时供应系统""零库存系统"等整体物流服务理念的深入，促进工业企业管理理念的变革，而先进生产技术的引进、企业管理技术的创新，组织结构的调整，资源的重组，专业化、社会化生产模式的应用，必将推进工业企业的新发展。

3．有利于增强工业企业的竞争力

企业发展的重点是资本运营和低成本规模扩张，中国各工业企业之间的竞争重心将不再放在价格的竞争上，而是在适应市场需求、快速客服反应、准时供货等方面的竞争。传统生产销售领域的竞争内容已发生变化，现代物流理念和先进物流管理技术已成为现代企业发展战略中的重要组成部分。也可以说，谁抢先把握现代物流的商机，谁就拥有了更强的竞争力。

5.1.4 加快发展中国工业物流的途径

1．改变现有的商业运作模式

长期以来，中国工业企业大多数都有独立的仓库、车队、专用线，采取独立商业运作模式。现在，随着区域界限不断被打破，中国工业企业完全可以利用这一新的形势与环境，扬长避短，探索出有利于企业发展的新商业模式。

2．进入供应链，实现共赢

每个企业都应将自己融入供应链中，或以自己为龙头建立供应链，或成为供应链的配角。制造行业的企业可以充当三种角色，既是采购商、供应商，又是生产商，在不同的领域中充当不同的角色。无论是何种供应链条，企业都要以协作的竞争意识，建立"共赢"的环境。

3．实现物流流程再造，推行物流外包，做强核心业务

物流外包是西方物流管理理论的重要思想。凡是低价值的创造或者非企业核心技术，企业都采用外包的形式给其他企业，这就是专业化。如果企业的物流业务外包给第三方物流企业，利用其规模、运作优势，就可以为企业节省5%的成本。如果利用第三方物流的网络系统，对企业内部的物流流程进行部分再造，就可以为企业节省5%~10%的成本。如果利用第三方物流来对企业的流程进行全部改造并进入供应链中，就可以为企业节省10%~20%的成本。这是已被很多企业所证明的事实。

4．实施工业企业的采购制度变革

工业企业应注意采购环节，实施采购制度变革，降低采购成本。目前，很多企业利用网上采购、公开采购、比价采购，将销售价格降低。

5. 建设物流信息平台，实现信息共享

信息化是现代物流的生命线。如果现代物流没有电子商务和网络技术的支撑，就无法实施物流现代化，更无法推动工业企业的发展。

5.2 重工业物流地理

5.2.1 能源工业

自然界中能够给人类提供某种能量的物质和物质的运动，称为"能源"。能源根据形成的方式，可分为"一次能源"和"二次能源"两类。"一次能源"是客观存在自然界中，不需要经过加工的能源，也称"初级能源（天然能源）"，如煤炭、石油、天然气、水能、风能等。"二次能源"是由"一次能源"经过加工、转化而形成的能源，如电能、汽油、焦炭、沼气、余热等。

在天然能源中，人类当前普遍应用的能源，如煤炭、石油、天然气、水力等，称为"常规能源"；原子能和太阳能、氢能等，称为"新能源"。

1. 中国的能源资源和能源结构

中国拥有丰富的煤炭、石油、天然气、水力等各类能源资源。截至2018年年底，全国已发现173种矿产。其中，能源矿产13种，金属矿产58种，非金属矿产95种，水气矿产6种。2018年，中国天然气、铜矿、镍矿、钨矿、铂族金属、锂矿、萤石、石墨和硅灰石等矿产查明资源储量增长比较明显，如表5.1所示。石油、天然气等矿产资源潜力动态评价取得新进展。

表 5.1　2018 年年底中国主要矿产查明资源储量

矿　种	单　位	查明资源储量	矿　种	单　位	查明资源储量
煤炭	亿吨	17 085.73	锌	金属 万吨	18 755.67
石油	亿吨	35.73	钨	WO_3 万吨	1071.57
天然气	亿立方米	57 936.08	锡	金属 万吨	453.06
铁	矿石 亿吨	852.19	银	金属 万吨	32.91
铜	金属 万吨	11 443.49	金	金属 吨	13 638.40
铝土矿	矿石 亿吨	51.70	硫铁矿	矿石 亿吨	63.00
铅	金属 万吨	9216.31	磷	矿石 亿吨	252.82

注：石油、天然气为剩余技术可采储量。

资料来源：中华人民共和国自然资源部《中国矿产资源报告2019》。

2018年，主要矿产品供应能力不断增强。煤炭产量连续多年居世界第一位，石油产量居世界第七位，天然气产量居世界第六位。一次能源、粗钢、十种有色金属、黄金、水泥等产量和消费量继续居世界首位。中国能源消费结构不断改善，煤炭比重不断下降。主要矿产查明资源储量增长比较明显。其中，有37种查明资源储量增长，11种已查明资源储量减少。其中，煤炭已查明资源储量增长2.5%，石油剩余技术可采储量增长0.9%，天然气增

长4.9%；铜矿增长7.9%，镍矿增长6.2%，钨矿增长4.0%，铂族金属增长9.8%，硫铁矿增长4%，锂矿增长12.9%，萤石增长6.4%，晶质石墨增长19%，硅灰石增长35.2%；石膏、石棉、膨润土、铬铁矿、锰矿和钾盐等矿产查明资源储量下降。全国探明地质储量超过亿吨的油田有3处、超过3000亿立方米的天然气田有1处。

中国是世界第一大能源生产国和消费国。2018年一次能源生产总量为37.7亿吨标准煤，较上年增长5%；消费总量为46.4亿吨标准煤，较上年增长3.3%，能源自给率为81.3%。2018年能源消费结构中煤炭占59.0%，石油占18.9%，天然气占7.8%，水电、核电、风电等其他能源占14.3%。中国能源消费结构不断改善，煤炭比重不断下降。2018年，煤炭消费总量占能源的比重较上年下降1.4个百分点，较2009年下降12.6百分点。2018年，中国煤炭、石油、天然气产量虽位居世界前列，但是消费量都大于产量。目前，中国这些能源还不能自给自足。例如，石油产量1.89亿吨，表观消费量6.2亿吨。天然气产量1602.7亿立方米，表观消费量2850.0亿立方米。

根据海关统计，中国不仅煤炭、石油、天然气需要进口，还有其他能源需要进口。2019年上半年多数有色金属矿产品进口增长，其中铜矿进口实物量908.6万吨，同比增长16.58%；铝矿砂及其精矿4477.9万吨，同比增长34.04%；铅矿59.2万吨，同比增长33.35%。2019年上半年主要有色金属矿产品进口量如表5.2所示。

表5.2 2019年上半年主要有色金属矿产品进口量

矿产品	进口量（万吨）2019年上半年	矿产品	进口量（万吨）2019年上半年
镍矿	1644.6	铜矿	908.6
锌矿	123.6	铝矿砂及精矿	4477.9
铅矿	59.2	钼矿	0.5
锡矿	7.4	钨矿	0.1
锑矿	3.6	—	—

资料来源：中国海关。

中国水能资源丰富，流域面积在1000平方千米以上的河流有1598条。全国江河年均径流量26 800亿立方米。全国江河水能理论蕴藏量6.8亿千瓦，年发电量5.9万亿度；可开发的水能3.79亿千瓦，年发电1.92万亿度，居世界第一位。中国水能资源分布很不均匀：东北、华北、华东地区仅占全国可开发水能总量的6%；中南地区占全国的15.5%；西北地区占全国的9.9%；西南地区最多，占全国可开发水能总量的67.8%。

中国水能资源蕴藏量且可能开发的水能资源，居世界的第一位，但水能资源的开发利用率较低。中国目前水能资源开发率仅24%，水能资源开发潜力很大。

相关链接

2018年中国进口的石油高达4.619亿吨（相当于日均924万桶），同比增长10.1%，中国再次成为全球最大石油原油进口国。2019年进口石油5.06亿吨（相当于日均1000万桶），中国对外国石油依存度高达72%，进口石油中有超过50%来自中东地区。在2000年世界油价攀升过程中，中国为7000余万吨进口原油大约多支付了80亿美元。石油价格对中国GDP的影响，如图5.4所示。

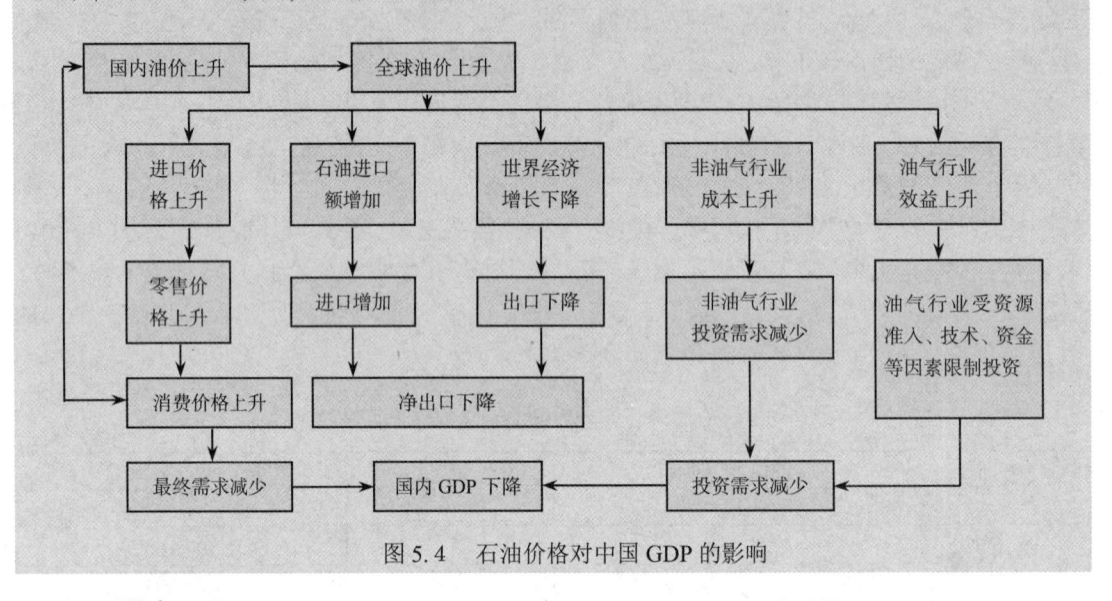

图5.4　石油价格对中国GDP的影响

2. 煤炭工业

中国能源以煤炭为主，煤炭在国民经济建设中的地位十分重要，如发电、炼焦、建筑材料、交通运输、取暖等都要用煤炭。世界上的煤炭资源绝大部分埋藏在北纬30°以北地区。俄罗斯、美国、中国三国煤炭储量占全世界煤炭资源总量的近90%。中国是世界上煤炭资源较丰富的国家之一，也是产煤量较多的国家，如2019年中国原煤产量37.5亿吨。

1）中国煤炭资源的特点

（1）资源丰富，品种齐全，煤质较好。

（2）开发条件良好。

（3）经济布局与煤炭资源不相适应。中国煤炭资源主要集中在北部、西部，而煤炭主要消费区在东部沿海地区，这种经济重心偏东、煤炭重心偏西的局面，决定了北煤南运、西煤东运的格局。

2）煤炭工业布局

（1）以山西为中心的北方煤炭区。以山西为中心，包括内蒙古、河北、河南、陕西和宁夏，是全国最大的能源基地。此煤炭区煤炭储量丰富，已探明煤炭储量达7000亿吨，占全国煤炭总储量的70%。煤炭储量在300亿吨以上的煤田有山西大同、沁水，宁夏灵武，内蒙古乌海，陕西神府四个特大型煤田。

山西素有"北方煤海"之称，已探明煤炭储量2654.84亿吨，占全国煤炭总储量的26%，其中炼焦煤与无烟煤占全国总储量的一半。

内蒙古有190多个煤矿，煤藏分布在内蒙古西部，主要供东北、华北两大电网发电，其中准噶尔露天煤矿储量205亿吨，是中国已发现适于露天开采的较大煤矿。

河南已探明煤炭储量175亿吨，储量大、品种全、开采条件好，地处中原，煤炭外运条件好，产量居全国第二位。其中，平顶山煤炭储量27亿吨，多为优质炼焦煤，可供两广、华东等地使用。

陕西渭河北部的彬县、铜川、韩城，由于煤田连绵不断，素有"渭北黑腰带"之称，以瘦煤、焦煤为主。神木、府谷煤田总储量782亿吨，多为低灰、低硫、低磷优质煤，是国家煤炭出口基地。

宁夏煤矿资源丰富，煤质优良，品种齐全，已探明煤炭储量308亿吨，煤炭主要分布于贺兰山地区。汝箕山的无烟煤名扬中外，国际上称为"太西煤"。

河北煤矿产煤多为优质炼焦煤，年产量在1000万吨以上的煤矿有开滦、峰峰。生产的炼焦煤灰分少、发热量高，是全国较好的冶金、化工和动力用煤。

（2）以黑龙江为中心的东北煤炭区。该区包括辽宁、吉林、黑龙江和内蒙古东部地区。煤炭产量仅次于华北区，居全国第二位。该区重工业发达，煤炭需从关内调入。煤炭产量以黑龙江为最多，主要供应辽宁、吉林。

抚顺是东北最大煤炭基地，素有"煤都"之称，蕴藏量大且可露天开采，生产动力煤和配焦煤，是鞍本钢铁炼焦煤的基地。

阜新煤矿以生产长焰煤为主，是良好的动力用煤，阜新建有大型火电站。阜新所属海州露天煤矿是中国规模最大的露天矿场。

（3）以兖徐、两淮为中心的华东煤炭区。该区是指鲁西南、苏北和皖北煤田，是中国第三大煤炭基地，淮南、淮北、兖州煤矿是国家重点建设项目。

淮南和淮北煤田合称"两淮煤田"，位于安徽境内。"两淮煤田"面积约为1万平方千米，已探明煤炭储量达220亿吨，而且储量集中，品种齐全，煤质较好。

山东煤矿资源丰富，建成鲁西南的兖州、济宁、曲阜3个煤田，含煤面积达4000多平方千米，已探明储量达91亿吨，为优质动力煤和炼焦煤。兖州煤矿是国家重点建设项目，矿区有兖石铁路与新建大型煤炭出口港——日照港相连。

（4）以贵州为中心的西南煤炭区。云南、贵州、四川3省已探明煤储量688亿吨以上，占全国总储量的10%，仅次于华北、西北煤炭区，居全国第三位。西南煤炭区以贵州储量为最多，已探明储量450亿吨，是中国的"南方煤海"。云南煤储量达170多亿吨，已建成的大中型煤矿有芙蓉、南桐、宝鼎、松藻、六枝、盘江、水城。

除上述四大煤炭区外，还有一些地方性煤矿。在我国西北，中型煤矿有甘肃窑街和靖远、青海大通、新疆哈密和乌鲁木齐等；在我国江南，江西萍乡、丰城，湖北黄石，湖南资兴、涟邵、梅田，广东连阳、红工、四望嶂，广西的合山等，煤矿开采比较盛行。

3. 石油工业

石油工业是极为重要的能源工业，包括原油、天然气和油页岩的开采与加工。石油易燃烧、烟尘少、无灰烬。石油是现代内燃机的主要燃料，也是重要的有机化工原料。

1）中国石油资源

根据石油地质、交通及开采经济性等，可将中国油气资源划分为四大地区。

（1）东北、华北和沿海大陆架地区：油气资源丰富，埋藏条件简单，交通运输方便，开采成本低，是中国重要的勘探和开发地区，如东北大庆油田、华北胜利油田等。

（2）西北地区：油气资源丰富，埋藏条件中等，交通运输不便，开采成本高，勘探程度较低，被列为重点勘探区，如西北内陆的塔里木盆地、准噶尔盆地、柴达木盆地，以及河西走廊等。

（3）西南和中南地区：油气资源较丰富，埋藏条件较差，但勘探程度较低，交通较便利，开发投资和产品成本为中等，属次要勘探开发地区。

（4）西藏地区：油气资源不旺，勘探程度低，交通不便，投资成本高，属非开发利用区。

2）采油（采气）工业布局

（1）东部陆上油矿区。该矿区主要由海拉尔—陕甘宁、松辽—华北—江汉、苏北—清江—佛山三大地带组成。该地带已开发大庆、扶余、辽河、大港、胜利、华北、中原、南阳、江汉等油田，其中大庆、胜利两个油田产量约占全国石油总产量的39%。

（2）西部内陆油矿区。中国西部地区蕴藏着丰富的油气资源，分布在准噶尔、吐鲁番、河西走廊、塔里木等地带，是中国最早发现和开发的天然油区，主要包括克拉玛依油田、塔里木盆地油田、四川盆地天然气田等。

（3）除陆地石油资源外，我国海洋油气资源也十分丰富，勘探开发潜力巨大。按照第三次石油资源评测结果，我国目前石油资源量1072.7亿吨，其中海洋石油246亿吨，占全国总量的23%；海洋天然气16万亿立方米，占全国总量的30%。目前，我国海洋勘探还处于早中期，根据第三次石油资源评测结果，我国海洋探明率仅有12.1%，远低于世界平均水平73%的探明率和美国75%的探明率，勘探开发潜力巨大。目前，中国海洋的开发主要集中在渤海、黄海和南海珠江口。中国国土资源部初步统计，整个南海的石油地质储量约为230亿吨~300亿吨，约占中国资源总量额的1/3，勘探开发潜力巨大，南海因此被誉为第二个"波斯湾"，其中70%蕴藏于深海区域。

3）炼油工业布局

中国炼油工业随着采油工业的发展而迅速发展。全国炼油厂布局形成"东北多、西南少、沿江密、北京大"的局面。

（1）东北地区：中国原油加工能力最大的地区，有大庆、抚顺、大连、锦州等大型石油加工基地。成品油占全国成品油总量的40%左右，而成品油消费量仅占10%。

（2）华北、西北地区：以北京，天津，山东的淄博，甘肃的兰州、玉门，新疆的独山子等炼油企业为主，这些企业既靠近原油产地，又接近消费中心，炼油加工能力与油品消费水平基本相适应。

（3）华东、华中地区：大型炼油企业分布在上海、南京、九江、武汉、岳阳、荆门等地。原油产量占全国总产量的5%，加工能力占23%，油品消耗量占20%，属于消费地区建厂。

（4）东南沿海地区：浙江镇海、东南沿海尤其是珠江三角洲地区市场经济发达，原油需求量非常大，石化产业带的布局非常必要。目前，三大石油巨头都进驻了广东建立了基地，公司完成华南地区的布局。中海油在惠州建成炼油基地，一期炼油能力1200万吨/年，

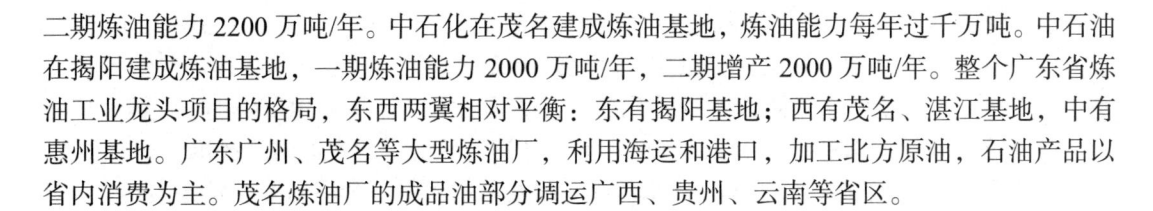

二期炼油能力2200万吨/年。中石化在茂名建成炼油基地,炼油能力每年过千万吨。中石油在揭阳建成炼油基地,一期炼油能力2000万吨/年,二期增产2000万吨/年。整个广东省炼油工业龙头项目的格局,东西两翼相对平衡:东有揭阳基地;西有茂名、湛江基地,中有惠州基地。广东广州、茂名等大型炼油厂,利用海运和港口,加工北方原油,石油产品以省内消费为主。茂名炼油厂的成品油部分调运广西、贵州、云南等省区。

4．电力工业布局

1)中国电力工业概况

中国电力工业发展迅速。国家统计局数据显示,2018年中国发电量累计达67 914.2亿千瓦时,累计增长6.8%。截至2019年12月,中国发电量6544.2亿千瓦时,同比增长3.5%。2019年中国发电量约为71 421亿千瓦时,累计增长3.5%。其中,全国火力绝对发电量51 654亿千瓦时,同比增长1.9%;水力绝对发电量11 534亿千瓦时,同比增长4.8%;核能发电量3484亿千瓦时,同比增长18.3%;风力绝对发电量3577亿千瓦时,同比增长7%;太阳能绝对发电量1172亿千瓦时,同比增长13.3%。

2)中国电站布局情况

(1)火电站的布局。中国火电站的布局可分为以下3种类型:

- 接近燃料基地。中国火电站约为86.6%依赖煤燃料,耗煤量大,因此火电站多建于北方的产煤区,以节省煤炭的运费,降低投入成本。
- 接近负荷中心。这种布局需要增加燃料运费,但能保证城市供电,长江中下游和珠江三角洲等地和城市电厂多采用此种形式。
- 接近燃料基地和负荷中心。中国许多工业基地附近都有煤矿,是火电站的理想布局,如北京、唐山、太原、包头、抚顺、平顶山姚孟等电站。

(2)水电站的布局。中国水力资源主要分布在西部,在经济相对落后的西部12个省区,其水力资源约占全国总量的76.85%,其次中部6个省区占14.58%,而经济发达、用电集中的东部13个省区仅占8.57%。

- 中国水力资源集中分布于13个大水电基地,水电资源量超过全国一半。据初步统计,截至2018年年底中国水电总装机容量3.5亿千瓦、年发电量1.2万亿千瓦时,稳居世界第一。
- 金沙江干流是中国水力资源最丰富的河流,也是最大的水电基地,是"西电东送"主力。总装机容量7512万千瓦,年发电量3355亿千瓦时。
- 雅砻江水电基地:雅砻江干流两河口至江口段,梯级开发方案21级。总装机容量1940万千瓦,年发电量1181亿千瓦时。
- 大渡河水电基地:大渡河干流双江口至铜街子段,梯级开发方案22级。总装机容量2040万千瓦,年发电量1109亿千瓦时。
- 乌江水电基地:乌江梯级规划为11级开发,包括北源六冲河洪家渡、南源三岔河普定、两源汇口、东风、乌江渡、大溪口等。总装机容量867万千瓦,年发电量418亿千瓦时。
- 长江上游水电基地:由长江干流宜宾至宜昌段和支流清江组成,梯级开发方案11级,总装机容量2836万千瓦,年发电量1360亿千瓦时。
- 南盘江红水河水电基地:由黄泥河的鲁布革、南盘江的天生桥、红水河的龙滩、黔江的大藤峡等 10 级水电站组成。总装机容量 1332 万千瓦，年发电量 533 亿千瓦时。
- 澜沧江水电基地：澜沧江干流梯级水电站的开发，除满足云南全省用电需求外，还可向广东省供电。据初步规划，干流分 16 级开发，为了更好地保护生态环境，华能澜沧江公司计划放弃位于三江并流世界自然遗产区的果念水电站（装机容量 120 万千瓦），降低了乌弄龙水电站的水位线，减小装机容量。最终梯级开发方案 15 级，总装机容量 2581.5 万千瓦。目前，澜沧江干流水电基地已建成投产水电装机容量 1905.5 万千瓦，在建装机 356 万千瓦。
- 黄河上游水电基地：龙羊峡至青铜峡段，梯级开发方案 25 级，总装机容量 1635 万千瓦，年发电量 593 亿千瓦时。
- 黄河中游北干流水电基地：河口镇至禹门口段，梯级开发方案 6 级，总装机容量 847 万千瓦，年发电量 193 亿千瓦时。
- 湘西水电基地：包括湖南省西部的沅水、资水、澧水干流及其主要支流，大中型水电站共有 56 个，总装机容量 661.3 万千瓦，年发电量 265.61 亿千瓦时。
- 闽浙赣水电基地：共有大中型水电站 128 个，总装机容量 1680 万千瓦，年发电量 418 亿千瓦时。
- 东北水电基地：共有大中型水电站 54 个，总装机容量 1131.55 万千瓦，年发电量 308.68 亿千瓦时。
- 怒江水电基地：怒江规划装机容量 2132 万千瓦，是中国重要的水电基地之一。其技术可开发容量居第六位，待开发的可开发容量居第二位，是中国尚待开发的水电能源基地之一。怒江水力资源主要集中在干流，理论蕴藏量占流域总量的 80%左右。目前，除怒江水电基地装机容量 360 万千瓦的松塔水电站在建外，其他水电站都在论证或筹建阶段。

（3）核电站的布局。核电工业自 1978 年部署，主要布局于缺煤的东南沿海区，秦山核电站（浙江省海盐县），靠近上海和杭州；1991 年建成发电，三期总装机容量 290 万千瓦。大亚湾核电基地，是中国目前在运行核电装机容量最大的核电基地，如岭澳核电站、大亚湾核电站。岭澳核电站有 4 个机组，总装机容量 415 万千瓦；岭澳核电站一期所生产的电力全部输往南方电网。大亚湾核电站所生产的电力 70%输往中国香港，约占中国香港社会用电总量的 1/4，30%输往南方电网。田湾核电站位于江苏连云港市，装机容量 212 万千瓦。

此外，风力发电主要分布于新疆、内蒙古、青藏高原，以及东南沿海一带；潮汐能发电主要分布于浙江、江苏和山东沿海一带；地热能发电主要分布于广东、西藏。

3）中国电网布局情况

1993 年 1 月，经国务院同意，能源部将电力联合公司改组为电力集团公司，组建了华北、东北、华东、华中、西北五大电力集团。1996 年年底，国务院决定组建国家电力公司，规定"国家电力公司是国家授权的投资主体及资产经营主体，是经营跨区送电的经济实体和统一管理国家电网的企业法人"。国家电力公司不是一个行政性公司，而是一个以资产为纽带，按现代企业制度组建的一家大型国有公司。2002 年 2 月，国务院下发《国务院关于印发电力体制改革方案的通知》，决定对电力工业实施以"厂网分开、竞价上网、打破垄断、引入竞争"为主要内容的新一轮电力体制改革。根据改革方案，对原国家电力公司进行拆

分和重组,组建了国家电网公司、南方电网公司、五大发电集团公司和四大电力辅业集团公司。其中,两大电网的基本情况如下:

(1)国家电网公司,简称国家电网、国网,成立于2002年12月29日。国家电网作为关系国家能源安全和国民经济命脉的国有重要骨干企业,以投资、建设和运行经营电网为核心业务,为经济社会发展提供坚强的智能电网保障。经营区域覆盖全国26个省区市,覆盖全国总面积的88%以上。2019年,国家电网在《财富》杂志全球500强企业排名第5名,营业收入3870.56亿美元,利润81.748亿美元。

(2)南方电网有限责任公司,简称南方电网,于2002年12月29日正式挂牌成立并开始运作。南方电网经营范围为广东省、广西、云南省、贵州省和海南省五省区,负责投资、建设和经营管理南方区域电网,经营相关的输配电业务。2009年,南方电网完成售电量5239亿千瓦时,西电东送电量1156亿千瓦时,营业收入3136亿元,南方电网资产总额达4425亿元。全网发电总装机容量1.6亿千瓦,220千伏及以上变电容量2.96亿千伏安、输电线路总长度7.6万千米。南方电网远距离、大容量、超高压输电,交直流混合运行,顶尖的输变电技术在网内门类齐全。南方电网是国内西电东送规模最大、效益最好、发展后劲最强的电网。南方电网与东南亚国家电网紧密相连,具有独特的区位优势,是国内率先"走出去"的电网。2005年南方电网跻身全球500强企业后,排名逐年累计上升131位,2009年列第185位,2011年列第149位。2019年《财富》杂志世界500强排名第111位,营业收入809.63亿美元,利润17.824亿美元。

5.2.2 原材料工业

原材料工业包括冶金、化工、建材等部门。原材料工业对增加有效供给,促进产业结构合理化,保障国民经济持续、稳定、协调发展具有重要的意义。

1. 冶金工业

1)钢铁工业

钢铁工业是国民经济的重要基础产业和组成部分,是实现国民经济持续发展的保障。中国钢铁工业已形成包括采选矿、烧结、焦化、炼铁、炼钢、轧钢、耐火材料、铁合金和勘探、设计、施工、科研等门类齐全、结构完整的钢铁工业体系。

(1)钢铁工业布局的特点。钢铁生产特点是原燃料消耗量大,运输量大,用电、用水、用地多,需用劳力多,污染严重等。因此,应考虑以下几个方面的因素:①原料燃料因素;②消费因素;③环境等辅助因素;④技术因素。

(2)中国钢铁工业的资源情况。中国是世界上铁矿石储量较丰富的国家之一,《中国矿产资源报告2019》显示,中国铁矿已探明储量852.19亿吨,居世界第一位。已探明的铁矿资源分布在全国29个省区市的多个县市(旗),超过1900多个矿区,其中辽宁、河北、四川三省的铁矿储量占全国铁矿储量的48%。

下面主要介绍大陆地区的9个大型钢铁基地。

- 鞍本钢铁基地:该地区的鞍山钢铁公司是中国最大的钢铁联合企业,故鞍山有"钢都"之称。该地区铁矿储量丰富,有抚顺、阜新焦煤和动力煤,以及相关的钢铁生产原料。
- 京津唐钢铁基地:该地区有首都钢铁集团公司(简称首钢集团)、天津钢铁集团有限公司（简称天钢集团）和唐山钢铁集团有限责任公司（简称唐钢集团）。该区冀东沿山铁矿石带是中国第二大铁矿区。
- 上海钢铁基地：上海是中国钢铁工业发源地之一，生产的钢铁品种居全国首位。上海宝山钢铁总厂是现代化大型钢铁企业，是国内唯一具有多种外运条件的大型钢铁企业。
- 武汉钢铁基地：武汉钢铁公司（简称武钢集团）位于武汉市青山区，武钢集团所需铁矿石由鄂东地区的大冶、灵乡、金山店、程潮4个铁矿供给，煤炭由平顶山、鹤壁供应，锰矿取自湘潭，水陆交通十分便利。
- 攀枝花钢铁基地：攀枝花钢铁公司是"三五"时期在四川攀枝花建立的钢铁基地，钒钛磁铁矿是中国五大铁矿之一。该基地拥有六盘水的焦炭、宝鼎的煤炭、丰富的辅助材料，以及水力资源。
- 太原钢铁基地：太原钢铁公司（简称太钢集团）是大型特殊钢基地，焦煤来自太原，铁矿来自峨口，富铁矿由海南岛调运及进口。太钢集团以生产特殊钢和军工产品为主，年产钢有200多万吨，已跨入世界不锈钢20强的行列。
- 包头钢铁基地：包头钢铁（集团）有限责任公司是中国大型钢铁联合企业之一，也是中国稀土生产基地。矿石基地在白云鄂博，煤由大同供给。
- 马鞍山钢铁基地：马鞍山钢铁公司是由一些小型铁厂和矿石采集厂改扩建而成的钢铁联合企业，水陆交通便利。该公司于1964年建成亚洲最大的车轮轮毂厂，产品除供应国内需要外，还出口东南亚地区。
- 重庆钢铁基地：包括重庆钢铁公司和重庆特殊钢厂。重庆钢铁公司位于重庆市大渡口区境内，前身系抗战时期由原汉阳兵工厂、六河沟铁矿和上海钢铁厂的一部分设备组建而成。重庆特殊钢厂位于沙坪坝的双碑地区，是西南地区最早建设的钢铁企业，也是中国精密合金钢等特殊钢的重要生产企业。

其中，2018年中国粗钢产量前20排名，如表5.3所示。

表5.3 2018年中国粗钢产量前20排名

排序	钢　　厂	粗钢（万吨）	排序	钢　　厂	粗钢（万吨）
1	宝武集团	6472.9	11	马钢集团	1964.2
2	河钢集团	4489.4	12	本钢集团	1589.7
3	江苏沙钢集团	4066.0	13	方大钢铁集团	1551.2
4	鞍钢集团	3735.9	14	包头钢铁（集团）有限责任公司	1524.5
5	北京建龙重工集团	2788.5	15	中钢公司（中国台湾）	1518.0
6	首钢集团	2734.2	16	日照钢铁集团	1495.1
7	山东钢铁集团	2320.9	17	广西柳州钢铁集团	1352.9
8	湖南华菱钢铁集团	2301.2	18	中信泰富特钢集团	1255.1
9	渤海钢铁集团有限公司	1732.0	19	福建三钢集团	1168.2
10	湖南华菱钢铁集团有限责任公司	1411.0	20	陕西钢铁集团	1138.1

资料来源：《世界金属导报》第22期A01。

2）有色金属工业

有色金属是指铁、锰、铬、钒、钛等黑色金属以外所有金属的总称。其中，以铜、铝、铅、锌为主，产量占有色金属总量的93%。

> **相关链接**
>
> 有色金属具有导电性、导热性、耐蚀性、耐磨性、韧性、延展性、放射性、耐高温、耐高压、硬度大等特性，在现代工业和科学技术的发展中，得到广泛的应用。例如，钨、硅、金、钯、钽等是现代电子工业不可缺少的金属材料；镭、铀等放射性金属是原子工业所必需的原料；各种各样新型有色金属合金材料是高压动力工业、喷气超音速飞机、宇宙飞船、半导体及各种精密仪器/仪表的重要材料。有色金属大多数是战略物资，是现代国防尖端科学技术不可缺少的重要材料。

（1）生产特点和布局要求。有色金属工业原材料消耗量大，品位很低，需要大量的矿石；耗水、耗电量大，生产工艺多采用电热、电解工艺；综合性强，单一矿床少，伴生或共生矿多；生产的连续性强，设备复杂，机械化程度高；对环境影响大，"三废"排放量较大。其布局要求：采选结合，接近原料地；分散粗炼，集中精炼，消费地加工；注意资源的综合开发利用和保护环境。

（2）主要有色金属工业的分布。

- 铜矿资源分布广泛，著名的铜矿有德兴、大冶、铜陵、东川、西昌、白银、中条山、多宝山、白乃庙、德尔尼和玉龙地区等。中国铜加工中心主要分布在上海、沈阳和洛阳等地。
- 铝矿资源分布在山西、河南、贵州、四川、广西、山东等省区，以山西、河南储量为最多。广西平果的大型铝矿，可露天开采，是中国目前最好的富铝矿。郑州、张店、抚顺、连城、兰州、青铜峡、贵阳、包头八大炼铝基地铝产量占全国铝总产量的30%以上。
- 铅锌资源分布在云南、湖南、广东、江西、青海、陕西、内蒙古、辽宁等地。云南兰坪铅锌储量超过1000万吨，为世界罕见特大型矿床。铅锌精炼中心分布在沈阳、株洲、韶关等。
- 中国锡矿资源储量居世界首位，分布集中在广西、云南、湖南、广东4省区。中国锡资源多为原生脉矿，自然选别条件差，而且多为共生、伴生矿床。云南个旧是中国最大的锡矿基地，素有"锡都"之称。广西南丹为中国第二大产锡基地。
- 中国钨矿储量、产量和出口量居世界第一，主要分布在南岭山及其两侧的赣南、湘南和粤北地区。中国钨砂资源占全球已探明钨总量的62.1%，2018年中国钨产量7万吨，占全球钨产量的82.75%。
- 中国钼矿探明储量居世界前列，储量最大的地方是吉林、陕西，其次是河南、辽宁。其中，辽宁锦西杨家杖子是世界上储量较大的钼矿之一，陕西华县金淮城也是国内储量较大的钼矿。
- 中国金矿资源丰富，主要集中在山东半岛、黑龙江北部、吉林东部、湖南南部、河北北部、内蒙古中部、新疆北部、陕西南部、河南西部、贵州西南部、四川西部等。

- 半金属是指物理、化学性质介于金属和非金属之间的金属，主要包括硅、硒、碲、砷、硼等，广泛应用在电子工业中，但其冶炼难度大。硅在自然界分布最广，但在冶炼时耗电量极大，故硅工业一般布置在大电站附近，如抚顺铝厂设有工业硅车间，洛阳也有硅工业。
- 湖南冷水江锡矿山是世界上最大的锑产地。辽宁海城、营口的菱镁矿，贵州万山、丹寨的汞矿，攀枝花的钒钛磁铁矿和包头的稀土矿，是多种有色金属生产基地。

2. 化学工业

化学工业是多行业、多品种、配套性强的重要原材料工业部门，为工农业、交通运输和国防等提供生产资料。化学工业的发展程度是衡量一个国家工业技术水平的标志之一。

1）中国化学工业的矿物资源

中国化学工业的矿物资源比较丰富，除煤炭、石油、天然气和原盐外，还有硫化矿物、磷矿石及其他化工矿物。

（1）硫化矿物：主要是硫铁矿，含硫有色金属矿及天然硫矿等，是制造硫酸及其化合物的主要原料。其分布遍及甘肃、广东、辽宁、山西、湖南、贵州、浙江、江苏、内蒙古等省区。

（2）磷矿石：主要用来制造磷肥，提取黄磷、赤磷和其他磷化物，供民用、医药、染料及国防使用。中国磷矿资源丰富，云南、贵州、四川、湖北、湖南等省的磷矿资源储量占全国磷矿资源总储量的2/3以上。

（3）钾盐：主要用以制造钾肥和其他化工原料，分布在青海、内蒙古、甘肃等省区。青海察尔汗盐湖是中国最大的钾盐湖，云南思茅区有大型钾盐矿。

（4）其他化工矿物资源，如西北地区的芒硝、天然碱，青海、西藏、辽宁、吉林、河北、安徽等省的硼矿，湖北应城的石膏矿，以及南方各省的石灰矿，都是重要的化工原料。

2）化学工业的特点

（1）原料来源广。化学工业拥有广泛的原料来源，空气、水、生物、矿物等均可加以利用。许多化工产品或者中间产品又具有易燃、易爆、易腐蚀的特性，不易进行长途运输。

（2）化学工业的生产技术水平和管理水平要求高，各种生产设备价格昂贵。

（3）能源消耗多。化学工业能耗仅次于电力、冶金工业。在生产中，不仅把能源当作燃料动力，而且有的化工部门将能源当作原料。

（4）对环境污染重。"三废"排放量大，又在高温、高压、高真空下进行，容易发生燃烧、爆炸、毒气泄漏等事故。

3）化学工业布局

（1）酸碱盐化学工业。酸碱盐工业是指生产三酸（硫酸、硝酸、盐酸）、二碱（纯碱、烧碱）的化学工业部门。三酸工业产品腐蚀性极强，不利于远距离运输，宜分布在消费区；二碱工业都以原盐为原料，由于生产方法的不同，纯碱工业一般在原盐产地，烧碱工业广泛应用电解法，宜布局在电源充足、交通方便、水质良好的消费区。

- 硫酸是化学工业的"血液"，用途很广泛。中国最大的硫酸生产中心在南京，年产量约为150万吨；另外，四川、江苏、广东、安徽、湖北、云南、辽宁等省的硫酸年产量均在100万吨以上。

- 硝酸多用于化肥、医药、染料和国防工业。硝酸生产因以合成氨为原料，故硝酸厂多与氮肥厂结合。中国最大的硝酸生产中心在兰州，硝酸年产量约占全国销酸总产量的 1/3。
- 盐酸生产是用电解盐水方法制取的，所以盐酸工业往往与制烧碱、农药、有机化工产品工业综合配套成组布局。上海、天津是中国最大的盐酸生产中心。
- 纯碱主要用于化学、玻璃、冶金、纺织及食品等工业部门。我国纯碱生产中心有大连、塘沽、青岛、杭州，以及四川自贡、湖北应城。
- 烧碱大量用于造纸、肥皂、染料、人造纤维、塑料及橡胶回收等工业。中国大型烧碱厂主要分布在上海、辽宁、天津、江苏、山东 5 省，烧碱产量占全国烧碱总产量的 51%。
- 盐酸和碱工业均以盐作为原料，盐素有"化学工业之母"之称，分为海盐、井盐、湖盐和矿盐等。海盐以北方沿海的长芦、辽宁、山东、两淮四大产区为主，盐场分布在渤海湾沿岸，以天津为中心，是全国最大的海盐产区。四川是中国井盐的主要产区，以自贡为中心，所产原盐称"川盐"。川盐一直供应四川、云南、贵州、陕西、鄂西和湘西等地。云南禄丰的黑井盐，含有甜硝，是腌腊制品等的用盐。湖盐也称池盐，以青海的池盐储产量最大，茶卡池、柯柯池、察尔汗的"大青盐"运销四川西北部和甘肃、陕西等地，内蒙古吉兰太盐池、雅布赖池和山西的解池等所产湖盐也很有名。

（2）化肥工业。化肥工业是指生产氮、磷、钾三大无机矿物肥料及各种复合肥料的工业部门。

- 氮肥工业。氮肥是农业生产需求量最大的化肥，主要的氮肥品种由合成氨加工而成。氮肥工业又称合成氨工业。国内大型化肥厂分布在南京、大连、吉林、石家庄等地。
- 磷肥工业。磷肥原料是磷矿和硫铁矿。磷矿资源集中于中国南方地区，生产磷肥的主要基地有南京、铜陵、秦皇岛、株洲、柳州、湛江、昆明、成都。
- 钾肥工业。钾肥原料是钾盐矿、明矾石和钾长石。中国钾盐矿资源丰富，主要集中在内陆盆地区域。青海柴达木盆地是中国重要的钾肥工业生产基地。

4）有机化学工业

有机化学工业包括有机原料工业和有机合成工业。

（1）有机原料工业按原料来源分为石油化工和煤化工两类。石油化工基地布局在接近油气田、交通运输和水源条件好的消费区。中国较大的石油化工基地有北京、兰州、上海、天津、吉林、武汉、广州等。煤化工产品有上千种，基本的产品电石一般布局在煤炭、电力较充裕的地区。

（2）有机合成工业是利用基本有机原料工业提供的乙烯、电石等生产有机合成产品，有合成塑料、合成纤维、合成橡胶等化工行业。合成塑料分布在北京、上海、南京、辽宁、广东等；合成纤维分布在南京、上海、杭州、大庆等；合成橡胶分布在兰州、北京、上海等。

3．建材工业

建筑材料是国民经济各部门基本建设的物质基础。建材产品按其性质划分，可分为三大类：供建造房屋和各项工程用的建筑材料；非金属矿产品及其制品；供农业生产、交通运输和国防尖端科学用的各种无机非金属新材料。

1）中国的建材资源

建材资源按其结构性质划分，可分为矿物质建筑材料（石料、非金属矿物、硅酸盐、砖瓦砂石等）、金属材料（建筑用钢筋等）、有机质材料（建筑用竹、木、塑料、油毡和沥青）。其中，以矿物质建筑材料居多。中国建材矿产资源丰富，有石灰石、石膏、石棉、石英砂、高岭土等。

（1）石灰石。石灰石为制造水泥的主要原料。中国石灰石储量丰富，已探明矿区达500多个，工业储量在100亿吨左右。大中型原料矿区有60多个，能够满足年产上亿吨水泥的需要。

（2）石膏。石膏为水泥工业的缓凝材料，也是新型轻质建材的重要原料。中国天然石膏矿产资源储量丰富，总储量近600亿吨，位居世界第一。中国是化学石膏的制造大国，每年生产大量的化学石膏。石膏产地遍及全国19个省区，其中湖北应城石膏驰名中外。

（3）石英砂。石英砂为制造玻璃的主要原料。中国已探明石英砂矿区有100多个，保有储量10亿吨以上的石英砂矿区分布在全国25个省区市。优质的石英砂分布不平衡，主要集中在中国南方各省区市。

（4）石棉。中国石棉资源丰富，已探明矿区有40多个，预测储量为5880多万吨，居世界第三位。石棉主要分布在四川、青海、陕西3省，这3个省的石棉储量占全国石棉总储量的89%。中国石棉以短纤维为主，不过，四川所产石棉纤维高岭土可长达1米。

（5）高岭土。高岭土多用于高级日用陶瓷、卫生陶瓷及光学玻璃等工业，分布遍及全国各地。规模大、质量好的高岭土产地有江苏苏州、江西临川、湖南醴陵和衡阳、四川叙永。

2）建材工业的特点及布局要求

（1）建筑材料工业生产要消耗大量的原料，而原料和产品体质重、价值低、可运性小，因此建材工业布局要求尽可能靠近原料产地。

（2）建材工业的原料分布广泛，产品消费普遍，可因地制宜，就近生产。

（3）建材工业生产条件较差，污染较严重，如水泥、玻璃、砖瓦、石棉等企业，粉尘排量大，在选址时应注意保护环境和生态平衡。

3）主要建材工业布局

（1）水泥是重要的建筑材料，在工业、农业、交通、国防、民用建筑中具有重要的作用。水泥以靠近能源供应地建厂为宜。国内规模较大的水泥企业分布在唐山、北京、哈尔滨、南京、洛阳、广州、贵州等地。

（2）玻璃广泛应用于建筑、工业、农业、交通，以及人们的日常生活中。玻璃种类较多，如供建筑用的平板玻璃、玻璃砖等，供工业用的钢化玻璃、特种玻璃等。工业布局应接近燃料地和石英砂矿区，靠近消费城市。国内大型玻璃企业大多分布在秦皇岛、洛阳、成都、上海、北京、沈阳、齐齐哈尔等地。

4）建筑卫生陶瓷工业

中国是世界上建筑卫生陶瓷生产的大国。陶瓷生产企业主要分布在广东、山东、四川、福建、浙江等陶瓷生产区域，陶瓷生产企业数量占全国总数量的63%，其生产能力约占全国总生产能力的91%。

5）黄砂

黄砂是重要的建筑材料。黄砂运输在长江航运中占据很重要的地位。长江黄砂产地有巴河、兰溪、九江、安徽，可供长江沿岸省市建筑之用。

5.2.3 机械电子工业

机械电子工业属加工工业，是为国民经济各部门提供技术装备的工业部门，称为"工业心脏"。机械电子工业的发展水平是衡量一个国家经济技术发展水平的重要标志。

1．机械工业

机械工业是一个庞大复杂的工业体系，是由几十个生产部门组成的。机械制造工业产品的种类多，组成的零部件多，使用的原材料多，工艺过程复杂，生产类型多，服务面广。

1）工业设备制造业

工业设备制造业是中国工业领域内最大的产业，也是国家对外经济贸易的第一大产业。工业设备制造业主要包括重型机械制造业、通用机械制造业、机床工具制造业、仪器仪表制造业、电工制造制造业和轻纺设备制造业等。

（1）重型机械制造业：主要制造冶金、矿山、起重、运输、工程等设备，产品体大笨重，耗费金属材料多。辽宁和上海是全国重要的重型机械制造基地。

（2）通用机械制造业：主要制造石油化工设备、工业泵、气体压缩机、空气分离设备、冷冻设备和阀门等。上海是全国最大的通用机械制造基地。大连主要生产石油化工设备、橡胶和塑料机械；沈阳主要生产工业泵、阀门等。甘肃兰州是石油钻采机械和炼油化工设备制造的基地。

（3）机床工具制造业：主要制造金属切削机床、锻压设备、铸造机械、木工机械、标准紧固件、量具、刀具、磨具等。机床和工具是机械工业的基本生产工具，称为"机械工业之母"。上海是全国最大的机床工具生产中心。普通机床制造分布在上海、沈阳、齐齐哈尔、大连、北京、天津、济南、无锡、武汉、长沙、重庆、昆明等地；精密机床制造分布在上海、北京、宝鸡等地；重型机床制造分布在武汉、上海、西宁、芜湖等地；主要量具、刀具制造分布在哈尔滨、成都两地；工具制造集中在上海与沈阳两地。

（4）仪器仪表制造业：主要制造自动化仪表、光学仪器、电工仪表、材料试验机、电影和照相机等现代化生产的技术工具。上海是最大的仪器仪表制造中心，产值占全国总产值的40%。西安、哈尔滨是制造自动化仪表和电工仪表的产地；南京、北京是中国光学仪器、电影机械制造中心。

（5）电工制造业：主要制造电站、电机、电材、工业锅炉等设备。上海是全国最大的电工设备制造中心。上海、哈尔滨、成都、北京是全国四大电站设备制造基地。上海、湘潭、北京、大连、沈阳、天津、兰州是全国电机设备制造基地。上海、西安、沈阳、天津是全国电材生产中心。

（6）轻纺设备制造业：主要制造包括纺织、造纸、制糖、食品、卷烟、厨房设备等机械设备。上海是全国最大的纺织机械设备制造中心，其次是榆次、郑州、天津、沈阳和青岛等地；造纸机械制造分布在上海、天津、西安、丹东等地；制糖机械制造以广州为中心；面粉、碾米、食品工业设备制造遍布全国各地。

2）农业机械制造业

农业机械包括拖拉机、排灌机械、收割机、农副产品加工机械及牧林渔业机械。农机工业的分布点多、面广，大中型和专业化强的农机企业分布相对集中。洛阳拖拉机厂是全国最大的拖拉机生产基地，其次是上海、天津、鞍山、南昌、兖州、长春；手扶拖拉机制造遍及全国各地。

3）运输机械制造业

运输机械制造业包括汽车制造业和铁路机车车辆制造业两类。

（1）汽车制造业：主要制造改装汽车和摩托车、汽车发动机等。中国可以生产载重货车、汽车越野汽车、自动汽车、牵引车、客车、轿车等各种类型的汽车。

由于汽车制造技术复杂，需要的材料数量大、质量高、品种规格多，一般汽车制造厂地建在多种工业发达的地区。例如，长春、十堰是中国传统的汽车制造中心，上海、广东、北京、江苏、四川、山东、安徽、福建、河南等省市均有大规模的汽车制造企业。中国汽车产销多年来一直处于增长态势。2018 年 5 月，车辆销售 28 年以来首次下滑。2018 年中国汽车产销量变化情况如图 5.5 所示。中国汽车行业在转型升级过程中，受国际环境、环保标准切换、新能源补贴退坡等因素的影响，承受较大的压力。中国汽车工业协会公布的数据显示，2019 年汽车产量和销量分别完成 2572.1 万辆和 2576.9 万辆，同比分别下降 7.5%和 8.2%，产销量蝉联全球第一。2019 年汽车生产企业主动调整，积极应对，下半年表现出较强的自我恢复能力，行业总体保持在合理区间内。从月度产销情况变动趋势看，中国汽车产销状况正逐步趋于好转。

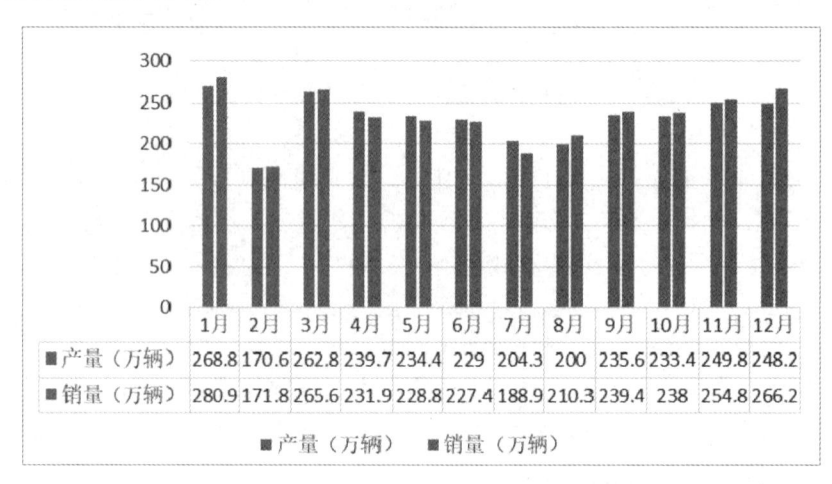

	1月	2月	3月	4月	5月	6月	7月	8月	9月	10月	11月	12月
产量（万辆）	268.8	170.6	262.8	239.7	234.4	229	204.3	200	235.6	233.4	249.8	248.2
销量（万辆）	280.9	171.8	265.6	231.9	228.8	227.4	188.9	210.3	239.4	238	254.8	266.2

图 5.5　2018 年中国汽车产销量变化情况

资料来源：根据中国汽车工业协会数据整理。

中国摩托车工业发展迅速。1993 年，中国摩托车产量 335.1 万辆，首次跃居世界第一位，2014 年以来，中国摩托车整体产销量均持续走弱。2014—2018 年，全国摩托车产量从 2126.78 万辆下降至 1557.75 万辆；销量从 2129.44 万辆下降至 1557.05 万辆。中国汽车工业协会统计分析，2019 年销量排名前 10 位的知名摩托企业分别为大长江、隆鑫、宗申、银翔、力帆、五羊—本田、新大洲本田、绿源、北方企业、广州大运，分别销售 196.58 万辆、113.81

万辆、103.57 万辆、96.24 万辆、95.87 万辆、89.42 万辆、82.14 万辆、75.45 万辆、74.24 万辆、58.91 万辆。与 2018 年相比，除绿源外，隆鑫、宗申、五羊—本田、新大洲本田 4 家企业销量增长，其他 5 家企业销量有不同程度下降。2019 年，前 10 家企业累计销售摩托车 986.23 万辆，占摩托车总销量的 57.57%。

（2）铁路机车车辆制造业：包括铁路机车和车辆（客车和货车）制造。中国北车和中国南车是行业内的"双寡头"，两个集团总体实力相当，国内市场占有率总和超过 95%。铁路机车车辆制造业处于"南北分治"的格局。

中国北车是中国轨道交通装备制造业领军企业，主要从事铁路机车车辆、城市轨道车辆等产品的制造、修理等业务，主要产品包括铁路机车、客车、动车组、货车、地铁等。

中国南车具备铁路机车、客车、货车、动车组、城轨地铁车辆及相关零部件自主开发、规模制造、规范服务的完整体系。

2014 年 12 月 30 日，两家轨道交通装备制造商——中国北车和中国南车联合发布公告，宣布双方依循"对等合并、着眼未来、规范操作"的原则进行合并，合并后新的"中国中车股份有限公司"以打造一家以轨道交通装备为核心、跨国经营、全球领先的大型综合性产业集团为目标，推动中国高端装备制造进一步走向全世界。

4）船舶制造业

船舶制造业的特点是产品数量少、体积大、耗费原材料多、结构复杂、生产周期较长、技术要求高，一般在工业和科技发达的海港或者江河港口城市建厂。海轮制造中心分布在上海、大连、广州、天津、青岛等地；大连以制造油轮为主，上海以制造货轮为主，兼造油轮。内河船舶制造中心分布在武汉、南京、芜湖、九江、宜昌、重庆、哈尔滨等地。

5）航空航天工业

中国航空工业从创立到现在可以制造的飞机类型包括军用歼击机、轰炸机、强击机、侦察机、运输机、直升机和大型民用客机。飞机制造中心主要分布在上海、沈阳、西安、南昌、成都和哈尔滨。

中国航天工业创建于 1956 年，20 世纪八九十年代发展迅速，能够承担各类人造卫星、运载火箭、战略导弹、技术导弹的研制、生产和发射任务，目前已进入国际航天市场。

上海是中国的航天工业基地之一，能够制造大型运载火箭及其控制系统、发动机等多种航天器具。中国航天工业企业主要分布在科技发达、交通便利、电信通畅的北京、上海、南京、西安、沈阳、重庆、昆明、哈尔滨等地。目前，中国有四大航天发射中心，分别位于四川西昌、甘肃酒泉、山西太原和海南文昌。

2. 电子信息产业

电子信息产业是指提供各种电子信息技术和产品的总称，是在微电子产业、通信业、计算机网络技术和软件产业的基础上随着经济领域的应用而形成的。中国电子信息产业规模位居世界第三位。音响、彩电、电话机、VCD 等产品产量居世界第一位。

1）电子信息产业的生产特点及布局要求

（1）电子信息产业需要超干净的生产环境，温度、湿度、空气度适宜，因此应避开污染严重的重化工地区或风沙大的地区。

（2）电子工业生产原件具有体积小、精密度高、重量轻、运量小的特点，需要优越的

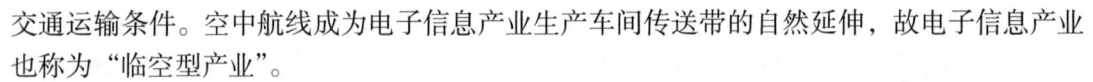

交通运输条件。空中航线成为电子信息产业生产车间传送带的自然延伸，故电子信息产业也称为"临空型产业"。

（3）电子信息产业对水质纯度要求很高，尤其是生产电子元器件的基本原材料——硅晶片，需要用大量的纯水。此外，电子信息产业生产连续性强、自动化程度高，使用大量的机器人或机械手操作，电子计算机控制对电源、电压、周波频率要求严格。

2）中国电子信息产业布局情况

目前，中国电子信息产业已初具规模，如珠江三角洲地区、长江三角洲地区、环渤海湾地区、闽东南沿海和中西部地区五大电子信息产业基地（见表5.4）。例如，2019年中国彩色电视机产量约为1.8999亿台。

表5.4 目前中国电子信息产业区域布局

区域名称		重点城市	具体行业及重点产品
珠江三角洲地区		广州、深圳、东莞中山、顺德、珠海	通信、计算机、家用电器、视听产品
长江三角洲地区		上海、杭州、南京苏州、无锡、常州	集成电路制造、封装等，通信、计算机装配、电子元器件类产品
环渤海湾地区		北京、天津、石家庄沈阳、大连、青岛	集成电路设计，通信、微电子、软件、计算机、家用电子电器类产品
闽东南沿海地区		福州、厦门地区	计算机等
中西部地区	成渝绵地区	成都、重庆、绵阳地区	彩电、软件、光电子、通信设备
	西安—宝鸡—咸阳地区	西安、宝鸡、咸阳地区	彩管、彩电、冰箱、程控交换机、偏转线圈
	中南地区	武汉、长沙等	光电子、彩管等显示器件

资料来源：赛迪IT经济研究所。http://www.iteconomy.cn/3redian/3-5zonghe/3-5-6.htm.

（1）以珠江三角洲地区为中心的高新技术产业带是中国规模最大、发展速度最快、产品出口占比最高的IT产品加工的密集带，聚集了大量国际知名的电子信息产品制造企业，产值占全国总产值的30%。

（2）长江三角洲地区是世界IT制造业的重点投资地区，从上海到苏州囊括从芯片到外壳的所有计算机零部件生产。在该地区投资的企业，产品档次高，技术含量高，投资规模大。

（3）环渤海湾地区是全国最大的综合性IT产业密集带。例如，以北京为中心的软件产业带，全国较大的100家软件企业中有1/4的软件企业集中在北京。

（4）中西部地区大型老工业基地曾是中央财政收入的主要来源地之一，是中国军工电子的基地。

5.3 轻工业物流地理

轻工业是以生产生活资料为主的加工工业，其产品主要用于满足生活消费及部分生产资料的需要。中国的轻工业门类众多，如食品、烟草加工、纺织、缝纫、皮革和毛皮制作、造纸、印刷、文教体育用品、工艺美术品、化学药品制造、日用纤维制造、日用化学制品、

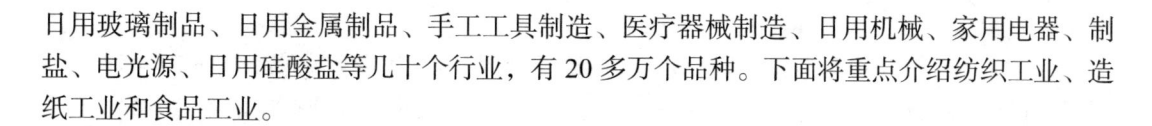

日用玻璃制品、日用金属制品、手工工具制造、医疗器械制造、日用机械、家用电器、制盐、电光源、日用硅酸盐等几十个行业，有 20 多万个品种。下面将重点介绍纺织工业、造纸工业和食品工业。

5.3.1 纺织工业

中国是世界纺织工业大国之一，已经形成了棉、毛、麻、丝、化纤相结合的全国纺织工业分布体系。自 1994 年起，中国纺织品服装出口总额稳居世界第一。当前，中国纺织纤维加工总量占世界纺织纤维加工总量的一半以上，纺织品服装出口量占全球纺织品服装出口总量的 1/3 以上，中国有着全世界最完备的现代纺织制造和服务体系。但从 2016 年开始出口市场份额有所下降，2017 年的 34.8%较 2015 年的 37.9%下降了 3.1 个百分点。从整体来看，南亚、东南亚等国家和地区的纺织品服装出口份额在国际市场上所占份额增长较快。现阶段，中国纺织工业在发展规模、供应链体系和国际竞争力等方面仍具有明显优势，尚未受到其他国家和地区的全方位威胁，但应正视日益严峻的国际竞争形势。

1. 棉纺织工业布局

中国棉纺织工业布局具有"大分散、小集中"的特征，主要有以下几个棉纺织工业基地。

（1）以上海为中心的长江三角洲地区：全国最大和最先进的棉纺织工业基地。棉纺织企业分布在无锡、南通、常州、苏州、常熟、南京、镇江、扬州、泰州、盐城、合肥、芜湖、蚌埠、安庆、杭州、宁波等地。其中，无锡、南通的棉纺织工业基地规模最大。

（2）以天津市为中心的京津冀地区：全国第二大棉纺织工业基地。棉纺织企业主要分布在天津、石家庄、保定、唐山等地。该地区原料种类丰富，人口稠密，交通便利，有利于纺织工业的发展。

（3）以青岛、济南为中心的山东棉纺织区：中国第三大棉纺织工业基地，在德州、惠民、烟台、聊城、菏泽都有棉纺厂。

（4）以武汉为中心的湘鄂赣棉纺织区：棉纺织企业分布在武汉、沙市、湘潭、长沙、黄石、宜昌、蒲圻、南昌、抚州等地。该地区人口稠密，交通方便，设备和原料均具有增产的潜力。

（5）以郑州为中心的河南地区：棉纺织企业分布在郑州、新乡、安阳、开封、洛阳等地。

（6）以太原为中心的山西地区：棉纺织企业分布在太原、榆次、介休、临汾等棉花产地。

（7）以西安为中心的关中地区：棉纺织企业分布在西安、咸阳、宝鸡、渭南、兰州等地。

（8）东北地区：棉纺织企业分布在沈阳、辽阳、营口、金县、大连、锦州、长春、牡丹江、佳木斯等地。

（9）南方地区：棉纺织企业分布在广州、南宁、昆明、贵阳、三明、厦门和福州等地。此外，西北兰州、乌鲁木齐、银川、石河子等地也有棉纺织企业。

2. 毛纺织工业

毛纺织工业是生产高中档毛织品的纺织工业。毛纺织原料有羊毛、山羊绒、驼绒、兔毛和其他动物毛纤维，其中以羊毛用量最大。洗毛的加工工艺过程要求洗毛厂一般建在原料产地，而纺、织、染的布局宜接近消费区，特别是技术力量较强、协作条件较好的大中城市，其中较为集中地分布在以下几个区域。

（1）东部沿海集中区。该地区具有毛纺织技术水平高，力量雄厚，人口稠密，拥有消费市场等优势。中国三大毛纺织工业中心——上海、北京、天津，都分布在东部沿海集中区。

（2）西部地区集中区。该地区为中国较发达的毛纺织工业基地。其中，新疆和内蒙古的毛纺织工业发展最快。毛纺织基地有乌鲁木齐、呼和浩特、海拉尔、西宁、兰州、天水、银川等地。

（3）中部地区。该地区无原料及技术优势，只为满足当地消费的需要。河南省是中部地区最大的毛纺织生产省。例如，开封、太原、武汉、长沙、衡阳、蚌埠、襄樊等地是毛纺织生产基地。

3．丝纺织工业

中国素有"东方丝国"之称，2000多年前就有了"丝绸之路"，产品远销海外。中国的丝纺织分为桑蚕丝纺织和柞蚕丝纺织两类。桑蚕丝纺织工业遍布全国20多个省区市，主要集中在浙江、四川、江苏3省，其次是广东、山东、湖北、安徽等省。柞蚕丝纺织工业主要分布在辽宁、山东、河南3省，其次是内蒙古扎兰屯、贵州遵义和陕西汉中。另外，"鸭绿江绸"和"南阳丝绸"是国际市场上的畅销衣料。

4．麻纺织工业

中国麻类资源丰富，非常有利于麻纺织工业的发展。麻类初加工成品失重性大，因此麻纺织工业一般多布局在原料产区或者产区附近交通便利的地区。

（1）亚麻纺织业主要分布在黑龙江、宁夏、甘肃、内蒙古、吉林、河北等亚麻产区，哈尔滨有全国最大的包括梳、纺、织、染的全能麻纺厂。

（2）麻袋纺织业主要分布在以上海、青岛、大连、天津等老基地和新建的杭州、广州、天水、承德等基地，其中位于中国最集中的黄麻产区、浙江钱塘江岸的杭州麻袋纺织企业规模最大。

（3）现代化的苎麻纺织企业，以无锡、株洲、益阳规模最大。另外，麻纺织企业在产区附近的上海、广州、武汉、南昌、重庆、都匀等地也有分布。

5．化学纤维纺织工业

化学纤维的出现，改变了单纯依靠天然纤维发展纺织工业的局面。化学纤维具有耐拉、耐磨、耐腐蚀等各种优良性能，因此其广泛应用于纺织工业。化学纤维不但增加了纺织原料资源，而且增加了纺织品的花色品种。

（1）以天然纤维素（木材、棉短绒）为原料的黏胶纤维等工业主要分布在吉林、丹东、保定、南京、新乡、上海和杭州等地。

（2）以炼油、炼焦废气、石灰石、食盐为原料生产锦纶、腈纶的合成纤维工业主要分布在北京、兰州、永安（福建）、南昌、安徽、湖南、广西等地。

（3）以石油、天然气为原料的化纤工业主要分布在上海、南京、天津、辽阳、长春和大庆等地。

5.3.2 造纸工业

1. 中国造纸工业的现状

目前,中国已成为全球纸和纸板最大的生产国。中国造纸工业开始从数量主导型转向上质量、上档次、上水平的新阶段。新阶段有两个显著的标志。

(1)中国已经进入世界造纸先进大国的行列。中国的纸和纸板产量已连续多年位居世界首位。经过多年发展,中国造纸工业新增产能6000万吨左右,已拥有国际先进水平的化学木浆年产150万吨生产线、20万吨/年竹浆生产线、30万吨/年化机浆生产线、50万吨/年OCC废纸浆生产线、20万吨/年废纸脱墨浆生产线,以及拥有世界先进水平的生产新闻纸、高档文化纸、铜版纸的机器等。

(2)中国造纸行业已经进入低消耗、低污染、低排放的快车道。"十一五"期间,中国造纸工业已实现了增产减污的目标。造纸行业污染大户的负面影响得到较大的改善。进入"十二五",造纸工业正大力推进绿色、低碳、循环发展,为实现环境友好型战略目标而努力,绿色纸业的战略目标正稳步推进。

国家统计局的数据显示,2019年全国机制纸及纸板产量12 515.3万吨,同比增长3.5%。在经历了2018年的下跌后,成功实现反弹,仅次于2017年(12 542万吨)。2019年是有统计以来,产量第二高的年份。全年造纸和纸制品业出口交货值累计值603.1亿元,同比增长3.4%。2019年12月,全国机制纸及纸板产量1158.0万吨,同比增长7.9%,是2019年产量最大的一月。按行政区域划分,2019年广东省实现产量2223.09万吨,同比增长6.14%,位居全国第一位;山东省2075.36万吨,同比增长2.05%,排名全国第二。另外,造纸产量超过1000万吨的省份还有浙江和江苏。这4个省份产量总和占全国总产量的60%。增速比较快的省份分别是上海、贵州、山西、江西、湖北、江苏和四川。

2. 中国造纸工业布局的影响因素

中国造纸工业常用的原料有木材、芦苇、甘蔗渣、稻麦秸、龙须草等,还需要使用部分棉、麻、破布、树皮和回收的废纸等。中国造纸工业布局的影响因素主要有以下几个。

(1)原料因素。造纸工业特别是制浆工业应接近原料地。

(2)水源因素。造纸工业应接近丰富、优质的水源地。

(3)环境因素。造纸工业废水排放量大。据环保部门统计,2002年造纸及纸制品行业废水排放量31.9亿吨,造纸厂必须考虑环境污染治理问题。

(4)交通运输因素。造纸厂必须设在交通运输条件优越的地点,以保证原材料和产品的及时输送。

3. 中国造纸工业的布局

中国植物纤维丰富,造纸原料来源广泛,为造纸工业的发展提供了有利条件。除西藏外,各省区市都生产机制纸,并呈现明显的地域差异。

(1)东北地区。东北地区是中国重要的纸张生产基地和商品纸供应基地。辽宁造纸原料以芦苇、木材为主;吉林、黑龙江造纸原料以木材为主。大型造纸中心分布在辽宁锦州、吉林吉林市、黑龙江佳木斯等地。

（2）华北地区。华北地区的造纸工业原料以麦秸、棉秆、芦苇、废纸等主。天津是华北地区重要的造纸中心。大型造纸中心分布在北京、河北保定、山西太原、内蒙古扎兰屯等地。

（3）华东地区。华东地区是中国最大的纸张生产基地。上海是全国高级纸张的生产基地，造纸原料以外调纸浆和城市的废纸、废布、废棉为主。山东青岛、济南、潍坊造纸原料以麦秸、废棉为主。福建是中国新闻纸的主要产地之一，南平、福州、青州都建有大型造纸厂。江西、浙江、江苏、安徽等地以稻草、芦苇、竹竿等为主要的造纸原料，造纸中心分布在苏州、镇江、芜湖、杭州、嘉兴、南昌等地。

（4）中南地区。中南地区造纸工业原料丰富，有竹木、蔗渣、禾草等原料，造纸中心主要分布在湖北武汉、湖南岳阳、广东广州、广西南宁、河南开封等地。其中，广州造纸厂是全国著名的新闻纸生产厂家之一。

（5）西南地区。西南地区以竹子、龙须草、禾草等为原料制浆造纸，造纸中心分布于四川宜宾、乐山，重庆等地。其中，宜宾是中国重要的新闻纸产地之一。

（6）西北地区。西北地区造纸工业基础较差且受原料、水源限制，发展缓慢，除西安、宝鸡、咸阳建有中型造纸厂外，其他地区分布着少数小型造纸企业。西北地区以陕西省纸张产量为最大。

5.3.3 食品工业

食品行业是典型的防御性行业之一，其经营活动状态不受经济周期的影响，市场需求对食品行业收入的影响弹性较小。近几年，中国食品工业总产值年增长速度保持在10%左右，食品行业正处在成长期。

中国食品加工业的就业人数、工业增加值和全员劳动生产率等指标在全国轻工业20个行业中名列前茅。2019年上半年，全国规模以上食品企业工业增加值保持稳定增长，其中农副食品加工业累计同比增长4.7%（见图5.6）。2019年上半年，中国农副食品加工业营业收入22 497.1亿元，同比增长4.3%；利润总额769.6亿元，同比下降2.0%。从农副食品加工行业细分市场来看，2019年上半年中国谷物磨制业营业收入4020.69亿元，同比增长4.16%，饲料加工业营业收入4292.37亿元，同比增长0.96%；植物油加工业营业收入3572.55亿元，同比增长2.72%，制糖业营业收入593.93亿元，同比增长6.8%；屠宰及肉类加工业营业收入4780.34亿元，同比增长8.93%；水产品加工业营业收入1572.94亿元；同比增长9.29%；蔬菜、菌类、水果和坚果加工业营业收入1742.67亿元，同比减少3.18%；其他农副食品加工主营业务收入1921.58亿元，同比增长6.5%。

2019年上半年，农副食品加工企业数量为22 173个，亏损企业数量为4025个。虽然中国农副食品加工企业基数大，但是与发达国家仍有较大的差距，主要表现在多数中小型加工企业以粗加工为主，精深加工比重低，产品科技含量低，加工的资源有效利用低，产品结构不合理，加工的产业链条短。农业资源优势是农副食品加工业发展的原料保障和发展动力。农副食品加工业主要集中在中国传统的农业大省、强省。农副食品加工业深受原材料的影响，从农副食品加工行业企业区域分布情况来看，农副食品加工行业内企业区域格局明显，主要集中在华北、华东和东北地区，这三个地区的农副食品加工行业收入占比超过60%。

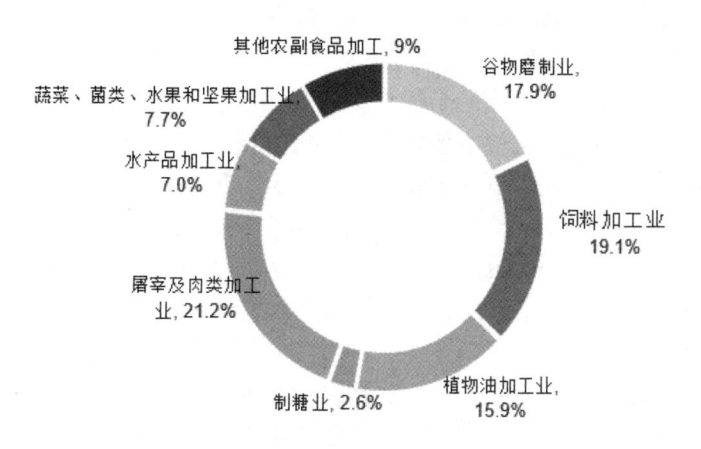

图 5.6 2019年上半年中国农副食品加工业收入结构

资料来源：国家统计局，华经产业研究院整理。

1. 食品工业的特点和布局要求

原料来源和消费市场的广泛性和普遍性：食品工业的原料来源非常广泛，农、林、牧、副、渔都可以为食品工业提供丰富多样的原料。从食品需求角度来讲，凡是有人群居住的地方都要有相应数量的食品，随着人们生活水平的提高，食品需求量会日益扩大，需求范围会越来越广。

生产的季节性和地域差异性：因农业生产具有明显的季节特性，形成农副产品原料的收购具有季节性，所以食品工业同样受季节变化和气候条件的影响。而农副产品原料带有区域性差别，有些原料又具有不宜久存和远销的特殊性。因此，就地加工或者就近生产是食品工业区别于其他轻工业生产之处。

食品工业一般规模较小，投资较少，设备较简单，适宜地方普遍发展。

2. 中国主要食品工业布局

1）粮食加工工业

粮食加工是指将原粮加工成米或面粉，供人们生活消费和糕点等食品工业用原料。粮食加工工业遍布城乡各地，主要分为碾米工业、面粉加工工业和方便食品工业三类。中国人口多，粮食消费结构是：食用占 42.3%，饲料占 42.9%，种子占 5%，其他占 9.8%。碾米工业和面粉加工业的规模大小，取决于粮食消费结构中食用比重的大小。

（1）碾米工业。碾米工业与粮食消费的集中地区紧密相连，多分布于城市和稻谷集散地。在长江中下游的稻谷集中产区，集中分布的大型碾米工业基地，如上海、南京、无锡、武汉、长沙等。在中国北方水稻产区的河北、辽宁、宁夏也分布着一定规模的碾米工业。全国有珠江三角洲、长江三角洲、四川盆地、太湖流和或福建沿海小平原五大碾米工业区。碾米工业相对集中在广州、上海、北京、成都、长沙、武汉等地，在加工成品粮的同时，利用稻谷的副产品制成糠醛、米糠，为酿酒工业、化学工业和日用品、化妆品生产提供了原料。

（2）面粉加工工业。中国广大的小麦产区，既是面粉工业的原料地，又是面粉的主要消费区。在全国形成了均衡布局的面粉加工体系。其中，北京、上海、天津、西安、武汉、南京、郑州、济南等城市的面粉加工能力最强。

（3）方便食品工业。发展方便食品是优化食品工业产业结构、产品结构和提高居民食品制成品消费水平的重要措施。主食方便食品主要有方便面、方便米饭、方便粥和馒头、面包、饼干，以及带馅米面食品。副食方便食品主要有各种畜肉、禽肉、蛋、菜的熟食制品，或者经过预处理的半成品。全国熟食、禽肉制品产量只有300万吨，仅占肉类总产量的6%，与发达国家熟食制品占50%的水平相差甚远。全国方便食品工业形成了以北京、上海、广州为核心的华北、华东、华南三大方便食品基地。

2）食用油脂工业

食用油脂工业是食品工业中的重要部门，按其原料来源划分，可分为植物油脂和动物油脂两类。其中，植物油脂是中国消费量多、产量大的基本油脂，其原料主要有花生、油菜籽、芝麻、大豆、棉籽、葵花子和胡麻子等。中国食用植物油的工业布局与油料作物产地分布一致，存在地域性的特点。

以油菜籽为原料的油脂工业主要分布在长江沿岸各省及其以南地区，油菜籽产地有重庆、长沙、上海、广州等地；以花生为原料的油脂工业分布在青岛、天津、石家庄、广州、郑州等地；以大豆为原料的油脂工业分布在大连、长春、哈尔滨等地；以芝麻为原料的油脂工业分布在郑州、开封、武汉等地；以棉籽为原料的油脂工业分布在天津、郑州、西安、上海、南通等地。

此外，湖南、江西、福建等省盛产茶油，菜油为中国所特有的木本油料油；西北、内蒙古等地盛产胡麻油；江西、湖南盛产米糠油；东北地区盛产玉米胚油；雷州半岛和西双版纳的油棕加工业闻名全国。

3）制糖工业

制糖工业的原料以甘蔗和甜菜为主。中国糖料作物分布是"南甘北甜"，南方以甘蔗为原料制糖的企业分布在广东、广西、福建、江西、湖南；北方以甜菜为原料制糖的企业分布在黑龙江、内蒙古、吉林、新疆、甘肃。目前，全国大型制糖企业分布在广东、广西、福建、云南和黑龙江。

中国以甘蔗为原料的糖厂分布具有明显的特点。

（1）沿江河两岸建厂。糖料含糖率低，制糖需要调入大量的甘蔗，同时需要调出大量的废蔗，因此制糖工业多分布在运输便利、运价较低的水路沿线。

（2）糖厂相对集中分布。例如，珠江三角洲集中分布在以佛山和惠阳为中心的密集型制糖工业基地。此地区甘蔗种植面积占全国的1/3，而食糖产量占全省的78%。福建蔗糖生产基地集中分布在仙游、莆田、晋江、龙溪和厦门等地。

以甜菜为原料的制糖工业，主要分布在东北的嫩江、松花江沿岸的哈尔滨、佳木斯、吉林市和富拉尔基，以及内蒙古的包头、呼和浩特，新疆玛纳斯河流域的石河子、呼图壁和伊宁，甘肃的武威。上述地区土壤肥沃、地势平坦、日照时间长、昼夜温差大，非常适宜甜菜的生长，为发展甜菜制糖业提供了原料。

本章小结

- 工业企业是拉动物流业发展的原动力，发展工业物流有利于促进工业企业的快速发展，有利于加强工业企业管理技术的创新，有利于增强工业企业的竞争力。
- 加快发展中国工业物流的措施：改变现有的商业运作模式，进入供应链，实现共赢，实现物流流程再造，推行物流外包，做强核心业务，实施企业的采购制度改革，建设物流信息平台，实行信息共享。
- 工业物流可分为重工业物流和轻工业物流两类。其中，重工业物流研究的对象是能源工业、原材料工业、机械电子工业；轻工业物流研究的对象是纺织工业、造纸工业、食品工业。

思考题

1．分析中国工业物流的现状和存在的问题。
2．叙述中国能源工业（以煤炭为主）的生产布局。
3．中国植物纤维种类丰富，造纸原料来源广泛，为造纸工业普遍发展提供了条件。请列出中国不同地区使用的造纸原料。

第6章

中国商业物流地理

学习重点

- 商业物流的内涵
- 商业与物流的关系
- 发展商业物流的意义
- 中国主要的商业中心城市
- 中国大宗商品的基本流向
- 商业中心形成、发展和分布的影响因素
- 商业布局的原则
- 中国对外贸易状况

引导案例

购物狂欢后快递业迎大考：12.37亿件包裹待消化

从2009年开始，阿里巴巴在每年的11月11日举行大规模的促销活动。5年间，11月11日这一天从一个普通的日期逐渐成为中国电子商务行业乃至全社会关注的年度盛事日。回顾历年"双11购物节"，其成交额呈几何级增长。2009年，淘宝在11月11日发起"品牌商品五折"活动，当天销售额1亿元；2010年11月11日，销售额翻了九番，增至9.36亿元；2011年，成交额飙升至52亿元；2012年，阿里巴巴"双11购物节"实现191亿元成交额，仅天猫就达132亿元。天猫"双11购物节"也正式超越美国2012年网络星期一创造的单日120亿元纪录，成为全球最大的购物狂欢节。随着2019年11月12日零点钟声响起，阿里巴巴官方的数据显示，天猫购物狂欢节全天交易额达2684亿元，12.92亿个订单带来了12.37亿件包裹，平均每分钟产生100万件包裹。

"双11购物节"让商家赚得盆满钵满，但最后要通过配送消化上10亿件订单才能实现。在11月11日的网购狂欢后，快递业的"春运"紧跟着来临了。据国家邮政局的统计，全天各快递企业共处理60 000多万件快件，是2012年"双11购物节"最高峰3500万件快件的10.7倍，达到2013年快递日均处理量的20倍以上。网购的货物何时送到是每个网购者关心的问题，每年"双11购物节"过后，快递公司因"爆仓"推迟送货的问题饱受诟病。为迎接2020年"双11购物节"的挑战，各大快递企业投

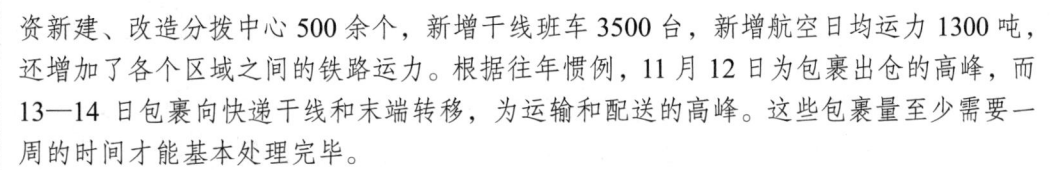

资新建、改造分拨中心 500 余个，新增干线班车 3500 台，新增航空日均运力 1300 吨，还增加了各个区域之间的铁路运力。根据往年惯例，11 月 12 日为包裹出仓的高峰，而 13—14 日包裹向快递干线和末端转移，为运输和配送的高峰。这些包裹量至少需要一周的时间才能基本处理完毕。

思考：物流与商业的关系是什么？

提示：现代物流是商业现代化的主要内容。缺少现代物流支撑的商业企业是无法在市场上取得竞争优势的。

6.1 物流与商业

6.1.1 商业物流的内涵

1．商业的概念

商业又称贸易，是专门从事商品流通的经济部门。商业活动是社会经济活动的重要组成部分，它不属于生产领域，但与生产有密切联系。商品流通也不属于消费领域。消费是商品生产和流通的目的，消费量与消费结构影响着商品流通的规模和构成。商品流通是介于生产企业和消费者之间的桥梁和纽带。

2．商业物流的概念和类型

商业物流，就是通过批发、零售和储存环节，把各生产企业的产品在一定物流据点集中起来，然后经过储存、分拣、流通加工、配送等业务，将商品以适当的数量，在适当的时间送到零售商业企业或消费者手中的整个过程。

根据商业行业分工的特点，商业物流可划分为批发商业物流和零售商业物流两类。

3．商业物流特点

与其他行业物流相比，商业物流具有以下特点。

1) 供需矛盾需要调节

在批发商业物流中，物流的主体是商业批发企业，其上连生产企业，下接商业零售企业。从生产成本和规模效益的角度考虑，生产企业总是希望某种商品的产量大，商业批发企业订购产品数量多，实现大批量、少批次商品物流。基于消费者的需求，零售商业企业总是希望能够尽可能多地配备商品种类，而每种商品的数量不要过多，实现小批量、多批次物流。因此，商业批发企业可以通过研究商流活动和商品购销规律，以提高批发管理水平，从而进行科学的运输与储存商品等；通过开展科学的商业批发物流活动，实现对供需矛盾的调节和疏导。

2) 商流与物流分离

商流是商品从生产企业到消费者不断转卖的价值形态转化过程，即由若干次买卖所组成的序列，是商品所有权在不同的所有者之间转移的过程。物流是由商流所带动的商品实体从生产企业向消费者转移的过程，即流通领域的物质运动，也就是流通领域的物流。商流与物流的分离是商品流通发展的产物。随着产销矛盾的发展，商流与物流必然会在时间上、空间上、规模上发生各种分离。

商流与物流的互相分离，一般会出现以下几种情况。

（1）商流在前，物流在后。物流是在商流之后完成的。例如，商品的预购就属于这种分离情况。

（2）物流在前，商流在后。商品的赊销就属于这种分离情况。

（3）商流迂回，物流直达。在商流中，产品的所有权多次易手，但产品实体可能从最初的售卖者直接送达最终的购买者。在这种情况下，商流迂回地进行，物流则不需要迂回进行，而是直达供货。

（4）只有商流，没有物流。例如，仓库中的商品所有权发生变化，但仍然保持其在仓库中的存储状态。

3）再加工

零售商业企业将商品销售给最终消费者之前，必须进行贴标签、商品分类、商品包装等一系列工作，完成对商品的再加工。零售商业企业向批发商业企业订货的周期一般都比较短，因此要求再加工的速度较快，费用低。通常，这种加工活动放在批发商业企业的物流中心完成。

4）即时性

商业物流具有一定的时效性，不会永恒存在，即只有在存在商品交换时才会有商业物流，它属于商品经济的范畴。广义的物流具有永恒性。一方面，商业零售企业要适应消费者的需求，及时订购适销对路的商品，避免缺货所带来的销售损失和过期商品所带来的成本浪费；另一方面，供货商要及时、准确地将订购的商品送到零售商手中，否则就会导致零售商缺货，丧失市场。

5）网络化

在商业发展过程中，连锁经营已成为商业经营的重要特征。所谓连锁经营，就是通过公司总部对各连锁店或销售网点的经营实行五个统一，即统一商号、统一采购配送、统一定价、统一核算、统一管理，实现标准化、集中化和专业化，从而降低成本，取得规模效益。以连锁经营为支持目标的商业物流体系必然有网络化的配送系统，能够实现对所有连锁店或销售网点提供物流服务。

4．商业与物流的关系

商业活动过程包括商品收购、调运、储存、销售等主要环节。其中，商品收购是商品流通的起点，是流通过程其他环节得以进行的前提。商品销售是商品流通的最后环节，只有经过这个环节，商品的使用价值才能实现，流通过程才算最终完成。商品的货源地和消费地往往在地域上有一定的距离，各地商品的购销状况也存在差异，这就需要对商品进行调运和储存。在这一系列的过程中，必然伴随着物流活动的发生，因此商业活动和物流活动是不可分割的。商业与物流的关系，如图6.1所示。

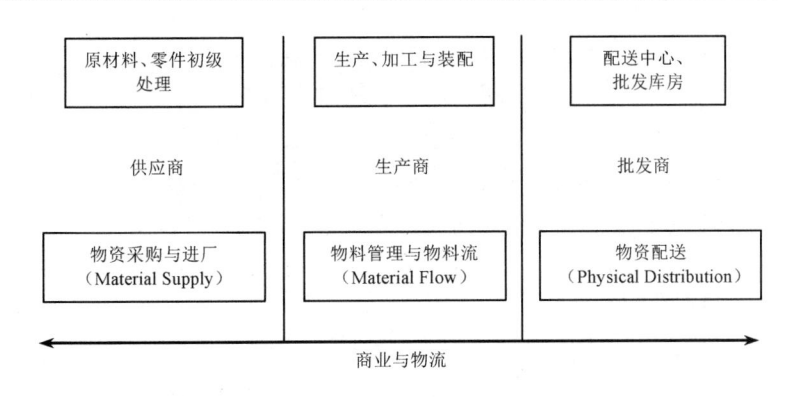

图 6.1 商业与物流的关系

商业与物流的关系具体体现在以下几个方面。

1）物流是商业的重要内容

在现代商业活动中，一般存在"四流"，即资金流、信息流、商流、物流。资金流是指资金的转移过程，包括付款、转账等过程。信息流既包括商品信息的来源、促销营销、技术支持、售后服务等内容，也包括诸如询价单、报价单、付款通知单、转账通知单等商业贸易单证，还包括交易方的支付能力、支付信誉等。商流是指商品买卖或者商品交易的一系列活动过程，通过商流活动发生商品所有权的转移。物流是"四流"中特殊的一种，是指物质实体（商品或服务）从供给方向需求方的转移，这种转移既要通过运输或搬运来解决空间位置的变化，又要通过储存、保管来调节双方在时间节奏方面的差别，这样就解决了对象物从生产地到使用地的转移，实现了其使用价值。

2）现代物流是商业现代化的主要内容

商品流通过程不仅要解决商品所有权交换的问题（商流），而且要解决商品从生产地到使用地以实现商品使用价值转移的问题（物流）。只有商流和物流相结合（见图 6.2），才能有效地实现商品由供应方向需求方的转移过程。

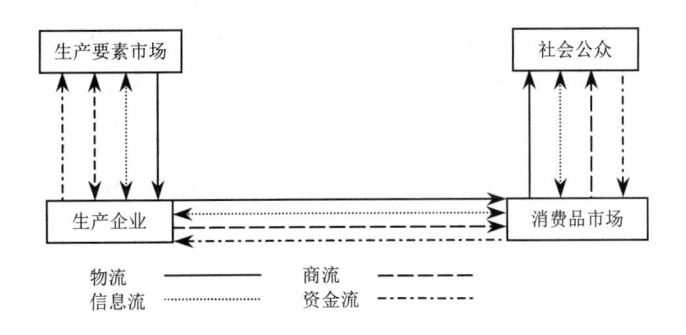

图 6.2 商流与物流相结合

为了优化业务流程和价值增值链、提升产业竞争力，现代商业以整合商品流通业务流程、商品流通要素、组织架构为目标，形成商业流通跨行业、跨产业组织管理体制和产业链的发展趋势，以新商品导入、连续补货、店铺配置、促销为重点，推动连锁经营、物流配送和电子商务的发展。现代物流作为商业现代化的主要内容，成为衡量商业现代化发展的基本标志。

3）现代物流促进商业分工的深化和商业形式的创新

企业商流和物流各自具有不同的活动内容和规律。商流一般要经过一定的经营环节来进行业务活动。物流则不受经营环节的限制，可以根据商品的种类、数量、交货要求、运输条件等，使商品尽可能由产地通过最少的环节，以最短的物流路线，按时保质地送到消费者手中。由于商流与物流的分离，不同商流方式与不同物流方式结合形成了更丰富的创新产业。现代物流的发展不断丰富商流与物流的结合方式，促进了新型商业流通业态的发展和新兴流通产业的发展。

4）现代物流促进了商业体系的变革和商业组织的发展

近年来，中国消费市场需求大幅度增长，消费结构不断优化，居民消费水平稳步提高，商品买方市场基本形成，消费支出分流日益明显，商品消费呈现个性化、多样化、高档化的趋势。商品市场的供求关系打破了原有的平衡，进而推动了商业流通体系的变革。

电子商务的应用，使大型百货店、连锁超市、仓储式商场、专卖店、便利店等新的业态相继出现，集约化、规模化、连锁化的大型跨国商品企业逐渐增多；从直营连锁向特许连锁，从商品零售向多种形式的连锁经营，商品流通的组织形式有了新发展。

5）现代物流促进了商业技术的创新，提高了商业企业的竞争力

现代物流的发展带来了商业企业观念的转变，推动了先进技术的引进、企业结构的调整和资源的重组，实行专业化、社会化的配送服务，为客户提供"准时供应系统""即时供应系统"和"零库存系统"等整体物流服务，已成为全面提升商业企业的竞争力的重要手段。

6.1.2　中国商业物流的现状

经过多年发展，物流业已经成为中国国民经济的支柱产业和重要的现代服务业。2013年，中国物流市场规模首次超过美国，成为全球第一。但从整体来说，中国商业物流存在以下问题。

1．物流系统性和综合性不强，网络化程度较低

中国物流系统性和综合性不强，运输结构不合理，网络化和组织化程度较低，呈现分散、各自发展的态势，基础设施的配套性、兼容性较弱，末端网络薄弱。

2．物流基础设施结构性短缺

中国物流基础设施相对滞后，存在结构性短缺，现代化设施比重低，不能满足现代物流发展的要求。现代化仓储、多式联运转运等设施不足，高效、顺畅、便捷的综合交通运输网络尚不健全，布局合理、功能完善的物流园区体系尚未形成规模，物流基础设施之间不配套，难以有效衔接。大量煤炭中长途运输依赖公路和铁路，造成大量优质能源的消耗和运输成本的增加；部分沿江通道高等级航道占比低，网络化程度不高；航空货运基础设施发展总体不足；仓储建设严重滞后，全国公共通用仓库建设缓慢且"带病作业"，存在重大的安全隐患。

3．物流人力资源保障薄弱

中国商业物流人力资源总量和层次均不高。与发达国家物流人力资源相比，中国物流

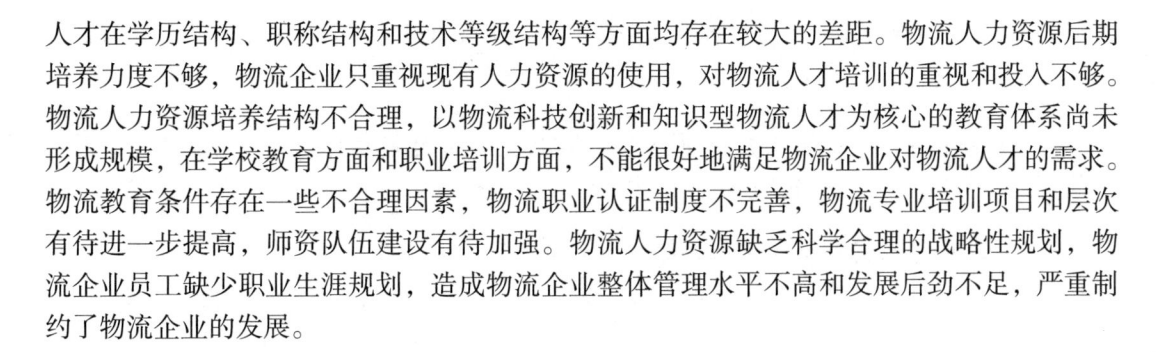

人才在学历结构、职称结构和技术等级结构等方面均存在较大的差距。物流人力资源后期培养力度不够,物流企业只重视现有人力资源的使用,对物流人才培训的重视和投入不够。物流人力资源培养结构不合理,以物流科技创新和知识型物流人才为核心的教育体系尚未形成规模,在学校教育方面和职业培训方面,不能很好地满足物流企业对物流人才的需求。物流教育条件存在一些不合理因素,物流职业认证制度不完善,物流专业培训项目和层次有待进一步提高,师资队伍建设有待加强。物流人力资源缺乏科学合理的战略性规划,物流企业员工缺少职业生涯规划,造成物流企业整体管理水平不高和发展后劲不足,严重制约了物流企业的发展。

6.1.3 中国发展商业物流的意义

1. 有利于加速中国物流产业的发展

商业物流是物流产业的重要组成部分,商业增加值在国内生产总值中占有一定的比重,发展商业物流对加速中国物流产业发展具有重要的意义。

2. 有利于带动全社会的物流需求

随着中国经济的不断发展和全面对外开放,全球性的经营和贸易环境会给中国商业带来更大的发展空间,对国内外经济产生重大的影响。市场的繁荣必然带动全社会的物流需求,商业物流必然得到长足的发展。

3. 有利于提升第三产业的水平和层次,促进产业结构的优化

发展商业物流不仅有利于商业的发展,而且对经济的发展将起到重要的促进作用。商业物流是一项前景广阔的新兴产业。它将带动运输、仓储、通信、信息业等众多相关行业的发展,将从整体上提升第三产业的水平和层次,促进产业结构的优化。

4. 有利于商业中心城市的建设与发展

商业物流将带动一个城市与周边地区产生广泛的商品物资交流,使城市经济的吸引力和辐射力进一步增强,使城市经济在其经济圈乃至更大范围的区域经济中发挥重要的作用。

5. 有利于吸引外资,加强国际经济合作

发展商业物流,可以在吸引外资、加强国际经济合作等方面发挥作用。物流系统的发展水平是否符合国际惯例,已经成为外资投行评价一个地区投资环境的重要指标。

6.1.4 加速发展中国商业物流的途径

经济全球化将世界各国的经济纳入统一的经济体系中,全球产业分工逐渐细化,会使一部分国家的产业结构向非均衡的方向发展。中国应对经济全球化过程的策略之一,就是加速发展商业物流。

1. 以"政府建平台、企业投资"的模式建设物流中心区

政府预留和购置物流中心的规划用地,建设完善的基础设施,包括交通(铁路、高速

公路、机场）、市政设施、商务设施、服务设施等，为企业建立物流中心提供有利条件。

2．整合物流资源

与大型物流中心相配套，充分利用现有的物流设施，重新优化和整合物流资源，形成现代化的商品物流配送网络。

3．促进物流系统的整体化和系统化运作

推进以物流系统为核心，由生产企业、物流企业、销售企业直至消费者形成供应链的物流一体化发展。

4．逐步实现物流配送的社会化

鼓励大型连锁公司在物流中心区建立配送中心，或者依靠大型物流中心区发展属于第三方的物流配送中心，逐步实现物流配送的社会化。鼓励传统批发和仓储企业向现代化的批发配送中心和连锁仓储经营模式发展，应用电子商务技术，利用现有设施发展第三方物流。

5．加强物流中心、配送中心建设

扶植企业加大物流中心、配送中心建设的科技含量，实现对供应商、仓储、运输、客户乃至相关的增值服务的全过程控制，以提高物流中心、配送中心的运行效率。配送中心图，如图 6.3 所示。

图 6.3　配送中心图

6.2　商业网点布局的原则和中国大宗商品的基本流向

6.2.1　影响商业布局的因素

商业活动必然要受到外界的影响，商业布局与自然条件、消费状况、科技水平和交通发展等因素是密不可分的。

1. 自然条件

自然条件是商业经济活动的基础。中国自然条件的地域差异，形成各地商品生产的特殊性，直接影响了商品流向、流量和流通范围。自然地理条件通过工农业商品生产状况，影响商业活动的规模和范围。一个区域能否成为商品集散中心，与地理位置有直接的关系。

> **相关链接**
>
> （1）自然条件，又称自然环境，是自然界中的一部分，是人类生产和生活所依赖的自然部分，如生物圈、岩石圈、水圈、大气圈等。自然条件包括两个方面：一方面是未经人类改造、利用的，与人类生活还没有直接联系的纯粹自然；另一方面是经过人类改造利用后的自然条件，如改良后的土壤、草原，人工建造的运河、水系，人工选育的动、植物品种。
>
> （2）自然资源，是指在一定的时间和条件下，能够产生经济效益，以提高人类当前和将来福利的自然因素和条件，如空气、土地、森林、矿产等。

在历史上，中国不同地区之间的商品流通，主要依据水运和人畜运输。因此，在历史上较大的工商业城市多兴起于通航河道沿岸和陆路交通便利的地方。两条河流交汇或转换流向的地点往往是商品运输的中转站和集散中心。例如，地处内河航运枢纽位置的芜湖、九江、无锡和长沙曾经都是中国盛极一时的米市。

中国幅员辽阔，地貌复杂，气候类型多样，这对不同种类商品销售的影响非常明显。例如，寒冷地区、温暖地区、湿润地区、干旱地区、高山、平原、盆地、丘陵等自然条件不同的地区，人们的生产、生活方式都有差异，这些都会影响商品销售。

自然因素对商品购进和其他流通环节也有一定的影响。例如，农产品收购具有明显的季节性，加剧了商品季节收购和全年均衡供应的矛盾。不同气候对商品仓储、运输的要求也不同，如气候炎热地区，在商品储运中要注意防霉烂、防淋渍，商品仓库和商店要注意降温；在寒冷地区储运某些商品时则必须有防冻设施。另外，不利的气候条件还会影响商品运输的连续性和运量的大小等。

2. 消费状况

1）对商品购进地区差异的影响

各地人口数量、人口构成的不同，加之自然和社会经济方面的差异，决定了各地区人们的消费习惯、消费水平、消费需求的差异。有了需求上的差异，商品流通才会产生。

2）对商品销售地区差异的影响

这主要是指对不同种类、数量、档次、销售量的影响。

（1）人口构成不同，对商品的消费需求也不同。人口构成是指人口总体内部的各种属性特征的数量和比例关系，表现为年龄构成、职业构成、地域构成和文化构成等，其变化会带来消费热点、消费需要结构等的一系列变化，对经济发展产生深远的影响。

（2）人口数量影响商品的销售量。一般情况下，人口数量和该地区商品的销售量成正比。

（3）消费水平的地区差异对销售量的影响不同。对需求弹性较大的商品，其销售量在消费人数不变的情况下，会随着消费水平的变化而变化。

3）对商业企业布局影响显著

一定量的常住人口决定商业企业的规模和密度。人口构成决定了消费结构、消费水平，进而决定企业的种类、经营商品的范围等。

3．科技水平

（1）随着科学技术水平的不断发展，逐步扩大了自然资源的利用范围，商品生产的结构和布局也随之发生变化，促进了商品流通的发展和人们消费构成的改变。

（2）科技的进步，交通条件的改善，商品加工储运技术的不断提高，促进了商品生产的地域分工和商品生产的发展，为商品的购、销、调、存提供了便利的条件。

（3）先进的通信技术、包装技术、保鲜设备、销售设备等逐步进入流通领域，促进了商业工作效率和经济利益的提高。

4．交通运输

交通运输是商品流通网络布局的重要因素。交通线路的分布促进了流通网络的形成，并直接决定了商品流向的选定。交通线路的分布对商业企业布局的影响很大。不同级别的交通枢纽、交通干线往往分布着不同级别、不同类型的商品流通中心。

6.2.2　商业网点布局原则

商业网点按其所处的城乡位置不同，可分为城市商业网点和农村商业网点；按其在商品流通中的地位和作用不同，可分为批发商业网点和零售商业网点。各种类型的商业网点布局原则如下。

1．城市商业网点布局原则

城市商业网点的建设，以建立健全市场经济体系为目标，以优化商业资源配置、商业组织结构为出发点，克服随意性和盲目性，充分发挥流通产业对生产和消费的引导和促进作用。

（1）坚持与社会经济发展相适应的原则。优化流通产业结构，发挥各类市场之间的传递性和互补性，做到行业配套，规模适度。

（2）坚持与城市总体规划和区域经济发展相呼应的原则。商业网点建设与城市综合开发同步，发挥区位资源产品优势，以形成区域性商品流通体系。

（3）坚持量力而行、良性循环的原则。遵循经济规律，以投资少、见效快、回报高的项目为重点，增强商业网点布局的整体功能，实现高效运转，不断提高商品流通的效率。

（4）坚持可持续发展的原则。商业网点的建设应考虑长远目标，增强商业网点发展的后劲和潜力，寻求人口、经济、社会资源、环境等要素之间相互协调的发展。

2．农村商业网点布局原则

合理布局中国农村商业网点，关系到中国农村商品流通体系的完善和农村市场的开拓与发展。

（1）坚持总体规划、因地制宜的原则。中国各地区农村自然条件、经济状况、消费习惯等方面差别较大，即使在同一地区的农村，根据交通状况、收入水平等因素的不同，又可分为近郊、远郊和普通农村三类。各地区农村之间、每个地区不同类型农村之间，消费者的消费水平、消费习惯、消费特点各不相同。因此，在强调农村商业网点总体布局规划原则的同时，相关部门应始终坚持因地制宜的原则，合理规划农村商业网点。

（2）坚持兼顾均衡、重点发展的原则。在农村商业网点布局规划、网点建设过程中，一定要从农村发展的全局出发，从实现农村商业网点均衡性布局着眼，全面规范农村商业网点的发展。在坚持均衡发展原则的同时，各地区也应强调重点发展原则。农村的消费具有分散性、地区间差异大等特点，因而必须强调重点发展原则，对条件优越地区应给予一定的倾斜政策，在资金、人才等方面优先支持商业网点规划建设，并使先发展起来的网点起示范效应，以影响和带动后发展的网点，形成一种联动式的商业网点布局发展模式。

（3）坚持多元参与、城乡共建的原则。在建设我国农村商品流通系统、规划农村商业网点布局过程中，相关部门应综合考虑多种发展制约因素，从多方面、多角度分析问题，贸易、农业、工业、计划、土地规划、财政金融、环保等部门共同携手，参与农村商业网点布局建设工作。城市和乡村也要同心协力，多元推进，城乡联动，工商联手，齐抓共管，工商、税务、法律等部门要在各自职责范围内营造好农村商业网点布局和商业网点建设的良好外部环境。

（4）坚持乡村城镇化发展的原则。乡村城镇化是我国经济实现工业化发展的必然要求，也是我国农村经济发展的必然趋势。在如何使商业网点布局建设与乡村城镇化发展保持同步问题上，相关部门应考虑以下几个因素的影响：农民身份的市民化、就业方向的非农业化、生活方式的现代化、生活范围的非农村化。这些因素不仅是乡村城镇化发展的具体表现，也是农村商业网点总体布局规划、网点建设战略制定实施的重要依据，只有综合分析这些因素的影响，才能切实保证农村商业网点布局与乡村城镇化发展相协调。

（5）坚持与农业产业化发展相协调的原则。农业产业化经营是一种以市场为导向、以家庭经营为基础、以效益为中心、以龙头企业和合作经济组织为纽带，把分散农户与统一市场联结起来，把农业产前、产中、产后联结起来的符合市场经济要求的先进组织形式和经营机制。农业产业化经营是我国农业逐步走向现代化的现实途径之一，同时，农业产业化经营发展对我国农村商品流通体系的完善、商业网点总体布局规划、网点建设产生重要影响。首先，农业产业化经营发展结果直接影响农村商业网点布局建设速度。其次，农业产业化经营通过优化农村产业结构，促进城镇化发展，对商业网点建设规模、扩张速度施加影响。因此，农村商业网点布局规划、网点建设应保持与农业产业化发展协调一致，这样才能把握发展机遇，发展农村经济。

（6）坚持市场调节与宏观调控相配合的原则。市场经济特别强调市场对资源的基础性配置作用。通过利益机制的驱动，市场机制可自动调节各项经济资源，实现资源的优化配置。同样，农村商业资源的配置即农村商业网点布局规划与建设也离不开市场调节。不过，我们也应该看到市场机制本身的弱点：信息传输的滞后性、竞争的盲目性和短期性目标。如果没有行之有效的法规制度和强有力的政策导向加以宏观调控，就会出现商业网点建设一拥而上、盲目竞争等现象。因此，合理的商业网点布局要求在市场调节的基础上，实施有效的宏观调控措施，保证我国农村商业网点布局健康、有序和可持续发展。

3．批发商业网点布局原则

批发商业网点处于商品流通的起点或中间环节，是实现各个城乡或地区之间商品流通的枢纽。

（1）生产地区批发企业的布局应该接近商品的主要产地，以便从批发企业及时采购和集中商品，并迅速分流到消费地区。

（2）中转地区批发企业布局应在交通枢纽城市、区域经济中心或主要对外贸易港口，便于利用各种运输方式转卖产区批发企业的商品，并兼营区域工农业产品的收购与批发业务。

（3）销售地区批发企业应主要设在交通便利、零售企业密集的销售中心，以快速接收、组合、分散从生产地或中转地批发企业采购来的商品，向当地零售企业和生产加工企业出售。

（4）根据各类商品购销分布的特点，以商品的主要流向确定批发企业的规模、密度、行业结构，以减少流通环节，便于商品购销。

4．零售商业网点布局原则

零售商业网点是把商品从流通领域直接转移到消费领域的机构，是消费者购买个人消费品的主要场所，也是商业网点的主体。零售商业网点合理布局应根据各地区经济发展的情况，交通条件，人口数量、密度，购买力水平，消费习惯，民族文化构成以及现有商业网点分布等情况来确定。

零售商业网点布局的总原则：以方便居民购买为前提，既要有全市性的商业中心，又要有区域性的商业中心；既要有居民区的商业群、聚客点，又要有分散的和遍布农村的小型商业网点，并尽量做到以下3个方面。

（1）布局结构集中与分散相结合。对经营居民日用品的零售网点，以分散为主；对某些高档耐用商品的零售网点，以集中为主。

（2）商业网点规模大、中、小相结合。商业网点布局既要有经营高档商品的大型商场，又要有经营一般商品的中型商场，也要有经营日用必需品的小型商店。

（3）零售商业与饮食业、服务业相结合。零售商业经营分散、方便消费者、自负盈亏，有明显的灵活性和适应性，应与饮食业、服务业很好地结合起来，发挥繁荣经济、满足消费者实际需要的功能。

● 相关链接

肯德基选择的商圈

选择商圈，既要考虑餐馆自身的市场定位，又要考虑商圈的稳定度和成熟度。餐馆的市场定位不同，吸引的顾客群不一样，商圈的选择也就不同。选择商业圈的主要因素是聚客点。

肯德基开店的原则是：努力争取在最聚客的地方及其附近开店。古语有"一步差三市"的说法，说的是开店地址差一步就有可能差三成的买卖。归根结底，这与人流动线有关。

所谓人流动线就是指人流活动的线路。选择商圈要运用人流动线法对"旺角"和"死角"进行区分，主要做好三个方面的测评。一是主流动线测评，选定一个黄金商圈之后，主要测评顾客活动的主线路流动方向，并在该地点线标记录一天内、一周内、一月内的人流量。二是辅流动线测评，主要测评该位置所在的人行道上、马路上及马路对面的人流量。三是动线消费结构测评，就是对主、辅人流活动线路上的消费阶层进行划分。肯德基选址人员将采集来的人流数据输入专门的计算机软件，就可以测算出在此地投资额不能超过多少，超过多少这家店就不能开。

点评：商圈是商业网点的组成部分，任何商业网点的设立都应有科学性，应与该区域的商业中心、商业群、聚客点结合起来考虑。

6.2.3 中国大宗商品的基本流向

商品流向是指一定时期内一定品种和数量的商品在地域上的具体运转路线和方向。由于商品的流向是在一定的地域内进行的，其产生的地理基础是生产地区的差异、生产条件的差异、劳动分工的差异，其合理流向受到生产力布局、地理环境、交通条件、消费习惯、供求关系等因素的影响。为合理安排商品流通，大家应了解中国大宗商品在全国的基本流向。

中国大宗商品以煤炭、石油、木材等原料物资为主，占总运量的 50%以上，一般产地比较集中，供应流向比较稳定，是中国大宗商品中的基本流向；铁矿石和钢铁制品等工矿物资产地和销地相对分散；农业物资更具有分散的特点，在市场经济条件下，各地粮、棉、油等生产基地和产销平衡发生了新的变化，商品流动具有中短途和多流向的特点。

1．煤炭流向

在常规能源中，煤炭是仅次于石油的第二大能源。从统计数据来看，中国煤炭的消费量占中国能源消费总量的 68%。

中国有 10 个省区的煤炭产量大于煤炭消费量，如晋、豫、蒙、黔、黑、宁、陕、皖、新、川。其中，前三省区煤炭产量大于煤炭消费量在 1000 万吨以上，尤其山西煤炭产量达 2 亿吨。其余省区市消费量略大于产量，其中京、津、冀、辽、吉、沪、苏、浙、鲁、鄂、粤 11 省市消费量缺口在 1000 万吨以上。

由于受煤炭生产与消费格局的影响，中国煤炭的基本流向是北煤南运、西煤东运和煤炭出关。在省际煤炭交流中，南北向煤炭流占 75%，东西向煤炭流占 25%。其中，南下煤炭流占 50%以上，北上煤炭流占 20%左右，东向煤炭流占 20%左右，西向煤炭流仅占 5%左右。山西是全国最大的煤炭输出省，其煤炭输出量占全国省际煤炭交流量的 45%。

省际（长距离）煤炭交流主要有以下 3 种方式。

方式一：煤炭产区—（铁路）—沿海港口—（海运）—沿海消费区。
方式二：煤炭产区—（铁路）—长江港口—（水运）—沿江消费区。
方式三：煤炭产区—（铁路直达）—煤炭消费区。

近年来，铁海联运的地位相对上升，铁路直达运输的相对地位下降。煤炭运输主要有以下通道。

1）煤炭生产基地外运通道

中国的煤炭生产基地输出量大，供应范围广，有多条运煤通道，根据运煤通道联系方向，可分为北路、中路、南路3路。

（1）北路：包括丰（丰台）沙（沙城）大（大同）铁路、大秦线西段（大同—大石庄）、京原（北京—原平）铁路、京秦（北京—秦皇岛）铁路。北路煤运通道主要输出山西大同地区、内蒙古东胜区—准格尔旗地区、宁夏北部、陕西北部的煤炭，年输煤量9 600多万吨，除部分供应京津地区和出关供应辽宁外，大部分煤炭在秦皇岛下水经海运转到华东、华南沿海地区。

（2）中路：包括太原—石家庄—德州铁路。中路运煤通道主要输出山西省晋中、阳泉、汾西及河北省井陉煤炭。输煤量：太原—石家庄，4500万吨；石家庄—德州，3300万吨。这些煤炭经京广、津浦铁路北上，其中1500万吨煤炭供应京津唐地区，其余煤炭经铁路或沿海港口输送到南方主要缺煤区。

（3）南路：包括南同蒲、太原—焦作铁路。南路运煤通道主要输出晋南和晋东南的煤炭，输出煤炭3000多万吨，主要供应华东、华中、华南等地区。

2）南北通道

煤炭南北通道是指京津以南、焦作—柳州铁路以东（含焦柳）地区南北之间主要输煤道路。

（1）沿海水运。主要接纳从能源基地输出的煤炭，经海运转到华东、华南沿海等地区并实现部分出口。主要港口有秦皇岛、天津、青岛、石臼所等中转港和上海、广州等接运港。

（2）京广铁路。主要接纳中路、南路的煤炭及河南的煤炭，输送到湖南、湖北、广东等省，一部分煤炭经长江港口输送到下游沿岸地区。

（3）津浦铁路。主要接纳中路的煤炭和山东的煤炭，输向华东地区。

（4）焦柳铁路。主要输送豫西和晋东南的煤炭到"两广"和"两湖"，经枝城下水转到沿江地区。

3）进出关输煤通道

进出关输煤通道包括京山、沈山、京通铁路，主要接纳能源基地北路的煤炭，经这些干线运到缺煤的辽中、吉林地区。随着经济的发展，出关煤炭量会不断增加。

4）西北通道

煤炭运输西北通道包括陇海铁路、兰新铁路和包兰铁路。宁夏和陕西的煤炭资源丰富，但甘肃、青海缺煤。陕西中部的煤主要通过陇海线供应华东地区或经南北通道供应华中地区。宁夏的煤炭除经北路输出外，还经包兰线供应甘肃。新疆的煤炭主要经兰新线供应甘肃西部地区。

5）西南通道

煤炭运输西南通道包括西北入川和南部入川通道。西北入川通道包括宝成铁路、襄渝铁路，陕西的煤炭供应四川。南部入川通道包括成昆铁路、贵昆铁路，贵州的煤炭供应四川攀枝花等地。

除以上运煤通道外，还有黑龙江煤经牡（丹江）、佳（木斯）、滨（哈尔滨）、绥（芬河）、哈大铁路供应吉林、辽宁的输煤通道，以及长江输煤通道等。

2. 石油流向

在人类利用的多种能源中，石油具有热值高、用途广、环境污染小、便于管道运输等优点，因此石油成为当今世界能源体系中的重要组成部分。

> **相关链接**
>
> 石油原油，是直接从油井中开采出来的一种褐色或黑色黏稠的可燃性矿物油，根据含硫量的不同可分为低硫原油、含硫原油和高硫原油三大类。
>
> 石油制品又称石油产品或油品，是原油经直接蒸馏或裂化等加工过程得到的产品。它可分为石油燃料、石油溶剂与化工原料、润滑剂、石蜡、石油沥青、石油焦等类别。其中，石油燃料的产量最大，约占石油制品总产量的90%。石油燃料主要由汽油、喷气燃料（煤油）、柴油和其他石油燃料组成。

中国石油原油储存量低于世界平均水平。2019年中国原油产量1.9万吨，比2018年增长0.8%。三大国有石油企业分布区域如下：

（1）中国石油天然气集团公司（以下简称中石油）在中国北部与西部地区，主要有大庆、辽河、新疆、塔里木、长庆等13个油气田，平均日产量209万桶。其中，大庆油田日产量达110万桶，占中石油总产量的50.3%。

（2）中国石油化工股份有限公司（以下简称中石化）在中国中南地区，主要有胜利、中原、河南、江苏、江汉、南方、上海海洋等8个油气田。其中，胜利油田日产量可达50万桶，占中石化总产量的70.3%。

（3）中国海洋石油总公司的业务以海上油田开采为主。

随着大油田的相继开发，中国先后修建了20多条输油管道，总长度达5998千米。其中，原油管道5438千米，成品油管道560千米。主要输油管道有：大庆—铁岭—大连港；大庆—铁岭—秦皇岛—北京；任丘—北京；任丘—沧州—临邑；濮阳—临邑；东营—青岛市黄岛；东营—临邑—齐河—仪征等，基本形成东北、华北、华东地区的原油管道网。另外，还有新疆克拉玛依—乌鲁木齐；广东茂名—湛江；花土沟—格尔木等输油管道。青海格尔木—西藏拉萨建有1100千米成品油管道。

> **小知识**
>
> **石油的计量单位**
>
> "吨"是质量单位，"桶"是体积单位。原油的密度变化范围较大，所以石油产量常以"桶"计量。吨和桶之间的换算关系是：1吨约等于7桶。如果油质轻（稀），则1吨约等于7.2桶或7.3桶。

3. 铁矿石流向

铁矿石是钢铁工业的重要原料，全球对铁矿石的需求与钢铁产量密切相关。在钢铁工业生产中，每生产1吨生铁需要1.6～3吨的铁矿石。

世界三大铁矿石生产公司分别为澳大利亚力拓（Rio-Tinto）公司、必和必拓（BHP Billiton）公司和巴西淡水河谷（VALE）公司。2019年，三大铁矿石生产公司共生产铁矿石

9.75 亿吨。在 2019 年中国消费的铁矿石中，有 36.2%由国内供给、63.8%依靠国外进口。在 2019 年中国进口的铁矿石中，60.3%源自澳大利亚、15.2%源自巴西、3.7%源自印度、4.8%源自南非。

近几年，中国钢铁行业稳定发展，对铁矿石的需求持续增加，但是中国铁矿石产量逐年下滑。2019 年中国铁矿石原矿产量 84 435.6 万吨，同比增长 4.9%，"十三五"期间铁矿石产量年均增长率为 3%。1998—2016 年中国铁矿石原矿产量，如图 6.4 所示。

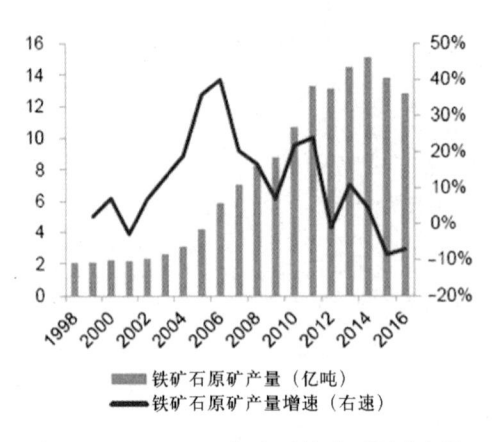

图 6.4　1998—2016 年中国铁矿石原矿产量

资料来源：中国冶金矿山企业协会。

从地区来看，环渤海地区的铁矿石原矿产量最大，为 7.5 亿吨，接近全国总产量的 57%，如果考虑临近环渤海地区的山西及内蒙古两个省区，则该区域的产量在全国中的比重超过 60%。西南地区和华北地区产量比重也较高，均超过 10%，而长江三角洲地区和华南沿海地区产量较低，不足 0.5 亿吨，在全国总产量中比重不足 3.4%。从需求地域来看，对铁矿石的需求也集中在环渤海地区。

中国铁矿石生产商多为小型矿山企业，铁矿石生产集中度较低。2017 年中国十大铁矿石生产商如表 6.1 所示。这十家铁矿石生产商全部为国有企业。

表 6.1　2017 年中国十大铁矿石生产商　　　　　　　　　　单位：100 万吨

生 产 商	省 份	原 矿 产 量	精 矿 产 量
鞍山钢铁	辽宁	56.6	16.6
华夏建龙	北京	48.4	8.7
河北钢铁	河北	37.5	9.5
攀钢集团	四川	36.9	7.9
太原钢铁	山西	35.2	6.9
本溪钢铁	辽宁	21.7	6.5
包头钢铁	内蒙古	19.1	5.6
马钢集团	安徽	13.5	2.4
首钢总公司	河北	12.5	2.1

续表

生 产 商	省 份	原矿产量	精矿产量
邯郸钢铁	河北	11.5	4.1
合　计		292.8	70.3
占全国总产量比例（%）		21.5	20.2

资料来源：CISA。

4．粮食流向

粮食是人类基本的生活原料，世界上大多数国家和地区都把粮食作为主食。在世界上将近0.15亿平方千米的耕地中，粮食作物的播种面积达50%以上。从地区来看，亚洲粮食产量最大，约占世界粮食总量的46%，其次是欧洲和北美洲，分别占世界粮食总量的21%和20%；从国家来看，世界谷物产量超过1亿吨的国家有中国、美国、印度。中国自1984年起粮食产量跃居世界首位，目前中国年产粮食超过4亿吨，约占世界粮食总量的21%。中国粮食运输的基本流向是：从广大农村流向城市、工矿区、林区和牧区。

（1）粮食调出最多的商品粮基地：长江三角洲、江汉平原、鄱阳湖平原、洞庭湖平原、皖中沿江平原和巢湖盆地、成都平原和珠江三角洲，提供了近60%的商品粮。

（2）粮食调出较多的地区：松嫩平原、三江平原、吉林中部平原、辽宁中部平原及江淮平原。

（3）粮食主要调入地区：东北南部工业基地和大中城市群；京津唐工业基地和大中城市群；以上海为中心的长江三角洲各大中城市群；缺粮较多的黄淮北部地区、黄土高原和西北广大牧区。

6.3　中国商业中心分布

6.3.1　商业中心的形成、发展和分布的影响因素

随着商品生产和商品交换的发展，商品按照经济规律的发展，沿着一定的自然流向进行流通，从而形成相对稳定的产销关系和商品流通区域。在这个商品流通区域中，总有一个或一个以上的城市，承担着组织全区商品交换和流通的职能，这就形成了商业中心。

商业中心既是商品的生产中心，又是商品的集散和消费中心。它是在一定范围内组织工农业商品流通的枢纽，与经济中心城市的发展联系在一起。因此，商业中心一般具有人口稠密、工业生产发达、服务设施齐全、交通运输便利、市场信息灵通、商业经济活动频繁的特征。商业中心形成、发展和分布的影响因素主要有以下几个。

1．商品生产的发展水平

商品生产的发展水平是商业中心形成、发展和分布的决定性因素。商业中心的形成以发达的商品生产为前提，并与工业、农业生产基地联合起来。只有社会生产力和商品生产发展了，商业中心才有发展的物质基础。

2. 人口数量、密度和分布状况

人口数量、密度和分布状况是商业中心形成、发展和分布的基本因素。一定区域的人口数量、密度、分布、构成、劳动力素质和消费水平等，与该区域商业中心的形成和发展有着密切关系。

3. 地理位置和交通运输条件

地理位置和交通运输条件是商业中心形成、发展和分布的重要因素。地理位置既影响资源条件和社会经济条件、商品交换的规模和水平，又与交通运输的发展密切联系。优越的地理位置，既能够为商业中心提供丰富、充足的货源，又有利于组织商品的合理流通。

4. 生产布局状况

生产布局状况对生产发展起到直接的作用，能够促进商品经济向新的地区发展，使之出现新的商业中心。中国长江、黄河流域是历史上商业生产发展较早的地区，使汉口、长安、开封成为较早的商业中心。当生产布局移向沿海地区后，又形成了上海、广州、泉州等口岸商业中心。

5. 国家区域规划发展

国家根据自然地理与经济技术相结合的原则将全国划分为东部（沿海）、中部和西部三大经济地带。

改革开放以后，国家建立了经济特区，开放了沿海港口城市，设立了沿海经济开发区，创立了经济技术开发区、高新技术开发区、保税区、旅游度假区，以及上海浦东新区、苏州新加坡工业园区、泉州台商投资区等各类经济开发区。

近年来，我国又出现了若干新的区域联合体，如珠江三角洲经济圈、长江三角洲经济圈、环渤海经济圈、大西北经济区、东部沿海经济带、长江经济带、黄河经济带等，相应地产生了大区域物流。

6.3.2 中国商业中心的分布特点

中国商业中心的分布状况，是社会商品生产发展的反映。随着中国经济建设的发展，中国商业中心得到了相应的发展，其分布特点如下。

1. 中国商业中心分布不平衡：东部沿海地区较多，中西部地区较少

东部沿海地区的工农业生产比较发达，交通便利，人口密集。在沿海地区，商业中心数量多、规模大，且呈集中群体发展的趋势，如京津唐、沪宁杭、辽中南、珠江三角洲等经济发达地区。从大兴安岭顺着太行山，向西南沿着豫、鄂、湘、桂一线以西的地区，商业生产较落后，交通不便，人口稀少，商业中心数量少、规模小，如陕、甘、宁、青、新5个省区的面积占全国总面积的34%，但主要商业中心数量只占全国商业中心总数量的10%。

2. 中国商业中心沿江河、铁路干线分布

长江和黄河流域是中国经济开发较早的地区，又是中国古代商品水运的干线。因此，

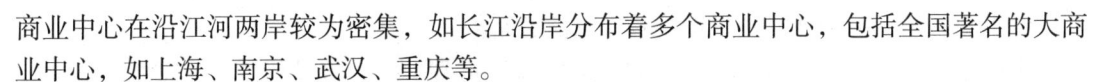

商业中心在沿江河两岸较为密集,如长江沿岸分布着多个商业中心,包括全国著名的大商业中心,如上海、南京、武汉、重庆等。

铁路是商品较快运转的通道,商业中心城市沿铁路干线分布的趋势更为明显。在京广、京沪、陇海、京沈、哈大等铁路干线上,集中了 1/2 以上的大城市,其中有 20 多个重要的商业中心。

3. 中国商业中心分布呈点状辐射、面状吸引

中国商业中心的分布一般呈点状辐射、面状吸引,形成商业网点数量逐级扩大的特点。今后随着生产布局不断向新的地区发展,新的商业中心将随之不断出现,中国商业中心的地域分布必将趋向更加均衡与合理。

6.3.3 中国主要的商业中心城市及其物流发展状况

中国主要的商业中心都分布在交通便利的枢纽城市,并且有优越的经济地理位置,与全国性的经济中心和政治中心相结合,以大城市为核心。商业中心服务设施齐全,拥有各类批发机构和较完善的零售网点,有利于收购和销售各类工农业产品,因此物流流量大,在全国占据举足轻重的地位。

1. 上海

上海是全国最大的综合性商业中心和对外经济中心,也是中国第一大城市,还是世界大都市之一。上海在全国商业市场中占据十分重要的地位。

上海是中国最大的工业生产基地,其产品销往全国各地,内外贸易额及社会消费品零售总额均居全国首位。服装、毛呢、皮鞋、化妆品、儿童玩具、金银饰品、各种传统工艺品、食品等品种齐全,是驰誉国内外的购物中心,外贸出口总额约占全国出口总额的 1/4。上海位于长江三角洲冲积平原,自然条件优越,农副产品种类丰富,每年有大量的优质产品销往国内外。

根据《上海市国民经济和社会发展第十四个五年规划和二〇三五年远景目标纲要》的精神,全面提高国际贸易中心枢纽功能,优化并提升国内国际市场联通和辐射能力,布局亚太地区交割仓库、物流网络以及交易经纪业务,建立完善大宗商品供应链体系。推进现代流通体系建设,加快集聚供应链总部企业,支持打造形成立足全国、面向亚太的供应链、产业链集群。完善供应链物流支撑体系,加快智慧物流基础设施建设和绿色发展,提高流通标准化应用水平,优化物流仓储规划布局和城乡配送网络体系。深入建设全球领先的国际航运中心。增强海港的区域联动和辐射能力。引领区域港航协同发展,坚持以上海为中心、江浙为两翼、长江流域为腹地的发展格局,保持集装箱吞吐量全球领先地位,到 2025 年集装箱年吞吐量达到 4700 万标准箱。打造高效畅达集疏运体系,发展江海直达、河海直达运输模式。改善铁路与港区物流运输通达条件。提升高水平高能级的空港服务功能,全面建设国际航空货运枢纽,提升航空货邮中转功能,支持国内外航空公司和综合物流服务商建设国际性转运中心,促进空港物流多元化发展,到 2025 年,货邮年吞吐量达到 410 万吨以上。推动口岸、物流、交易、金融等数据集成,提供口岸大数据智能物流服务,打造国际物流信息交换枢纽。深化航运制度创新,探索在对等原则下允许外籍国际航行船舶开

展以洋山港为国际中转港的外贸集装箱沿海捎带业务。

中国（上海）自由贸易试验区，简称上海自由贸易区或上海自贸区，是设于上海市的一个自由贸易区，也是中国大陆第一个自由贸易区。2012年，中国（上海）自由贸易试验区所含外高桥保税区、外高桥保税物流园区、洋山保税港区和上海浦东机场综合保税区合计完成进出口总额1130.5亿美元，比上年增长14.5%；税务部门税收429.0亿元，比上年增长11.8%；商品销售额10 998.1亿元，比上年增长13%；物流企业经营收入4041.4亿元，其中物流业收入816.9亿元，比上年增长18.1%。2013年8月，国务院正式批准设立中国（上海）自由贸易试验区。2013年9月29日，上海自由贸易区正式挂牌成立。中国建立自贸区既有利于捍卫中国在全球贸易竞争中的主导地位，也有利于中国经济与全球经济接轨。上海自贸区将促进上海成为亚太供应链核心枢纽。

2. 北京

北京是中国的首都，是中国的政治、经济、科技和文化中心，是中国铁路运输的总枢纽。北京市工业发达，经济发展迅速，人均GDP居全国第二位。

改革开放以后，北京以其处于全国政治、科技中心的有利条件，利用其闻名于世的风景名胜、历史古迹，荟萃各方商品，云集国内外游客，发展现代商业、金融、信息、旅游等产业，成为全国最大的消费市场和进出口岸之一。作为全国铁路、民航交通总枢纽，有京广、京沪、京哈、京包、京原、京承、京九等铁路通往全国各地，为北京商业的进一步繁荣拓宽了通道，提供了便利的条件。

随着首都经济的快速发展，特别是中国加入WTO，国内外市场实现接轨，北京已成为中国大规模的货物集散地、国际采购中心，国际、区域之间和城市内部的物流活动日趋增多。

作为2008年奥运会主办城市，北京抓住机遇建立了高效的物流配送网络体系，运用现代经营方式、服务技术和管理手段，加快改造提升商贸流通、交通运输和社会服务行业，以物流中心为核心骨干、配送中心为节点构建全方位物流网络系统。四大物流中心分别建在北京市朝阳区天竺、朝阳区十八里店、大兴区和门头沟，构成了北京市物流网络的框架。物流中心分布在北京市周边地区，把大宗物流有效地拦在了城市外围，减少了市内交通拥堵和空气污染，提高了物流集中度、物流效率，降低了物流成本。

此外，还有通州物流产业园区，规划用地6.08平方千米，其中物流基础设施用地4.42平方千米，商贸用地1.66平方千米。该园区位于通州区马驹桥镇，紧邻京津高速公路、北京公路六环，横亘东西，地理区位优越。该园区是北京市政府在东南部地区最先批准建设的物流园区。其以规模化、网络化、国际化的标准，将国际物流与国内物流相融合，企业物流与社会物流相结合，全方位发展，并力争在短期内建设集装箱堆场、保税仓库、海关等，服务于国际物流，成为华北地区国内外物流枢纽。

3. 天津

天津是华北渤海经济区重要的经济中心之一，商业活动历史悠久，是中国著名的商业中心。天津市地处北京市东南方向，位于海河五大支流交汇处，东临渤海，内河和海洋运输条件优越。津沪与京沈两大铁路在此交会，是中国北方著名的水陆交通枢纽。

天津市是华北地区第一大工业生产基地和口岸城市，轻工业发达，商品货源丰富，如天津小站稻、静海蔬菜享有盛誉；"海港之城"塘沽、"海盐化工之城"汉沽、粮油食品工业名城杨树等成为津郊重镇；天津经济技术开发区有北方"蛇口"之称。

天津市政府把现代物流作为五大支柱产业之一，要把天津建设成为重要的国际性物流中心城市。天津市新制定的发展纲要，已经将国际物流业确定为继电子、机械、制药、食品业之后的第五大支柱产业。

1994年3月，天津市决定在天津经济技术开发区、天津港保税区的基础上"用10年左右的时间，基本建成滨海新区"。天津市经过多年自主发展后，滨海新区从2005年开始被写入"十一五"规划并纳入国家发展战略，成为国家重点支持开发开放的国家级新区，是中国北方对外开放的门户、高水平的现代制造业和研发转化基地、北方国际航运中心和国际物流中心、宜居生态型新城区，被誉为"中国经济的第三增长极"（见图6.5）。目前，滨海新区正在进行总投资超过1.5万亿元的"十大战役"工程建设。2017年，滨海新区生产总值达6654.52亿元，人均GDP近28万元人民币。

图 6.5　天津滨海新区

4．广州

广州是中国南方沿海最大的商业中心和对外贸易港口城市。广州市位于珠江三角洲北部，邻近香港特别行政区、澳门特别行政区。广州工业尤其是以农副产品为原料的轻工业在全国占据重要的地位。广州货源充足，交通便利，水、陆、空运输条件齐全，担负着组织全国，特别是南方沿海经济区商品流通的任务。

广州是内地通往中国港、澳地区的必经之路，靠近东南亚市场，每年定期举办春、秋两季中国进出口商品交易会，是中国各地商品打入世界市场的一个重要窗口。位于珠江北岸的越秀区是广州的城市中心所在；西部荔湾区的商业、饮食业兴旺发达，也是货运中心；珠江区位于珠江南岸，集中了现代化的大中型企业，造纸业最为发达。

中国进出口商品交易会（以下简称广交会），创办于1957年4月25日，每年春秋两季在广州举办，由商务部和广东省人民政府联合主办，中国对外贸易中心承办。广交会是中国目前历史最长、层次最高、规模最大、商品种类最全、到会采购商最多且分布国别地区最广、成交效果最好的综合性国际贸易盛会，被誉为"中国第一展"。广交会贸易方式灵活多样，除传统的看样成交外，还举办网上交易会。广交会以出口贸易为主，也做进口生意，还开展多种形式的经济技术合作与交流，以及商检、保险、运输、广告、咨询等业务活动。广交会极大地促进地方经济、外贸和会展业的蓬勃发展，不断增强内生动力和发展活力，在服务经济贸易、促进会展业发展方面充分发挥龙头带动作用，携手国内展览业同仁积极参与国际竞争，提升中国会展业的国际影响力和话语权。截至第 123 届广交会，累计出口成交近 13 237 亿美元，累计到会境外采购商近 842 万人次。

目前，广州周边地区制造业发达，商贸企业却多而不强，现代商业还有待发展和完善。不过，作为以珠三角经济发达地区为依托的华南区域性现代化物流中心，广州有得天独厚的优势。广州的亿吨大港和纵横交错的高速公路网、铁路枢纽网、珠江黄金水道及新机场，这些是大多数城市所不具备的优势。

5. 重庆

重庆位于长江与嘉陵江交汇处，是成渝、川黔、襄渝铁路的交会点，国道 210 线、212 线、319 线、国道主干线沪蓉路和渝湛路，以及渝南、渝巫等多条省道通过重庆。重庆是长江上游和西南地区的交通枢纽，也是长江上游地区最大的经济商业中心。

重庆成为直辖市以来的变化：第一，在基础设施建设方面进行巨量的投入，这种硬环境建设，通过对物流成本的降低，正在逐步转变成生产力。第二，体制机制改革，让重庆的投资软环境越来越好，对国际国内各路资本的吸附能力得到显著增强。第三，持续不断地推动经济结构调整，让企业效益乃至整个区域经济的效率得到提高。在硬环境建设上，重庆加快骨干基础设施和商务集聚区建设，高速公路基本实现全覆盖，城口至万源快速路通车，真正实现了"4 小时重庆"；在软环境建设上，以行政体制改革为突破口，深化重点领域改革。在调整结构方面，从存量和增量上双管齐下。在存量方面，点对点帮助化工、医药、船舶等行业脱困，强化资源要素保障，让潜在产能得到充分释放，生产效率大幅提高；在增量方面，打造产业集群，拉长产业链条，培育新增长点和新市场。

按照重庆"十四五"规划和二〇三五年远景目标，全面融入共建"一带一路"和长江经济带发展，统筹东、西、南、北四个方向，铁路、公路、水路、空运四种方式，人流、物流、资金流、信息流四类要素，加快完善基础设施体系、现代物流体系、政策创新体系，强化内陆国际物流枢纽支撑。做大、做强西部陆海新通道，提升重庆通道物流和运营组织中心功能，更好发挥连接西部地区和东盟市场的桥梁纽带作用。统筹完善亚欧通道，推动中欧班列高质量发展，增大渝满俄国际铁路班列开行频次，积极衔接中蒙俄经济走廊。优化畅通东向开放通道，加快推动长江黄金水道、沿江铁路建设，大力发展铁公水多式联运和铁海联运。优化拓展国际客货运航线网络。深化陆上贸易规则探索，强化与国际多式联运规则对接，推进多式联运"一单制"。深化中新（重庆）国际互联网数据专用通道合作，促进数据跨境安全有序流动，营造数字经济国际合作的创新生态。发挥通道带物流、物流带经贸、经贸带产业效应，大力发展通道经济、枢纽经济，推动通道创造经济价值、提升经济效益。

6. 武汉

武汉由武昌、汉口、汉阳三部分组成，地处长江与汉水交汇处，是京广、京九、武九、汉丹铁路的连接点。武汉位于京珠高速和沪蓉高速公路的交会处，水陆交通便利，具有"中国经济地理中心"的独特的区位优势，与全国各大经济区的商品贸易往来十分密切，是中国历史上著名的商贸中心。近年来，武汉进出口贸易发展迅速，与很多国家和地区建立了广泛的贸易关系，成为全国最大的贸易中心之一。

武汉作为全国重要的工业生产基地和商贸中心，综合实力居全国城市前列，是中国重要的工业生产基地。武汉工业企业近 4 万家，煤、原油、铁矿石等原材料基本依赖外购，钢铁、汽车、光纤光缆、纸张等主要产品外销比重在 85% 以上。

武汉是中国中部地区最大的商贸中心，商贸业在全国 15 个副省级城市中仅次于广州，商业零售业总量规模较大。把武汉建成华中地区物流中心，将对武汉商贸业的发展和武汉商贸中心区域功能的完善带来多方面且深刻的影响。华中地区物流中心，实质上是一个多层次、多元化的物流平台、商流平台和信息平台。

7. 沈阳

沈阳是中国东北地区最大的经济中心和商业中心。沈阳位于辽河平原中部、浑河北岸，地处京沈、哈大、沈丹、沈吉等铁路的交会点。

沈阳着力整合现有物流资源，加快传统物流向现代物流转变，实现规模化、集约化、专业化、网络化和市场化；发展第三方物流，积极引进国际知名物流公司，建设和完善现代物流体系，目标是把沈阳建设成立足辽宁、辐射东北、面向全国、服务国际的东北地区现代物流中心。

沈阳与东北其他城市、河北、内蒙古、北京、天津、上海等地有着广泛的经济联系，商品和物资吞吐量较大。物流业已成为沈阳经济发展的主动力。

6.4 中国对外贸易

6.4.1 中国对外贸易状况

中华人民共和国成立以来，对外贸易发展大致经历了以下几个发展阶段：一是中华人民共和国成立后到改革开放前的计划管理阶段；二是改革开放后到 1987 年下放外贸经营权阶段；三是 1988—1990 年推行承包经营制阶段；四是 1991—1993 年深化改革阶段；五是 1994—2001 年综合配套改革阶段；六是 2001 年加入 WTO 后与国际接轨至今，迅速发展阶段。

2019 年，中国外贸保持了稳定增长、稳中提质的发展态势。海关统计数据显示，2019 年，中国外贸进出口总额 31.54 万亿元，比上年增长 3.4%。其中出口总额 17.23 万亿元，增长 5%；进口 14.31 万亿元，增长 1.61%；贸易顺差 2.92 万亿元，扩大 25.4%。

2019 年一季度进出口额 7.03 万亿元、二季度进出口额 7.68 万亿元、三季度进出口额 8.26 万亿元、四季度进出口额达 8.59 万亿元。2019 年 12 月当月进出口额达 3.01 万亿元，2019 年 12 月当月同比增速达到两位数，为 12.7%。其中，出口总额 1.67 万亿元，增长 9%；进口总额 1.34 万亿元，增长 17.7%。2019 年 12 月当月外贸进出口规模都创下月度历史峰值。

2019 年，民营企业进出口总额 13.48 万亿元，增长 11.4%，占中国外贸总额的 42.7%，比 2018 年提高 3.1 个百分点。其中，出口总额 8.9 万亿元，增长 13%；进口总额 4.58 万亿元，增长 8.4%。外商投资企业进出口总额 12.57 万亿元，占中国外贸总额的 39.9%。国有企业进出口总额 5.32 万亿元，占中国外贸总额的 16.9%。

2019 年，中国对外贸易的主要特点是：一是进出口规模逐季攀升；二是主要贸易伙伴位次发生变化，东盟成为中国第二大贸易伙伴，中国对"一带一路"沿线国家进出口总额为 9.27 万亿元，增长 10.8%，高出整体增速 7.4 个百分点；三是民营企业首次超过外商投资企业，成为中国第一大外贸主体；四是贸易方式结构进一步优化，一般贸易进出口比重提升；五是出口商品以机电产品和劳动密集型产品为主，机电产品所占比重接近六成；六是铁矿砂、原油、天然气、大豆等大宗商品进口量增加。

6.4.2 中国对外贸易的特点

国际贸易是世界经济关系的主要形式之一，是国内商品流通的延伸、扩展和补充，是保持国民经济持续、稳定、协调发展不可或缺的重要手段。中国对外贸易有以下几个特点。

1. 对新兴经济体和发展中国家进出口保持较快增长势头

中国对外贸易的多元化战略，取得了相当大的成就，贸易伙伴遍布世界上大多数的国家和地区。2018 年中国前十大贸易伙伴进出口额及比重，如图 6.6 所示。其中，中国对欧盟、美国、东盟、日本的进出口分别增长 7.9%、5.7%、11.2%和 5.4%，合计占进出口总额的 48.3%。中国对欧盟、美国、东盟、日本的出口分别增长 7.0%、8.6%、11.3%和 4.4%。中国对"一带一路"沿线国家、非洲、拉丁美洲进出口分别增长 13.3%、16.4%和 15.7%，增速分别高于进出口总体增速 3.6%、6.7%和 6.0%，分别占进出口总额的 27.4%、4.4%和 6.7%。中国与"一带一路"沿线国家的贸易合作潜力不断释放，成为拉动中国外贸发展的新动力。其中，对俄罗斯、沙特阿拉伯和希腊的进出口分别增长 24.0%、23.2%和 33.0%。

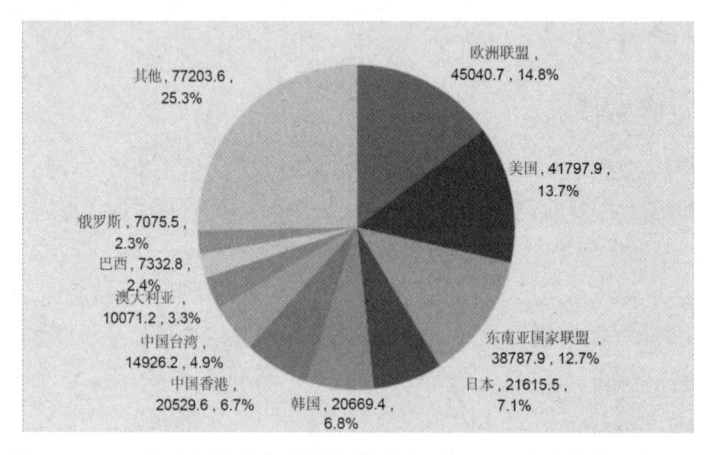

图 6.6 2018 年中国前十大贸易伙伴进出口额及比重（单位：亿元）

资料来源：根据中国海关总署统计数据绘制。

2. 外商投资在中国对外贸易中的作用和影响越来越大

改革开放以来,中国在利用外资特别是吸收外商直接投资方面,取得了举世瞩目的成就。从 1991 年起,中国每年批准外商直接投资项目超过 1 万个;从 1992 年起,每年实际吸收外商直接投资超过 100 亿美元;从 1993 年起,在吸收外商直接投资方面,连续位居世界第二位和发展中国家第一位。目前,世界 500 强企业中已有 80%在华投资或建立办事处。这些企业或是投资、购并企业,或是进军服务业,进一步加强了外商投资企业进出口的能力。

3. 中西部地区外贸活力增强

中西部地区进出口的增长明显快于东部地区。2019 年,中西部地区进出口增长 19.7%,占进出口总额的比重为 13.8%,较上年提高 1.7 个百分点。其中,出口增长 17.4%,重庆、安徽、河南和四川的出口增速分别高达 93.4%、55.4%、53.2%和 30.6%。东部地区进出口增长 3.8%,其中广东、江苏、北京、浙江、山东分别增长 6.8%、1.2%、4.2%、0.8%和 3.9%。2019 年中国东部、中部、西部进出口情况,如表 6.2 所示。

表 6.2 2019 年中国东部、中部、西部进出口情况

地 区	进出口额（万亿元）	出口额（万亿元）	比上年增长（%）	
			进 出 口	出 口
全国	31.54	17.23	3.4	7.9
东部 11 省市	26.31	14.11	4.3	7.9
中部 8 省	2.82	1.65	13.4	19.2
西部 12 省区市	2.41	1.47	25.3	32.3

注：东部 11 省市包括北京、天津、河北、辽宁、上海、江苏、浙江、福建、山东、广东和海南;中部 8 省包括山西、吉林、黑龙江、安徽、江西、河南、湖北和湖南;西部 12 省区市包括内蒙古、广西、四川、重庆、贵州、云南、西藏、陕西、甘肃、青海、宁夏和新疆。

4. 进出口商品结构有较大变化

改革开放以后,随着我国外贸出口主导战略的实施,中国进出口商品结构发生了较大变化:工业制成品出口有了长足发展;纺织、服装、鞋类和玩具等劳动密集型产品成为出口主导产品;机电产品出口比重不断增大,标志着我国出口产品开始向资本和技术密集型产品转变;进口产品由棉花、化纤、砂糖、动植物油脂、钟表等向机电产品、高新技术产品、原油、机械设备等转化。

5. 能源等重要资源短缺制约中国对外贸易均衡发展

中国是资源相对短缺的国家,进口资源对国民经济发展具有极其重要的作用。发展加工贸易,特别是进料加工贸易,正是中国基于国情而确立的政策。

中国能源以煤炭为主,煤炭资源集中在经济欠发达且缺水的山西、陕西、内蒙古和新疆等省区,经济发达的东部各省则严重缺煤。北煤南运和西煤东调的运输量和水资源短缺,限制了煤炭资源的开发。

从石油资源储量增长趋势与消费增长趋势来看,中国属石油资源短缺国,仅能自行满

足生产石油总需求的70%，石油主要从中东地区进口。从1993年起，中国已从石油净出口国变为石油净进口国。

中国的铁、锰、铝、铜、铬铁矿、钾盐6种大宗矿产和石油一样都不能满足国内需求，需要大量进口，供需矛盾也日益加剧。中国的橡胶、木材等资源严重不足，主要靠木材生产的纸浆，也是需要大量进口的主要商品类。诸如此类的因素将长期影响中国的对外贸易平衡。

6.4.3 中国出口商品物流基地布局

中国幅员辽阔，各地区自然条件差异大，矿藏资源丰富多样，各地的储量和产量分布都不平衡；工农业生产发展水平、技术水平、设备能力、交通运输条件等都很不均衡。这些都制约着中国出口商品的物流基地布局。

1. 综合基地

综合基地如沿海的广东、海南、山东等省，利用当地农业、海洋、气候等优势条件，大力发展外向型工农业，产品出口到韩、日等国家，带动地区经济发展。

中国这类综合基地主要有广东佛山、惠阳、湛江、江门、茂名，湖南湘潭、株洲，湖北荆州，山东青岛、烟台、威海、昌潍、临沂、菏泽，河南南阳，江苏苏州、扬州、南通、徐州，浙江嘉兴、台州、湖州、绍兴，河北石家庄、唐山、张家口，山西雁北，黑龙江绥化，辽宁大连、营口、丹东，广西玉林，吉林省吉林市及北京、天津、上海等。

2. 单项基地

（1）活猪基地：主要分布在四川、湖南、河南、湖北、浙江、江西、广西、江苏等省区。四川的荣昌猪、内江猪，湖南的宁乡猪，湖北的阳新猪、监利猪，浙江的金华猪，江西的萍乡猪，江苏的淮阴猪等，不仅产量大、品质好，而且商品率高，出口量大。

（2）活牛基地：主要分布在内蒙古通辽、黑龙江绥化、河北承德、湖南邵阳、河南南阳地区。牛种主要有黄牛、水牛、牦牛和奶牛等，主要供给中国港、澳地区等市场。

（3）羊皮基地：中国有蒙古羊、藏羊、哈藏克羊、新疆伊犁细毛羊、太湖湖羊、宁夏滩羊、成都麻羊等，它们都是著名的肉用羊和裘皮羊。中国的小湖羊皮是在国际上久负盛名的珍贵裘皮，有"软宝石"之誉，出产地集中于太湖流域的浙江嘉兴、江苏苏州、上海郊区等，品质好、出口量大。中国山羊板皮出口量居世界首位，生产于河南、山东、安徽、河北、内蒙古、山西等地。

（4）柑橘基地：柑橘属于典型的亚热带水果，出产地主要分布在四川、广东、广西、浙江、福建、湖南、湖北、江西等省区。四川江津的红橘橙，广东潮州的雪柑，浙江黄岩、温州的无核蜜橘，江西南丰的贡橘等都以质优味美而驰名中外。

（5）苹果基地：中国的苹果基地主要有山东、辽宁、陕西、河北、山西、甘肃、四川、新疆等。另外，烟台青香蕉、青岛红星、大连红冠、复县红国光、晋陕元帅、天水花牛、贵州富丽、四川青苹等品种比较有名。除满足国内消费外，中国苹果主要销往东南亚、欧美各国。

（6）茶叶基地：中国是茶的故乡。茶叶品种多、品质好，一直是中国传统的出口商品。

茶叶出口基地主要有浙江、安徽、福建、四川、云南等省。

另外，单项基地还有花生、大豆、皮革、水貂皮、松香、烟花爆竹、肉鸡、羽绒、烤烟、蜂蜜、中药材、兔肉、兔毛等生产、出口基地。

6.4.4 中国自由贸易区

1. 自由贸易区的概念

根据《京都公约》的规定，自由贸易区是指一国的部分领土，在这部分领土内运入的任何货物就进口关税及其他各税而言，被认为是在关境以外，并免于实施惯常的海关监管制度。

中国自由贸易区是指在国境内关外设立的，以优惠税收和海关特殊监管政策为主要手段，以贸易自由化、便利化为主要目的的多功能经济性特区。中国自由贸易区专指在国内设立的自由贸易园区。

2. 中国自由贸易区的相关介绍

目前，中国已批准设立与正在申报的自由贸易区包括：上海自由贸易试验区、广东自由贸易试验区、天津自由贸易试验区、福建自由贸易试验区、中国—东盟自由贸易区、重庆自由贸易试验区等21个自由贸易试验区。

1）上海自由贸易试验区

上海自由贸易试验区于2013年8月22日经国务院正式批准设立。2013年9月29日，上海自由贸易区（简称"上海自贸区"）正式挂牌成立。上海自贸区涵盖了上海市外高桥保税区、外高桥保税物流园区、洋山保税港区和上海浦东机场综合保税区4个海关特殊监管区域，总面积为28.78平方千米，形成"四区三港"的自贸区格局。

《中国（上海）自由贸易试验区总体方案》指出：在上海自贸区先行先试人民币资本项目下开放，并逐步实现可自由兑换等金融创新；未来企业法人可在上海自贸区内完成人民币自由兑换，个人则暂不施行；上海自贸区也很可能采取分步骤推进人民币可自由兑换的方式，比如先行推动境内资本的境外投资和境外融资；上海自贸区在中国加入跨太平洋伙伴关系协定（TPP）谈判中也将起到至关重要的作用，并有望成为中国加入TPP的首个对外开放窗口。

2）广东自由贸易试验区

2015年4月21日，中国（广东）自由贸易试验区（以下简称"广东自贸区"）挂牌仪式在广州南沙举行。广东自贸区总面积达116.2平方千米，包括南沙新区、前海蛇口片区，以及珠海横琴新区。南沙新区片区将面向全球进一步扩大开放，在构建符合国际高标准的投资贸易规则体系上先行先试，重点发展生产性服务业、航运物流、特色金融，以及高端制造业，建设具有世界先进水平的综合服务枢纽，打造成国际性高端生产性服务业要素集聚高地；前海蛇口片区将依托深港深度合作，以国际化金融开放和创新为特色，重点发展科技服务、信息服务、现代金融等高端服务业，建设我国金融业对外开放试验示范窗口、世界服务贸易重要基地和国际性枢纽港；横琴新区片区将依托粤澳深度合作，重点发展旅游休闲健康、文化科教和高新技术等产业，建设成为文化教育开放先导区和国际商务服务休闲旅游基地，发挥促进澳门特别行政区经济适度多元发展新载体、新高地的作用。

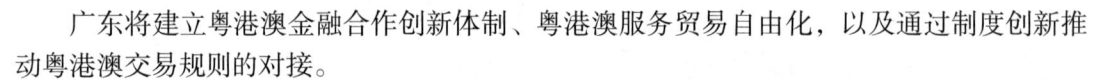

广东将建立粤港澳金融合作创新体制、粤港澳服务贸易自由化,以及通过制度创新推动粤港澳交易规则的对接。

3)天津自由贸易试验区

2015年4月21日上午10点,中国(天津)自由贸易试验区(以下简称"天津自贸区")正式挂牌。作为北方首个自贸区,天津的战略定位将挂钩京津冀协同发展。在学习和复制上海自贸区经验的基础上,天津自贸区将重点摸索天津特色之路,包括:用制度创新服务实体经济;借"一带一路"倡议契机服务和带动环渤海经济;突出航运,打造航运税收、航运金融等特色。区域范围包括:其一,天津港片区共30平方千米。四至范围:东至渤海湾,南至天津新港主航道,西至倒"F"港池、西藏路,北至永定新河入海口。其二,天津机场片区共43.1平方千米。四至范围:东至蓟汕高速,南至津滨快速路、民族路、津北公路,西至外环绿化带东侧,北至津汉快速路、东四道、杨北公路。其三,滨海新区中心商务片区共46.8平方千米。四至范围:东至临海路、东堤路、新港二号路、天津新港主航道、新港船闸、海河、闸南路、规划路、石油新村路、大沽排水河、东环路,南至物流北路、物流北路西延长线,西至大沽排水河、河南路、海门大桥、河北路,北至大连东道、中央大道、新港三号路、海滨大道、天津港保税区北围网。

4)福建自由贸易试验区

中国(福建)自由贸易试验区着重进一步深化两岸经济合作,是在地理位置上最接近中国台湾的自由贸易园区。福建自由贸易试验区(以下简称"福建自贸区")总面积为118.04平方千米,包括平潭片区43平方千米、厦门片区43.78平方千米、福州片区31.26平方千米。2015年4月21日上午,福建自贸区揭牌。福建自由贸易试验区战略定位是围绕立足两岸、服务全国、面向世界的战略要求,充分发挥改革先行优势,营造国际化、市场化、法治化营商环境,把自贸区建设成为改革创新试验田;充分发挥对台优势,率先推进与台湾地区投资贸易自由化进程,把自贸区建设成为深化两岸经济合作的示范区;充分发挥对外开放前沿优势,建设21世纪海上丝绸之路核心区,打造面向21世纪海上丝绸之路沿线国家和地区开放合作新高地。

5)中国—东盟自由贸易区

中国—东盟自由贸易区是指在中国与东盟10国共同构建的自由贸易区,即"10+1"。中国—东盟自由贸易区是中国对外商谈的第一个自贸区,也是东盟作为整体对外商谈的第一个自贸区,建成后的自贸区将覆盖1300万平方千米,惠及19亿人,全年GDP达6万亿美元、年贸易总额超过4.5万亿美元。中国—东盟自由贸易区是目前世界上人口最多的自贸区,也是世界上由发展中国家之间建立的最大的自贸区。

6)重庆自由贸易试验区

2017年4月1日,重庆自由贸易试验区正式挂牌,挂牌后将有力地推动重庆市内陆开放高地建设。

2018年,重庆自由贸易试验区新增企业12 768户,注册资本总额为1280.28亿元人民币。重庆自由贸易试验区包括两江片区、西永片区和果园片区,实施范围共119.98平方千米。它正成为中国内陆地区开放发展的重要窗口。

7）粤港澳大湾区

2019年2月18日，中共中央、国务院印发《粤港澳大湾区发展规划纲要》（以下简称《规划纲要》）。按照《规划纲要》的要求，粤港澳大湾区不仅要建成充满活力的世界级城市群、国际科技创新中心、"一带一路"倡议的重要支撑、内地与港澳深度合作示范区，还要打造成宜居宜业宜游的优质生活圈，成为高质量发展的典范。以我国香港、澳门、广州、深圳四大中心城市作为区域发展的核心引擎，中国粤港澳大湾区与美国纽约湾区、旧金山湾区、日本东京湾区并称为世界四大湾区。

粤港澳大湾区覆盖了香港、澳门、广州、深圳、珠海、东莞、佛山、惠州、中山、江门、肇庆等11座城市，其面积占全国总面积不及1%，地区生产总值占全国的10.8%。粤港澳大湾区是中国开放程度较高、最具经济活力的区域之一，在国家发展大局中具有重要的战略地位。它是国内的经济新增长点和深化中国开放的重要战略支点；它是中国参与全球竞争、建设世界级城市群的重要载体。同时，粤港澳大湾区是20世纪80年代后中国台商前往大陆投资最早、最为热门的地方，迄今为止，仍然是大陆台商汇聚规模数一数二的重地。台资在广东省外来投资中居第二位；台商在广东投资的企业累计已达28 000余家。据统计，广东省广州、深圳、东莞、惠州、江门、珠海、中山、佛山、肇庆等9市各行业台资企业为17 000余家，粤港澳大湾区台商占大陆台商总数的1/3左右。

8）海南自由贸易试验区

2018年10月16日，国务院批复同意设立中国（海南）自由贸易试验区（以下简称"海南自贸区"）并印发《中国（海南）自由贸易试验区总体方案》。海南自贸区的实施范围为海南岛全岛，以发展旅游业、现代服务业、高新技术产业为主导，科学安排海南岛产业布局。按发展需要增设海关特殊监管区域，在海关特殊监管区域开展以投资贸易自由便利化为主要内容的制度创新，主要开展国际投资贸易、保税物流、保税维修等业务。

本章小结

- ☑ 商业又称贸易，是专门从事商品流通的经济部门。商业与物流有密切的关系。
- ☑ 中国商业物流的不足：物流观念陈旧、物流基础薄弱、物流环节不合理、缺乏物流基础数据。所以要加速发展中国商业物流。
- ☑ 商业布局的影响因素：自然条件因素、消费状况因素、科技水平因素、交通运输因素。
- ☑ 商业网点若按其所处的城乡位置不同，可分为城市商业网点和农村商业网点；按其在商品流通中的地位和作用不同，可分为批发商业网点和零售商业网点。不同类型的商业网点布局原则也不同。
- ☑ 商业中心形成、发展和分布的影响因素：商品生产的发展水平，人口数量、密度和分布状况，地理位置和交通运输条件，生产布局状况及国家区域规划的发展。
- ☑ 中国出口商品基地有综合基地和单项基地两种类型。中国已批准设立与正在申报的自由贸易区包括：上海自由贸易试验区、广东自由贸易试验区、天津自由贸易试验区、福建自由贸易试验区、重庆自由贸易试验区、海南自由贸易试验区、中国—东盟自由贸易区等。中国粤港澳大湾区与美国纽约湾区、旧金山湾区、日本东京湾区并称为世界四大湾区。

思考题

1. 试分析中国煤炭流向。
2. 以广州为例,讨论哪些因素导致其成为商业中心城市?
3. 在地图上标出中国主要商业中心城市,并观察其分布特点。

第 7 章

中国交通运输地理

学 习 重 点

- 中国交通运输业的发展
- 中国铁路运输网的布局
- 中国公路运输网的布局
- 全国沿海港口布局规划
- 中国航空运输网的布局
- 中国管道运输的发展

引导案例

避免港口重复建设从规划开始

《全国沿海港口布局规划》（以下简称《港口规划》）指出，中国沿海港口将形成环渤海、长江三角洲、东南沿海、珠江三角洲和西南沿海5个港口群体。《港口规划》实施后，中国将形成系统配套、能力充分、物流成本低的八大运输系统：一是由北方沿海的秦皇岛港、唐山港（含曹妃甸港区）、天津港、黄骅港、青岛港、日照港、连云港港七大装船港，与华东、华南等沿海地区电力企业的专用卸船码头和公用卸船设施组成的煤炭运输系统；二是依托石化企业布点，专业化的、以20万～30万吨级为主导的石油卸船码头和中小型油气中转码头相匹配的石油运输系统；三是临近钢铁企业布点，专业化的、以20万～30万吨级为主导的铁矿石卸船泊位和二程接卸、中转设施匹配的铁矿石运输系统；四是以大连、天津、青岛、上海、宁波、苏州、厦门、深圳、广州九大干线港为主，相应发展沿海支线和喂给港的集装箱运输系统；五是与国家粮食流通、储备、物流通道配套的，专业化运营、集约化的粮食运输系统；六是依托汽车产业布局和内外贸汽车进出口口岸，专业化、便捷的商品汽车运输及物流系统；七是在满足岛屿出行要求的前提下，适应沿海岛屿经济发展要求的陆岛滚装运输系统；八是以人为本，安全、舒适、便捷的旅客运输系统。

这是中国沿海港口空间分布规划，也是高层面的港口规划。《港口规划》实施后，中国将形成一个布局合理、层次分明、功能明确、节约资源、安全环保、便捷高效、衔接协调、市场有序的沿海港口运输体系。

> 思考：《港口规划》的出台对推动中国沿海港口和谐有序发展有哪些现实意义？
> 提示：突出分工，避免重复建设；合理布局，缓解运力矛盾。

7.1 交通运输概述

交通运输主要有 5 种方式，即铁路运输、公路运输、水路运输、航空运输、管道运输。本章主要分析 5 种基本运输方式的合理布局问题。中国交通运输货物运输量构成情况及运输货物周转量结构，如图 7.1、图 7.2 所示。

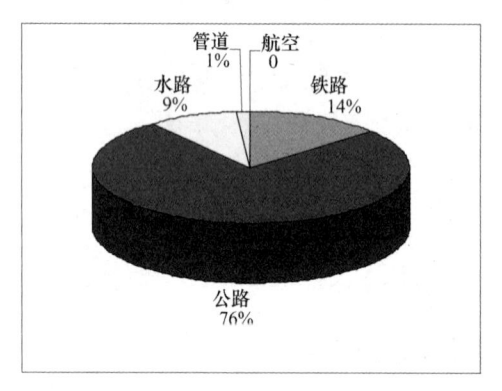

图 7.1　中国交通运输货物运输量构成情况
注：按四舍五入，航空不足 1%，故显示为 0。

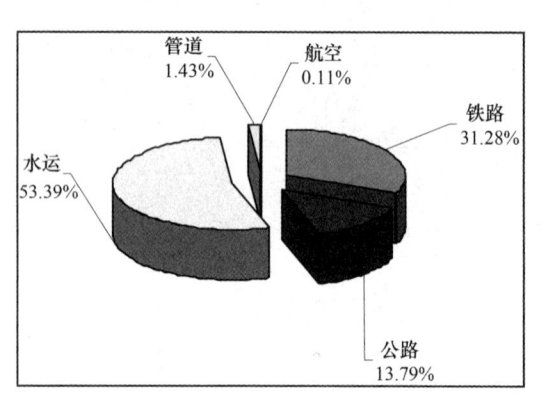

图 7.2　中国交通运输货物周转量结构

小知识

货物周转量

货物周转量是指在一定时期内，运输部门实际运送的货物吨数和运输距离的乘积，以吨千米（海运企业用"吨海里"）为单位。这是运输部门制订计划和经济考核的重要指标之一。

7.1.1　交通运输业的概念和作用

交通运输业是指人类利用各种交通运输工具，使人或货物沿着特定线路实现空间位置移动的社会物质生产部门。交通运输业是国民经济结构中的基础产业，是制约经济与社会发展的一个重要因素，在国民经济和社会发展中居重要地位，具有十分重要的作用。

1）经济作用

交通运输业不仅要完成国家下达的客货运输任务，还要根据市场商品需求调节各自的运输，其自身所创造的经济价值是十分可观的。

2）社会公益作用

现代化的交通运输业，必须不分昼夜、季节，全天候地正常运转，这是与国家政治、

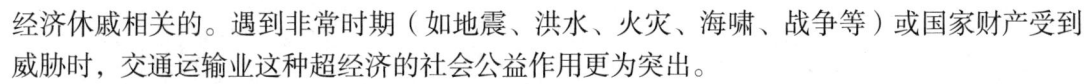

经济休戚相关的。遇到非常时期（如地震、洪水、火灾、海啸、战争等）或国家财产受到威胁时，交通运输业这种超经济的社会公益作用更为突出。

3）宏观调控作用

当国民经济失调而需要调整或治理整顿时，交通运输作为国家宏观调控工具的作用就会更显得突出，如煤炭抢运、全国性粮食调运等。在这 5 种基本运输方式中，铁路运输的宏观调控作用尤为明显。

4）促进国家经济合理布局、协调发展

为了达到这个目的，除了具有中心城市的作用，交通运输业以交通要道为依托，充分发挥公路、水运、空运、管道等多种运输方式的优势，依靠若干条通过能力强的南北向、东西向的运输大通道，引导形成若干跨地区的经济区域和重点产业，优化生产力布局，优化资源配置。

5）国防意义

运输是国防的后备力量，战时又是必要的军事手段。从这个意义讲，交通运输业关系到国家安全，绝非用经济尺度可以衡量的。

7.1.2 中国交通运输业的发展

1. 中华人民共和国成立初期交通运输业总体面貌

现代交通运输在中国的兴起以 1872 年招商局购置第一艘蒸汽机船为标志，时间上比西方落后很多年。此后，1876 年中国修建了第一条铁路；1902 年进口了第一辆汽车；1906 年修建了第一条公路；1929 年中国航空事业开始起步。到 1949 年，中国铁路里程达 2.18 万千米；公路里程为 8.07 万千米；内河航道 7.36 万千米，沿海主要港口泊位 161 个，内河港口泊位为数尚少；全社会客运量达 1.4 亿人，旅客周转量 155.0 亿人千米，货物运输量 1.6 亿吨，货物周转量 255.5 亿吨千米。与同期西方国家已基本形成的综合性运输体系相比，中国的交通运输显得较为落后，交通基础设施与运输装备的总体面貌：数量少、质量差、能力低、布局偏，相对辽阔的国土和众多的人口而言，具有现代意义的交通基础设施和运输装备寥若晨星。

2. 中华人民共和国成立后交通运输业的发展综述

中华人民共和国成立后，以恢复国民经济、改善人民生活和巩固国防的需要为导向，我国有计划、有重点地进行了交通运输建设，经过多年的发展，已形成了初具规模的综合运输体系。改革开放后，我国更加重视交通运输业在国民经济发展中的战略地位，加大了交通基础设施投资的力度，加快了交通运输发展的步伐，综合运输体系的建设有了实质性的进展，交通运输对国民经济发展的制约状况得到了明显改善。

目前，一个颇具规模的现代交通运输体系已初步形成。尤其是高速铁路、高速公路和远洋船队从无到有，快速发展，并跃居世界前列，标志着中国交通运输业在一些重要领域与发达国家的差距已大大缩小，也标志着中国交通运输业的发展已进入新的历史阶段。

3. "十三五"期间中国交通运输业的发展

截至 2018 年年末，交通固定资产投资额为 32 235 亿元，比上年增长 0.7%。其中，铁路固定资产投资额为 8028 亿元，公路建设投资额为 21 335 亿元，水路建设投资额为 1191 亿元，公路水路支持系统及其他建设投资额为 824 亿元，民航固定资产投资额为 857 亿元。在大规模投资的带动下，中国交通运输的线路网络和客货运量均快速增长。中国交通运输业实现了跨越式发展，中国已经真正成为世界交通大国，各种运输方式都在不断完善中。截至 2018 年年末，全国铁路营业里程达 13.1 万千米，比上年增长 3.1%。其中，高铁营业里程 2.9 万千米以上。全国铁路路网密度 136.0 千米/万平方千米，增加 3.7 千米/万平方千米。截至 2018 年年末，全国公路总里程 484.65 万千米，比上年增加 7.31 万千米。公路密度 50.48 千米/百平方千米，增加 0.76 千米/百平方千米。公路养护里程 475.78 万千米，占公路总里程 98.2%。截至 2018 年年末，全国内河航道通航里程 12.71 万千米，比上年增加 108 千米。等级航道里程 6.64 万千米，占总里程的 52.3%，提高 0.2 个百分点。三级及以上航道里程 1.35 万千米，占总里程的 10.6%，提高 0.8 个百分点。截至 2018 年年末，全国港口拥有生产用码头泊位 23 919 个，比上年减少 3659 个。其中，沿海港口生产用码头泊位 5734 个，减少 96 个；内河港口生产用码头泊位 18 185 个，减少 3563 个。全国港口拥有万吨级及以上泊位 2444 个，比上年增加 78 个。其中，沿海港口万吨级及以上泊位 2007 个，增加 59 个；内河港口万吨级及以上泊位 437 个，增加 19 个。截至 2018 年年末，颁证民用航空机场 235 个，比上年增加 6 个，其中定期航班通航机场 233 个，定期航班通航城市 230 个。2018 年旅客吞吐量达 100 万人次以上的通航机场有 95 个，比上年增加 11 个，年旅客吞吐量达到 1000 万人次以上的有 37 个，增加 5 个。年货邮吞吐量达 10 000 吨以上的有 53 个，增加 1 个。这一时期，中国交通运输业始终坚持加快交通基础设施建设，不论是交通设施总量、规模，还是运输能力供给以及运输质量等方面，都取得了巨大的成就，对国民经济发展的支撑作用明显增强。

7.1.3 综合运输

1．综合交通运输体系

加快综合交通运输体系建设，成为中国交通运输业发展的重要方向。现代交通运输业由铁路、公路、水路、航空和管道 5 种主要运输方式组成，每种运输方式都有其特定的运输路线和运输工具，形成了各自的技术运营特点、经济性能和使用范围。

综合交通运输体系是在上述 5 种运输方式的基础上组建起来的。综合运输体系是相对单一的运输方式而言的，是各种运输方式在社会化的运输范围内和统一的运输过程中，按其技术经济特点，组成分工协作、有机结合、联结贯通、布局合理的交通运输综合体，形成统一的运输过程，是生产力发展到一定阶段的产物。

2．各种运输方式的合理布局

铁路、公路、水路、航空和管道等运输方式，都有各自的运输路线、运输设备及技术管理特征，并各成体系，因此建设综合交通运输体系是一项长期而艰巨的任务。其中，综合交通运输体系的合理布局，是实现各种运输方式相互合作的手段和方法，是各种运输方式协调的前提和基础。

交通运输发展要满足国民经济发展要求，达到国民经济总需与供给的平衡。在综合交

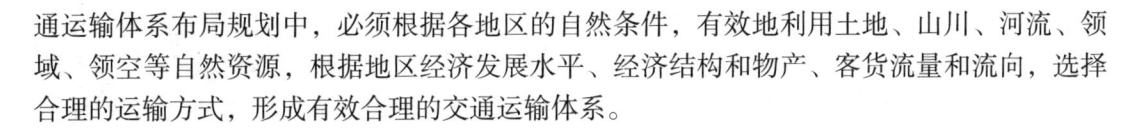

通运输体系布局规划中，必须根据各地区的自然条件，有效地利用土地、山川、河流、领域、领空等自然资源，根据地区经济发展水平、经济结构和物产、客货流量和流向，选择合理的运输方式，形成有效合理的交通运输体系。

3. 综合交通运输体系的协调发展

综合交通运输体系的发展要根据自然地理、经济和社会发展、技术进步等条件制定运输政策，在考虑各种运输方式的分工与协调发展时，要满足国民经济对运输需求总运量的协调发展。

交通运输装备的现代化、运输方式的多样化，是交通运输业发展的两大趋势。我国正朝着建立综合交通运输体系的方向发展。

按照各种运输方式的技术经济特点，建立运输结构合理的综合交通运输体系，使各种运输方式相互间扬长避短，是扩大运输能力、提高经济效益的方法。

中国幅员辽阔，每个地区的自然地理条件不同，各个地区之间和地区内部的运输联系及运输方式的发展和布局也不同，如西北地区、西南地区是内地大陆区，以路上运输为主，铁路、公路在各个地区之间运输联系上起主导作用；西北地区开发石油，以发展管道运输为宜；在东部和南部沿海地区，运输方式可以选择铁路、公路、海运、河运等。在研究各个地区之间各种运输方式的分工时，要注意合理安排各个地区之间的各种运输方式的协调，以及地区内部与大通道之间干支线的运输协调，才能达到合理分工的要求。

随着客货运量的增长和运输范围的扩大，客货运输的全过程一般需要利用多种运输方式，经过接力运输才能完成。例如，在水陆联运中，要考虑铁路、公路的运输设备与能力、陆水衔接换装和港口能力、枢纽内部能力和航运能力的协调。在采用了新运输技术之后，运输设备与能力的效率有了很大提高，对运输方式的分工产生了影响，使其相互之间的设备和能力能够尽快协调。

要使各种运输方式合理分工、协调发展，还应使货物流量、流向与运输路径相协调。货物运输量的产生，在很大程度上取决于国家资源和生产力的布局。中国原材料、燃料等大宗物资产地集中在北部地区和西部地区，而加工工业绝大部分在东部和南部地区，这就决定了大宗货物的流向是从北向南、由西向东。因此，要形成若干条南北向、东西向的运输大通道，主要有能源基地外运通道、进出山海关通道、东北地区的南北通道、中部地区的东西通道、西部地区通道、西南地区通道，以及承担90%以上的进出口任务的沿海主要港口及其集散通道，形成各种运输方式合理分工、协调发展的综合交通运输体系。

7.2 铁路运输

7.2.1 铁路运输的发展和现状

"十三五"期间，中国铁路迎来了史无前例的高速、跨越式发展。中国铁路运输能力达到国际先进水平。

截至2019年年末，全国铁路营业里程达13.9万千米，较上年年末增加0.8万千米，其中高速铁路营业里程增加0.6万千米。全国公路总里程501.25万千米，增加16.60万千米，其中高速公路里程增加 0.7 万千米。新增 3 个民用航空运输机场、4 个定期航班通航城市。建成一批现代高效的综合交通枢纽，基本实现客运"零距离"换乘和货运"无缝化"衔接，进一步提升运输服务。全国铁路网基本覆盖城区常住人口 20 万人以上的城市，高速铁路网覆盖 80%以上的大城市。动车组列车承担旅客运量比重达 65%，实现北京至大部分省会城市之间 2~8 小时通达，相邻大中城市 1~4 小时快速联系，在主要城市群内 0.5~2 小时便捷通勤。未来，乘客用 12306 网络购票或者手机 App 购票体验也会更好。2018 年中国铁路基本建设投资完成 8028 亿元，相比原先计划的 7320 亿元，增长 9.67%。目前，中国大陆的铁路承担了 92%的木材、96%的原油、94%的煤炭、89%的钢铁及冶炼物资的运输任务。截至 2015 年年底，中国大陆铁路营业里程超过 14 万千米，仅占世界铁路的 16%，但换算运输周转量占到世界的 68%。2010 年铁路货物发送量 58 413 亿吨千米，分别是印度的 65.3 倍、美国的 22.3 倍。

通过既有线路提供城际运输和新建城际铁路模式。据国家发改委、交通运输部发布的《城镇化地区综合交通网规划》中制定的目标，至 2020 年，京津冀、长江三角洲、珠江三角洲三大城市群基本建成城际交通网络，相邻核心城市之间、核心城市与周边节点城市之间实现 1 小时通达，其余城镇化地区初步形成城际交通网络骨架，大部分核心城市之间、核心城市与周边节点城市之间实现 1~2 小时通达。城际铁路运营里程达 3.6 万千米（其中，新建城际铁路约为 8000 千米），覆盖 98%的节点城市和近 60%的县（市）。展望 2030 年，基本建成城镇化地区城际交通网络，各个核心城市之间、核心城市与周边节点城市之间实现 1 小时通达。

国家对西部开发的投入不断加大。"十三五"期间，国家将对西部投入资金 3.75 亿元，重点推进十大高速铁路通道建设，贯通乌鲁木齐至连云港、昆明至上海、昆明至广州的 3 条高速铁路通道，建设呼和浩特至南宁、昆明至北京、包头银川至海口、银川至青岛、兰州西宁至广州、兰州至北京、重庆至厦门等 7 条高速铁路，以助力西部地区的发展。西部铁路建设取得了重要的进展。2006 年 7 月 1 日，青藏铁路正式全线建成通车，这是世界上海拔最高、线路最长的高原铁路。青藏铁路客车的设计时速为 160 千米，冻土地段时速为 100 千米，创造了冻土铁路运行时速的世界纪录。青藏铁路的通车运营对加快西部地区物流经济发展起到了重要作用。

随着"全国铁路第六次大提速"的实施，时速超过 200 千米的"和谐号"动车组开始在全国各地运行,我国铁路装备水平上了新台阶。2010 年 12 月 3 日,我国"和谐号"CRH380A 新一代高速动车组，在京沪高铁先导段创造了时速 486.1 千米的世界高铁最高实验运营新纪录，改写了世界高铁最高实验运营速度。截至目前，新建高速铁路总规模达 1.3 万千米，中国已成为世界上高速铁路发展最快、系统技术最全、集成能力最强、运营里程最长、运营速度最高、在建规模最大的国家。

相关链接

铁路提速

第一次提速：1997年，京广、京沪、京哈三大干线全面提速，最高时速为140千米。

第二次提速：1998年，以京广、京沪、京哈三大干线为重点进一步提高列车时速，快速列车时速为140~160千米，一般列车为120千米。

第三次提速：2000年，以京九、陇海、兰新、浙赣方向为重点提速，最高时速为160千米。

第四次提速：2001年，涉及17个省市和9个铁路局，延展里程达4434千米。

第五次提速：2004年，提速资源大幅提高，线路达到7700千米，时速为160千米及以上。

第六次提速：2007年，线路延展里程达846千米，部分区段时速为250千米。

7.2.2 中国铁路运输网的布局

1. 中国铁路网的布局

中国铁路在改革开放后取得了令人瞩目的成就。截至2018年年末，全国铁路运营里程已经达到13.1万千米以上，较1949年增长5倍，经过多年快速建设，"四纵四横"高铁网建成运营，中国成为世界上唯一高铁成网运行的国家。2018年年末，高铁营业总里程达2.9万千米以上，是2008年的44.5倍，超过世界上高铁总里程的2/3，位居世界第一。为了适应国民经济发展的需要，在未来，中国铁路要实行跨越式发展的战略，尽快建立起"八纵八横"铁路大通道，充分发挥铁路的网络优势。"八纵八横"铁路大通道具有运输能力大、线路里程长、连接大城市、连接铁路多、辐射范围广等特点，对中国的经济发展、资源调度、西部大开发，以及国家生产力布局和产业结构调整具有重要影响。16条大通道均由一条或多条功能相近的主要铁路干线所构成。"八纵八横"铁路网主骨架，如表7.1所示。

表7.1 "八纵八横"铁路网主骨架

干线通道	连接城市	组成线路
"八纵"通道		
京哈通道	北京—哈尔滨（满洲里）	京哈铁路—滨洲铁路
东部沿海通道	沈阳—大连—烟台—无锡—（上海）—杭州—宁波—温州—福州—厦门—广州—（湛江）	沈大铁路—烟大铁路轮渡—蓝烟铁路—胶信铁路—新长铁路—直杭铁路—萧甬铁路—甬台温铁路—温福铁路—福厦铁路—鹰厦铁路—梅坎铁路—广梅汕铁路—广茂铁路—黎湛铁路
京沪通道	北京—天津—济南—南京—上海	京沪铁路
京九通道	北京—南昌—深圳—九龙（红磡）	京九铁路
京广通道	北京—郑州—武汉—广州	京广铁路
大湛通道	大同—太原—焦作—洛阳—柳州—湛江	同蒲铁路—太焦铁路—焦柳铁路—石长铁路—湘桂铁路—黎湛铁路—洛湛铁路

续表

干线通道	连接城市	组成线路
包柳通道	包头—西安—重庆—贵阳—柳州—（南宁）	包神铁路—神延铁路—西延铁路—西康铁路—襄渝铁路—川黔铁路—黔桂铁路—湘桂铁路
兰昆通道	兰州—成都—昆明	陇海铁路—宝成铁路—成昆铁路
"八横"通道		
京兰通道	北京—兰州（拉萨）	京包铁路—包兰铁路—兰青铁路—青藏铁路
煤运北通道	大同—秦皇岛	大秦铁路
	神木—黄骅	神黄铁路（神朔铁路—朔黄铁路）
煤运南通道	太原—德州—龙口—烟台	石太铁路—石德铁路—德大铁路—龙大铁路—龙烟铁路
	太原—德州—济南—青岛	石太铁路—石德铁路—京沪铁路—胶济铁路
	长治—邯郸—济南—青岛	邯长铁路—邯济铁路—胶济铁路
	瓦塘—临汾—长治—汤阴—台前—兖州—日照	晋豫鲁铁路（建设中线路）
	侯马—月山—新乡—兖州—日照	侯月铁路—新月铁路—侯铁路—兖石铁路
陆桥通道	连云港—郑州—兰州—乌鲁木齐—阿拉山口	陇海铁路—兰新铁路—北疆铁路
宁西通道	西安—南阳—信阳—合肥—南京—（启东）	宁西铁路—宁启铁路
沿江通道	重庆—武汉—九江—铜陵—南京—（上海）	达万铁路—宣万铁路—长荆铁路—武九铁路—铜九铁路—宁铜铁路
沪昆（成）通道	上海—怀化—（重庆—成都）—贵阳—昆明	沪昆铁路(沪杭铁路—浙赣铁路—湘黔铁路—贵昆铁路）—渝怀铁路—遂渝铁路—遂成铁路
西南出海通道	昆明—南宁—黎塘—湛江	南昆铁路—黎南铁路—黎湛铁路

关键点

铁路大通道

铁路大通道是连接区域中心或大城市之间的能力强大的铁路线路，是由一条或多条功能相近的主要铁路干线构成的有机集合，是铁路运输网乃至整个综合运输网的主骨架。铁路大通道的基本特征是：一是运输强度大；二是里程较长；三是汇集和辐射范围广。

1)"八纵"铁路通道

（1）京哈通道：自北京经天津、沈阳、哈尔滨至满洲里。京哈通道由京秦、京山、沈山、沈哈、滨州线和京沈哈客运专线构成，是东北地区与其他地区客货交流的主要通道，也是东北地区的交通命脉。

（2）东部沿海通道：自沈阳经大连、烟台、胶州、新沂、长兴、杭州、宁波、温州、福州、厦门、广州至湛江，全长 4019 千米。该通道联系环渤海、长江三角洲和珠江三角洲地区，在国家社会经济和国防建设中地位十分重要。该通道由沈（阳）大（连）、宣（城）杭（州）线、杭（州）长（沙）段、萧甬、鹰厦线厦门至漳平段、梅坎、广梅汕、三茂、黎湛线、新长铁路，以及烟大轮渡、胶州至新沂铁路和宁温、温福、福厦铁路等构成。

（3）京沪通道：自北京经天津、济南、徐州、南京至上海，全长 1463 千米，由京沪铁路和京沪高速铁路构成，是东北地区、华北地区与华东地区客货交流的主要通道。京沪线全线均为复线自动闭塞、内燃机车牵引线路，既是客运快速线路，也是货运重载线路。

（4）京九通道：自北京经聊城、商丘、九江、南昌、龙川至九龙，全长 2403 千米。京九通道是中国东北、华北地区与华东、中南地区客货交流的主要通道之一，对京广、京沪两大通道具有重要的分流作用。

（5）京广通道：自北京经石家庄、郑州、武汉、长沙、衡阳至广州，全长 2265 千米。京广通道是东北地区、华北地区、西北地区通往华南地区的主要通道。但考虑到京广通道运输质量和数量的需求，须尽快实施客货分线。

（6）大湛通道：位于中国中西部的结合部，自大同经太原、洛阳、襄樊、石门、益阳、永州、柳州、黎塘、湛江至海口，全长 3108 千米。大湛通道由北同蒲、太（原）焦（作）、焦（作）柳（州）、石（门）长（沙）、湘桂、黎（塘）湛（江）和益阳至永州铁路、粤海通道构成，是中国"三西"煤炭南运的主要通道之一，也是中国内地通向南部港口城市的主要出海通道。为适应晋、豫、陕煤炭南下"两湖""两广"的需要，加快中部地区经济的发展，粤海铁路和益阳至永州铁路进行了部分线路的复线、电气化改造，逐步完善大湛通道。

（7）包柳通道：自包头经西安、重庆、贵阳至柳州（南宁），全长 3011 千米。包柳通道由包（头）神（木）、西（安）延（安）、襄（樊）渝、川黔、黔桂、湘桂铁路和神（木）延（安）、西（安）康（安康）铁路构成，是中国西部南北向的一条重要铁路通道。

（8）兰昆通道：自兰州经宝鸡、成都至昆明，由陇海线宝兰段、宝成线和成昆线构成，是西部地区南北向的重要通道。

2)"八横"铁路通道

（1）京兰通道：自北京经大同、呼和浩特、包头、兰州、西宁至拉萨，全长 3943 千米。京兰通道是中国横贯东西的重要通道，其东段也是晋煤外运的重要线路。京兰通道由京包、包兰、兰青、青藏铁路构成。

（2）煤运北通道：由 3 条功能单一、运能强大、设施先进的运煤专用铁路构成，即由大秦铁路、神（木）朔（州）铁路和朔（州）黄（骅）铁路构成。煤运北通道是"三西"煤炭外运通道的重要组成部分。

（3）煤运南通道：由自太原经石家庄、德州、济南（长治经邯郸、济南）至青岛（太原至青岛），以及自侯马经月山、新乡、菏泽、兖州至日照港两条通路组成。煤运南通道是"三西"煤炭外运的重要组成部分。

（4）陆桥通道：自连云港经徐州、郑州、西安、宝鸡、兰州、乌鲁木齐至阿拉山口，全长 4120 千米，横贯中国东部、中部、西部，是东西部联系的重要纽带。陆桥通道由陇海、兰新和北疆铁路构成。

（5）宁西通道：自西安经南阳、潢川、合肥至南京（启东），连接中国东部、中部、西部,全长 1558 千米,由西安至南京、南京至启东两条规划铁路构成。

(6)沿江通道:自重庆经荆门、武汉、九江、芜湖至南京(上海),全长 1893 千米,由既有的宁芜、芜铜、武九铁路、长荆铁路、达万铁路、铜九铁路、万枝(宜)等铁路构成,横跨西南、华中、华东三大经济区,贯穿中国东部、中部、西部地区。

(7)沪昆(成)通道:自上海经杭州、株洲、怀化至贵阳、昆明(至重庆、成都),全长 2653 千米,由沪杭线、浙赣线、湘黔线、贵昆线、达成线和渝怀线、遂渝线构成。沪昆(成)通道是华东、中南、西南客货运输的重要通道。

(8)西南出海通道:自昆明经南宁至湛江,全长 1770 千米,是中国西南内陆各省出海的快捷通道。西南出海通道由南昆、黎南和黎湛铁路构成。

> **小知识**
>
> 列车、动车、动车组
>
> 按照有关规定而编挂在一起的若干车辆,称为车列。车列挂上机车,并配备随车乘务员和列车标志,就是列车。列车分为客运列车和货运列车两种类型。由大功率机车或多机牵引载重量大的货车,编成 5000 吨以上的列车,称为重载列车。
>
> 动车是指将机车的动力分散到列车中的各节车厢上,每节车厢都有机车的自力行驶功能。动车组就是指几节自带动力的车辆加几节不带动力的车辆编成的列车,带动力的车辆叫作动车,不带动力的车辆叫作拖车。

2. 中国主要的铁路干线

1)东部沿海交通大动脉——京沪铁路

京沪铁路全长约为 1426 千米,全部为复线。京沪铁路纵贯华北平原和长江中下游平原,穿行天津、河北、山东、安徽、江苏四省一直辖市,连接京、津、沪三大直辖市,跨越海河、黄河、淮河、长江四大流域。京沪铁路沿线石油、煤、铁、盐资源丰富,粮、棉、油生产集中,人口稠密,城镇密布,经济繁荣,文化发达,是中国主要的工、农、商业基地。京沪铁路是中国最繁忙的干线之一。南运货物主要是煤炭、钢铁、木材、棉花、杂粮、油料、烟草、水果等;北运货物主要是机械、仪表、日用工业品、稻米、面粉、茶叶等。

2)纵贯南北铁路中轴线——京广铁路

京广铁路全程约为 2332 千米,已全线建为复线。京广铁路沿线物产丰富,工业发达,城镇广布,并先后与 12 条干线相交;北部通京包、京通、京承、京沈线,中部相交陇海线,南部又与汉(西)丹(江)、武(汉)大(连)、浙赣、湘黔、湘桂和广(州)三(水)、广(州)深(圳)线连接,成为名副其实的全国路网中轴。京广铁路运量大,南运货物主要有煤炭、钢铁、石油、机械、木材、纺织品、北方水果,以及经广州出口的物资;北运货物主要有稻谷、茶叶、桐油、蔗糖、亚热带水果、土特产、有色金属等矿产品,以及由广州进口的物资。

3)纵贯大陆第三路——京九铁路

京九线始于北京枢纽南端的黄村车站,向南经河北霸州、衡水,山东聊城、菏泽,河南商丘、潢川,湖北麻城,江西九江、南昌、向塘、吉安、赣州,广东和平、惠州,与广九铁路布吉站相接，直达中国香港九龙，全长约为2360千米。

4）中国第一条电气化铁路——宝成铁路

宝成铁路北起陕西宝鸡，南行达四川成都，与成渝、成昆两线衔接，全长669千米，是沟通西北与西南的第一条铁路干线，也是突破"蜀道难"的第一条铁路。

1952年7月1日宝成铁路在成都动工，1954年1月宝鸡端也开工。1956年7月12日，南北两段在黄沙河接轨。1958年元旦，全线交付运营。宝成铁路宝鸡至凤州段，是中国的第一条电气化铁路。该段于1958年6月进行电气化改造，1960年6月建成，经过试运行，于1961年8月15日正式交付运营。

5）西南西北的重要通路——成昆铁路

成昆铁路全长为1091千米。成昆铁路北联宝成线，可通陕西、甘肃，南经贵昆线可通贵州，是西南地区的铁路网骨架，也是西南与西北地区相互联系和资源外运的重要通路。

成昆铁路工程艰巨浩大，举世罕见。全线共完成正线铺轨1083.3千米，路基土石方9688万立方米；隧道有427座，总延长344.7千米。其中，长度在3千米以上的隧道共有9座；桥梁991座，总延长106.1千米，有中国目前钢桁桥梁中跨度最大的金沙江大桥（主跨达192米），有孔跨54米的一线天石拱桥等。

6）中国第一条重载单元铁路——大秦铁路

1983年9月，国家为增加晋煤外运通道，做出修建大（同）秦（皇岛）铁路的重大战略决策。大秦铁路建设同以往的铁路建设相比，有两个显著特点：一是瞄准国际先进水平，选择重载（开行万吨列车）、单元列车（品种单一不混装，循环运输不解体）的运输方式，占领制高点，达到20世纪80年代现代化先进水平；二是一项庞大复杂的系统工程，要求路、港、矿、电综合规划，装、运、卸能力配套。

这项系统工程以大同、雁北、忻州地区18个煤炭集运站为"龙头"，以西起大同韩家岭，东至秦皇岛653千米长的大秦铁路为"龙身"，以秦皇岛港三期煤码头为"龙尾"，自1985年起全面开工，历时8年，至1992年年底基本配套建成。

大秦铁路具有重（开行重载单元列车）、大（大通道、大运量）、高（高质量、高效率）等特点。

7）新疆通往内陆地区的唯一铁路运输线——兰新铁路

兰新铁路全长为1903千米，东起甘肃省兰州，西跨黄河，越海拔3000米的乌鞘岭，沿祁连山北麓入河西走廊，经武威、张掖、酒泉，出嘉峪关，经玉门、疏勒河，沿马鬃山南麓西进，跨红柳河进入新疆，再沿天山南麓，经哈密、鄯善及吐鲁番盆地北缘，在达坂城穿过天山至乌鲁木齐。

兰新铁路东连陇海铁路，在兰州与包兰线交会，在河口南与兰（州）青（海）线连接，在武威接干（塘）武（威）线，在吐鲁番接南疆线。该线对开发西北地区的物产资源，发展经济，加强民族团结，以及巩固国防，都有重要作用。

8）世界上海拔最高的铁路——青藏铁路

青藏铁路由青海西宁至西藏拉萨，全长约为1956千米。其中，西宁至格尔木段（简称西格段）长约为815千米，已于1984年投入运营。2001年开工修建的格尔木至拉萨段（简称格拉段），是目前世界上海拔最高、线路最长的高原铁路。自青海省格尔木市起，铁路沿青藏公路南行，经纳赤台、沱沱河，翻越唐古拉山，再经西藏安多、那曲、当雄、羊八井，至拉萨市，全长约为1142千米。

> **小知识**
>
> ### 列车类型
>
> 按照运营速度，从高到低：
>
> G：高速动车组列车，时速分为350千米级和300千米级。列车车次为G1~G9998。
>
> C：城际动车组列车，时速也可达350千米。列车车次为C1~C9998（仅在京津城际铁路和上海市内的金山铁路上使用，其他地区的城际动车组列车均使用G字开头车号）。
>
> D：动车组列车，时速可达250千米。列车车次为D1~D9998。
>
> S：城市市内动车组列车（市域），最高时速达80千米的城市内动车组列车，列车车次为S201~S299。
>
> Z：直达特快列车，时速可达160千米，停靠的站点少，运营速度比特快列车快。列车车次为Z1~Z9998。
>
> T：特快列车，技术速度可达160千米，与直达特快列车不同的是，特快列车停靠的站点相对较多，所以运营速度没有直达特快列车快。列车车次为T1~T9998。
>
> K：快速列车，时速可达120千米，是目前中国大陆最多的旅客列车类型。列车车次为K1~K9998。
>
> N和Y：管内快速列车，可达120千米/小时。N字列车现在已取消，并入K字列车。Y字一般用于省内旅游。列车车次为Y1~Y998。
>
> 4位数的列车（普通列车车次前无字母）：从1001~2999是普快列车，从4001~5999是管内普快列车，6001往后都是见站即停或沿途大部分车站停车的慢车。
>
> L和A：临时客车，一般是在运输高峰期，列车实际数量低于乘客需求数量时临时增加的火车，运营速度相对较慢。A字列车现在已取消，并入L字列车。列车车次为L1~L9998
>
> 注：自从"7·23"甬温线特别重大铁路交通事故发生后，高速、动车组和城际动车组列车时速已降至300千米，部分高速动车组列车的运行速度从原来的300千米/小时降至250千米/小时。

7.2.3 主要铁路枢纽和编组站

1. 主要铁路枢纽

铁路枢纽是铁路网的一个组成部分，位于铁路网的交会点或终端地区，是由各种铁路线路、专业车站以及其他为运输服务的有关设备组成的总体。

目前，中国大小规模的铁路枢纽达50多个。其中，重要铁路枢纽有以下几个。

1）北京铁路枢纽

北京铁路枢纽属环形铁路枢纽，核心区形成内环（北京—北京南—广安门—北京西）和外环（丰台、丰西—东南环—双桥—东北环—西北环—丰沙—丰台、丰西）二重环线，通过环线连接京广、京山、京包、京原、京九、京承、京秦、京通、丰沙9条铁路干线。北京铁路枢纽范围包括京广线至琉璃河南站；京山线、京九线至黄村站；京包线至南口站；

京原线至良各庄站；京承线至密云站；京秦线至通州站；京通线至怀柔北站；丰沙线至安家庄站。枢纽内共有车站77个，其中有特等站4个、一等站6个、二等站8个、三等站22个、四等站和五等站37个。

2）郑州铁路枢纽

在中国的中原地区，有一个线路纵横交错、大小车站相连、庞大而又复杂的铁路枢纽，这就是有名的郑州铁路枢纽。它是京广、陇海两大铁路干线的交会点，是沟通南北、连贯东西的交通要冲，居于全国路网中心的重要位置，素有"铁路心脏"之称。

3）济南铁路枢纽

济南铁路枢纽地处山东省省会济南市，位于京沪线、胶济线、邯济线铁路干线交会点，枢纽由老津浦线（邯济线引入济南段）、晏（城）党（家庄）线、南环线和北环线组成。北起京沪线的禹城站，南至炒米店站，东至胶济线的平陵城站，西至邯济线的伦镇站，已经形成环形枢纽。枢纽内共有21个车站和1个线路所。济南西站为路网性编组站，晏城北站为辅助编组站，济南站为客货混合站，济南东站为辅助客运站；17个中间站，其中焦斌、桑梓店、水屯、北园、董家庄、十二里阁、东沙王庄7个站不办理货运业务，其余均为货运办理站。

4）沈阳铁路枢纽

沈阳是中国东北地区最大的铁路枢纽。例如，沈（阳）山（海关）线、沈（阳）吉（林）线、长（春）大（连）线、苏（家屯）抚（顺）线等铁路干线，以及沟海线、辽溪线、开本线都交会于沈阳。它与东北经济的发展直接相关，可以说成东北经济发展的"晴雨表"。沈阳位于中国最大的重工业基地，地处东北经济的中心，担负着繁重的客货运输任务，特别是大宗的工业原料和过境货物，因此沈阳是全国货物编组任务繁忙的铁路枢纽之一。

5）广州铁路枢纽

广州是中国华南的水路、陆路、航空中心，是中国南方地区最大的铁路枢纽，地处中国经济发展迅速的珠江三角洲，位于京广线、广三线、广梅汕线和广深线的交会处。中国自然资源的南北分布差异，运输的产品明显存在差异，南运的多为铁矿、煤等自然资源，北运的多为工业制成品，因此广州铁路枢纽的运输压力比较大。

6）株洲铁路枢纽

株洲地处浙赣线、京广线和湘黔线三大繁忙线路的交会处，是连接中国南方和北方、东部和西部的重要铁路枢纽。株洲是湖南最大的重工业基地，有许多在全国占据重要地位的工业企业和工业部门，尤其是有色冶金、铁路机械、化工等企业和部门。株洲北站是中国江南地区最大的货运编组站，株洲市也被称为"火车拉来的城市"。

> **小知识**
>
> **货车标记**
>
> 铁路货车包括敞车、平车、棚车、保温车和罐车等通用货车与集装箱车、长大货物车、毒品车、家畜车、水泥车、粮食车和特种车等专用货车。货车标记，如表7.2所示。

表 7.2　货车标记

车种	基本型号	车号范围	车种	基本型号	车号范围
棚车	P	3000000~3499999	保温车	B	7000000~7231999
敞车	C	4000000~4899999	毒品车	W	8000000~8009999
平车	N	5000000~5099999	家畜车	J	8010000~8039999
集装箱车	X	5200000~5249999	水泥车	U	8040000~8059999
矿石车	K	5500000~5531999	粮食车	L	8060000~8064999
长大货物车	D	5600000~5699999	特种车	T	8065000~8074999
罐车	G	6000000~6309999	守车	S	9000000~9049999

2. 主要编组站

编组站是铁路网上集中办理大量货物列车到达、解体、编组出发、直通和其他列车作业，并为此设有比较完善的调车作业的车站。编组站的主要任务是根据列车编组计划的要求，大量办理货物列车的解体和编组作业，对货物列车中的车辆进行技术检修和货运检查整理工作，并且按照运行图规定的时刻，正点接发列车。因此，人们往往称编组站为"编组列车的工厂"。

编组站的主要任务和作用可以归纳如下。

（1）解编各种类型的货物列车。

（2）组织和取送本地区的车流，即小运转列车。

（3）设在编组站的机务段还须供应列车动力，以及整备、检修机车。

（4）设在编组站的车辆段及其下属单位（站修所、列检所）还要对车辆进行日常维修和定期检修等。

小知识

郑州北编组站

中国大陆目前规模最大，乃至亚洲最大的编组站为郑州北编组站，采用双向纵列式三级八场机械化驼峰编组站站型布置，站内拥有151条线路，总长390多千米，占地约为5.3平方千米，每日平均接发列车约为600列，设计解编能力为24 000辆/日，实际编解能力约为36 000辆/日。

中国现有编组站49个，按所处地点交会的铁路干线数量、站场编组能力等因素划分，可分为路网性编组站、区域性编组站、地方性编组站三个等级。

（1）路网性编组站：设置在有 3 条及以上主要铁路干线的交会点，编组 2 个及以上远程技术直达列车（通过 1 个及以上编组站的列车），每昼夜编解 6000 辆及以上车辆。

（2）区域性编组站：设置在有 3 条及以上铁路干线的交会点，主要编组相邻编组站直通列车，每昼夜编解 4000 辆及以上车辆。

（3）地方性编组站：设置在有 3 条及以上铁路干、支线的交会点，或者工矿区、港湾区、终端大城市地区附近，主要编组相邻编组站、区段站、工业站、港湾站间的直通、区小运转列车，每昼夜编解 2000 辆及以上车辆。

中国铁路编组站的分类及分布，如表 7.3 所示。

表 7.3 中国铁路编组站的分类及分布

分 类	数量（处）	分 布					
		东北区	华北区	华东区	中南区	西北区	西南区
路网性	15	哈尔滨南、沈阳西、沈阳南、山海关	丰台西、石家庄	济南西、徐州北、阜阳北、南京东、南翔、鹰潭	郑州北、株洲北、襄樊北		
区域性	17	三间房、四平、哈尔滨	南仓、大同西	向塘西	江岸西、武昌南、衡阳北、广州北、柳州南	西安东、宝鸡东、兰州西	成都东、重庆西、贵阳南
地方性	17	牡丹江、长春、通辽南、梅河口	太原北	乔司、艮山门、淮南西、青岛西、来舟	怀化南	包头西、迎水桥、武威南、乌鲁木齐西	昆明东、安康东
合 计	49	11	5	12	9	7	5

7.3 公路运输

7.3.1 公路运输的特点

广义上的公路运输是指利用一定的载运工具（人力车、畜力车、拖拉机、汽车等）沿公路（一般土路、有路面铺装的道路、高速公路）实现旅客或货物空间位移的过程。汽车成为现代公路运输的主要载运工具，狭义上的公路运输是指汽车运输。公路运输主要担负中、短途及补充和衔接其他交通运输方式的客货运输，一般在 200 千米内为其经济运输距离。公路运输在整个运输业中处于基础地位，是各种交通运输方式中最便捷的运输方式。公路运输具有如下几个特点。

（1）机动灵活，适应性强。

（2）可实现"门到门"直达运输。

（3）在中、短途运输中，运送速度较快。

（4）原始投资少，资金周转快。

（5）掌握车辆驾驶技术较易。

（6）运量较小，运输成本较高。
（7）运行持续性较差。
（8）安全性较低，环境污染较大。

7.3.2 中国公路运输的发展

中国一直将公路作为加快基础设施建设的重要内容之一。1949 年，中国公路通车里程为 8 万多千米，道路密度为 0.8 千米/百平方千米。中华人民共和国成立初期，道路交通建设经历了一段时期的恢复以后开始获得长足发展。改革开放 40 多年来，公路建设发展迅速，特别是从 1998 年至 2002 年，国家每年的投资规模超过 2000 亿元。2003 年，中国公路建设完成投资 3500 亿元，共安排公路建设重点项目 219 个，主要集中在"五纵七横"国道主干线和西部公路通道以及农村公路建设方面。"十三五"期间，中国公路发展又迈上一个新的台阶。在投资带动下，公路基础设施投资规模、建设规模达到中华人民共和国成立以来的最高水平。公路网规模不断扩大，截至 2018 年年末，全国公路总里程 484.65 万千米，比上年增加 7.31 万千米。公路网的密度为 50.48 千米/百平方千米，增加 0.76 千米/百平方千米。随着中国基础建设投资、重视程度增加，高速公路的建设也呈平稳增长态势，高速公路里程 14.26 万千米，增加 0.61 万千米。从公路等级来看，2018 年年末，全国四级及以上等级公路里程 446.59 万千米，比上年增加 12.73 万千米，占全国公路总里程的 92.1%，提高 1.3 个百分点。二级及以上等级公路里程 64.78 万千米，增加 2.56 万千米，占全国公路总里程的 13.4%，提高 0.3 个百分点。中国公路建设投资额不断上升。2018 年完成公路建设投资 21 335 亿元，比上年增长 0.4%。其中，高速公路建设完成投资 9972 亿元，增长 7.7%；普通国省道建设完成投资 6378 亿元，下降 12.2%；农村公路建设完成投资 4986 亿元，增长 5.4%。

> **小知识**
>
> **公路等级**
>
> 公路等级根据公路的使用任务、功能和流量不同进行划分，中国公路可分为高速公路、一级公路、二级公路、三级公路、四级公路五个等级。
>
> 一级公路为供汽车分向、分车道行驶的公路，一般能适应按各种汽车折合成小客车的远景设计年平均昼夜交通量为 15 000～30 000 辆。
>
> 二级公路一般能适应按各种车辆折合成中型载重汽车的远景设计年限年平均昼夜交通量为 3000～7500 辆。
>
> 三级公路一般能适应按各种车辆折合成中型载重汽车的远景设计年限年平均昼夜交通量为 1000～4000 辆。
>
> 四级公路一般能适应按各种车辆折合成中型载重汽车的远景设计年限年平均昼夜交通量为双车道 1500 辆以下；单车道 200 辆以下。
>
> 设计使用年限：
> - 高速公路和一级公路为 15 年。
> - 二级公路为 12 年。

- 三级公路为 8 年。
- 四级公路一般为 6 年。

7.3.3 中国公路运输网的布局

1. 中国公路交通网的布局

中国公路交通网由国道、省道、县道、乡道、村道和专用公路组成。在国道交通网中又有国道主干线和国道的区分。国道交通网一般由以下几部分组成。

（1）由首都通往并连接全国各省（自治区、直辖市）的行政中心和 50 万人以上城市的干线公路。

（2）通向各大港口、铁路干线枢纽、重要工农业生产基地的干线公路，如通往黑龙江的国道 111 线，通往新疆的国道 314 线、312 线等。

（3）连接各大区和具有国防意义的干线公路。

（4）连接省际和省内个别地区的重要干线公路，如国道 203 线等。

国道采用三位数编号。首位数是布局分类号，如首位数是"1"的，是以北京为起点，由正北方向开始，按顺时针方向编号的放射线国道，由 101 线到 112 线，其中 112 线为北京外环线，目前这类国道主要为三级和四级道路。首位数是"2"的，为南北向的纵向公路，依从东往西的顺序排列，由 201 线到 228 线，其中 228 线在中国台湾境内。目前，这类国道线路以三级和四级为主。最长的纵向国道为锡林浩特至广东雷州半岛南端海安的国道 207 线，长达 3738 千米，经过内蒙古、河北、山西、河南、湖北、湖南、广西和广东等省区，沿线分布着 364 个城镇，是所有国道中穿越城镇最多的一条。首位数是"3"的，为东西方向的横向公路，依从北往南的顺序排列，由 301 线到 330 线，路线等级主要为三级和四级。最长的横向国道为上海至樟木（西藏）的国道 318 线，全程 5476 千米，也是国道中最长的公路。

按照适应经济发展、促进对外开放、优化路网布局、提高技术水平，以及环境保护方面的要求，上述线路又于 1994 年后进行了调整，有的取消（如国道 226 线、313 线），有的改道（如通过卧龙自然保护区等的公路另行选线）。共调整路段 57 处，线路由原来的 70 条减为 68 条，总里程由 108 109 千米下降至 106 248 千米。同时，又规划出国道主干线。

国道主干线简称"五纵七横"，是中国公路建设网中的主骨架。12 条线路总里程约为 3.5 万千米，道路标准由高速公路、汽车专用公路（包括一级公路、二级公路）为主，组成快捷、安全、经济、舒适的快速通道。这一系统具有完善的安全保障、现代化通信信息、规范化管理的综合服务设施，具有承担重要城市之间、省际的直达客货的长途运输功能，实现 400~500 千米当日可往返，800~1 000 千米当日可到达的目标。

中国公路交通网连接了所有人口在 100 万人以上的特大城市，还连接了全国 93%的人口在 50 万人以上的大城市，连接了中等城市（含县级市）200 多个，覆盖了全国 55%以上的人口。表 7.4 和表 7.5 所示分别为国道一览表和国道主干线一览表。

表 7.4 国道一览表

编号	起讫地点	里程（千米）	编号	起讫地点	里程（千米）
101	北京—承德—沈阳	874	222	哈尔滨—绥化—伊春	334
102	北京—沈阳—长春—哈尔滨	1223	223	海口—榆林（东线）	322
103	北京—天津—天津新港	156	224	海口—榆林（西线）	322
104	北京—济南—南京—福州	2526	225	海口—三亚	448
105	北京—南昌—广州—澳门	2661	226	楚雄—墨江（已撤销）	288
106	北京—兰考—黄冈—广州	2539	227	西宁—张掖	336
107	北京—郑州—武汉—广州—深圳	2607	301	绥芬河—哈尔滨—满洲里	1590
108	北京—太原—西安—成都—昆明	3347	302	珲春—图们—长春—乌兰浩特	968
109	北京—银川—兰州—西宁—拉萨	3934	303	集安—四平—通辽—锡林浩特	1255
110	北京—呼和浩特—银川	1167	304	丹东—沈阳—通辽—霍林郭勒	867
111	北京—通辽—乌兰浩特—加格达奇	1974	305	庄河—营口—盘锦—林西	732
112	北京环线：涞源—宣化	1034	306	绥中—克什克腾旗	531
201	鹤岗—牡丹江—大连	1860	307	新村—石家庄—太原—银川	1360
202	黑河—哈尔滨—沈阳—大连	1719	308	青岛—济南—石家庄	667
203	明水—松原—沈阳	712	309	荣成—济南—邯郸—兰州	2165
204	烟台—连云港—上海	978	310	连云港—徐州—郑州—西安—天水	1517
205	山海关—淄博—南京—黄山—广州	3001	311	徐州—许昌—西峡	716
206	烟台—徐州—合肥—景德镇—汕头	2275	312	上海—南京—合肥—西安—兰州—乌鲁木齐—伊宁	4877
207	锡林浩特—张家口—长治—襄樊—梧州—海安	3716	314	乌鲁木齐—喀什—红其拉甫	1851
208	二连浩特—大同—太原—长治	972	315	西宁—若羌—喀什	3006
209	呼和浩特—三门峡—柳州—北海	3416	316	福州—南昌—武汉—汉中—兰州	2868
210	包头—西安—重庆—贵阳—南宁	3107	317	成都—马尔康—昌都—那曲	1942
211	银川—吴忠—西安	700	318	上海—武汉—成都—拉萨—樟木	5362
212	兰州—广元—重庆	1299	319	厦门—长沙—重庆—成都	2775
213	兰州—成都—昆明—景洪	2652	320	上海—南昌—昆明—瑞丽	3681
214	西宁—昌都—大理—景洪	3261	321	广州—桂林—贵阳—成都	2083
215	柳园—敦煌—格尔木	632	322	衡阳—桂林—南宁—凭祥—友谊关	1072
216	阿勒泰—乌鲁木齐—巴伦台	891	323	瑞金—韶光—柳州—临沧	2866
217	阿勒泰—独山子—库车	1071	324	福州—广州—南宁—昆明	2729
218	伊宁—库尔勒—若羌	1102	325	广州—湛江—南宁	834
219	叶城—拉孜	2180	326	秀山—毕节—蒙自—河口	1636
220	东营—滨州—济南—菏泽—郑州	544	327	菏泽—济宁—连云港	409
221	哈尔滨—佳木斯—同江	636	328	南京—扬州—海安	208
			329	杭州—宁波—普陀	289
			330	温州—寿昌	429

表 7.5 国道主干线一览表（1992年）

分类			概 要	里程（千米）
五纵	1	GZ010	同江—三亚（含吉林长春至珲春支线）	5700
	2	GZ020	北京—福州（含天津至塘沽支线、泰安至淮阴连接线）	2540
	3	GZ030	北京—珠海	2310
	4	GZ040	二连浩特—河口	3610
	5	GZ050	重庆—湛江	1430
七横	1	GZ015	绥芬河—满洲里	1300
	2	GZ025	丹东—拉萨（含天津至唐山支线）	4600
	3	GZ035	青岛—银川	1610
	4	GZ045	连云港—霍尔果斯	4000
	5	GZ055	上海—成都（含万县至南充至成都支线）	3000
	6	GZ065	上海—瑞丽（含宁波至杭州至南京支线）	4100
	7	GZ075	衡阳—昆明（含南宁至友谊关支线）	2000

2．中国高速公路网的布局

高速公路是20世纪30年代在西方发达国家开始出现的专门为汽车交通服务的基础设施。高速公路在运输能力、速度和安全性方面具有突出优势，对实现国土均衡开发、缩小地区差别、建立统一的市场经济体系、提高现代物流效率具有重要作用。

2004年12月17日，国务院审议并通过《国家高速公路网规划》，确定未来20年~30年建设总规模约为8.5万千米的"7918"公路网。国家高速公路网的规划采用放射线与纵横网格相结合的布局方案，形成由中心城市向外放射以及横连东西、纵贯南北的大通道，由7条首都放射线、9条南北纵向线和18条东西横向线组成，简称为"7918"公路网，总规模约为8.5万千米，其中，主线6.8万千米，地区环线、联络线等其他路线约为1.7万千米。

"十三五"期间，高速公路建设继续保持了"十二五"时期的快速发展势头。截至2018年年末，国家高速公路高速公路里程达14.26万千米，居世界第一。高速公路进一步实现了大规模跨省贯通，加强了各大区域间的经济交流，分担了各省、经济区之间的客货运输，通道效应日趋显著。高速公路骨架的基本形成，构建了各个城市之间的公路运输通道，提高了综合运输通道能力，优化了综合运输体系结构。另外，强化了对铁路、机场和沿海港口的集疏运功能，促进了综合运输体系结构的优化。按照国务院公布的高速公路网发展规划，中国正在全力以赴地加快国家高速公路网主骨架建设。

1）首都放射线

首都放射线，如表7.6所示。

表 7.6 首都放射线

序号				概 要	距离（千米）
1	G1	京哈高速	北京—哈尔滨	北京—唐山—秦皇岛—锦州—沈阳—四平—长春—哈尔滨	1280
2	G2	京沪高速	北京—上海	北京—天津—沧州—德州—济南—泰安—临沂—淮安—江都—江阴—无锡—苏州—上海	1245

续表

序号				概　　要	距离（千米）
3	G3	京台高速	北京—台北	北京—天津—沧州—德州—济南—泰安—曲阜—徐州—蚌埠—合肥—铜陵—黄山—衢州—南平—福州—台北	2030（未达到台北）
4	G4	京港澳高速	北京—香港、澳门	北京—保定—石家庄—邯郸—新乡—郑州—漯河—信阳—武汉—咸宁—岳阳—长沙—株洲—衡阳—韶关—广州—深圳—香港（口岸）	2285
并行线	G4W	广澳高速	广州—澳门	广州—中山—珠海—澳门（口岸）	
5	G5	京昆高速	北京—昆明	北京—保定—石家庄—太原—临汾—西安—汉中—广元—绵阳—成都—雅安—西昌—攀枝花—昆明	2865
6	G6	京藏高速	北京—拉萨	北京—张家口—集宁—呼和浩特—包头—临河—乌海—银川—中宁—白银—兰州—西宁—格尔木—拉萨	3710
7	G7	京新高速	北京—乌鲁木齐	北京—张家口—集宁—呼和浩特—包头—临河—额济纳旗—哈密—吐鲁番—乌鲁木齐	2540

2）南北纵向线

南北纵向线，如表7.7所示。

表7.7　南北纵向线

序号				概　　要	距离（千米）
1	G11	鹤大高速	鹤岗—大连	鹤岗—佳木斯—鸡西—牡丹江—敦化—通化—丹东—大连	1390
联络线	G1111	鹤哈高速	鹤岗—哈尔滨	鹤岗—伊春—绥化—哈尔滨	
	G1112	集双高速	集安—双辽	集安（口岸）—通化—梅河口—辽源—四平—双辽	
	G1113	丹阜高速	丹东—阜新	丹东（口岸）—本溪—沈阳—新民—阜新	
2	G15	沈海高速	沈阳—海口	沈阳—辽阳—鞍山—海城—大连—烟台—青岛—日照—连云港—盐城—南通—常熟—太仓—上海—宁波—台州—温州—宁德—福州—泉州—厦门—汕头—汕尾—深圳—广州—佛山—开平—阳江—茂名—湛江—海口	3710
并行线	G15W	常台高速	常熟—台州	常熟—苏州—嘉兴—绍兴—台州	
联络线	G1511	日兰高速	日照—兰考	日照—曲阜—济宁—菏泽—兰考	
	G1512	甬金高速	宁波—金华	宁波—嵊州—金华	
	G1513	温丽高速	温州—丽水	温州—丽水	
	G1514	宁上高速	宁德—上饶	宁德—上饶	

续表

序号				概要	距离（千米）
3	G25	长深高速	长春—深圳	长春—双辽—阜新—朝阳—承德—唐山—天津—黄骅—滨州—青州—临沂—连云港—淮安—南京—溧阳—宜兴—湖州—杭州—金华—丽水—南平—三明—龙岩—梅州—河源—惠州—深圳	3580
联络线	G2511	新鲁高速	新民—鲁北	新民—彰武—通辽—鲁北	
联络线	G2512	阜锦高速	阜新—锦州	阜新—锦州	
联络线	G2513	淮徐高速	淮安—徐州	淮安—宿迁—徐州	
4	G35	济广高速	济南—广州	济南—菏泽—商丘—阜阳—六安—安庆—景德镇—鹰潭—南城—瑞金—河源—广州	2110
5	G45	大广高速	大庆—广州	大庆—松原—双辽—通辽—赤峰—承德—北京—霸州—衡水—濮阳—开封—周口—麻城—黄石—吉安—赣州—龙南—连平—广州	3550
联络线	G4511	龙河高速	龙南—河源	龙南—河源	
6	G55	二广高速	二连浩特—广州	二连浩特—集宁—大同—太原—长治—晋城—洛阳—平顶山—南阳—襄樊—荆州—常德—娄底—邵阳—永州—连州—广州	2685
联络线	G5511	集阿高速	集宁—阿荣旗	集宁—鲁北—乌兰浩特—阿荣旗	
联络线	G5512	晋新高速	晋城—新乡	晋城—焦作—新乡	
联络线	G5513	长张高速	长沙—张家界	长沙—常德—张家界	
7	G65	包茂高速	包头—茂名	包头—鄂尔多斯—榆林—延安—铜川—西安—安康—达州—重庆—黔江—吉首—怀化—桂林—梧州—茂名	3130
8	G75	兰海高速	兰州—海口	兰州—广元—南充—重庆—遵义—贵阳—麻江—都匀—河池—南宁—钦州—北海—湛江—海口	2570
联络线	G7511	钦东高速	钦州—东兴	钦州—防城—东兴（口岸）	
9	G85	渝昆高速	重庆—昆明	重庆—内江—宜宾—昭通—昆明	838
联络线	G8511	昆磨高速	昆明—磨憨	昆明—元江—思茅—磨憨（口岸）	

3）东西横向线

东西横向线，如表7.8所示。

表7.8 东西横向线

序号				概要	距离（千米）
1	G10	绥满高速	绥芬河—满洲里	绥芬河（口岸）—牡丹江—哈尔滨—大庆—齐齐哈尔—阿荣旗—满洲里（口岸）	1520
联络线	G1011	哈同高速	哈尔滨—同江	哈尔滨—佳木斯—双鸭山—同江	
2	G12	珲乌高速	珲春—乌兰浩特	珲春（口岸）—敦化—吉林—长春—松原—白城—乌兰浩特	885

续表

序号				概　　要	距离（千米）
联络线	G1211	吉黑高速	吉林—黑河	吉林—舒兰—五常—哈尔滨—明水—黑河（口岸）	
	G1212	沈吉高速	沈阳—吉林	沈阳—吉林	
3	G16	丹锡高速	丹东—锡林浩特	丹东—海城—盘锦—锦州—朝阳—赤峰—锡林浩特	960
4	G18	荣乌高速	荣城—乌海	荣成—文登—威海—烟台—东营—黄骅—天津—霸州—涞源—朔州—鄂尔多斯—乌海	1820
联络线	G1811	黄石高速	黄骅—石家庄	黄骅—沧州—石家庄	
5	G20	青银高速	青岛—银川	青岛—潍坊—淄博—济南—石家庄—太原—离石—靖边—定边—银川	1600
联络线	G2011	青新高速	青岛—新河	青岛—新河	
	G2012	定武高速	定边—武威	定边—中宁—武威	
6	G22	青兰高速	青岛—兰州	青岛—莱芜—泰安—聊城—邯郸—长治—临汾—富县—庆阳—平凉—定西—兰州	1795
7	G30	连霍高速	连云港—霍尔果斯	连云港—徐州—商丘—开封—郑州—洛阳—西安—宝鸡—天水—兰州—武威—嘉峪关—哈密—吐鲁番—乌鲁木齐—奎屯—霍尔果斯（口岸）	4280
联络线	G3011	柳格高速	柳园—格尔木	柳园—敦煌—格尔木	
	G3012/G3013	吐和高速	吐鲁番—和田/伊尔克什坦	吐鲁番—库尔勒—库车—阿克苏—喀什—和田/伊尔克什坦	
	G3014	奎阿高速	奎屯—阿勒泰	奎屯—克拉玛依—阿勒泰	
	G3015	奎塔高速	奎屯—塔城	奎屯—克拉玛依—塔城—巴克图（口岸）	
	G3016	清伊高速	清水河—伊宁	清水河—伊宁	
8	G36	宁洛高速	南京—洛阳	南京—蚌埠—阜阳—周口—漯河—平顶山—洛阳	712
9	G40	沪陕高速	上海—西安	上海—崇明—南通—扬州—南京—合肥—六安—信阳—南阳—商州—西安	1490
联络线	G4011	扬溧高速	扬州—溧阳	扬州—镇江—溧阳	
10	G42	沪蓉高速	上海—成都	上海—苏州—无锡—常州—南京—合肥—六安—麻城—武汉—孝感—荆门—宜昌—万州—垫江—南充—遂宁—成都	1960
联络线	G4211	宁芜高速	南京—芜湖	南京—马鞍山—芜湖	
	G4212	合安高速	合肥—安庆	合肥—安庆	

第 7 章 中国交通运输地理

续表

序号				概　要	距离（千米）
11	G50	沪渝高速	上海—重庆	上海—湖州—宣城—芜湖—铜陵—安庆—黄梅—黄石—武汉—荆州—宜昌—恩施—忠县—垫江—重庆	1900
联络线	G5011	芜合高速	芜湖—合肥	芜湖—巢湖—合肥	
12	G56	杭瑞高速	杭州—瑞丽	杭州—黄山—景德镇—九江—咸宁—岳阳—常德—吉首—遵义—毕节—六盘水—曲靖—昆明—楚雄—大理—保山—瑞丽（口岸）	3405
联络线	G5611	大丽高速	大理—丽江	大理—丽江	
13	G60	沪昆高速	上海—昆明	上海—杭州—金华—衢州—上饶—鹰潭—南昌—宜春—株洲—湘潭—邵阳—怀化—麻江—贵阳—安顺—曲靖—昆明	2730
14	G70	福银高速	福州—银川	福州—南平—南城—南昌—九江—黄梅—黄石—武汉—孝感—襄樊—十堰—商州—西安—平凉—中宁—银川	2485
联络线	G7011	十天高速	十堰—天水	十堰—天水	
15	G72	泉南高速	泉州—南宁	泉州—永安—吉安—衡阳—永州—桂林—柳州—南宁	1635
联络线	G7211	南友高速	南宁—友谊关	南宁—友谊关（口岸）	
16	G76	厦蓉高速	厦门—成都	厦门—漳州—龙岩—瑞金—赣州—郴州—桂林—麻江—贵阳—毕节—泸州—隆昌—内江—成都	2295
17	G78	汕昆高速	汕头—昆明	汕头—梅州—韶关—贺州—柳州—河池—兴义—石林—昆明	1710
18	G80	广昆高速	广州—昆明	广州—肇庆—梧州—玉林—南宁—百色—富宁—开远—石林—昆明	1610
联络线	G8011	开河高速	开远—河口	开远—河口（口岸）	

4）地区环线

地区环线，如表 7.9 所示。

表 7.9　地区环线

序号			概　要
1	G91	辽中环线	辽中—新民—铁岭—抚顺—本溪—鞍山—辽中
2	G92	杭州湾环线	上海—杭州—宁波
联络线	G9211	宁波—舟山	宁波—舟山
3	G93	成渝环线	成都—绵阳—遂宁—重庆—合江—泸州—宜宾—乐山—雅安—成都
4	G94	珠三角环线	深圳—香港（口岸）—澳门（口岸）—珠海—中山—江门—佛山—花都—增城—东莞—深圳

续表

序号			概　要	
联络线	G9411	东莞—佛山	东莞—虎门—佛山	
5	G95	海南环线	海口—琼海—三亚—东方—海口	
6	G99	台湾环线	台北—台中—高雄—台东—花莲—台北	

3．中国主要的高速公路

中国已建成通车的主要高速公路有如下几条。

1）中国第一条利用世界银行贷款修建和管理的高速公路

京津塘高速公路，如图 7.3 所示。

图 7.3　京津塘高速公路

资料来源：http://www.china-highway.com/html/313/0/743/1.htm。

京津塘高速公路西起北京市朝阳区十八里店，途经河北廊坊市，东到天津市塘沽区（今滨海新区）河北路，全长 142.69 千米，是中国第一条利用世界银行贷款修建和管理的高速公路。这条高速公路已成为改善京津冀地区投资环境、扩大对外开放、发展外向型经济的必要基础设施。

2）中国第一条国道主干线——京沪高速公路

2000 年 11 月，中国第一条国道主干线京沪高速公路正式全线贯通。这是中国公路建设史及至当代交通史上的一项重大成就，也是中国社会经济生活中的一件大事。

京沪高速公路是中国高速公路联网"两纵两横"计划中完成的第一条南北大动脉。

京沪高速公路全长约为 1262 千米，总投资 393 亿元。作为国家重点建设项目，京沪高速公路分 20 个路段分期建设，整个工程建设历时 13 年。

京沪高速公路运输大通道途经北京、天津、河北、山东、江苏、上海，横跨海河、黄河、淮河和长江，进一步将华东、华北、东北 3 个在中国经济的整体格局中具有重要战略意义的地区纵向贯通，将在促进沿线地区的相互经济交往，推动沿渤海经济区、淮海经济圈和长江三角洲的合作与开发，加快东部地区基础设施建设步伐和城镇化进程等方面产生积极而深远的影响。

3）中国第一条长距离高速公路——沈大高速公路

1990 年 9 月，沈大高速公路通车。沈阳至大连高速公路全长 375 千米，是国家"七五"重点建设项目。沈大高速公路于 1984 年 6 月开工，1990 年 9 月建成通车，连接沈阳、辽阳、鞍山、营口、大连 5 个城市，是当时中国公路建设项目中规模最大、标准最高的艰巨工程，全部工程由中国自行设计、自行施工,开创了中国建设长距离高速公路的先河,为20世纪90年代中国大规模的高速公路建设积累了实践经验。

4)广深高速公路

广深高速公路为联系广州、深圳、珠海的广深珠高速公路的首期工程。北起广州市黄村立交,与广州环城高速公路北段相接,南止深圳市皇岗口岸附近,与深圳皇岗路相接,双向六线行车,全线设有路灯照明,全长122.8千米,宽33.1米,双向6车道、全封闭、全立交,限速为120千米/小时,全线设有路灯照明。该线段属于G4和G15的一部分,从鹤州出入口至火村出入口的路段为G4和G15并线之路段。广深高速公路的设计车流量为6万辆次/日,但2012年数据显示,平时日车流量就已达40万辆次/日。

由深圳至广州外围、连同延伸至珠海的路段(原属京珠高速公路)通称"广深珠高速公路"(现广澳高速公路一部分),是连接珠江口东西岸(包括中国香港及中国澳门)最快速陆路通道;虎门大桥通车将深圳至珠海车程距离缩短了大约一半。

5)中国第一条全部以高速公路标准贯通的国道主干线——京珠国道主干线

国家规划的"五纵七横"国道主干线中的重要一纵——京珠国道主干线,是全国第一条全部以高速公路标准贯通的国道主干线。

京珠国道主干线全长2291千米,于1986年开工建设,始于北京,经过河北、河南、湖北、湖南,止于广东珠海,贯穿五省一市。京珠国道主干线纵贯南北,是连接华北、华中、华南的交通大动脉,在国家公路网中具有十分重要的地位和作用。

6)四川省第一条高速公路——成渝高速公路

成渝高速公路是四川省与重庆直辖市之间的公路交通大动脉,始于成都五桂桥,止于重庆陈家坪。

成渝高速公路是国家"八五"重点公路工程,也是利用世界银行贷款、实行国际竞争性招标和中外工程师联合监理的大型公路建设项目。成渝高速公路于1990年9月正式开工,1995年9月建成通车。

7)楚大高速公路

楚大高速公路是上海—昆明—瑞丽国道主干线(GZ65)中的一段,是昆明通往滇西、滇西北、滇西南地区的主要经济干线,是交通运输部和云南省"九五"期间的重点建设项目,也是云南第一条按照业主负责制,利用亚洲开发银行贷款和通过国际招标方式建设的高速公路。

8)中国第一条沙漠高速公路——榆靖高速公路

榆靖高速公路起自榆林市榆阳区芹河乡孙家湾村,止于靖边县新农村乡石家湾村,正线全长115.918千米,榆林、横山、靖边三条连接线长18.256千米,项目建设里程全长134.174千米,是中国第一条沙漠高速公路。

9)国家重点工程——安楚高速

安楚(安宁至楚雄)高速公路的建成使得云南省高速公路里程达1400千米。

安楚高速公路于2003年2月开工建设,2005年6月17日全线贯通,全长约为130千米,总投资38.5亿元,是中国昆明连接缅甸边境重镇木姐市公路的重要路段。

10）中国第一条全封闭全立交式高速公路——京石高速公路

京石高速公路是北京通往石家庄直至广州、深圳的国家级干道。

京石高速公路北起北京六里桥，南至石家庄市南高营村，全长 269.6 千米。全线为双向四车道，东幅路基宽 13～13.5 米，路面宽 11.55～11.75 米，占地 15.466 7 平方千米，总投资 24 亿元。其中，河北段全长 224 千米，纵贯河北省中部 9 个县市、59 个乡镇，于 1994 年建成。

7.4 水路运输

7.4.1 水路运输的发展

1．水路运输的特点

水路运输按其航行的区域不同划分，可分为沿海运输、远洋运输和内河运输 3 种形式。沿海运输是指利用船舶在中国沿海区域各地之间的运输；远洋运输是指除沿海运输以外的海上运输；而内河运输是指利用船舶、排筏和其他浮运工具，在江河、湖泊、水库及人工水道上从事的运输。水路运输主要利用江、河、湖泊和海洋的"天然航道"以及其天然的有利条件，实现大吨位、长距离的运输。其特点主要体现如下：

（1）水上运输运量大，成本低，适合大宗货物的运输。

（2）水上航道四通八达，通航能力几乎不受限制，投资少。

（3）水上运输是开展国际贸易的主要方式，是对外发展经济和友好往来的主要交通工具。

（4）与其他运输方式相比，水路运输速度较慢，受自然气候和条件的影响较大。

2．水路运输的发展

从世界港口发展历程来看，港口主要伴随着航运的发展而发展。中国海岸线长达 1.84 万千米，沿海地区主要包括北京、天津、河北、辽宁、山东、上海、江苏、浙江、广东、福建和海南 11 个省市，是中国经济最为发达、增长速度最快的区域。近年来，占据国土总面积 11.27%的沿海地区，其所创造的地区生产总值占全国国内生产总值的一半以上。

1）中国海上运输业及港口发展

中国海上运输历史悠久，早在春秋战国时期，吴国和越国就已有战船，水上运输十分频繁，港口应运而生，当时有渤海沿岸的碣石港（今秦皇岛港）。战国时期，人们利用"司南"在海上辨别方向，后来指南针经阿拉伯地区传入欧洲，对世界航海技术的发展做出了重大的贡献。

中华人民共和国成立初期，全国（除台湾地区）仅有万吨级泊位 60 个，码头岸线总长仅 2 万多米，年总吞吐量只有 500 多万吨，多数港口处于原始状态，装卸靠人抬肩扛。

20 世纪 60 年代，中国开始有计划地发展航运业并积极恢复港口。多年来，中国的航运业取得了巨大的成就。中华人民共和国成立后，港口发展先后经历了 5 个不同的时期。

（1）20 世纪 50 年代至 20 世纪 70 年代初。由于受到海上封锁，加上经济发展以内地为主，交通运输主要依靠铁路，海运事业发展缓慢。这一阶段港口的发展主要以技术改造、恢复利用为主。

（2）20世纪70年代。随着中国对外关系的发展，对外贸易迅速扩大，外贸海运量猛增，沿海港口货物通过能力不足，国家于1973年年初发出了"三年改变港口面貌"的号召，开始了第一次建港高潮。

（3）20世纪70年代末至20世纪80年代。中国经济发展进入了一个新的历史时期，国家在"六五"（1981—1985年）计划中将港口列为国民经济建设的重点，港口建设进入第二次建设高潮。

（4）20世纪80年代末至20世纪90年代。随着改革开放政策的推行及国际航运市场的发展变化，中国开始注重泊位深水化、专业化建设，初步形成了一套比较完整的水运营运、管理、建设和科研体系。

（5）20世纪90年代末至21世纪初。伴随着贸易自由化和国际运输一体化，以及现代信息技术和网络技术的高速发展，使现代物流业在全球范围内迅速成长为一个充满生机活力并具有无限潜力和发展空间的新兴产业。现代化的港口不再是一个货物交换场所，而是国际物流链上的重要环节。为适应中国加入WTO后和现代物流发展的需要，并在激烈的竞争中立于不败之地，中国各大港口都在积极开展港口发展战略研究，全面提升港口等级。

"十三五"期间，国家水运投资约为0.5万亿元，沿海港口基础设施建设计划总投资490亿元，优化现有港区布局和码头泊位结构，全省不再规划沿海新港区，主要港口一般不再建设3万吨以下通用泊位。重点建设专业化、规模化、现代化港区，优化现有港区布局和码头泊位结构加快布局LNG、LPG、邮轮、商品汽车、客（滚）等专用泊位。目前，国内港口货物吞吐量和集装箱吞吐量在全球居领先地位。统计数据显示，2018年11月全国规模以上港口货物吞吐量11.1亿吨，1～11月累计达122.2亿吨，为2017年同期的102.7%。2018年11月规模以上港口国际标准箱吞吐量箱量2135.62万标准箱，1～11月累计达22 911.07万标准箱，为2017年同期的105.3%。货重方面，2018年11月规模以上港口国际标准箱吞吐量货重20367.45万吨，1～11月累计达222 902.45万吨，为2017年同期的105.8%。港口建设取得显著成效，成为带动临港工业、促进区域经济发展的引擎。

2）中国内河航道的发展

中华人民共和国成立初期，交通运输十分落后，基础设施数量少、质量差、能力低、布局偏。改革开放以后，中国先后整治了一批具有重大经济意义的内河航道，改善了内河航运条件，促进了内河水运事业的发展。目前，长江干线已成为世界上水运最为繁忙和运量最大的河流。西江航运干线已成为沟通西南地区与粤港澳地区的重要纽带。京杭运河成为中国"北煤南运"的水上运输大动脉。长江三角洲、珠江三角洲航道网已成为区域综合运输体系的重要组成部分。

按照《全国内河航道与港口布局规划》的要求，实施重点如下：

（1）长江水系。加快长江干线航道治理。全面推进长江三角洲高等级航道网建设。重点建设通往上海国际航运中心主要集装箱港区的内河集装箱运输通道，实施赵家沟、大芦线、长湖申线、杭甬运河、湖嘉申线、杭申线、锡溧漕河、芜申线、苏申外港线等航道整治工程。

（2）珠江水系。实施西江航运干线扩能工程。整治贵港至肇庆航道，建设桂平二线船

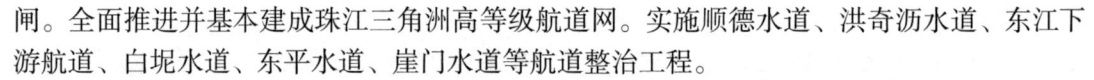

闸。全面推进并基本建成珠江三角洲高等级航道网。实施顺德水道、洪奇沥水道、东江下游航道、白坭水道、东平水道、崖门水道等航道整治工程。

（3）京杭运河与淮河水系。提高京杭运河航道标准和通过能力。实施京杭运河江南段三级航道建设工程和苏北运河二级航道建设工程，整治湖西航道。扩建台儿庄、微山船闸，结合南水北调东线工程，建设济宁至东平湖航道。结合淮河流域综合治理工程，改善沙颍河、涡河、沱浍河航道通航条件。

（4）黑龙江和松辽水系继续实施松花江航电结合、梯级开发工程。

（5）注重黑龙江、澜沧江等国际河流的航运开发，促进我国边境地区经济发展，增强与周边国家和地区的紧密联系。

7.4.2 中国河运地理分布

中国水运资源十分丰富，大江大河横贯东西，支流沟通南北，江河湖海相连，构成了天然河网。其中，流域面积超过1000平方千米的河流就有1500多条，1万平方千米以上的河流有79条，总长43万千米；大小湖泊有24 800多个，其中1平方千米以上的天然湖泊就有2800多个，1 000平方千米以上的有13个，总流域面积达8万多平方千米。此外，还有数以万计的人工水库，如三峡大坝。中国大陆海岸线有1.8万多千米，大小岛屿有6400多个，岛屿岸线有1.4万多千米，各个岛屿之间、岛屿与陆地之间形成很多的海峡，岛屿密布的沿海地带海岸线曲折，形成优良的港湾，为发展中国海运和内河航运提供了优越的自然条件。

在丰富的水运资源和环境的支撑下，中国水上运输形成了环渤海湾地区、长江三角洲地区、珠江三角洲地区三大港口群和陆岛间运输航线，内河以"两横、一纵、两网"为重点，发展湖区、库区等其他内河运输格局。

1．河流和湖泊

1）河流

中国的河流按照河流径流的循环形式划分，可分为以下两大部分。

（1）注入海洋的外流河，又可分为太平洋、印度洋、北冰洋三大水系。其中，长江、黄河、黑龙江、海河、淮河、钱塘江等向东流入太平洋，属太平洋水系。长江全长6397千米，是中国第一大河，也是世界较长的河流之一；黄河全长5464千米。怒江和雅鲁藏布江向东流出国境再向南注入印度洋，属印度洋水系。雅鲁藏布江上有长504.6千米、深6009米的世界第一大峡谷——雅鲁藏布大峡谷。新疆的额尔齐斯河向北流出国境注入北冰洋，属北冰洋水系。

（2）流入内陆湖泊或消失于沙漠、盐滩之中的内流河。其中，新疆塔里木河最长，全长2137千米，是世界第五大内陆河。

2）湖泊

中国湖泊数量很多，但分布很不均衡。总体来说，东部季风区，特别是长江中下游地区，分布着中国最大的淡水湖群；西部以青藏高原湖泊较为集中，多为内陆咸水湖。

外流区域的湖泊都与外流河相通，湖水能流进也能排出，含盐分少，称为淡水湖，也称排水湖。中国著名的淡水湖有鄱阳湖、洞庭湖、太湖、洪泽湖、巢湖等。

内流区域的湖泊大多为内流河的归宿，湖水只能流进，不能流出，又因蒸发旺盛，盐分较多的形成咸水湖，也称非排水湖，如中国最大的湖泊青海湖及海拔较高的纳木错湖等。

2．河运地理分布

内河运输和海上运输同属水路运输业。中国有大小天然河流 5800 多条，总长 40 多万千米，现已辟为航道的里程 10 万多千米，其中 7 万多千米可通航机动船只，另有可通航的大小湖泊 900 多个（未计入我国台湾地区，下同）。这些河流、湖泊的水量一般都较充沛，大多终年不冻，主要通航河流大都分布在经济发达、人口稠密的地区且都由西向东流入大海，极利于实行河海联运。中国有漫长的海岸线，港湾众多，尤其是横贯东西的大河入海口，有利于建立富于经济价值的河口港。

中国内河航运干线按照水系划分，可分为珠江、长江、黄河、淮河、海河和松辽六大水系；另有人工运河——京杭大运河。

1）珠江水系

（1）珠江水系和流域概况。珠江水系是华南第一大水系，中国四大水系之一，水运能力仅次于长江水系。珠江水系主要由西江、北江和东江组成，干支流总长 36 000 千米。

珠江，旧称粤江，是中国境内第四大河流，全长 2400 千米，原指广州到入海口的一段河道，后来逐渐成为西江、北江、东江的总称。其干流西江是珠江水系的主流，发源于云南省东北部沾益县（今沾益区）的马雄山，干流流经云南、贵州、广西、广东 4 省区及香港、澳门特别行政区，由广东珠江三角洲地区的 8 个入海口流入南海。

珠江流域地处亚热带，气候温和，水资源丰富，多年平均年径流量达 3360 亿立方米，仅次于长江，居中国第二位。

（2）珠江水系航道状况。西江是华南地区最长的河流，为中国第三大河流，长度仅次于长江、黄河。航运量居中国第二位，仅次于长江。西江发源于云南，流经广西，在广东佛山三水与东江、北江交汇。北江是珠江流域第二大水系，干流河道长 468 千米，流域面积占全珠江流域面积的 10.1%。北江韶关以下可通轮船，韶关以上及各支流多可通航木帆船。东江是珠江的主要支流之一，干流河道长 523 千米，流域面积占全珠江流域面积的 6.3%；东江流经的城市有河源、惠州、东莞。东江河源以南河段可通航，水质优良，是中国香港淡水的主要供应源。东江主要支流有新丰江、西枝江等；西北两江在广东省三水区思贤窖、东江在广东省东莞市石龙镇汇入珠江三角洲，经虎门、蕉门、洪奇门、横门、磨刀门、鸡啼门、虎跳门及崖门八大口门汇入南海，构成珠江独特的"三江汇集，八口分流"的水系特征。东江除龙川以上至合河口只能通航木船外，龙川以下 400 多千米均可通航轮船。

2）长江水系

（1）水系和流域概况。长江全长 6380 千米，分别是中国第一大河流和世界第三大河流（仅次于亚马孙河和尼罗河）。长江是横贯中国大陆东西走向的水运大动脉，自古以来对其流域广大地区的经济、文化交流起着重要作用。长江是东部、中部和西部三个经济区的大通道之一。

长江水系流域面积为 180 万平方千米，占中国陆地面积的 18.8%，流域面积为 1 万平方千米以上的支流有 49 条。长江中下游是中国淡水湖分布集中的地区，主要有洞庭湖、鄱阳湖、太湖、巢湖和洪湖等。

整个长江水系有大小通航支流 3500 多条,通航里程长约为 7 万千米,通航里程占全国内河航道总里程的 70%。货物运输量和货物周转量分别占全国内河货运总量和货物周转总量的七八成。

（2）长江水系航道状况。宜宾以上金沙江分段、季节性通航里程 751 千米,一般通行较小吨位的船舶,兼有漂木。长江干流宜宾至宜昌为上游航道,全长 1040 千米,河道平均比降 0.22‰,平均流速在 2 米/秒以上。宜宾—兰家沱段长 303 千米,可通航 1000 吨级船舶;兰家沱—重庆河段长 81 千米,最大可通航 800～1000 吨级船舶;重庆至宜昌段 660 千米,单向运输通过能力约为 1000 万吨,通航 1000～1500 吨级船舶组成的 3000 吨级船队,其中,香溪、黛溪以下 76 千米的葛洲坝水库常年回水区,可通行 1500～3000 吨级驳船组成的万吨级船队。三峡工程兴建以后,川江航道条件将大为改善,万吨的船队年内约有半年以上时间可直达重庆,航道年单向运输通过能力可达 5000 万吨以上。

宜昌至武汉为中游航道,全长 626 千米,有主要浅水道 18 处,航道维护最小尺度为宜昌—临湘 416 千米、临湘—武汉 210 千米,可分别通行 1500 吨和 1500～3000 吨级船舶,目前航道能力利用率为 9%～23%。

武汉至长江口为下游航道,全长 1143 千米,长江水系 97%以上的一级航道主要集中在该河段上。其中,在武汉至南京 708 千米河段中,通航 3000～5000 吨级船舶,年单向运输通过能力为 7 亿～8 亿吨;南京以下进入感潮河段,乘潮可通行 2 万～2.4 万吨级海轮。

3）黄河水系

（1）水系和流域概况。黄河发源于青藏高原巴颜喀拉山北麓海拔 4500 米的约古宗列盆地,流经青海、四川、甘肃、宁夏、内蒙古、陕西、山西、河南、山东 9 省区,注入渤海,干流河道全长 5464 千米,是中国第二长河,仅次于长江,是世界第五长河流。黄河横贯中国东西方向,流域东西长 1900 千米,南北宽 1100 千米,总面积达 752 443 平方千米。

（2）黄河水系航道状况。黄河航运价值远不及长江、珠江等河流高。贵德以上基本不能通航,贵德到中卫之间只通皮筏,中卫—银川、西小召—河口、龙门—孟津及孟津—陶城铺之间可通木船,陶城铺—垦利之间可通小轮,垦利以下航道水浅则不通航。

4）淮河水系

（1）水系和流域概况。淮河因其难以治理而出名,又称"坏河",发源于河南省桐柏山,东流经河南、安徽、江苏三省,在三江营入长江,全长 1000 千米,总落差 200 米。淮河位于长江、黄河之间,流域面积为 27 万平方千米,其中淮河水系面积为 19 万平方千米,沂沭泗水系面积为 8 万平方千米。

（2）淮河水系航道状况。淮河自古就是重要的通航河流,后因 12 世纪末黄河夺淮,又遭历代人为破坏,淮河遂成害河。经多年的努力,如今淮河干支流航运量增长较快,但淮河水运潜力目前尚未得到充分利用。

5）海河水系

海河流域包括海河、滦河、徒骇—马颊河三大水系,主要由五大干流组成,即南运河、北运河、大清河、子牙河和永定河,这五条河在天津市区三岔河口汇入海河。

海河水系由蓟运河、潮白河、北运河、永定河、大清河、子牙河、漳卫河组成。中华人民共和国成立以来,大兴水利工程,蓟运河、潮白河和北运河三大水系闸坝控制河道相通,水系间互相调节,因此原有3个水系统称北三河水系。北三河水系面积为36 053平方千米。

滦河水系位于海河流域东北部,包括滦河干流及冀东沿海32条小河,全水系面积为54 530平方千米。滦河支流繁多,常年有水者达500余条,其中小滦河、兴州河、伊逊河、蚁蚂吐河、武烈河、老牛河、柳河、瀑河、撒河、青龙河10条为主要河流。

徒骇—马颊河位于漳卫南运河以南,黄河以北,居海河流域的最南部,由徒骇河、马颊河、德惠新河及滨海小河等平原河道组成,流域面积为3.2万平方千米。

6)松辽水系

松辽水系包括辽河和松花江两大水系。

(1)松辽水系和流域概况。辽河位于中国东北地区西南部,源于河北省,流经内蒙古、吉林省、辽宁省,注入渤海。流域由两个水系组成,一个水系为东、西辽河,于福德店汇流后为辽河干流,经双台子河由盘山入海,干流长516千米;另一个水系为浑河、太子河,在三岔河汇合后经大辽河由营口入海,大辽河全长94千米。

松花江是中国东北地区的主要江河,流经哈尔滨、佳木斯,在同江附近注入黑龙江,干流全长939千米,流域面积为54.6万千米。

(2)松辽水系航道状况。松花江是松辽水系航运价值最大的河流,航运量占整个黑龙江水系航运量的90%,是东北地区最重要的水运干线。松花江有南、北两源。北源嫩江通航里程950千米,可通航50～600吨级船舶。南源第二松花江通航里程657千米,丰满以上3段库区航道可通航200吨级以内的船舶;丰满—扶余之间可通航50～100吨级船舶;扶余—三岔河之间航道条件最好,可通航300～600吨级船舶。松花江干流通航里程928千米。嫩江、第二松花江汇合处的三岔河至肇源段42千米可通航200～600吨级船舶,以下河道皆可通航1000吨级以内船舶。目前,松花江航线主要以运输煤炭、木材、建材、粮食为主,其中煤炭运量占60%以上。按目前航道状况计算,松花江干流通过能力可达1500万吨,现实际通过量仅有200万吨,水运潜力巨大。哈尔滨位于松花江中游右岸,是松花江上最大的港口,吞吐量已达200万吨,共有泊位9个;进港物资以木材、煤炭、粮食、建材为主,出港物资以机械、日用百货、水泥为主,是东北最大的水陆换装枢纽港,也是全国十大内河港口之一。

7)京杭大运河

京杭大运河北起北京,南达杭州,流经北京、天津、河北、山东、江苏、浙江6省市,联通了海河、黄河、淮河、长江和钱塘江五大水系,全长1794千米。京杭大运河是世界上最长的人工河流,也是古老的运河之一。京杭大运河和万里长城并称为中国古代的两项伟大工程,闻名世界。

京杭大运河通航河段为山东济宁至浙江杭州三堡船闸883千米,全线共有17个梯级,35座船闸,江北段可通航1000吨级船舶,江南段可通航500吨级船舶。2005年,京杭大运河苏北段、苏南段货物运输量分别达1.25亿吨、1.65亿吨,货运周转量分别达290亿吨千米、120亿吨千米,其中苏南段货物运输量相当于5条沪宁铁路的货物运输量。目前,运河沿线已形成徐州、无锡、苏州、杭州4个年吞吐量达3000万吨以上的内河大港。据相关部门预测,不久之后,京杭大运河货物运输量将达2.8亿吨。

7.4.3 沿海主要港口及航线布局

截至 2018 年年底,全国拥有生产用码头泊位 23 919 个,其中万吨级及以上泊位 2444 个。2019 年,全国港口完成货物吞吐量 1 395 083 万吨,同比增长 8.8%。其中,外贸货物吞吐量 432 069 万吨,同比增长 4.8%,集装箱吞吐量 26 107 万标准箱,同比增长 4.4%。沿海港口作为国民经济和社会发展的重要基础设施,有力支撑了经济、社会和贸易发展以及人民生活水平的提高,对国家综合实力的提升、综合运输网的完善等具有十分重要的作用。

1. 全国沿海港口布局规划

近年来,沿海港口坚持统筹规划、远近结合、深水深用、合理开发的原则,整体上已初步形成了布局合理、层次清晰、功能明确的港口布局形态和围绕煤炭、石油、矿石和集装箱四大货类的专业化运输系统,对满足国家能源、原材料等大宗物资运输、支持国家外贸快速稳定发展、保障国家参与国际经济合作和竞争起到重要作用。

为进一步优化沿海港口布局,合理有序地开发和利用港口岸线资源,加强国家对港口规划和建设的管理,保障国家经济和社会全面、协调、可持续发展,国务院于 2006 年 8 月 16 日审议并通过的《全国沿海港口布局规划》,标志着中国沿海港口建设与发展进入了新的发展阶段。

《全国沿海港口布局规划》是沿海港口的空间分布规划,也是高层面的港口规划。其主要根据沿海各区域港口的基本条件、区域经济发展和产业布局的状况及需要,并根据相关行业的发展规划,在现有港口布局的基础上,研究和确定沿海港口的合理分布,引导港口协调发展。具体方案如下。

根据不同地区的经济发展状况及特点、区域内港口现状及港口之间运输关系和主要货类运输的经济合理性,将全国沿海港口划分为环渤海、长江三角洲、东南沿海、珠江三角洲和西南沿海 5 个港口群体,强化群体内综合性、大型港口的主体作用,形成煤炭、石油、铁矿石、集装箱、粮食、商品汽车、陆岛滚装和旅客运输 8 个运输系统的布局。

1)环渤海地区港口群体

环渤海地区港口群体由辽宁、天津、河北和山东沿海港口群组成,服务于中国北方沿海和内陆地区的社会经济发展。

辽宁沿海港口群以大连东北亚国际航运中心和营口港为主,由丹东、锦州等港口组成,主要服务于东北三省和内蒙古东部地区。辽宁沿海以大连、营口港为主,布局大型、专业化的石油(特别是原油及其储备)、液化天然气、铁矿石和粮食等大宗散货的中转储运设施,相应布局锦州等港口;以大连港为主布局集装箱干线港,相应布局营口、锦州、丹东等支线或喂给港口;以大连港为主布局陆岛滚装、旅客运输、商品汽车中转储运等设施。

天津、河北沿海港口群以天津北方国际航运中心和秦皇岛港为主,由唐山、黄骅等港口组成,主要服务于京津、华北及其西向延伸的部分地区。天津、河北沿海港口以秦皇岛、天津、黄骅、唐山等港口为主布局专业化煤炭装船港;以秦皇岛、天津、唐山等港口为主布局大型、专业化的石油(特别是原油及其储备)、天然气、铁矿石和粮食等大宗散货的中转储运设施;以天津港为主布局集装箱干线港,相应布局秦皇岛、黄骅、唐山港等支线或喂给港口;以天津港为主布局旅客运输及商品汽车中转储运等设施。

山东沿海港口群由青岛、烟台、日照港为主及威海等港口组成，主要服务于山东半岛及其西向延伸的部分地区。以青岛、日照港为主布局专业化煤炭装船港，相应布局烟台等港口；以青岛、日照、烟台港为主布局大型、专业化的石油（特别是原油及其储备）、天然气、铁矿石和粮食等大宗散货的中转储运设施，相应布局威海等港口；以青岛港为主布局集装箱干线港，相应布局烟台、日照、威海等支线或喂给港口；以青岛、烟台、威海港为主布局陆岛滚装、旅客运输设施。

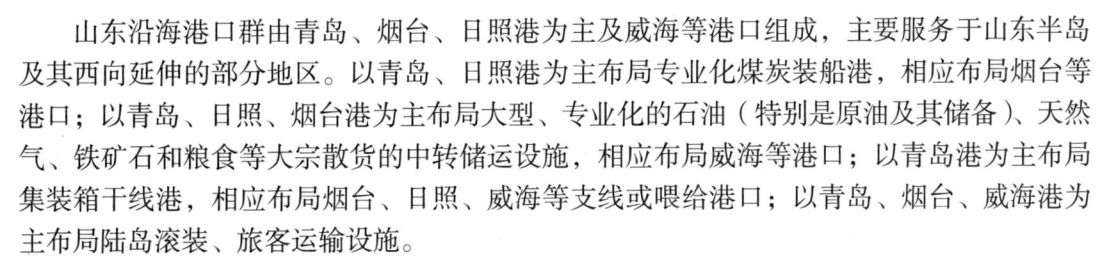

2）长江三角洲地区港口群体

长江三角洲地区港口群依托上海国际航运中心，以上海、宁波、连云港港口为主，充分发挥舟山、温州、南京、镇江、南通、苏州等沿海和长江下游港口的作用，服务于长江三角洲以及长江沿线地区的经济社会发展。

长江三角洲地区港口群集装箱运输布局以上海、宁波、苏州港为干线港，包括南京、南通、镇江等长江下游港口共同组成的上海国际航运中心集装箱运输系统，相应布局连云港、嘉兴、温州、台州等支线和喂给港口；进口石油、天然气接卸中转储运系统以上海、南通、宁波、舟山港为主，相应布局南京等港口；进口铁矿石中转运输系统以宁波、舟山、连云港港为主，相应布局上海、苏州、南通、镇江、南京等港口；煤炭接卸及转运系统以连云港为主，联合该地区公用码头、能源等企业自用码头共同布局煤炭装船港；粮食中转储运系统以上海、南通、连云港、舟山和嘉兴等港口组成；以上海、南京等港口为主布局商品汽车运输系统；以宁波、舟山、温州等港口为主布局陆岛滚装运输系统；以上海港为主布局国内、外旅客中转及邮轮运输设施。为满足地区经济发展的需要，在连云港港适当布局进口原油接卸设施。

3）东南沿海地区港口群体

东南沿海地区港口群以厦门、福州港为主，由泉州、莆田、漳州等港口组成，服务于福建省和江西等内陆省份部分地区的经济社会发展和对台"三通"的需要。

福建沿海地区港口群煤炭专业化接卸设施布局以沿海大型电厂建设为主；进口石油、天然气接卸储运系统以泉州港为主；集装箱运输系统布局以厦门港为干线港，相应布局福州、泉州、莆田、漳州等支线港；粮食中转储运设施布局由福州、厦门和莆田等港口组成；以宁德、福州、厦门、泉州、莆田、漳州等港口为主布局陆岛滚装运输系统；以厦门港为主布局国内、外旅客中转运输设施。

4）珠江三角洲地区港口群体

珠江三角洲地区港口群由粤东和珠江三角洲地区港口组成。该地区港口群依托香港经济、贸易、金融、信息和国际航运中心的优势，在巩固香港国际航运中心地位的同时，以广州、深圳、珠海、汕头港为主，相应发展汕尾、惠州、虎门、茂名、阳江等港口，服务于华南、西南部分地区，加强广东省和内陆地区与港澳地区的交流。

该地区煤炭接卸及转运系统由广州等港口的公用码头和电力企业自用码头共同组成；集装箱运输系统以深圳、广州港为干线港，汕头、惠州、虎门、珠海、中山、阳江、茂名等为支线或喂给港组成；进口石油、天然气接卸中转储运系统由广州、深圳、珠海、惠州、茂名、虎门港等港口组成；进口铁矿石中转运输系统以广州、珠海港为主；以广州、深圳港等其他港口组成的粮食中转储运系统；以广州港为主布局商品汽车运输系统；以深圳、广州、珠海等港口为主布局国内、外旅客中转及邮轮运输设施。

5）西南沿海地区港口群体

西南沿海地区港口群由粤西、广西沿海和海南省的港口组成。该地区港口的布局以湛江、防城、海口港为主，相应发展北海、钦州、洋浦、八所、三亚等港口，服务于西部地区开发，为海南省扩大与岛外的物资交流提供运输保障。

该地区港口集装箱运输系统布局由湛江、防城、海口及北海、钦州、洋浦、三亚等港口组成集装箱支线或喂给港；进口石油、天然气中转储运系统由湛江、海口、洋浦、广西沿海等港口组成；进出口矿石中转运输系统由湛江、防城和八所等港口组成；粮食中转储运系统由湛江、防城等港口组成；以湛江、海口、三亚等港口为主布局国内、外旅客中转及邮轮运输设施。

2．沿海主要航线

中国沿海海上运输习惯上以温州为界，可分为北方沿海航区和南方沿海航区两个航区。

1）北方沿海航区

北方沿海航区是指温州以北至丹东的海域，以上海、大连为中心，开辟的航线有：上海—青岛—大连；上海—烟台—天津；上海—秦皇岛；上海—连云港；上海—温州；大连—石岛—青岛；大连—烟台；大连—龙口；大连—天津等航线。

2）南方沿海航区

南方沿海航区是指温州至北部湾的海域，以广州为中心，开辟的航线有：广州—汕头；广州—北海；广州—海口等航线。

从承担的货物运输量来看，以北方沿海航区占绝对优势。货运的物资构成：北方沿海航区由北而南，以石油、煤炭运量为最大，其次为钢铁、木材等，由南至北为金属矿石、粮食和工业产品；南方沿海航区以农产品比重为最大，其次为食盐、矿石和煤炭，其中除煤炭以外，其余物资大部分由各中小港口向广州、湛江集中转运内地。现在，上海—福州、上海—厦门、上海—广州航线均有定期班轮航线，并把南、北两个沿海航区连成一片，建设南北海运通道。

另外，中国已开辟很多条通往亚、非、欧、美、大洋洲150多个国家和地区的600多个港口的远洋航线。这些航线大部分以上海、大连、天津、秦皇岛、广州、湛江等港口为起点，包括东、西、南、北4条主要远洋航线。

（1）东行线：从中国沿海各大港出发，东行抵达日本，横渡太平洋可抵美国、加拿大和南美洲各国。

（2）西行线：由中国沿海各大港经新加坡和马六甲海峡，西行印度洋入红海，出苏伊士运河，过地中海进入大西洋，沿途抵达欧洲、非洲各国港口。

（3）南行线：由中国沿海各大港南行，通往东南亚、澳大利亚、新西兰等地。

（4）北行线：由中国沿海各港北行，可抵朝鲜和俄罗斯东部各个海港。

3．中国沿海主要的港口概况

中国沿海主要的港口有：大连、营口、丹东、秦皇岛、天津、青岛、烟台、日照、威海、上海、宁波、连云港、舟山、温州、厦门、福州、泉州、广州、深圳、珠海、汕头、中山、江门、湛江、海口、三亚、北海等。2019 年货物运输总量 471 亿吨，货物周转量 199 290 亿吨千米。全年港口完成货物吞吐量 140 亿吨，比上年增长 5.7%。其中，外贸货物吞吐量 43 亿吨，增长 4.7%；港口集装箱吞吐量 26 107 万标准箱，增长 4.4%。全年旅客运输总量 176 亿人次，比上年下降 1.9%。旅客运输周转量 35 349 亿人千米，增长 3.3%。2019 年大陆港口集装箱吞吐量前 20 排名，如表 7.10 所示。

表 7.10 2019 年大陆港口集装箱吞吐量前 20 排名

名次	港 名	2019 年（万标准箱）	同比增幅（%）
1	上海港	4330	3.1
2	宁波舟山港	2753	4.5
3	深圳港	2577	0.1
4	广州港	2283	5.7
5	青岛港	2101	8.8
6	天津港	1730	8.1
7	厦门港	1112	3.9
8	大连港	876	-10.3
9	苏州港（内河）	627	-1.4
10	营口港	548	-15.6
11	连云港港	478	0.7
12	日照港	450	12.1
13	佛山港（内河）	444	15.5
14	广西北部湾港	368	15.6
15	东莞港	382	34.6
16	福州	354	6.0
17	南京	331	3.1
18	烟台	310	3.4
19	唐山	294	-0.5
20	泉州	258	7.3

资料来源：中国港口集装箱网。

下面分别介绍 10 个较为重要的港口。

1）上海港——中国大陆首个突破 1000 万标准箱大关的港口

上海港位于中国大陆海岸线中部，长江与东海交汇处，北纬 31°14′，东经 121°29′。港区面积为 3620.2 平方千米，其中长江口水域面积为 3580 平方千米；黄浦江水域面积为 33 平方千米，港区陆域 7.2 平方千米。上海港水域由长江口和杭州湾水域、黄浦江水域、洋山港区水域，以及长江口锚地水域、绿华山锚地水域组成。上海港港区陆域由长江口南岸港区、杭州湾北岸港区、黄浦江港区、洋山深水港区组成。上海市内河港区共有 3250 个泊位。

上海港所在的上海市是全国最大的经济、金融、贸易、科技、文化、信息中心，也是全国最大的港口城市。上海港的直接腹地主要是长江三角洲地区，包括上海、江苏南部和浙江北部。"长三角"包括上海、南京、镇江、常州、无锡、苏州、南通、扬州、泰州，杭州、宁波、嘉兴、湖州、绍兴、舟山 15 个城市，土地面积为 10 余万平方千米，人口近

1亿人。上海港的间接经济腹地主要有浙江南部、江苏北部、安徽、江西，以及湖北、湖南、四川等省。港口物资流向腹地：除上述省份外，还包括福建、河南、陕西、青海、甘肃、宁夏和新疆等地。

港口经营业务主要包括装卸、仓储、物流、船舶拖带、引航、外轮代理、外轮理货、海铁联运、中转服务以及水路客运服务等。港口主要经营的货类为集装箱、煤炭、金属矿石、石油及其制品、钢材、矿建材料、机械设备等。

2）天津港——中国北方第一个亿吨大港

天津港位于天津市滨海新区、海河入海口，处于京津城市带和环渤海经济圈的交会点上，是环渤海中与华北、西北等内陆地区距离最短的港口，是北京市和天津市的海上门户，也是亚欧大陆桥的东端起点之一，背靠"三北"，面向东亚。

天津港是中国最大的人工港，由海港和河港两部分组成，港区水陆域面积达200平方千米，其中现有陆域面积为37平方千米、港口陆域规划面积为100平方千米。天津新港由南、北防波堤环抱而成，航道长28千米，主航道底宽210米，水深15米，10万吨级船舶可全天候进出港，15万吨级船舶可乘潮进出港。截至目前，该港拥有各类泊位159个，岸线总长1.82万米，其中万吨级以上泊位78个，设计通过能力2.14亿吨，其中集装箱能力525万标准箱。

经济腹地以北京、天津及华北、西北等地区为主。其中，直接经济腹地包括天津市、北京市、河北省和山西省，间接经济腹地通过综合运输网延伸至陕西、甘肃、宁夏、青海、新疆、内蒙古、四川、西藏等省区和蒙古的部分地区。经济腹地横跨我国东部、中部、西部地区，地域辽阔、人口众多、资源丰富，经济腹地面积约为454万平方千米，总人口为2.4亿人。

天津港是中国大陆最早开展国际集装箱运输业务的港口，主营业务包括：以自有资金对港口投资，港区土地开发；装卸搬运；仓储；货物中转联运、分拨；港口理货；客货运输服务；驳运；船舶引领及相关服务；港口设施、设备及港口机械的租赁、维修；商品包装加工；工属具制造；物资供销；船、货代理级船舶供油、供水。

3）宁波—舟山港

宁波港地处中国大陆海岸线中部，南北与长江T形结构的交会点，地理位置适中，是中国大陆著名的深水良港。

宁波港由北仑港区、镇海港区、宁波港区、大榭港区、穿山港区组成，是一个集内河港、河口港和海港于一体的多功能、综合性的现代化深水大港。现有生产性泊位191个，其中万吨级以上深水泊位39个。宁波港有最大的25万吨级原油码头、20万吨级（可兼靠30万吨船）卸矿码头、第六代国际集装箱专用泊位以及5万吨级液体化工专用泊位，已经与世界90多个国家和地区的560多个港口通航。

直接经济腹地为宁波市和浙江省。随着杭宣铁路（杭州—宣城）和浙赣铁路运输能力的提升，可扩大至安徽、江西和湖南等省。间接腹地为长江中下游的湖北、安徽、江苏、上海等省市的部分地区。经济腹地内自然条件优越，工农业生产发达，是全国富庶地区之一。传统的丝绸纺织、五金、食品和工艺品是全国主要的外贸出口商品。钢铁、石化、水泥、木材、化工、机械以及电子、家用电器等，种类繁多，发展很快。经济腹地通过宁波港进出的主要货种有金属矿石、煤炭、石油、非金属矿石、水泥、木材、矿建材料、糖等，其中金属矿石、煤炭、石油占总吞吐量的 88%。宁波港已建成国际一流的深水枢港和国际集装箱远洋干线港，构筑成上海国际航运中心深水外港，舟山港位于浙江省舟山群岛舟山市，地处中国南北航线与长江航线的 T 形交界点，水运交通十分便利；背靠经济发达的长江三角洲，是江浙和长江流域诸省的海上门户，也是上海国际航运中心的重要组成部分，是长江三角洲及长江沿岸工业发展所需能源、原材料及外贸物资运输的主要中转港。

舟山港具有丰富的深水岸线资源和优越的建港自然条件，适合开发建设港口泊位的深水岸线有 50 处，总长 246.7 千米，其中水深 15 米以上、可进 10 万～25 万吨级泊位的岸线 198.3 千米，水深大于 20 米的岸线 107.9 千米。全港有定海、沈家门、老塘山、高亭、衢山、泗礁、绿华山、洋山 8 个港区，有生产性泊位 352 个，其中，万吨级以上有 11 个。

经济腹地为江浙沿海及长江中下游地区。该区域经济发达，工业门类齐全，石化、钢铁工业在国内占有重要地位。建材、机械、化工、电子、电器、食品、纺织等工业发达。

港口货物主要有石油、煤炭、矿砂、木料、粮食等。舟山港成为浙江省、宁波市的物流龙头。

2015 年，浙江最大的两个港口宁波港和舟山港完成一体化合并。宁波舟山港集团是由宁波港集团（上市公司宁波港的大股东）和舟山港集团通过股权等值划转整合组建而成的。

4）广州港

广州港地处中国外向型经济最活跃的珠江三角洲地区中心。港区分布在广州、东莞、中山、珠海等城市的珠江沿岸或水域。

广州港与沿海及长江的港口海运相通，濒临南海，毗邻中国香港、澳门特别行政区，位于珠江水系的东、西、北三江交汇点。广州港北距汕头 276 海里，南距中国香港 70 海里，西距湛江 273 海里，铁路、公路、航空、水路运输发达。铁路有京广线、广九线、广湛线与全国主干铁路相连，形成铁路运输网；公路与汕头、湛江、深圳等省内重要市县均有干线连通，公路网络沟通闽、赣、湘、桂等省区。广州白云国际机场已开辟国内、国际航线 30 条左右，来往于全国主要大中城市及曼谷、马尼拉、新加坡、悉尼、墨尔本、吉隆坡等地的航班，可完成客货航空运输。广州港经虎门出海可达沿海各港及世界 100 多个国家（地区）的 600 多个港口。广州港至海口、厦门、上海、青岛、大连等港口有定期客货班轮，内河可至珠江水系的东江、西江、北江各港，是珠江三角洲水网运输中心和水陆运输枢纽。

广州港经济腹地辽阔，以广东为主，并以广州市为主要依托，包括广东、广西、湖南、湖北、云南、贵州、四川，以及河南、江西、福建的部分地区。广州港是珠江三角洲，以及中南、西南、赣南、闽南等地区物资的主要集散地，便利的海、陆、空交通，使其成为上述地区客、货运输的集散中心，担负着国内和外贸物资的转口任务。珠江水系腹地内矿产资源丰富，主要有煤、磷、硫、铁矿、重晶石、锰矿和铝土矿，沿江地区工农业比较发达，许多重要城市多分布于沿江两岸。进出口的大宗货物有：煤炭、石油、金属矿石、钢铁、矿建材料、水泥、木材、非金属矿石、化肥、农药、盐、粮食等。通过广州港的国内外货物货种、流量、流向具有复杂多变的特点。

广州港是华南地区最大的对外贸易口岸，主要从事石油、煤炭、粮食、化肥、钢材、矿石、集装箱等货物装卸（包括码头、锚地过驳）和仓储、货物保税业务，以及国内外货

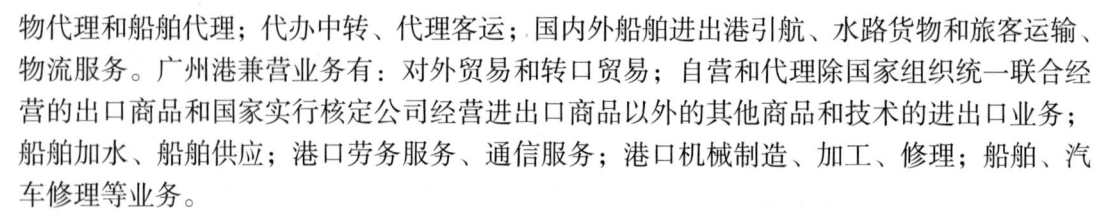

物代理和船舶代理；代办中转、代理客运；国内外船舶进出港引航、水路货物和旅客运输、物流服务。广州港兼营业务有：对外贸易和转口贸易；自营和代理除国家组织统一联合经营的出口商品和国家实行核定公司经营进出口商品以外的其他商品和技术的进出口业务；船舶加水、船舶供应；港口劳务服务、通信服务；港口机械制造、加工、修理；船舶、汽车修理等业务。

5）青岛港

青岛港始建于1892年，是中国第二个外贸亿吨吞吐大港，也是太平洋西海岸重要的国际贸易口岸和海上运输枢纽。

青岛港由青岛老港区、黄岛油港区、前湾新港区三大港区组成，拥有码头15座，泊位72个。其中，可停靠5万吨级船舶的泊位有6个，可停靠10万吨级船舶的泊位有6个，可停靠30万吨级船舶的泊位有2个。青岛港主要从事集装箱、煤炭、原油、铁矿、粮食等进出口货物的装卸服务和国际国内客运服务，与世界上130多个国家和地区的450多个港口有贸易往来。

6）大连港

中国北方的港口大多数集中在渤海湾，港口带动经济繁荣兴旺，因此渤海湾沿岸有"金项链"之称。渤海湾内最大的港口是大连港，位于辽东半岛南端，东濒黄海，西临渤海，南隔渤海海峡与山东半岛上的蓬莱遥遥相望。

大连港交通十分方便，哈大铁路正线与东北地区发达的铁路网连接。公路有全国最长的沈大高速公路与东北地区的国家公路网络相连接。经东北铁路网和公路网，大连港还连接着俄罗斯和朝鲜，可通过西伯利亚大铁路，成为欧亚大陆桥的起点。陆海空多种运输方式组成的主体运输网为大连港发展提供了优越的集疏运条件。

大连港港区的陆域面积为8平方千米，水域面积为346平方千米，平均水深10米，最深处达33米。码头泊位65个，码头岸线总长13 000米。海湾沿岸无大河流入，附近也无海域泥沙流影响，港内无淤积现象。这里气候温和，冬季港区不结冰。大连港是中国北方四季通航的天然良港。

大连港依托大连市，经济腹地包括黑龙江省、吉林省、辽宁省及内蒙古东部的呼伦贝尔市、通辽市和赤峰市。

7）秦皇岛港

位于渤海岸边的秦皇岛港，北依燕山，东有万里长城入海处——老龙头，西有风景秀丽的北戴河，港阔水深，风平浪小，一年四季不冻不淤，是中国北方的一座天然良港。

秦皇岛港是目前中国最大的能源输出港，是中国重要的对外贸易综合性港口之一，也是世界上最大的煤炭输出港。秦皇岛港已成为以煤炭、原油输出为主的综合性国际港口，是中国晋煤外运、北煤南运的主要枢纽港。经由秦皇岛港下水的煤炭量占全国主要沿海港口下水煤炭总量的一半左右，主要将来自中国山西、陕西、内蒙古、宁夏、河北等地的煤炭输往华东、华南等地，以及美洲、欧洲、亚洲等国家和地区，煤炭年输出总量占全国煤炭输出总量的50%以上，具备年装卸煤炭亿吨的生产能力。目前，秦皇岛港有煤炭专用泊位13个，可装载0.5万～10万吨各吨级船舶，最大可靠14万吨级船舶，年装卸煤炭能力达亿吨。

8）深圳港

深圳港位于广东省珠江三角洲南部，珠江入海口伶仃洋东岸，毗邻香港特别行政区，全市 260 千米的海岸线被九龙半岛分割为东部和西部两个港区。

东部港区位于大鹏湾内，主要包括盐田和沙渔涌、下洞等港区，湾内水深 12~14 米，海面开阔，风平浪静，是华南地区优良的天然港湾。西部港区位于珠江口东岸入海前缘，主要包括蛇口、赤湾、妈湾和东角头和福永等港区；东部港区位于南海大鹏湾西北部。此外，还有内河港区。东西港区均与中国香港九龙半岛隔海相望。

目前，深圳港共建成 500 吨级以上各类泊位 136 个，其中万吨级以上泊位 47 个；经营性泊位 86 个，其中万吨级以上经营性泊位 39 个；集装箱专用泊位 14 个；货主码头泊位 9 个，其中万吨级以上泊位 3 个；客运轮渡泊位 18 个；非生产性泊位 23 个。

深圳港口的直接腹地为深圳市、惠阳市（今惠阳区）、东莞市和珠江三角洲的部分地区，转运腹地范围包括广和京九铁路沿线的湖北、湖南、江西、粤北、粤东、粤西和广西的西江两岸。

港口货物以集装箱为主，兼营化肥、粮食、饲料、糖、钢材、水泥、木材、砂石、石油、煤炭、矿石等。

9）苏州港

苏州港，位于中国江苏省苏州市，地处长江入海口的咽喉地带，西起长山（张家港与江阴交界处），东至浏河口南（太仓与上海交界处）。东南紧邻上海，西南为经济发达的苏、锡、常地区。由原国家一类开放口岸张家港港、常熟港和太仓港三港合一组建成的新兴港口，原来三个港口相应成为苏州港张家港港区、常熟港区和太仓港区。

1968 年，张家港港区建港；1992 年，太仓港区开发建设；1992 年 8 月，常熟港区动工兴建；2002 年，原张家港港、常熟港和太仓港三港合一组建为苏州港。

2017 年，苏州港完成货物吞吐量 6.05 亿吨，港口吞吐量突破 6 亿吨大关，同比增长 4.35%。2018 年，苏州港港口货物吞吐量 5.74 亿吨，世界排名第七位。2019 年苏州港港口货物吞吐量 5.22 亿吨，全国排名第六位。

10）厦门港

厦门港开港于 1843 年，地处上海与广州之间，福建省东南的金门湾内，九龙江入海口。它面向东海，濒临台湾海峡，与台湾、澎湖列岛隔水相望，为中国东南海疆之要津，入闽之门户，具有港阔、水深、不冻、少雾、少淤、避风条件好等优点，万吨巨轮不受潮水影响可以随时进出。厦门港是中国东南沿海的一个天然良港。

厦门港是厦门经济特区的一部分，海域面积达 275 平方千米，分为内港和外港两部分。

厦门港有厦门市和闽南三角地为依托，该地区工农业总产值年平均递增率为 41.6%，腹地外向型经济发展迅速。1997 年年初，交通部确定厦门为海峡两岸试点直航口岸，同年 4 月 19 日厦门首开至台湾高雄的集装箱班轮。转运航线，结束了两岸将近半个世纪互无商船往来的历史，厦门港在对台航运方面拥有特殊的区位优势。

7.4.4 主要水路运输系统的布局

《全国沿海港口布局规划》实施后，在区域分布上将形成环渤海、长江三角洲、东南沿海、珠江三角洲、西南沿海5个规模化、集约化、现代化的港口群体。港口群体内起重要作用的综合性、大型港口的主体地位更加突出，增强了为腹地经济服务的能力。港口群体内部和港口群之间港口分工合理、优势互补、相互协作、竞争有序。

在主要货类的运输上，将形成系统配套、能力充分、物流成本低的八大运输系统。

1. 煤炭运输系统

根据中国"北煤南运"总体格局，装船港由北方沿海的秦皇岛港、唐山港、天津港、黄骅港、青岛港、日照港、连云港港等组成，卸船港由华东、华南等沿海煤炭消费地区的电力企业专用码头和公用港区煤炭转运设施组成。

中国煤炭资源和生产主要集中在山西、陕西和内蒙古西部地区，煤炭消费主要集中在华东和华南沿海地区，资源分布、生产力布局和能源结构的特点决定了中国将长期存在"西煤东运""北煤南运"和"铁海联运"的运输格局。

"三西"煤炭外运已经形成北、中、南三条通道，其中由大秦线、朔黄线、丰沙大线铁路经秦皇岛港、天津港、黄骅港和唐山港为"北路"煤运通道。目前，"北路"四港煤炭装船量为4.6亿吨左右。而根据相关部门规划，经对大秦线、朔黄线改造扩能和新建煤炭运输通道后，"北路"煤运通道集运能力可达6亿吨，煤炭装船能力缺口巨大。港口日渐成为煤炭运输的瓶颈，北方港口的煤码头建设变得日益紧迫。

2. 石油运输系统

石油运输系统依托石化企业布点，由20万～30万吨级专业化的进口原油卸船码头和二程中转储运设施以及成品油、天然气中转储运设施组成，并满足国家石油储备的要求。

目前，环渤海地区形成了以青岛、天津、大连三港为主，秦皇岛和锦州两港为补充的原油运输格局；长江三角洲地区形成了以宁波和舟山两港为核心，嘉兴、上海、南京等港为有机组成部分的原油中转运输体系；华南沿海基本形成了以泉州、惠州、广州、茂名、湛江等港为主，接卸外贸原油较为合理的港口布局。

3. 铁矿石运输系统

铁矿石运输系统临近钢铁企业或与钢铁企业的调整布局相适应，由20万～30万吨级高效、专业化的进口铁矿石卸船码头和二程接卸中转设施组成。

目前，长江三角洲地区已经形成了由宁波、舟山、上海和南通等长江沿江港口组成的外贸铁矿石运输体系的港口布局；环渤海地区矿石接卸以青岛、天津两港为主，秦皇岛、大连、营口和烟台四个港为补充，大连、营口等港专业化泊位的建设使本地区矿石运输系统港口布局趋向合理；华南沿海铁矿石运输需求相对较小，港口布局和码头建设仍显薄弱，湛江、防城两港矿石码头现已建成投产。

4. 集装箱运输系统

作为与国际接轨的重要环节，外贸集装箱运输显得尤为重要，物流推动了中国集装箱运输的发展。目前，中国集装箱港口附近大多设有以港口为依托的物流中心，以港兴流、以流促港的现象越来越多。随着物流理念的深入人心与物流实践的延伸，客户要求更加无缝、高效、便捷的完善的物流服务。物流的发展与完善是中国未来集装箱运输发展的催化剂。

未来，中国集装箱港口布局将更趋合理，逐步形成三个层次港口相结合的格局。

1）北部集装箱主枢纽港群——以大连港、天津港和青岛港为主

大连港是东北地区出海门户，港口集装箱发展趋势较好。天津港位于渤海湾里端，地处京、津、唐经济区有利位置，因此货源较丰富。青岛港水深条件好、腹地货源足，越来越受到航运界的青睐，中远、马士基和青岛港三国四方合资经营青岛港前湾二、三期集装箱码头，以及马士基欧洲线正式首航青岛港便是最好的例证。

2）东部集装箱主枢纽港群——以上海港、宁波港为主

上海港腹地优越，经济发展势头猛，成为国际集装箱中转港之一。宁波港是中国地理位置最优良的港口之一，总长2138米的集装箱泊位可停靠第五代集装箱船，将与上海和江苏港口共同形成东部集装箱主枢纽港群。

3）南部集装箱主枢纽港群——以香港港、深圳港和广州港为主

香港港是中国天然良港和远东的航运中心，是全球最繁忙和最高效率的国际集装箱港口之一，也是全球供应链上的主要枢纽港。与香港比邻的深圳港，集装箱吞吐量连年攀高，深圳港大铲湾码头的建设使目前较为紧张的集装箱通过能力得到有效改善。随着香港、澳门两地与内地经贸更密切联系的加强，制造业不断向中山、广州等地延伸，广州港的地位正在加强，使其成为华南地区最大的对外贸易口岸。

5．粮食运输系统

粮食是中国国民经济和社会发展的重要战略性物资，它不但关系到国计民生，而且还涉及国家的安全。目前，中国 75%以上的粮食从东北地区、黄淮海地区和长江中下游地区流向华东、华南、西南粮食主要消费地区。从总体来看，"北粮南运"是中国粮食物流现在和将来的主要趋势。

《全国沿海港口布局规划》实施后，将形成与中国粮食主要流出区、流入区的地理分布相适应，与粮食流通、储备、物流通道相配套，规模化、集约化、专业化运营发展的粮食运输系统。

6．商品汽车运输系统

有关资料显示，欧美汽车制造企业的物流成本占销售比例的8%左右，日本约为5%，而中国汽车生产企业的物流成本占销售比例普遍在15%左右。这15%左右的物流成本意味着中国汽车业有着巨大的市场空间。我们可以看到，中国汽车工业的快速发展孕育并创造了巨大的汽车物流市场，为汽车物流行业的发展创造了前所未有的良机。

随着中国沿海港口布局的实施，一个依托汽车产业布局和内、外贸汽车进出口口岸，专业化、便捷的商品汽车运输及物流系统将逐渐形成。在中外企业纷纷涉足汽车物流行业之际，大连、天津、上海、广州四大沿海港口用巨资布阵的汽车物流市场竞争格局已清晰可见。

7．陆岛滚装运输系统

为沟通沿海通道，进一步改善陆岛与海峡之间的交通条件，在满足岛屿出行要求的前提下，环渤海地区以大连、青岛、烟台、威海港为主，长江三角洲地区以宁波、舟山、温州等港口为主，东南沿海地区以宁德、福州、厦门、泉州、莆田、漳州等港口为主，在大

连、烟台间，上海、宁波、舟山间，琼州海峡间和渤海湾、杭州湾、北部湾内增设轮渡设施，发展滚装运输船队，形成布局合理、竞争有序的车渡滚装运输系统，逐步建立适应沿海岛屿社会经济发展要求的陆岛滚装运输系统。

8．旅客运输系统

《全国沿海港口布局规划》实施后，环渤海地区将以大连、天津、青岛、烟台和威海港为主布局旅客运输；长江三角洲地区以上海港为主布局国内、外旅客中转及邮轮运输设施；东南沿海地区以厦门港为主，珠江三角洲地以深圳、广州、珠海等港口为主，西南沿海地区以湛江、海口、三亚等港口为主，布局国内、外旅客中转运输设施。

7.5　航空运输

7.5.1　航空运输概述

1．航空运输体系的组成

航空运输体系包括飞机、机场、空中交通管理系统和飞行航线四个部分。这四个部分有机结合，分工协作，共同完成航空运输的各项业务活动。

2．航空运输的特点

现代航空运输是社会生活和经济生活的一个重要组成部分，是目前发展较快的运输方式之一。航空运输的快速发展是与自身的特点相关的。与其他运输方式相比，航空运输的优点表现在以下几个方面：

（1）速度快。
（2）机动性好。
（3）舒适、安全。
（4）基本建设周期短，投资少。

航空运输的主要缺点是飞机机舱容积和载重量都比较小，运载成本和运价比地面运输高；飞机飞行往往要受气象条件限制，因而影响其正常、准点到达。

7.5.2　中国航空运输的发展

中国民用航空（以下简称民航）发展至今主要历经了四个阶段。

1．第一阶段

1949—1978 年，是中国民航事业发展的初期。这一时期，民航由于体制几经变革，航空运输发展受政治、经济影响较大，基本处于停滞状态。1978 年，航空旅客运输量仅为 231 万人次，运输总周转量 3 亿吨千米。

2．第二阶段

1978—1987 年，是中国民航的独立发展时期。按照邓小平同志"民航一定要企业化"的指示，民航决定脱离军队建制，中国民航局从隶属于空军改为国务院直属机构，实行企

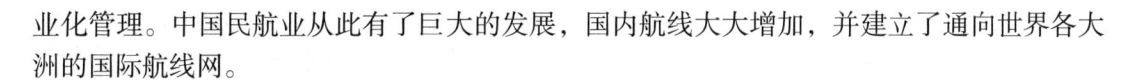

业化管理。中国民航业从此有了巨大的发展，国内航线大大增加，并建立了通向世界各大洲的国际航线网。

3. 第三阶段

1988—2001年，是中国民航体制改革时期。这一时期，对民航业进行以航空公司与机场分设为特征的体制改革，主要内容是将原民航北京、上海、广州、西安、成都、沈阳六个地区管理局的航空运输和通用航空相关业务、资产和人员分离出来，组建了六个国家骨干航空公司，实行自主经营、自负盈亏、平等竞争。这六个国家骨干航空公司分别是：中国国际航空公司、中国东方航空公司、中国南方航空公司、中国西南航空公司、中国西北航空公司和中国北方航空公司。

1993年4月19日，中国民用航空局改称中国民用航空总局，属国务院直属机构。1993年12月20日，中国民用航空总局的机构规格由副部级调整为正部级。

4. 第四阶段

从2002年至今，是中国民航发展的新阶段。2002年3月，中国民航业再次进行重组，2002年10月11日，中国航空集团公司、东方航空集团公司、南方航空集团公司、中国民航信息集团公司、中国航空油料集团公司、中国航空器材进出口集团公司宣告成立并同时与中国民航局脱钩。中国民航运输及服务保障六大集团公司的成立，是中国民航深化体制改革取得的重大成果，标志着中国民航体制改革终于取得了实质性进展和根本性突破。

"十二五"期间，我国民航发展质量稳步提升。安全水平世界领先，航班客座率和载运率居于高位，飞机日利用率为9.5小时，节能减排效果显著。民航保障能力不断增强。运输机场数量达到207个（不含3个通勤机场），87.2%的地级城市100千米范围有运输机场，通用机场310个，运输飞机2650架，不重复航线里程达531.7万千米。航空运输在综合交通运输体系中的地位不断提高，2015年民航旅客运输周转量在综合交通体系中所占比重接近1/4。民航业与区域经济融合发展进程加快，临空经济成为推动地区转变发展方式新亮点。"十二五"规划末，我国航空公司通航全球55个国家和地区的137个城市，国际航线达660条，国际客运市场份额达49%。

"十三五"规划，从行业规模、发展质量、保障能力、绿色发展四个方面提出民航发展的具体目标：安全水平保持领先，运输航空每百万小时重大及以上事故率低于15%。战略作用持续增强，民航对国民经济贡献不断提高，航空运输在综合交通中的比重进一步增加，旅客周转量比重达28%。运输总周转量达1420亿吨千米，旅客运输量7.2亿人次，货邮运输量850万吨，年均分别增长10.8%、10.4%和6.2%。保障能力全面提升，运输机场数量近260个，基本建成布局合理、功能完善、安全高效的机场网络。空域不足的瓶颈制约得到改善，空管保障能力稳步提升，年起降架次保障能力达1300万次。服务品质明显改善，全面提升运行质量，航班正常率力争达80%。全面提升服务水平，打造民航"真情服务"品牌，增进旅客对民航真情服务的获得感。通用航空蓬勃发展，基础设施大幅增加，标准体系基本建立，运营环境持续改善，服务领域不断扩展，通用机场达500个以上，通用航空器达5000架以上，飞行总量达200万小时。绿色发展深入推进，建成绿色民航标准体系，在资源节约、环境保护和应对气候变化方面取得明显成效。

2018年共完成固定资产投资810亿元，其中民航发展基金安排投资补助281亿元。全年新开工、迁建运输机场9个，新增跑道6条、停机位305个、航站楼面积为133.1万平方米，运输机场总数达235个。中国民航完成运输总周转量1206.4亿吨千米，同比增长11.4%；旅客运输量6.1亿人次，同比增长10.9%；货邮运输量738.5万吨，同比增长4.6%，其中国际航线货邮运输量，同比增长9.3%。截至2018年12月31日，全行业飞机达6053架，其中运输飞机3638架，通用飞机2415架。全国颁证运输机场235个，其中旅客吞吐量千万级机场有37个，同比增加5个，3千万级机场10个。旅客吞吐量超3千万级的机场（10个）：北京首都、上海浦东、广州白云、成都双流、深圳宝安、昆明长水、西安咸阳、上海虹桥、重庆江北、杭州萧山。2018年，民航旅客周转量在综合交通运输体系中的比重达31%，比上年年末提高1.9个百分点。全国机场旅客吞吐量，较上年增长10.2%，其中中部增长14.8%；东北增长9.7%；西部增长9.4%；东部增长9.7%。

截至2018年12月31日，航空运输企业达60家。其中，国有控股公司45家，民营和民营控股公司15家。另外，还有全货运航空公司9家；中外合资航空公司10家；上市航空公司8家。目前，国内航空公司按股权属性及规模分类分为三层次：第一层次三大航——隶属国家国资委，包括国航（山航、深航）、南航（厦航）、东航（上航）；第二层次地方航空——隶属地方政府，有海航、川航等；第三层次民营航空/支线航空/货航，包括春秋航、吉祥航、东海航等。

7.5.3　中国航空运输网的布局

航空运输布局主要是指空运布局和运力配置，其中航线、机场、运力构成航空运输布局的三个要素。航空运输网络的空间分布由地面点站和空中航线共同构成，运力配置则通过基地机场投入到运行的航线之中。因此，航线网络的结构形式和机场布局的状况，基本决定了航空运输网的布局状况。

中国航线按照起讫地点的归属不同，可分为国内航线和国际航线两类。

1. 国内航线

国内航线按其起讫地点的地域关系分为干线航线和支线航线。干线航线是指连接首都北京和各省省会、直辖市、自治区首府的航线，以及连接两个或两个以上的省会、直辖市、自治区首府之间的航线。支线航线是指一个省、自治区之内或者除省会、首府以外的城市之间的航线。

国内航线的分布有以下3个特点：

（1）国内航线集中分布于哈尔滨—北京—西安—成都—昆明线以东的地区。其中又以北京、上海、广州的三角地带最为密集。整体上看，航线密度由东向西逐渐减小。

（2）国内航线多分布在两个城市之间，以大、中城市为辐射核心。

（3）国内主要航线多呈南北向分布，在此基础上，又有部分航线从沿海向内陆延伸，呈东西向分布。

2. 国际航线

国际航线的分布有以下3个特点：

(1)国际航线以北京为中心,通过上海、香港、广州、乌鲁木齐、大连、昆明、厦门等航空口岸向东、西、南三面辐射。

(2)国际航线的主流由东西向,向东连接日本、北美,向西连接中东、欧洲。它是北半球航空圈带的重要组成部分。

(3)国际航线是亚太地区航空运输网的重要组成部分,与南亚、东南亚、澳大利亚等地有密切的联系。

3. 国内机场布局

国内机场规按照其规模划分,可分为三个层次:第一层次三大枢纽机场,包括上海(浦东、虹桥)、北京(首都机场)、广州(白云机场);第二层次17大机场,包括昆明、成都、西安、武汉等;第三层次由其他支线机场构成。

根据《交通运输"十二五"规划》中优化机场布局的精神,全面实施《全国民用机场布局规划》,并依据经济社会发展形势予以调整完善。完善以国际枢纽机场和干线机场为骨干、支线机场为补充的航空网络,加强珠江三角洲、长江三角洲、京津冀等区域机场功能互补,促进多机场体系的形成。重点布局以下5大机场群。

(1)北方机场群:将北京首都机场建设成为具有较强竞争力的国际枢纽机场,新建北京新机场,加快发展区域枢纽机场,发挥哈尔滨、沈阳、大连、天津机场在东北振兴和天津滨海新区发展中的重要作用,培育哈尔滨机场的门户功能,发挥石家庄、太原、呼和浩特、长春等机场的骨干作用,发展漠河、大庆、二连浩特等支线机场,新增抚远等支线机场。

(2)华东机场群:将上海浦东机场培育成为具有较强竞争力的国际枢纽机场,加快发展上海虹桥、厦门、杭州、南京、青岛等区域枢纽机场,培育青岛机场的门户功能,发挥济南、福州、南昌、合肥等机场的骨干作用,发展淮安等支线机场,新增九华山等支线机场。

(3)中南机场群:将广州机场培育成为具有较强竞争力的国际枢纽机场,完善深圳、武汉、郑州、长沙、南宁、海口等机场区域枢纽功能,增强三亚、桂林等旅游机场功能。发展百色等支线机场,新增衡阳等支线机场。

(4)西南机场群:强化昆明、成都、重庆机场的区域性枢纽功能,加快培育昆明机场的门户功能。提升拉萨、贵阳等机场骨干功能,发展腾冲等支线机场,新增武隆等支线机场。

(5)西北机场群:强化西安、乌鲁木齐机场区域枢纽功能,培育乌鲁木齐机场的门户功能。增强兰州、银川、西宁等干线机场的骨干功能,加快发展库尔勒、喀什机场成为南疆主要机场,发展玉树等支线机场,新增石河子等支线机场。

7.6 管道运输

7.6.1 管道运输的特点与种类

管道运输是利用管道输送气体、液体和粉状固体的一种运输方式。管道运输形式是靠物体在管道内顺着压力方向循序移动实现的,与其他运输方式的重要区别在于管道设备是静止不动的。管道运输现已形成独立的技术门类和工业体系。管道运输同铁路运输、公路运输、水路运输、航空运输并列为5种主要运输方式。管道输送的货物主要是油品(原油和成品油)、天然气(包括油田伴生气)、煤浆,以及其他矿浆。

管道运输是国民经济综合运输的重要组成部分之一,也是衡量一个国家的能源与运输业是否发达的特征之一。

1. 管道运输的特点

(1)运量大。一条输油管线可以源源不断地完成输送任务。根据其管径的大小不同,每年的运输量可达数百万吨到几千万吨,甚至超过亿吨。

(2)占地少。运输管道通常埋于地下,其占用的土地很少。运输系统的建设实践证明,运输管道埋藏于地下的部分占管道总长度的95%以上,因而对土地的永久性占用很少,分别仅为公路的3%、为铁路的10%左右。在交通运输规划系统中,优先考虑管道运输方案,对于节约土地资源,意义重大。

(3)建设周期短、费用低。国内外交通运输体系建设的大量实践证明,管道运输系统的建设周期与相同运量的铁路建设周期相比,一般来说,要短1/3以上。历史上,中国建设大庆至秦皇岛全长1152千米的输油管道,仅用了23个月的时间,而若要建设一条同样运输量的铁路线,则至少需要3年时间。统计资料表明,管道建设费用比铁路建设费用低60%左右。

(4)安全可靠、连续性强。石油天然气易燃、易爆、易挥发、易泄漏,采用管道运输方式,既安全又可以大大减少挥发损耗,同时石油泄漏导致其对空气、水和土壤污染可大大减少。也就是说,管道运输能较好地满足运输工程的绿色化要求。此外,由于管道基本埋藏于地下,其运输过程受恶劣多变的气候条件影响小,可以确保运输系统长期稳定地运行。

(5)耗能少、成本低、效益好。发达国家采用管道运输石油,每吨千米的能耗不足铁路的1/7。在大量运输石油时,管道运输的运输成本与水路运输的运输成本接近,因此管道运输是一种节能的运输方式。以运输石油为例,管道运输、水路运输、铁路运输的运输成本之比为1∶1∶1.7。

(6)灵活性差。管道运输不如其他运输方式(如汽车运输)灵活,除承运的货物比较单一外,它不易随便扩展管线,无法实现"门到门"的运输服务。对一般用户来说,管道运输通常要与铁路运输或者汽车运输、水路运输配合才能完成全程输送。此外,当运输量明显不足时,运输成本会显著增大。

2. 管道运输的种类

管道运输按输送的物品不同划分,可分为原油管道、成品油管道、天然气管道和固体料浆管道四类。

(1)原油管道。它不外乎是从油田将原油输给炼油厂或输给转运原油的港口或铁路枢纽,或两者兼而有之。原油管道的运输特点是输量大、运距长、收油点和交油点少,故原油特别适宜用管道输送,世界上有85%以上的原油是用管道输送的。

（2）成品油管道。它是指输送汽油、煤油、柴油、航空煤油和燃料油，以及从油气中分离出来的液化石油气等成品油（油品）的管道运输。成品油管道运输的特点是批量多，交油点多。因此，管道的起点段管径大，输油量大，经多处交油分输以后，输油量减少，管径也随之变小，形成成品油管道多级变径的特点。

（3）天然气管道。它是指输送天然气和油田伴生气的管道，包括集气管道、输气干线和供配气管道。就长距离运输而言，输气管道是指高压、大口径的输气干线。这种输气管道约占全世界管道总长的一半。

（4）固体料浆管道。它是20世纪50年代中期发展起来的。中国在20世纪70年代初已建成能输送大量煤炭料浆的管道。固体料浆管道的输送方法是将固体粉碎，掺水制成浆液，再用泵按液体管道输送工艺进行输送。

7.6.2 中国管道运输的发展及布局

1. 中国管道运输的发展

中华人民共和国成立后，随着石油和天然气生产的发展，管道运输得到了发展。20世纪50年代初，中国首先在甘肃玉门油矿铺设了一些短距离的输油管道。1958年，中国修建了从克拉玛依油田到独子山炼油厂的第一条原油干线管道，揭开了中国长距离管道运输的历史。但大规模的油气管道建设，是在20世纪70年代以来随着石油工业的大发展而修建的。

"十三五"期间，全国油气管网规模将达16.9万千米，其中天然气、原油、成品油管道长度分别为10.4万千米、3.2万千米、3.3万千米。中国成品油管道里程将从2.1万千米增加到3.3万千米，增长57%；天然气管道里程将从6.4万千米增加至10.4万千米，增加量相当于中石化现有管道里程数的5倍。截至2018年年底，中国油气长输管道总里程累计达13.6万千米。2018年，中国新建成油气管道总里程约为2863千米，与上年相比管网建设速度大幅放缓，新建成管道仍以天然气管道为主。对比2020年规划目标和2018年实际建成情况，2019—2020年须新建成3.3万千米油气管道，其中天然气管道、原油管道、成品油管道分别为2.5万千米、3000千米、5000千米，年均须建设油气管道总里程1.65万千米。

> **小知识**
>
> **长输管道**
>
> 长输管道，即长距离输送管道，区别于油气田内部的油气集输管道、企业之间或企业与其他运输方式之间的联系管道，也区别于城市煤气、城市给排水管道等。长输管道的定义在国际上未做统一规定，有的国家规定管径大于250毫米、距离超过50千米的为长输管道。

2. 中国主要输油（气）管道布局

管道运输主要是把油、气产品从生产地输往消费区。中国的大油田主要分布在东北、沿海和西北地区，而炼油厂的分布，除油田附近有一定的炼油能力外，主要分布在石油消费区。由于各地区石油产、炼油能力不平衡，石油的基本流向是北油南运和西油东运，中国石油管道的发展和布局形成了相应的基本特征。例如，大庆油田已建成两条直径720毫

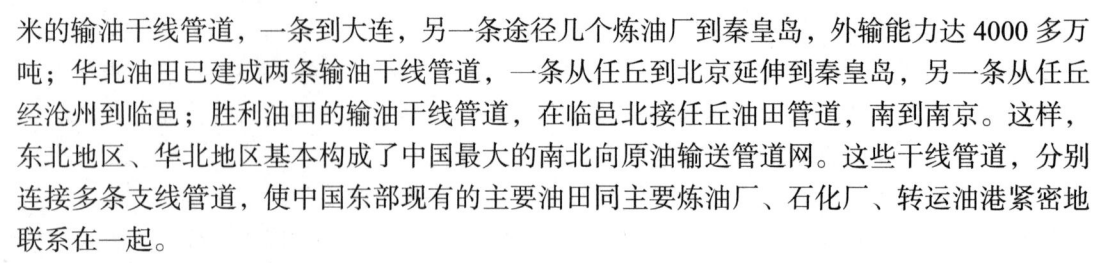

米的输油干线管道,一条到大连,另一条途径几个炼油厂到秦皇岛,外输能力达4000多万吨;华北油田已建成两条输油干线管道,一条从任丘到北京延伸到秦皇岛,另一条从任丘经沧州到临邑;胜利油田的输油干线管道,在临邑北接任丘油田管道,南到南京。这样,东北地区、华北地区基本构成了中国最大的南北向原油输送管道网。这些干线管道,分别连接多条支线管道,使中国东部现有的主要油田同主要炼油厂、石化厂、转运油港紧密地联系在一起。

1) 华北地区原油管道

华北地区有大港油田、华北油田,都铺设有外输原油管道。华北地区的炼化企业,有北京东方红炼油厂和大港炼油厂、天津炼油厂、沧州炼油厂、石家庄炼油厂、保定炼油厂、内蒙古呼和浩特炼油厂。原油管道总长度为1847.4千米。

2) 中部地区原油管道

中部地区油田分布在湖北和河南两省境内,有江汉油田、河南油田和中原油田,主要炼油企业有湖北荆门炼油厂和河南洛阳炼油厂。原油管道总长为1347.5千米。

3) 东北地区原油管道

东北地区是原油生产的主要基地,有大庆油田、辽河油田和吉林油田,原油产量大约占全国原油总产量的53.5%,原油管道达3399.6千米。

4) 华东地区原油管道

华东地区主要油田为山东胜利油田,是继大庆油田之后建成的第二大油田。胜利油田投入开发后,陆续建成了东营至辛店(1965年)、临邑至济南(1972年)两条管道,直接向齐鲁和济南的两个炼厂输油。1974年,东营至黄岛管道建成后,原油开始从黄岛油港下海转运;1975年后,开工修建了山东至仪征、东营至临邑的管道,开成了华东管道网,原油又可从仪征油港水路转运。1978年建成河北沧州至临邑,1979年建成河南濮阳至临邑的管道,华东油田和中原油田的部分原油也进入了华东原油管网。长江北岸的仪征输油站(油库)成为华东地区最大的原油转运基地,除供应南京炼油厂用油外,还通过仪征油港转运长江沿岸各炼油厂。华东地区原油管道总长度为2718.2千米。

5) 西北地区原油管道

西北地区是20世纪50年代初全国石油勘探的重点地区。1958年在甘肃兰州建成了中国第一座引进的现代化炼油厂——兰州炼油厂。1958年12月建成的克拉玛依至独山子原油管道,标志着中国长输管道建设史的起点。西北地区原油管道总长为4102.7千米。

6) 陆上成品油管道

中国最早的长距离的成品油管道是1973年开工修建的格拉成品油管道,起自青海省格尔木市,终于西藏拉萨市。1977年10月全部工程基本完工。管道全长1080千米,年输送能力达25万吨。

另外,距离较长的成品油管道如1995年建成的抚顺石化至营口鲅鱼圈管道,全长246千米;1999年建成的天津滨海国际机场和北京首都国际机场的管道,全长185千米;2000年10月22日开工建设的兰州—成都—重庆的管道,全长1200多千米。

7) 西气东输工程

西气东输工程是中国"十五"期间安排建设的特大型基础设施,总投资预计超过1400

亿元。其主要任务是将新疆塔里木盆地的天然气送往豫、皖、江、浙、沪地区，沿线经过新疆、甘肃、宁夏、陕西、山西、河南、安徽、江苏、上海、浙江10个省区市。西气东输工程包括塔里木盆地天然气资源勘探开发、塔里木至上海天然气长输管道建设以及下游天然气利用配套设施建设。西气东输工程主干管道全长约为4000千米，输气规模设计为年输商品气120亿立方米，是中国第一条大口径、长距离、高压力、多级加压、采用先进钢材并横跨长江下游宽阔江面的现代化、世界级的天然气干线管道。

西气东输工程管线以新疆塔里木轮南油田为起点，经新疆库尔勒、库米什、南湖戈壁，甘肃柳园、张掖、武威，宁夏甘塘、中卫，陕西靖边，山西临汾，河南郑州，安徽定远，江苏南京，最后抵达上海。

西气东输二线工程与中亚天然气管道实现对接后，干线和支线总长度超过1万千米，把来自土库曼斯坦的天然气输送到中国中西部地区、长三角地区和珠三角地区等用气市场，它是中国又一条能源大动脉，是迄今世界上距离最长、等级最高的天然气输送管道。

本章小结

- ☑ 交通运输业是国民经济结构中的先行和基础产业，在国民经济和社会发展中居重要地位。
- ☑ 全国高铁运营里程已经突破3.5万千米，稳居世界第一位。为了适应国民经济发展的需要，中国铁路要实行跨越式发展的战略，尽快建立起"八纵八横"铁路大通道，充分发挥铁路的网络优势。
- ☑ 到2018年年底，全国公路总里程484.65万千米，公路网密度为50.48千米/百平方千米。代表现代交通发展水平的高速公路里程达14.26万千米。
- ☑ 《全国沿海港口布局规划》是沿海港口的空间分布规划，也是高层面的港口规划。全国沿海港口分为环渤海、长江三角洲、东南沿海、珠江三角洲和西南沿海5个港口群体，煤炭、石油、铁矿石、集装箱、粮食、商品汽车、陆岛滚装和旅客8个运输系统。
- ☑ 中国民航完成运输总周转量1206.4亿吨千米，同比增长11.4%；旅客运输量6.1亿人次，同比增长10.9%；货邮运输量738.5万吨，同比增长4.6%，其中国际航线货邮运输量同比增长9.3%。中国民航航空业务规模快速增长，已成为全球第二大航空运输系统。航空运输在综合交通体系中的比重不断提高。
- ☑ 管道运输是利用管道输送气体、液体和粉状固体的一种运输方式。

思考题

1. 中国铁路实行跨越式发展战略，建立"八纵八横"铁路大通道具体包括哪些？
2. 什么是"7918"公路网？
3. 《全国沿海港口布局规划》的依据是什么？全国沿海港口分为哪几个港口群体？布局了哪几个运输系统？

第 8 章 国际物流地理

学习重点

- 国际物流的含义
- 国际贸易口岸的概念、地位与作用
- 世界主要的枢纽港口
- 世界主要的海峡和运河
- 世界航空区划及主要航线的分布
- 国际多式联运及陆路运输

引导案例

快捷的陆桥运输

陆桥运输是指横贯大陆的铁路和公路把海与海连接起来的运输方式,通过陆桥运输可缩短运输时间,以提高经济效益。目前,在国际贸易中常用的大陆桥是西伯利亚大陆桥。20 世纪 50 年代初,西伯利亚大铁路就开始了一般性的海陆联运,承运欧洲出口到亚洲的 1/5 的杂货,日本出口到欧洲的 1/3 的杂货。其主要经营部门是全俄过境运输公司和国际铁路集装箱运输公司。

思考:请依据海—铁—海运输形式,说出从日本等亚太地区至德国汉堡所经过的主要港站。

提示:这条路径如下:

亚太地区/日本 —(海)→ 纳霍德卡/东方港 —(铁)→ 莫斯科 —(铁)→ 圣彼得堡 —(海)→ 汉堡

▲ 8.1 国际物流概述

国际物流的完成主要是通过海上运输、航空运输、国际多式联运及陆路运输实现的。

8.1.1 国际物流环境

国际物流是现代物流系统中重要的领域,近年来取得了很大的发展。"东欧剧变"和苏联解体后，随着国际贸易壁垒的拆除、新国际贸易组织的建立，一些地区突破国界限制形成了统一市场，使国际物流出现了新的变化，国际物流形式也随之不断变化。

从企业角度看，近年来跨国企业发展速度很快。越来越多的企业在推行国际战略，在全世界范围内寻找贸易机会、最理想的市场和最好的生产基地，这必然将企业的经济活动领域由一个地区、一个国家扩展到国际之间。这样一来，企业的国际物流也被提到议事日程上。企业为支持这种国际贸易战略，必须更新物流观念，扩展物流设施，按国际物流要求对原来的物流系统进行改造。

8.1.2 国际物流的含义与特点

所谓国际物流，就是组织商品在国际间进行合理流动，也就是发生在不同国家之间的物流。国际物流的实质是按国际分工协作的原则，依照国际惯例，利用国际化的物流网络、物流设施和物流技术，实现商品在国际间的流动与交换，以促进区域经济的发展和世界资源的优化配置。与国内物流系统相比，国际物流具有以下几个特点。

1．物流渠道长，物流环节多

国际物流系统往往需要跨越多个国家和地区，需要跨越海洋和大陆，物流渠道长，还要经过报关、商检等业务环节。这就需要企业在物流运营过程中合理选择运输路线和运输方式，尽量缩短运输距离，缩短商品在途时间，合理组织物流过程中的各个业务环节，加速商品的周转并降低物流成本。

2．物流环境的复杂性

由于各国社会制度、自然环境、经营管理方法、生产习惯等的不同，特别是不同国家之间物流环境上的差异，使国际组织商品流动成为一项复杂的工作。物流环境的差异使一个国际物流系统需要在几个不同法律、人文、习俗、语言、科技及设施的环境下运行，这无疑会大大增加物流的难度和系统的复杂性。

3．国际物流对标准化要求较高

对国际物流来说，统一标准是非常重要的。也可以说，如果没有统一的标准，国际物流水平就无法提高。目前，美国、欧洲国家基本实现了物流工具、设施的统一标准。在物流信息传递技术方面，不仅需要实现企业内部的标准化，而且需要实现企业之间及统一物流市场的标准化。只有这样，才能使各国之间、各企业之间物流系统的交流更加简单有效。

4．国际物流中的风险

国际物流的复杂性可能带来一定的风险，主要包括政治风险、经济风险和自然风险三类。政治风险主要是指经过的国家政局动荡，如罢工、战争等原因造成商品可能受到损害或灭失；经济风险主要是指因从事国际物流发生的资金流动而产生的汇率风险和利率风险；自然风险是指在物流过程中，可能因自然因素（如海风、暴雨等）而造成的商品延迟、商品破损等风险。

5．国际物流的多种运输方式组合

国际物流中运输距离长，运输方式多样，有海洋运输、铁路运输、航空运输、公路运输，以及由这些运输手段组合而成的国际综合运输。

8.1.3　国际物流的产生与发展

国际物流活动随着国际贸易和跨国经营的发展而发展，经历了以下几个阶段。

1．20世纪50年代至20世纪70年代

20世纪五六十年代，国际上形成了较大数量的物流，在物流技术方面出现了大型物流工具，如20万吨的油轮、10万吨的矿石船等。20世纪70年代，国际物流不仅在数量上进一步发展，船舶的大型化趋势进一步加强，而且国际物流服务水平的要求提高了。大数量、高服务型物流从石油、矿石等物流领域向难度较大的中小件杂货领域深入，其标志着国际集装箱和国际集装箱船的发展。国际各主要航线的定期班轮都投入了集装箱船，快速地提高了散杂货的物流水平，从而使国际物流服务水平获得了很大的提高。在这个阶段，国际航空物流和国际联运在数量上大幅度增加。

2．20世纪70年代末期至20世纪80年代中期

这一阶段国际物流的突出特点是出现了"精细物流"，物流的机械化、自动化水平提高了，物流设施和物流技术得到了极大的发展。例如，一些国际物流企业建立了配送中心，广泛运用电子计算机进行管理；出现了立体无人仓库，一些国家建立了本国的物流标准化体系等。伴随新时代人们需求观念的变化，国际物流着力于解决"小批量、高频度、多品种"的物流问题，出现了不少新技术和新方法，这使现代物流不仅覆盖了大量商品、集装杂货，而且覆盖了多品种的商品，基本覆盖了目前的物流对象，并解决了物流对象的现代物流问题。

3．20世纪80年代中期至20世纪90年代初

在这个阶段，随着经济技术的发展和国际经济往来的日益扩大，物流国际化趋势开始成为世界各国共同面对的局面。各国企业越来越注意改善国际性物流管理，降低产品成本，改善服务，扩大销售，使企业在激烈的国际竞争中获得胜利。另外，伴随着国际多式联运物流的发展，出现了电子数据交换系统等信息技术。信息技术的作用是使国际物流向成本更低、质量服务更高、更大量化、更精细化方向发展。可以说，20世纪八九十年代的国际物流已进入物流信息时代。

4．20世纪90年代初至今

这一阶段国际物流的概念和重要性被各国政府普遍接受。很多企业的贸易伙伴遍布全球，要求企业物流国际化，即物流设施国际化、物流技术国际化、物流服务国际化、商品运输国际化、包装国际化和流通加工国际化等。世界各国广泛开展国际物流理论和实践方面的大胆探索。人们逐步认识到，只有广泛开展国际物流合作，才能促进世界经济繁荣。

8.1.4 国际物流的种类

根据不同的标准划分方式，国际物流可分为以下几种类型。

1．根据商品在国与国之间的流向分类

根据商品在国与国之间的流向分类，国际物流可分为进口物流和出口物流两类。当国际物流服务于一国的商品进口时，为进口物流；当国际物流服务于一国的商品出口时，为出口物流。

2．根据商品流动的关税区域分类

根据商品流动的关税区域分类，国际物流可分为不同国家之间的物流和不同经济区域之间的物流两类。区域经济的发展是当今国际经济发展的一大特征。例如，欧盟国家属于同一关税区，成员国之间物流的运作和它们与其他国家或经济区域之间的物流运作在方式、环节上存在较大的差异。

3．根据跨国运送的商品特性分类

根据跨国运送的商品特性分类，国际物流可分为国际军火物流、国际商品物流、国际邮品物流、国际捐助或救助物资物流、国际展品物流、废弃物物流等几类。本书所论述的国际物流主要是指国际商品物流。

此外，根据国际物流服务提供商的不同分类，国际物流的运营企业可分为国际货运代理、国际船务代理、无船承运人、报关行、国际物流公司、仓储和配送公司等几类。

8.1.5 国际物流与国际贸易之间的关系

国际物流是随着国际贸易的发展而产生和发展起来的，并已成为影响和制约国际贸易发展的重要因素。国际贸易与国际物流之间是相互促进、相互制约的关系。

1．国际贸易是国际物流产生和发展的基础和条件

最初，国际物流只是国际贸易的一部分，但是生产的国际化和国际分工的深化加速了国际贸易的快速发展，促使国际物流从国际贸易中分离出来，以专业化物流经营的姿态出现在国际贸易之中。跨国经营与国际贸易在规模、数量和交易品种等方面的大幅度增长，促进了商品和信息在世界范围内的大量流动和广泛交换，物流国际化成为国际贸易和世界经济发展的必然趋势。

2．国际物流的高效运作是国际贸易发展的必要条件

国际市场竞争日益激烈，要求国际贸易商以客户和市场为导向，满足国内外消费者定制化的需求。消费者对商品多品种、小批量的需求使得国际贸易中的商品品种、数量迅猛增长，对国际物流的运作要求也有所提高。在这种情况下，专业化、高效率的国际物流运作对国际贸易的发展是非常重要的保障。如果缺少高效国际物流系统的支持，国际贸易中的商品就有可能无法按时交付，并且物流成本也将提高。

3. 国际贸易对国际物流提出新要求

随着世界经济的飞速发展，国际贸易表现出一些新的趋势和特点，从而对国际物流也提出越来越高的要求。

1）质量要求

国际贸易的结构正在发生着巨大的变化。传统的初级产品、原料等贸易品种逐步让位于高附加值、精密加工的产品。由于高附加值、高精密度商品流量的增加，这对物流工作质量提出了更高的要求。

2）效率要求

国际贸易活动的集中表现是合约的订立和履行，而国际贸易合约的履行是由国际物流系统来完成的。

3）安全要求

随着国际分工和社会生产专业化的发展，大多数商品在世界范围内进行分配和生产。在组织国际物流、选择运输方式和运输路径时，国际物流企业要密切注意所经地域的气候条件、地理条件，还应注意沿途所经国家和地区的政治局势、经济状况等，以防止这些不可抗拒的自然力或人为因素造成商品灭失。

4）经济要求

国际贸易的特点决定了国际物流的环节多、备运期长。在国际物流领域，控制物流费用和降低成本两个方面具有很大的潜力。对国际物流企业来说，选择最佳的物流方案，提高物流经济性，降低物流成本，保证物流服务水平，是提高国际物流企业竞争力的有效途径。

5）环保要求

物流作为国际贸易的桥梁，能否适应全球的绿色化发展趋势，直接影响各国对外贸易的发展。首先，绿色壁垒是许多国家对外经济贸易活动中必须跨越的一道门槛，为保证商品顺利进入国际市场，就必须发展绿色物流。其次，绿色物流可以帮助企业节约资源，降低经营成本，同时在生产经营中体现绿色物流思想，将会大大提高企业形象，有利于增强企业核心竞争力，提高企业的经济效益。

总之，国际物流必须适应国际贸易结构和商品流通形式的变革，向国际物流合理化方向发展。

8.1.6 国际贸易口岸

1. 口岸的概念

口岸，原指设在海口的商埠，也称通商口岸。据《政治经济学辞典》解释，商埠是一个国家指定的准许外国人前来通商的地方。由此可知，口岸原来的意思是指由国家指定对外通商的沿海港口。《辞海》也将口岸解释为"对外通商的港埠"。随着历史的进步，如今这种将口岸仅仅理解为对外通商的港埠的看法，已经远远不能适应现代国际交往的实际，也不能准确地反映"口岸"这个概念的真正内涵。口岸不仅是指设在沿海的港口和经济贸易往来（通商），还包括政治、外交、科技、文化、旅游和移民等方面的往来。随着陆、空交通运输的发展，对外贸易的货物、进出境人员及其行李物品、邮件包裹等，可以通过铁路、公路和航空直达一国腹地。因此，在开展国际联运、国际航空、国际邮包邮件交换业务及其他有外贸、边贸活动的地方，也设置了口岸。改革开放以来，中国外向型经济由沿海逐步向沿边、沿江和内地辐射，口岸也由沿海逐渐向边境、内河和内地城市发展。

现在，除了对外开放的沿海港口，口岸还包括：国际航线上的飞机场；山脉国境线上对外开放的山口；国际铁路、国际公路上对外开放的火车站、汽车站；国界河流和内河上对外开放的水运港口。

2．口岸的分类

口岸常用的分类方法有如下几种。

1）按批准开放的权限划分

按照批准开放的权限划分，口岸可分为一类口岸和二类口岸两类。一类口岸是指由国务院批准开放的口岸（包括中央管理的口岸和由省、自治区、直辖市管理的部分口岸）；二类口岸是指由省级人民政府批准开放并管理的口岸。

2）按出入境的交通运输方式划分

按照出入境的交通运输方式划分，口岸可分为港口口岸、陆地口岸和航空口岸3类。

港口口岸是指国家在江、河、湖、海沿岸开设的供人员和货物出入国境及船舶往来停靠的通道。港口口岸包括海港港口口岸和内河港口口岸。内河港是建造在河流（包括运河）、湖泊和水库内的港口，为内河船舶及其客货运输服务。

陆地口岸是指国家在陆地上开设的供人员和货物出入国境及陆上交通运输工具停站的通道。陆地口岸包括国（边）境，以及国家批准内地可以直接办理对外进出口经济贸易业务和人员出入境的铁路口岸和公路口岸。

航空口岸又称空港口岸，是指国家在开辟有国际航线的机场上开设的供人员和货物出入国境及航空器起降的通道。

此外，在实际工作中，人们还经常使用边境口岸、沿海口岸、特区口岸、重点口岸、新开口岸和老口岸等概念。这些分类方法虽然尚未规范化，但是在制定口岸发展规划和各项口岸管理政策方面有一定的积极作用。

3．口岸的地位和作用

（1）口岸象征着一个国家的主权。有国家就有领土和疆界，有领土和疆界就必然要对出入境活动进行管理，口岸权是国家主权的重要体现。

（2）口岸是对外开放的门户。加强口岸管理，在维护国家安全、维护国家利益、保障国内安定局面方面具有极其重要的作用。

（3）口岸是国际货物运输的枢纽。口岸作为国际物流系统中的一个子系统，是国际货物运输的枢纽，它必须与交通运输发展规划相配套，与外经贸的发展规划相协调。

8.2 国际海上运输

海洋运输是各国对外贸易的主要运输方式，其结构模式是"港口—航线—港口"。海运通过国际航线和大洋航线联结世界各地的港口，其所形成的运输网络对区域经济的世界化和世界范围内的经济联系发挥着极其重要的作用。

长期以来，世界海运市场一直被少数发达国家和传统海运大国所垄断。目前，国际航运市场的重心正向亚太地区转移。

8.2.1 国际航区的类型

按地理环境结构划分，国际航区可分为太平洋航区、大西洋航区、印度洋航区和北冰洋航区4类。其主要航线和港口分述如下。

1．太平洋航区

太平洋位于亚洲、美洲、大洋洲和南极洲之间，从白令海峡到南极洲的罗斯冰障，南北长约为15 900千米，从巴拿马至中南半岛的克拉地峡；东西宽约为19 900千米，面积为17 968万平方千米，占世界海洋总面积的49.8%。太平洋东南部通过南美洲南端的麦哲伦海峡、德雷克海峡与大西洋相通，中美洲的巴拿马运河是连通两大洋的便捷通道；东南亚的马六甲海峡、龙目海峡是连通太平洋与印度洋的重要水道。太平洋航区是世界重要的海运航区。随着东亚的发展及美国、加拿大等国的经济关系重心转向太平洋，国际航运中心正从大西洋移向太平洋。

2．大西洋航区

大西洋位于欧洲、非洲、美洲和南极洲之间，面积约为9300万平方千米，是世界第二大洋。大西洋西部通过巴拿马运河与太平洋连通，东部经直布罗陀海峡、地中海、苏伊士运河、红海（印度洋属海）可连接印度洋，由东南绕好望角也可进入印度洋。大西洋航运发达，是世界海运量最大的航区。

3．印度洋航区

印度洋是世界第三大洋，面积约为7492万平方千米。印度洋介于亚洲、非洲、大洋洲之间，与欧洲只隔着一个地中海，因此印度洋在贯通世界东西交通方面占有重要地位，它是中东地区国家石油输出的主要路径。印度洋航区主要航线有横贯印度洋东西的大洋航线和通达波斯湾沿岸产油国的航线。横贯印度洋东西的航线包括从亚太地区和大洋洲横越印度洋西行的航线，从欧洲、非洲横越印度洋东行的航线，基本连通太平洋、大西洋和印度洋，在这条航线上，东端的马六甲海峡和西端的苏伊士运河是两个重要的交通枢纽。波斯湾输油航线一面西行（经苏伊士运河或好望角）至欧洲和美国，一面东行（经马六甲海峡或龙目海峡）至亚太地区。

4．北冰洋航区

北冰洋大致以北极为中心，介于亚洲、欧洲和美洲之间，被三洲环抱，在亚洲与北美洲之间通过白令海峡连通太平洋，在欧洲与北美洲之间以冰岛—法罗海槛和威维亚·汤姆逊海岭（地处冰岛与英国之间）与大西洋分界，通过丹麦海峡及北美洲东北部的史密斯海峡与大西洋连通，面积约为1310万平方千米，是世界四大洋中面积最小的海洋。北冰洋系亚、欧、北美三大洲的顶点，有联系三大洲的最短航线，但其所处纬度较高，气候恶劣，洋面大部分常年冰冻，冬季洋面冻结范围高达85%以上；夏季浮冰的洋面也达60%多，故称北冰洋。北冰洋航运不发达，其主要航线有：

（1）挪威海和巴伦支海西南部航线，全年可通航。

（2）夏季，北极海域的苏联沿岸有不定期航班到远东港口，但必须有破冰船做先导开航，航线为摩尔曼斯克—符拉迪沃斯克（海参崴）。

（3）摩尔曼斯克—斯匹卑尔根群岛（挪威）—雷克雅未克（冰岛）—伦敦。

8.2.2 世界主要的枢纽港口

港口是水、陆、空交通的集结点和枢纽，是工农业产品和外贸进出口物资的集散地，也是船舶停泊、装卸货物、上下旅客、补充给养的场所。世界上的国际贸易海港有2500多个，其中吞吐量超过1000万吨的港口有100多个，5 000万吨以上的港口有20多个。表8.1和表8.2分别是2019年全球十大港口货物吞吐量和集装箱吞吐量排名。除中国的宁波—舟山港、上海港、天津港外，澳大利亚的黑德兰港、荷兰鹿特丹港、美国的纽约港、日本的东京港、德国的汉堡港和不来梅哈芬港、比利时的安特卫普港、加拿大的温哥华港、新加坡的新加坡港、法国的马赛港和英国的伦敦港均为世界著名大港，在世界货物贸易运输中均占有重要地位。

表8.1 2019年全球十大港口货物吞吐量排名

序　号	港口名称	2019年（万吨）	2018年（万吨）	增长率（%）
1	宁波—舟山港	112 009	103 808	7.9
2	上海港	71 677	71 659	0.0
3	唐山港	65 674	63 699	3.1
4	新加坡港	62 618	63 013	−0.6
5	广州港	60 616	53 833	12.6
6	青岛港	57 736	54 161	6.6
7	苏州港	52 275	52 179	−1.7
8	黑德兰港	52 188	51 799	0.8
9	天津港	49 220	47 281	4.1
10	鹿特丹港	47 131	46 898	0.5

表8.2 2019年全球十大港口集装箱吞吐量排名

序　号	港口名称	2019年（万标准箱）	2018年（万标准箱）	增长率（%）
1	上海港	4331	4201	3.1
2	新加坡港	3720	3660	1.6
3	宁波—舟山港	2753	2635	4.5
4	深圳港	2577	2574	0.1

续表

序　号	港口名称	2019年（万标准箱）	2018年（万标准箱）	增长率（%）
5	广州港	2322	2192	5.9
6	釜山港	2191	2166	1.1
7	青岛港	2101	1932	8.8
8	香港港	1836	1960	-6.3
9	天津港	1730	1597	8.3
10	鹿特丹港	1492	1451	2.8

1. 鹿特丹港

鹿特丹港是欧洲第一大港，全球重要的物流中心之一。鹿特丹港位于莱茵河和马斯河入海的三角洲，濒临世界海运最繁忙的多佛尔海峡。鹿特丹港是西欧水、陆交通的要道，也是荷兰和欧盟的货物集散中心，运入西欧各国的原油、石油制品、谷物、煤炭、矿石等都经过这里，因此鹿特丹港有"欧洲门户"之称。

鹿特丹港港区占地面积为100多平方千米，其中陆域面积为78.52平方千米，水域面积为21.48平方千米。可供远洋海轮用的码头岸线长达38千米，共有951个泊位，航道最大水深达22米。港口装卸设备齐全，有岸壁起重机400台，全旋转浮吊18台，固定臂浮吊34台，岸上吸粮机26台，集装箱装卸机械20台，干船坞7座，浮船坞31座。20世纪80年代初期，鹿特丹港使用了电子计算机导航系统。

鹿特丹港务局统计资料显示，港区内拥有5个炼油厂，43家化工和石化公司，3家工业燃气生产商，6个原油码头，19个独立的石油和化工产品储罐和分销码头，4个第三方食用油和油脂码头，4个食用油和油脂生产厂，以及1500千米的管线。鹿特丹港拥有各类码头集散站共计90多个，其中集装箱码头9个，多功能码头17个，全天候码头1个，滚装码头7个，固体散装货码头15个，液态散装货码头35个。

鹿特丹港是国际水、陆、空交通的重要枢纽，有500多条航线的船籍港或停靠港，通往全球1000多个港口，货物运输量占荷兰全国货物运输量的78%。2019年，鹿特丹港货物吞吐量达4.69亿吨，集装箱吞吐量达1492万标准箱。目前，鹿特丹港年进港远洋轮船约为3.4万艘，内河船只约为13.3万艘，是世界较大的商品集散中心之一。

2. 纽约港

纽约港位于美国哈德逊河口东岸，濒临大西洋，包括哈德逊河下游48千米长的水线，长岛海峡沿岸30多千米的海岸线，以及斯塔腾岛西部32千米的水面。这里海岸曲折，港宽水深，潮差仅为1.2～1.5米。墨西哥湾暖流的影响，港口全年不冻，是大西洋沿岸的一个天然良港。

纽约港共有深水泊位400余个，有杂货、油轮泊位各近100个；有集装箱泊位37个，是世界上较大的集装箱码头。纽约港中各种设施齐备，有起重500吨的大型浮吊及各式吊车；各种仓库170多个，面积为0.7平方千米；另有冷藏库10万立方米，各种港口作业船300多艘；港内有干船坞67座。

3．新加坡港

新加坡港是全球较大的海洋转口运输中心之一，拥有完整的港口及海事服务，全球范围的海港网络以及全面的物流服务方案，也是亚太地区的邮轮中心。迄今为止，新加坡至少有 250 家船公司，将新加坡港与全世界 123 个国家和地区的 600 多个港口相连接。每天都有船只从新加坡港开往全世界各个主要港口。

由于常年的出色工作，新加坡港务集团被世界公认为全球首屈一指的综合性海港与物流服务公司，是"亚洲最佳集装箱码头经营者"大奖的常年获得者，先后 13 次获得亚洲货运业奖（AFIA）殊荣。新加坡港先后 14 次被选为"亚洲最佳海港"。

新加坡邮轮中心已经成为世界各大邮轮公司在东南亚的枢纽港，年均接待约为 700 万名来自世界各地的游客，多次被英国的《梦幻世界邮轮观光地》杂志评为"最有效率码头经营者"，多次蝉联"最佳国际客运周转港口"的头衔。

新加坡港务集团在新加坡本土共经营 4 个集装箱码头，即布拉尼码头、巴西班让码头、丹戎巴葛码头和岌巴码头。4 个码头的泊位总数 37 个，年均处理全球集装箱转口总量的 25%，以及全球集装箱总量的 7.4%。新加坡港务集团下属的 PSA 海事私人有限公司，是首屈一指的海事服务供应机构，在新加坡、中国香港、东南亚、中东和非洲提供一系列的海事服务，包括引航、远洋与码头拖船、国际打捞和紧急反应、重型起重机、海上运输和海事咨询等服务。

新加坡港务集团注重以科技带动生产力，致力于应用科技来提高运作效率，使客户得以享有越来越快捷、有效和衔接紧密的服务。20 世纪 80 年代，新加坡港务集团首创了电脑综合码头作业系统。这是一个企业资源策划系统，能够协调并整合整个港口的运作。由新加坡港务集团开发的另一个系统是海港网络，它是新加坡首个也是唯一可将全新加坡的海事业者通过网络联系起来的电子商务系统，经过多年的创新发展，已进入世界港口电子信息管理的先进行列。

新加坡港务集团积极向海外拓展，迄今在全球 8 个国家参与了多个港口发展项目：比利时的安特卫普和泽布吕赫港，文莱的麻拉集装箱码头，中国的大连、福州及广州集装箱码头，印度的突提科林集装箱码头及皮帕瓦维港，意大利的沃特里和威尼斯集装箱码头，韩国的仁川集装箱码头，葡萄牙的赛恩斯集装箱码头和也门的亚丁集装箱码头。

4．汉堡港

汉堡港距易北河流入北海的入海口 110 千米，航道水深 11 米以上，大型海轮通行无阻。它有 300 多条国际海运航线与世界各主要港口联系，素有"德国通向世界的门户"之称。在全长 320 千米的河岸上，汉堡港所建码头长达 65 千米。每年约有 18 500 艘次船只停靠。

汉堡港港口面积为 100 平方千米，有转运站、仓库、巨型吊车、19 座装卸桥和专用铁路货运站。汉堡港海外中心面积为 0.11 平方千米，属于世界大型的有顶仓库，每天可处理 2.8 万吨出口货物。勃却凯集装箱码头面积为 0.34 平方千米，是西欧最大的集装箱码头。

汉堡港一半的货物来自中国和波罗的海国家。汉堡港是集海港、物流、运输服务于一体的枢纽港，是西欧与斯堪的纳维亚地区的主要海港和进出口贸易中心。汉堡港拥有 200

多家船运公司、100多家大型国际贸易公司，还有举世闻名、实力雄厚的造船中心，以及电子、电器、机械、石化、食品等生产加工基地。

5. 安特卫普港

安特卫普港位于比利时北部，斯海尔德河下游，距北海89千米。安特卫普港是比利时第二大工业中心和北欧北部的贸易中心，也是世界著名大港之一。安特卫普港年吞吐量9000万～1亿吨，可容纳10万吨级的船舶，码头起重机的起卸能力为每天800吨。

整个港区面积为178平方千米，其中各种类型的码头面积为13.50平方千米，工厂区面积为31.25平方千米，室内仓库面积为2.86平方千米，露天仓库面积为7.84平方千米。码头全长99千米，港区铁路线长839千米，港区内公路线长295千米。码头起重机455台，机动吊车71台，集装箱装卸设备14台。木材堆放场面积为0.73平方千米。集装箱滚装船的码头泊位有18个。港区内还有设备完善的储油仓，各种油库总容量约为1200万立方米，冷库43万立方米。

安特卫普港在欧洲、非洲班轮航线上发挥了巨大的作用，其欧洲、非洲航线班轮挂靠率和装卸量之高据欧洲港口之首。安特卫普的欧洲、非洲集装箱货物贸易的主要客户是南非，约占欧洲、非洲集装箱贸易总量的1/4，运量为欧洲、非洲贸易航线之最。尼日利亚是仅次于南非的欧洲、非洲集装箱贸易第二大客户，第三大客户是塞内加尔。

6. 东京港

东京港是西太平洋和远东的国际集装箱枢纽港之一，位于日本荒川河口和多摩尔河口之间。港湾区域面积（水域）为54.53平方千米，临港地区面积（陆域）为10.80平方千米，防波堤长7.1千米，包括栈桥在内的港口码头线总长23.78千米，各种型号船舶的泊位总数181个；其中集装箱船泊位14个，集装箱码头线长4.28千米。每周有350余艘次的国际集装箱班轮，把东京港与世界各地的港口紧密联系起来。

20世纪90年代末，东京港的青海集装箱码头建成并投入使用，码头线全长1.35千米，码头占地为413.132平方千米，共4个泊位，水深15米，岸边装卸桥9台。编号为11号的该码头可以停靠5万吨级集装箱船。除了集装箱码头，东京港还有许多可以为内贸航线和专用航线船舶服务的其他类型码头。

自20世纪60年代起，东京港以大规模资金和技术投入了集装箱码头的建设。迄今为止，东京港已成为举世闻名拥有现代化集装箱码头、堆场和高科技港口设施的日本国际贸易的主要门户。

7. 洛杉矶港

洛杉矶港位于美国加利福尼亚州的南部，濒临太平洋的圣佩德罗湾，在洛杉矶城市南部。

洛杉矶港是美国的一座综合性大港，拥有27个分别装卸汽车、集装箱、散杂货、油料和液化气等货物的码头港区，年货物吞吐量达1.2亿吨。于2002年竣工的32千米长的港口铁路线全程立交网络，每天可以让100列满载集装箱的火车以64千米的时速长驱进出港口码头，将集装箱直接运送到停泊在码头的船边或者通过美国加利福尼亚州南部的阿拉梅达大陆铁道新干线，直接运往美国内地。

洛杉矶 Pier-400 集装箱码头有 36 个港区进口和 20 个出口，港区码头各个紧要地点和出入口总共安装了 200 台闭路摄像探头的监视网络，码头上建有面积达 40 英亩（161 874.256 896 平方米），拥有 12 条轨道的火车调配场，每一条轨道上可以停放 8 节满载集装箱的车皮。也就是说，96 节车皮可以同时在长达 8 千米的港口码头轨道线上装卸集装箱。该特大型集装箱码头的堆场上拥有 1800 个冷藏集装箱电源插头，在冷藏运输方面有很大的优势。

通过对主航道进行疏浚，洛杉矶港由先前的 13.7 米增深至 16.2 米，可以满足 8000 标准箱的以上的大型船舶进出港。这对跨太平洋中转贸易的部署非常重要。

8. 不来梅哈芬港

从中世纪开始，不来梅市是西北欧重要的贸易城市和通商口岸之一。不来梅市距离威悉河河口约为 72 千米，航道自然水深有限，加之泥沙淤积使不断扩大规模的商船逐渐无法靠港。于是，不来梅市在 1827 年从相邻的汉诺威王国（今下萨克森州）购买了一块威悉河下游靠近入海口的土地，用于建设除不来梅北区威格萨克港区以外的一个外港。这个港口被命名为"不来梅哈芬港"，在德语中是"不来梅的港口"的意思。不来梅哈芬以此立市，港口从老港区"旧港"一步步扩大，如今拥有集装箱港区、汽车港区、渔业港区、水果码头和豪华游轮码头。从居民数量来看，不来梅哈芬是德国西北部北海沿岸最大的城市。

不来梅哈芬港距离公海 32 海里。入港航程短是该港口能够为航运企业缩短航行时间和节省运营成本的一大天然优势。借助潮水，该港可以停靠吃水达 15 米的大型船舶。不来梅哈芬港的集装箱港区和汽车港区位于不来梅哈芬市北部的自由港内。3 个集装箱码头在威悉河岸"一"字形排开，形成世界上最长的河岸集装箱码头岸线，滚装码头位于通过船闸与威悉河隔开的北港和恺撒港港区内，以保证滚装船作业不受潮汐变化的影响。

得益于优越的水文条件和高效的码头作业，不来梅哈芬港成了西北欧地区对斯堪的纳维亚、波罗的海沿岸国家和俄罗斯最重要的转运港之一，拥有十分密集的支线航运网络。

在汽车滚装业务方面，不来梅哈芬汽车港是世界上较大的汽车港之一。汽车滚装码头总占地面积为 2.40 平方千米，另有 7 个多层车库，可供 9 万多辆汽车同时停放。不来梅哈芬港有 10 个远洋泊位和 8 个近洋船舶泊。除了汽车装卸，滚装码头还用于大型机械设备、特种车辆等重大件货物的转运。欧洲汽车制造商通过不来梅哈芬港主要出口到北美、东亚和近东地区；而进口车辆主要来自欧洲其他国家、亚洲和北美地区。全球所有知名的滚装船航运企业均有通往不来梅哈芬港的航线，每年有超过 1200 艘汽车滚装船挂靠。

不来梅哈芬港被称为"欧洲的冷库"，集装箱码头拥有将近 5700 个冷箱接口，紧邻集装箱码头坐落着具有 3.3 万欧式托盘仓储能力的 BLG 冷库，该冷库分为冷藏区域与冷冻区域，可用于食品与非食品的临时储存。除仓储服务外，BLG 冷库还提供货运和报关代理服务，办公楼内设有动植物检疫局边检站。

不来梅州雇员联合会的一项报告显示，不来梅哈芬市每四个工作岗位中就有一个直接或者间接地与港口业、造船修船业或鱼类及食品加工工业有关。

9. 伦敦港

伦敦是英国的首都，也是世界大都市之一。伦敦位于英格兰东南部，跨泰晤士河下游延伸达 69 千米。伦敦港是西北欧最大的集装箱港，年装卸货量超过 6000 万吨，经由伦敦港进口的货物占英国进口货物量的 80%。

伦敦港有 3 个码头区：皇家码头区，面积为 4.1 平方千米。这是世界上较大的水域码头之一，水域面积约为 0.23 平方千米，水深达 12 米；印度与米勒沃尔码头区，面积为 18 平方千米，水域面积为 0.51 平方千米，码头长 10 千米；提尔伯里码头区，该码头从老城内著名的伦敦桥一直延伸到泰晤士河口附近，长为 40 千米，面积为 4.3 平方千米，水域面积为 0.06 平方千米，伦敦的集装箱码头就位于此。粮食码头建有 10 万吨储存能力的地下粮库。

10. 温哥华港

温哥华港位于巴拉德湾和弗雷泽河三角洲之间，与温哥华岛隔岸相望，靠近美国华盛顿州。早在 19 世纪 70 年代，温哥华原为伐木工人的居住地，当时称为"格兰维尔"，直至 1886 年才更名为"温哥华"。巴拿马运河于 1915 年正式通航后，加拿大西部地区生产的大量谷物和木材，通过温哥华港，沿着北美西部海岸一路南下，再经过巴拿马运河向东，进入大西洋，再运往欧洲。于是，温哥华迅速发展成繁荣的海港城市。温哥华港拥有规模宏大的海港码头和自动化程度很高的谷物装卸设施。温哥华港的交通非常发达，有加拿大国家铁路、加拿大太平洋铁路、跨越加拿大的"BCR"大铁路和伯灵顿北部大铁路 4 条铁路和多条公路线，可直接从温哥华港口码头通向加拿大和美国的内陆腹地。温哥华港旁边有国际机场。

作为世界上天然深水良港之一的温哥华港，港口码头分布在南起加拿大和美国接壤的国界罗伯特海岸，沿着加拿大太平洋西海岸，一直北上延伸 233 千米，抵达印第安阿穆和布拉湾北岸的海岸线上。温哥华港口码头对世界上任何船舶，包括超巴拿马型集装箱船，均没有船舶水尺的限制。另外，温哥华港拥有在北美大陆西海岸港口中服务范围最广泛、最发达的铁路运输服务网络。

温哥华港拥有 25 个港区码头，可以为国际航运船舶提供全方位的装卸服务。大部分港口码头都分布在温哥华的布拉湾海岸线上，也有一部分港口码头分布在罗伯特海岸上，但距离温哥华市中心不远，仅为 35 千米。

温哥华港货物吞吐量中的 80%以上是散货，比较典型的货物，如煤炭、硫黄、钾碱、粮食、石油化工产品和木屑，每年通过温哥华港的 17 个散货码头装运进出口。专用杂货码头有 3 座，主要装卸森林产品，如锯木、胶合板、新闻卷纸、纸浆等，占温哥华港杂货总运量的 95%，但仅占温哥华港货运总量的 5%。

温哥华港是加拿大规模最大的多用途综合性港口，每年与世界上 90 多个国家和地区进行 290 亿美元以上的货物贸易。温哥华港口为加拿大民众提供了 62 000 个工作岗位，国民生产总值达 16 亿美元。

8.2.3 世界主要的海峡和运河

1. 世界主要的海峡

海峡是两块陆地之间连接两个水域的狭窄水道，是世界航运的交通要道。全世界有海峡 1000 多个，其中可航行的有 130 多个，重要海峡有 40 多个。在国际航道中，货运船舶通过的海峡主要有马六甲海峡、霍尔木兹海峡、英吉利海峡和多佛尔海峡、直布罗陀海峡、曼德海峡、黑海海峡等。

1）马六甲海峡

在马来半岛与苏门答腊岛之间有一条细长的水道，呈东南—西北走向。它的西北端通安达曼海，东南端连接南海，这就是马六甲海峡。

马六甲海峡全长约为 1080 千米，西北部最宽处达 370 千米，东南部最窄处只有 37 千米。马六甲海峡是连通太平洋与印度洋的咽喉要道，是亚、非、澳、欧地区沿岸国家往来的重要海上通道，许多发达国家进口的石油和战略物资都要经过马六甲海峡。16 世纪初，葡萄牙航海家开辟了大西洋至印度洋的航线。1869 年，苏伊士运河开通，大大缩短了从欧洲到东方的航路，马六甲海峡的通航船只急剧增多。近年来，过往该海峡的船只每年达 8 万多艘次，因此马六甲海峡成为世界繁忙的海峡之一。海峡沿岸的新加坡港是世界著名大港，年吞吐量居世界第 4 位。港内码头岸线长达 3000~4000 千米，可同时容纳 30 余艘巨型轮船停泊，拥有 40 万吨级的巨型船坞，能够修理世界上最大的超级油轮。

2）霍尔木兹海峡

霍尔木兹海峡位于亚洲西部，介于阿曼穆桑达姆半岛与伊朗之间，东接阿曼湾，西连波斯湾（阿拉伯人称"阿拉伯湾"），呈"人"字形。它是波斯湾进入印度洋的必经之地，有"海湾咽喉"之称。霍尔木兹海峡东西长约为 150 千米，最宽处达 97 千米，最窄处只有 48.3 千米；最深处为 219 米，最浅处为 71 米。霍尔木兹海峡是波斯湾的门户，在战略和航运方面具有十分重要的地位。

3）英吉利海峡和多佛尔海峡

英吉利海峡和多佛尔海峡位于英国和法国之间。

英吉利海峡西通大西洋，东部与北海连通。多佛尔海峡地处英吉利海峡东部，西南连大西洋，西北通北海，是从英国运往欧洲大陆最短的海道。这两个海峡是西北欧 10 多个国家与世界各国联系的主要通道，每年通过的船只达 12 万多艘次。但这两海峡内潮高浪涌，多雾和暴风，即使沿海有现代化的通航设备和浮标装置，也给航行带来一定的困难。

4）直布罗陀海峡

直布罗陀海峡地处欧洲伊比利亚半岛和非洲西北角之间，是连通地中海和大西洋的唯一水道。直布罗陀海峡东西长约为 65 千米，宽 14~43 千米，水深 50~1181 米。它是西欧、北欧各国船只经地中海、苏伊士运河通往印度洋的咽喉要道，每天过往船只在千艘次以上，有"西方海上生命线"之称。

5）曼德海峡

曼德海峡位于阿拉伯半岛西南部与非洲大陆之间，是连接印度洋的亚丁湾和红海的水道。其长约为 8 千米，宽为 26~43 千米，水深 29~323 米。曼德海峡是红海中最狭窄的地段，也是红海北上通苏伊士运河、南下通印度洋的咽喉要道，地理位置十分险要，颇具

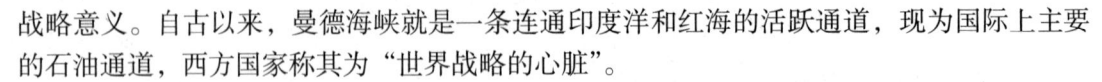

战略意义。自古以来,曼德海峡就是一条连通印度洋和红海的活跃通道,现为国际上主要的石油通道,西方国家称其为"世界战略的心脏"。

6)黑海海峡

黑海海峡位于土耳其的亚洲部分与欧洲部分之间,包括东北部的博斯普鲁斯海峡、马尔马拉海峡和达达尼尔海峡,全长 375 千米。黑海海峡是黑海—爱琴海—地中海之间的唯一海上通道,经济和军事地位十分重要。每年有数万艘商船和军舰通过黑海海峡。

2. 世界主要的运河

运河在国际航运中发挥着重要的作用。世界上主要的运河有苏伊士运河、巴拿马运河和基尔运河等,如表 8.3 所示。

表 8.3 世界上主要的运河

运河名称	苏伊士运河	巴拿马运河	基尔运河
所处洲	亚洲—非洲	拉丁美洲	欧洲
示意图			
位置	亚、非两洲分界线,苏伊士地峡	南、北美洲分界线,中美地峡	日德兰半岛南部、德国北部
所属国家	埃及	巴拿马	德国
沿岸气候	地中海气候、热带沙漠气候	热带雨林气候	温带海洋气候
连通的海洋(河流)	大西洋(地中海)—印度洋(红海)	太平洋—大西洋	波罗的海—大西洋(北海)
意义	扼欧、亚、非三大洲交通要害,世界国际贸易货物运输量最大的国际运河	国际贸易货物运输量仅次于苏伊士运河	世界上通过船只最多的国际运河,世界第三大通航运河
长度(千米)	173	81.3	98.7
通航能力(万吨)	≤25	5~10	
比原航线缩短航程(千米)	比绕好望角航线缩短 800~10 000	比绕麦哲伦海峡缩短 14 500	比绕卡特加特海峡缩短 685

1)苏伊士运河

苏伊士运河位于埃及东北部,扼欧、亚、非三大洲交通要害,连通红海和地中海、大西洋和印度洋,使大西洋、地中海与印度洋连接起来,大大缩短了东西方的航程。苏伊士运河是世界第一大运河。

苏伊士运河全长 170 多千米,河面平均宽度为 135 米,平均水深为 13 米。苏伊士运河从 1859 年开凿至 1869 年竣工,用了 10 年时间。苏伊士运河开通后,英、法两国就垄断了苏伊士运河公司 96%的股份,每年获得巨额的利润。

2）巴拿马运河

巴拿马运河是通过巴拿马地峡连通大西洋与太平洋的通航运河。巴拿马运河的开通使太平洋至大西洋的航程缩短了 10 000 多千米，因此它素有"世界桥梁"之称。巴拿马运河是仅次于苏伊士运河的世界第二大运河。巴拿马运河全长为 81.3 千米，最窄处为 152 米，最宽处为 304 米，从运河中线分别向两侧延伸 16.09 千米所包括的地带称巴拿马运河区，总面积为 1432 平方千米。

巴拿马运河的开通极大地促进了世界海运业的发展。目前，已有占全球贸易运输量 5%的货物通过巴拿马运河被送往世界各地。美国、日本和中国是巴拿马运河主要的 3 个使用国。1996 年，中国香港和记黄埔集团有限公司获得了巴拿马运河两端的巴波亚和克里斯托瓦尔港的经营权，管理期限为 25 年，到期后可再延长 25 年。

3）基尔运河

基尔运河又名北海—波罗的海运河，是连通北海与波罗的海的重要水道。基尔运河位于德国北部，西起北海畔易北河口的布伦斯比特尔科格，向东延伸 98 千米，到达荷尔台瑙（波罗的海的基尔湾）。基尔运河全长为 98.7 千米，河面宽为 103 米，水深为 13.7 米，建有 7 座高桥（高约为 43 米），可通行海轮。

> **小知识**
>
> 第一次世界大战前，基尔运河属德国所有。第一次世界大战后，根据1919年《凡尔赛和约》，实行运河国际化，但仍由德国进行管理。1936年希特勒推翻《凡尔赛和约》的有关规定，关闭了基尔运河。第二次世界大战后，又重新实行所有国家船只自由通航的规定。
>
> 每年通过基尔运河的船只约为 65 000 艘次，其中 60%是德国船只。基尔运河是通过船只最多的国际运河，运输货物以煤、石油、矿石、钢铁为主。该运河是波罗的海航运的重要路线。

8.2.4　海上运输航线分布

海洋运输，简称海运，是指利用商船在国内外港口之间通过一定的航区和航线运输货物的方式。国际海洋货物运输按船舶的营运方式划分，可分为班轮运输和租船运输两种。

班轮运输，又称定期船运输，是指在一定的航线上，在一定的停靠港口，定期开航的船舶运输。租船运输又称不定期船运输，是相对班轮运输而言的另一种远洋船舶营运方式。租船运输和班轮运输不同，没有预先制定的船期表，没有固定的航线，停靠港口也不固定，且无固定的费率本。

1．太平洋航线

1）远东—北美西海岸航线

远东—北美西海岸航线包括从中国、朝鲜、日本、俄罗斯远东海港到加拿大、美国、墨西哥等北美西海岸各港的贸易运输线。从中国的沿海各港出发，偏南的经大隅海峡出东海；偏北的经对马海峡穿过日本海，或经清津海峡进入太平洋，或经宗谷海峡穿过鄂霍次克海进入北太平洋。

2）远东—加勒比、北美东海岸航线

从远东至加勒比、北美东海岸常经夏威夷群岛南北端至巴拿马运河后到达。从中国北方沿海港口出发的船只大部分经大隅海峡或奄美大岛出东海。

3）远东—南美西海岸航线

从中国北方沿海各港出发的船只多经琉球奄美大岛、硫磺列岛、威克岛、夏威夷群岛南部的莱恩群岛穿越赤道进入南太平洋，至南美西海岸各港。

4）远东—东南亚航线

远东—东南亚航线是中、朝、日等国的货船去东南亚各港，以及经马六甲海峡去印度洋、大西洋沿岸各港的主要航线。东海、台湾海峡、巴士海峡、南海是该航线上船只的必经之路。

5）远东—澳大利亚、新西兰航线

远东至澳大利亚东南海岸分两条航线：中国北方沿海港口及朝鲜、日本到澳大利亚东海岸和新西兰港口的船只，需经加罗林群岛的雅浦岛进入所罗门海、珊瑚湖；中、澳之间的集装箱船需在中国香港加载或转船后经南海、苏拉威西海、班达海、阿拉弗拉海，后经托雷斯海峡进入珊瑚海。中、日去澳大利亚西海岸航线经菲律宾的民都洛海峡、望加锡海峡及龙目海峡进入印度洋。

6）澳新—北美东西海岸航线

从澳新至北美西海岸多经苏瓦、火奴鲁鲁等重要港口到达；至北美东海岸则取道社会群岛中的帕皮提，经巴拿马运河到达。

2．大西洋航线

1）西北欧—北美东海岸航线

西北欧—北美东海岸航线是西欧、北美两个世界工业发达的地区之间原燃料和产品交换的运输线，航线两岸港口占世界重要港口数量的 1/5，运输极为繁忙。但该航区冬季风浪大，并有浓雾、冰山，对航行安全有威胁。

2）西北欧、北美东海岸—加勒比航线

西北欧—加勒比航线上的船只大部分出英吉利海峡后横渡北大西洋，同北美东海岸各港出发的船舶一样，一般都经莫纳、向风海峡进入加勒比海。除到加勒比海沿岸各港外，还可经巴拿马运河到达美洲太平洋岸港口。

3）西北欧、北美东海岸—地中海—苏伊士运河—亚太航线

西北欧、北美东海岸—地中海—苏伊士运河—亚太航线是世界上较繁忙的航段之一。它是北美、西北欧与亚太海湾地区之间贸易往来的捷径。该航线一般途经亚速尔群岛和马德拉群岛上的港口。

4）西北欧、地中海—南美东海岸航线

该航线一般经非洲西北部大西洋中的加那利群岛和佛得角群岛上的港口，如拉斯帕尔马斯、普腊亚等。

5）西北欧、北美东海岸—好望角—远东航线

该航线一般是巨型油轮的油航线。佛得角群岛、加那利群岛是该航线上过往船只停靠的主要港口。

6）南美东海岸—好望角—远东航线

这是一条以石油、矿石运输为主的运输线。该航线处于西风漂流海域，风浪较大。一般西航偏北行，东航偏南行。

3. 印度洋航线

印度洋航线以石油运输为主，也有不少大宗货物的过境运输。

1）波斯湾—好望角—西欧—北美航线

该航线上主要航行超级油轮是世界上主要的海上石油运输线。

2）波斯湾—东南亚—日本航线

该航线东经马六甲海峡（载重 20 万吨以下的船舶可行）或龙目海峡、望加锡海峡（载重 20 万吨以上的超级油轮可行）至日本。

3）波斯湾—苏伊士运河—地中海—西欧，北美航线

该航线目前可通行载重 30 万吨级以上的超级油轮。

除了以上 3 条油运线，印度洋航线还有：远东—东南亚—东非航线；远东—东南亚，地中海—西北欧航线；远东—东南亚—好望角—西非，南美航线；澳新—地中海—西北欧航线；印度洋北部地区—欧洲航线。

4. 世界集装箱海运干线

集装箱运输兴起于 20 世纪 30 年代，第二次世界大战以后开始发展起来。随着海上集装箱运输的出现，集装箱运输进入蓬勃发展时期。目前，世界主要集装箱航运地区有远东、西欧、北美和澳大利亚。这四个地区货物运输量大，消费水平高，适于集装箱运输的货源充足，连接这几个地区的集装箱航线便成了全球海上集装箱航运干线。

1）远东—北美航线

该航线由远东—北美太平洋沿岸航线和远东—北美大西洋沿岸航线组成。该航线除承担太平洋沿岸附近地区的货物运输外，还连接北美大西洋沿岸、墨西哥湾沿岸各港及通往美国中西部的内陆联合运输，是目前世界上繁忙的航线之一。

2）北美—欧洲，地中海航线

该航线以美国东岸为中心，由北美东岸、五大湖—西北欧、地中海之间的航线组成，开展对西北欧、地中海及澳大利亚地区（经印度洋）的集装箱运输业务。该航线所联系的港口在欧洲主要有汉堡港、鹿特丹港、安特卫普港、勒阿弗尔港、南安普敦港等。

3）欧洲、地中海—远东航线

该航线除联系远东和欧洲各港外，还将北美大西洋沿岸、加勒比海地区、地中海、中东、澳新等地区连接起来。

除上述三大集装箱航线外，还有远东—澳新航线、澳新—北美航线和欧洲、地中海—西非、南非航线。这六条集装箱运输干线联结着世界主要贸易区，构成了世界海上集装箱运输网络的骨架，并与分布于全球各地的集装箱运输支线一起构成覆盖全球的集装箱运输网。干支线运输网通过中转港连接起来。目前，世界上集装箱海运干线中的中转港主要有：远东地区的中国香港、中国台湾高雄，连接中国大陆、菲律宾和越南；东南亚地区的新加坡，联结泰国、印度尼西亚和马来西亚；印度洋上的索科特拉岛，联结缅甸、南亚各国、

东非沿海各国；地中海中部的马耳他岛，连接地中海和黑海沿岸各港；波多黎各和牙买加，联结加勒比海、南美各国。

8.3 国际航空运输

航空运输是一种现代化的、先进的运输方式，其运输速度快，直线运距短，可以跨越自然障碍。近年来，由于飞机性能的改进和各地地面航空设施的增加，航空运输成为现代运输业中重要的运输形式之一，对国际联系具有重要的意义。

8.3.1 世界航空区划

与其他运输方式不同，国际航空货物运输中与运费有关的各项规章制度、运费水平都是由国际航空运输协会统一协调、制定的。在充分考虑世界各国家、地区的社会经济、贸易发展水平的基础上，国际航空运输协会将全球分成 3 个航空运输划分区（IATA Traffic Conference Areas），简称航协区，每个航协区内又分成几个亚区。航协区的划分主要是从航空运输业务的角度考虑的，依据的是不同地区不同的经济、社会及商业条件，因此它与人们熟悉的世界行政区划有所不同。航协区可分为一区、二区、三区。

一区（TC1）：包括北美、中美、南美、格陵兰、百慕大和夏威夷群岛。

二区（TC2）：由整个欧洲大陆（包括俄罗斯的欧洲部分）及毗邻岛屿、冰岛、亚速尔群岛、非洲大陆和毗邻岛屿、亚洲的伊朗及伊朗以西地区组成。该区也是与我们所熟知的政治地理区划差异最大的一个区，它主要有 3 个亚区。

（1）非洲区：包括非洲大多数国家和地区，但非洲北部的摩洛哥、阿尔及利亚、突尼斯、埃及和苏丹不包括在内。

（2）欧洲区：包括欧洲国家，摩洛哥、阿尔及利亚、突尼斯 3 个非洲国家，土耳其（既包括其欧洲部分，也包括其亚洲部分），俄罗斯（仅包括其欧洲部分）。

（3）中东区：包括巴林、塞浦路斯、埃及、伊朗、伊拉克、以色列、约旦、科威特、黎巴嫩、阿曼、卡塔尔、沙特阿拉伯、苏丹、叙利亚、阿拉伯联合酋长国、也门等。

三区（TC3）：由整个亚洲大陆及毗邻岛屿（已包括在二区的部分除外），澳大利亚、新西兰及毗邻岛屿，太平洋岛屿（已包括在一区的部分除外）组成。

（1）南亚次大陆区：包括阿富汗、印度、巴基斯坦、斯里兰卡等南亚国家。

（2）东南亚区：包括中国（含中国港、澳、台地区）、东南亚诸国、蒙古、俄罗斯的亚洲部分和土库曼斯坦等独联体国家及密克罗尼西亚联邦等群岛国家。

（3）西南太平洋洲区：包括澳大利亚、新西兰、所罗门群岛等。

（4）日本、朝鲜区：仅包括日本和朝鲜。

8.3.2 世界主要航空线的分布

1. 航空线的确定

由飞机飞行的起讫点和经停点连接而成的线路，称为"空中交通线"，简称"航空线"。航空线通常以飞行线路的起讫点和经停点命名。通常，航空公司根据旅客、货物、邮件等运输量的不同，设置定期的班机航空线和非定期的临时航空线。

2．航空线的划分

（1）航空支线。座位数在 50～100 个的飞机飞行的线路，称为"航空支线"。支线运输是指短距离、小城市之间的非主要航线运行。

（2）航空干线。座位数在 200～300 个的飞机飞行的线路，称为"航空干线"。通常，国际航线和长距离的航线都为干线。

3．世界重要的航空线

1）北大西洋航空线

北大西洋航空线连接西欧、北美两大经济重心区，是当今世界上繁忙的航空线之一，主要往返于西欧的巴黎、伦敦、法兰克福和北美的纽约、芝加哥、蒙特利尔等机场。

2）北太平洋航空线

北太平洋航空线连接远东和北美两大经济重心区，是世界重要的航空线。它从中国北京、中国香港和日本东京等重要国际机场经过北太平洋上空到达北美西海岸的温哥华、西雅图、旧金山、洛杉矶等重要国际机场，再接北美大陆其他航空中心。太平洋上的火奴鲁鲁（檀香山）、阿拉斯加的安克雷奇国际机场是该航空线的重要中间加油站。

3）西欧—中东—远东航空线

西欧—中东—远东航空线连接西欧各主要航空港和远东的中国北京、中国香港、日本东京、韩国首尔等重要机场，是西欧与远东两大经济重心区之间的往来航空线。

8.3.3 国际航空港与国际航空组织

1．国际航空港

世界上不少国家的首都和重要城市都建有国际航空港。目前，世界上拥有重要国际航空港的城市如下。

（1）亚洲的北京、上海、中国香港、东京、首尔、马尼拉、新加坡、仰光、曼谷、雅加达、新德里、加尔各答、卡拉奇、德黑兰、贝鲁特、吉达、迪拜；非洲的开罗、阿尔及尔、喀土穆、内罗毕、达喀尔、拉各斯、约翰内斯堡、布拉柴维尔。

（2）欧洲的伦敦、巴黎、布鲁塞尔、阿姆斯特丹、法兰克福、柏林、维也纳、苏黎世、华沙、莫斯科、罗马、雅典、布加勒斯特、马德里、哥本哈根、斯德哥尔摩。

（3）北美洲的纽约、华盛顿、芝加哥、亚特兰大、洛杉矶、旧金山、迈阿密、西雅图、达拉斯—沃斯堡、休斯敦、蒙特利尔、多伦多、温哥华。

（4）拉丁美洲的布宜诺斯艾利斯、里约热内卢、圣保罗、利马、圣地亚哥、加拉加斯、墨西哥城、圣胡安。

（5）大洋洲的悉尼、奥克兰、火奴鲁鲁、楠迪。

目前，全球有 1000 多家航空公司，30 000 多个民用机场，6000 多架喷气式飞机。美国是世界上航空运输业最发达的国家。东亚的新兴工业化国家和地区航空运输业发展最为迅速。此外，英国、德国、法国、俄罗斯、意大利、日本、巴西等国的航空运输在世界上都占有重要的地位。2018年全球前十大机场货邮吞吐量排名，如表8.4所示。

表8.4 2018年全球前十大机场货邮吞吐量排名

排名	机场	地点	吞吐量（万吨）	同比增长（%）
1	香港国际机场	中国香港	512.1	1.4
2	孟菲斯国际机场	美国田纳西州孟菲斯	447.1	3.1
3	上海浦东国际机场	中国上海	376.9	-1.5
4	仁川国际机场	韩国仁川	295.2	1.0
5	泰德·史蒂文斯安克雷奇国际机场	美国阿拉斯加州安克雷奇	280.7	3.5
6	迪拜国际机场	阿拉伯联合酋长国迪拜	264.1	-0.5
7	路易维尔国际机场	美国肯塔基州路易维尔	262.3	0.8
8	台北桃园国际机场	中国台北桃园	232.3	2.0
9	东京国际机场	日本东京	226.1	-3.2
10	洛杉矶国际机场	美国洛杉矶	221.0	2.4

2．主要的国际航空组织

国际航空运输组织是国家间航空运输企业自愿联合组织的政府之间或非政府性的国际组织。最重要的国际航空组织有：

（1）国际航空运输协会（International Air Transport Association，IATA），属于民间行业组织，总部设在日内瓦。

（2）国际民用航空组织（International Civil Aviation Organization，ICAO），政府性组织，是联合国的一个专门机构，总部设在蒙特利尔。

（3）国际机场协会（Airports Council International，ACI），是世界各地机场组成的国际组织，主要目的是促进会员之间的合作，以及会员与政府、航空公司和飞机制造商之间的合作。目前，ACI在全球拥有535家组织和1500个会员机场。

8.4 国际多式联运及陆路运输

8.4.1 国际多式联运概述

1．国际多式联运的概念

国际多式联运（International Multimodal Transport）是一种以实现货物整体运输的最优化效益为目标的联运组织形式。通常，它是以集装箱为运输单元，将不同的运输方式有机地组合在一起，构成连续的、综合性的一体化货物运输。

2. 国际多式联运特征

按照《联合国国际货物多式联运公约》的规定，构成国际多式联运必须具备如下条件：

（1）具有一份多式联运合同。
（2）使用一份全程多式联运单证。
（3）是使用至少两种不同运输方式的连续运输。
（4）是国际间的货物运输。
（5）由一个多式联运经营人对货物运输的全程负责。
（6）实行全程单一运费费率。

> **小知识**
>
> 1980 年 5 月 24 日，多个贸发会议成员国在日内瓦签订《联合国国际货物多式联运公约》。该公约旨在调整多式联运经营人和托运人之间的权利、义务关系及国家对多式联运的管理。

3. 国际多式联运的经营人

多式联运经营人是指本人或通过其代表与发货人订立多式联运合同的任何人，他是事主，而不是发货人的代理人或代表，也不是参加多式联运的承运人的代理人或代表，并且负有履行合同的责任。

多式联运经营人可分为两种：一种为承运人型的多式联运经营人；另一种为无船承运人型的多式联运经营人。

4. 国际多式联运经营人的法律责任

1）统一责任制

在多式联运中，经营人对整个多式联运过程按单一规范负统一责任。统一责任制是最符合多式联运特点的责任制度，由于其采取了一种法律规范，使经营人和货方之间的法律关系明确，消除了各区段承运人相互推卸责任所带来的隐患。

2）网状责任制

网状责任制是指多式联运经营人对整个运输过程负责，但对不同区段发生的损失适用不同区段的法律。在能确定造成货物灭失、损害的区段时，按该运输区段所适用的法律规定；如果不能，则采用"隐蔽损害一般原则"来确定使用一种统一规范，而这种统一规范往往是海上区段所适用的。也就是说，对于不能确定损失区段的情况，推定该损失发生在海上，多式联运经营人按海上运输法律承担责任。

3）修正的统一责任制

修正的统一责任制又称混合责任制，是将统一责任制和网状责任制相结合的责任制。该制度规定，国际多式联运经营人对货物的灭失或损坏所承担的赔偿责任，基本上按统一责任制判定，但对赔偿的某个方面（如不同运输区段的货物灭失损坏）在限额上又有不同的规定。

5．国际多式联运的主要业务与程序

（1）托运申请，订立多式联运合同。
（2）空箱的发放、提取及运送。
（3）出口报关。
（4）货物装箱及接收货物。
（5）订舱及安排货物运送。
（6）办理保险。
（7）签发多式联运提单，组织完成货物的全程运输。
（8）运输过程中的海关业务。
（9）货物交付。
（10）货运事故处理。

8.4.2 陆桥运输

1．大陆桥运输

大陆桥运输是指利用横贯大陆的铁路（公路）运输系统作为中间桥梁，把大陆两端的海洋连接起来的集装箱连贯运输方式。简单地说，就是两边是海运，中间是陆运，大陆把海洋连接起来，形成海—陆联运，而大陆起到了"桥"的作用，所以称为"陆桥"。而海—陆联运中的大陆运输部分就称为"大陆桥运输"。

目前，世界上的大陆桥主要有北美大陆桥、西伯利亚大陆桥、玻利维亚大陆桥和亚欧大陆桥等。

2．小陆桥运输

小陆桥运输是指货物用国际标准规格集装箱作为容器，从日本港口海运至美国、加拿大西部港口卸下，再由西部港口换装铁路集装箱专列或汽车运至北美东海岸和加勒比海区域及相反方向的运输。

3．微型陆桥运输

日本到美国内陆地区的货物，在西海岸港口上陆后，直接由陆上运输运到美国内陆地区的城市。这样就可免去收货人到港口办理报关、提货等进口手续，方便了货主，这就是微型陆桥运输。

4．半陆桥运输

半陆桥运输是指从东南亚各国（包括孟加拉国、缅甸、泰国）到西亚（包括巴基斯坦、伊朗）的货物，利用东印度的加尔各答到西印度孟买的铁路作为陆桥的运输，这条集装箱海陆连线，可以节约绕道印度半岛的航程，其运输路线短，又通过印度半岛，因此称为"半陆桥"。

5．内陆公共点运输

内陆公共点运输又称内陆公共点或陆上公共点，用这种运输方式将卸至美国西海岸港

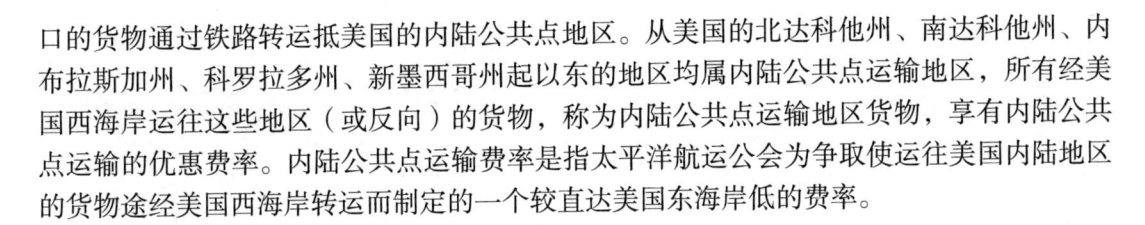

口的货物通过铁路转运抵美国的内陆公共点地区。从美国的北达科他州、南达科他州、内布拉斯加州、科罗拉多州、新墨西哥州起以东的地区均属内陆公共点运输地区，所有经美国西海岸运往这些地区（或反向）的货物，称为内陆公共点运输地区货物，享有内陆公共点运输的优惠费率。内陆公共点运输费率是指太平洋航运公会为争取使运往美国内陆地区的货物途经美国西海岸转运而制定的一个较直达美国东海岸低的费率。

6. 内陆公共点多式联运

内陆公共点多式联运是指使用联运提单，经美国西海岸和美国湾沿海港口，利用集装箱拖车或铁路运输将货物运至美国内陆城市。其运输方式、运输途径、运输经营人的责任和风险与小陆桥运输完全相同。

8.4.3 国际铁路运输

1. 国际铁路的简介

铁路运输是仅次于海运的一种主要运输方式，它运量较大，速度较快，运输风险明显小于海洋运输，能常年保持准点运营。

国际铁路联运是指发货人由始发站托运，使用一份铁路运单，铁路方面根据运单将货物运往终点站交给收货人的运输。在由一国铁路向另一国铁路移交货物时，不需收、发货人参加，亚欧各国按国际条约承担国际铁路联运的义务。

1）中俄铁路

中国与俄罗斯铁路的联系拥有很长的历史。长期以来，中国的铁路网络分别在满洲里，绥芬河这两个边境口岸与俄罗斯铁路直接连接。这是因为俄国早在 19 世纪末至 20 世纪初开始兴建西伯利亚铁路，是最早采用直接通过中国东北地区方式的"捷径"路线，即东清铁路，该线起自俄国赤塔，经中国的满洲里、哈尔滨、绥芬河，终到日本海海岸重要港口——符拉迪沃斯托克。满洲里口岸货物运输量大，而绥芬河则是主要为俄罗斯滨海边疆区服务，旅客可以经绥芬河到达格罗杰科沃和乌苏里斯克等地。中俄之间第三个铁路口岸位于吉林省珲春，于 2000 年 2 月开始运作，连接俄罗斯境内的马卡林诺（一个位于乌苏里斯克—喀山—朝鲜边境铁路上的车站）。2009 年 3 月 18 日，吉林省政府与俄罗斯滨海边疆区代表团举行了会谈，签署了《中国吉林省与俄罗斯滨海边疆区关于推进图们江运输走廊建设的会议纪要》。2009 年 7 月，双方签署了收购协议，由吉林省东北亚铁路股份有限公司与省投资集团公司共同出资成立省国际物流公司作为该项目实施主体，吉林东北亚铁路公司并与俄方远东铁路公司就恢复珲卡铁路国际联运等有关问题签订协议。东北亚集团将投资改造珲春铁路口岸换装站，换装能力先期由 80 万吨/年提升到 200 万吨/年，甚至达 650 万吨/年以上。中俄铁路口岸列表如表 8.5 所示。

中国采用 1435 毫米的标准轨距，而俄罗斯为 1520 毫米的宽轨，因此各口岸均设有轮对更换。

表8.5 中俄铁路口岸列表

地区	中方边境口岸	俄方边境口岸	开通营运	开办国际联运
内蒙古	满洲里	后贝加尔	1903年	1951年
黑龙江	绥芬河	格罗杰科沃 [俄语：Пограничный（Приморский край）]	1902年	1951年
吉林	珲春	马卡林诺（俄语：Краскино）	2003年	—

2）中朝铁路

中国与朝鲜半岛的铁路连接始于20世纪初。日俄战争期间，日本为了方便从朝鲜、辽东半岛一带调运物资、部队，于是修建了一条由奉天（今沈阳市）通往安东（今丹东市）的铁路，称安奉铁路（今沈丹铁路）。1911年鸭绿江大桥建成后，安奉铁路与朝鲜半岛的京义线铁路接轨。图们和集安铁路口岸于20世纪30年代（中国东北处于伪满洲国控制时）开设商埠，分别连接朝鲜咸镜北道南阳口岸和慈江道满浦市。两国铁路轨距均为1435毫米的标准轨，来往两地的铁路车辆无须换轮。

1954年，中朝两国签订了《关于国境铁路联运协定》。1954年4月1日，朝鲜开办了与中国、苏联及东欧社会主义国家之间的国际货物联运。同年6月3日，来往北京与平壤之间的联运客车开始运行。至今，两国仍然一直按照定期签订《中朝联运议定书》展开货物、旅客联运。货运方面，新义州至丹东间定时开行若干对货物列车；客运方面，已开行了来往北京—平壤、丹东—新义州的联运客运列车服务。联合国粮食计划署对朝鲜的粮食援助也主要由中国经铁路输入。中朝铁路口岸列表如表8.6所示。

表8.6 中朝铁路口岸列表

地区	中方边境口岸	朝方边境口岸	开通营运	开办国际联运
辽宁	丹东	新义州	1904年	1954年
吉林	图们	南阳	1933年	1954年
吉林	集安	满浦	1939年	1954年

3）中越铁路

中国与越南之间的第一条铁路是建成于1910年的滇越铁路，为轨距1000毫米的窄轨铁路。当时，法国为加紧控制其殖民地——"法属印度支那"，并与英国竞争在云南的利益，迫令清政府容许其建筑一条连接中越的铁路，铁路通车以后滇越铁路全线仍为法国人所控制。后来中日战争和内战的爆发，令这条铁路被迫中断。

中华人民共和国成立后，随着湘桂铁路南端过境的一段[凭祥至镇南关（友谊关）]在1954年建成，中越两国铁路在友谊关接轨。1955年5月25日，中越两国代表签订了《中越铁路联运协定》和《中越国境铁路协定》，两国于同年8月1日开始办理货物联运，翌日由北京到越南首都河内的国际联运客车（今T5/6次列车）开行。由于当时河内—同登—友谊关一段铁路仍为窄轨，客车不能直通过轨，旅客须在凭祥换乘。1957年12月，滇越铁路恢复通车。

1964年，中越双方签订了《关于修建铁路和提供运输设备器材的议定书》，协议中包括将河内至友谊关的铁路改造成混合轨距（1000毫米混合1435毫米），由铁道兵负责建设，俗称"三条腿"铁路。自此，中国的铁路列车可以直通河内。

20世纪70年代后期，受中越关系严重恶化影响，1978年8月越方将中越边界铁路桥——云南省河口县南溪河上的中越友谊桥（河口大桥）近越南的部分炸毁，滇越铁路中断。1979年北京—河内的旅客列车一度中断。冷战结束后中越关系逐步改善，1996年2月14日，滇越铁路正式恢复通车，办理货运。1997年4月18日，滇越铁路恢复国际旅客联运。2002年3月，中越两国铁路首次开行桂林—下龙湾的旅游专列，前后共开行70多趟，运送游客14 000多人次。东盟自由贸易区的成立，促进了中国与东盟国家的进出口贸易，对越贸易总额持续攀升，至今每天均有数趟货物列车往来。2009年1月1日起，开行广西南宁至河内（嘉林）的国际联运客车。中越铁路口岸列表如表8.7所示。

表8.7　中越铁路口岸列表

地区	中方边境口岸	越方边境口岸	开通营运	开办国际联运
云南	河口	老街	1910年	1957年
广西	凭祥	谅山	1955年	1955年

4）中蒙铁路

1952年9月15日，中国、苏联、蒙古国三国政府签订了关于修建集宁到乌兰巴托铁路、开办三国之间铁路联运的协定。其中，由集宁经二连浩特到国境的集二铁路，为当时中国唯一一条宽轨（1524毫米）铁路，于1955年12月1日建成通车。北起蒙苏边境的乌兰乌德、与西伯利亚铁路相连、途经蒙古国首都乌兰巴托、南至中蒙边境扎门乌德的蒙古纵贯铁路（俄语：Трансмонгольская железная дорога，或称中蒙铁路）也于1955年年底修通，至此中蒙两国铁路接轨。1955年12月26日，开行北京到蒙古国首府乌兰巴托的直通旅客列车。1956年1月4日，由北京经乌兰巴托到莫斯科的3/4次（今K3/4次）直通国际旅客列车开始运行，列车均需要在集宁换轮库换轮，而国际联运货物换装在集宁北站进行。1965年10月，中国将集二铁路全线改为标准轨距，而换轮库也随之迁到二连浩特。

目前，中蒙之间已开通北京—乌兰巴托、呼和浩特—乌兰巴托、二连浩特—扎门乌德—乌兰巴托的国际联运旅客列车。而二连浩特口岸是中蒙之间最大的口岸，也是唯一的铁路口岸，承担着中蒙70%的货物运输量，中国由蒙古国进口的矿产、原油亦主要经铁路运送。而目前世界上最大的铁路列车国际换轮库也设在二连浩特。

为合作开发蒙古国的那林苏海特煤田，蒙古国政府在2008年8月20日批准该国蒙古之金有限公司兴建蒙古国那林苏海图煤田至中国策克口岸的策那铁路，并与临策铁路（巴彦淖尔市临河区—阿拉善盟额济纳旗济纳策克口岸）连接，成为继二连浩特后的又一个中蒙铁路口岸，实现蒙古国煤田与中国境内铁路的直通运输。中蒙铁路口岸列表如表8.8所示。

表8.8　中蒙铁路口岸列表

地区	中方边境口岸	蒙方边境口岸	开通营运	开办国际联运
内蒙古	二连浩特	扎门乌德	1955年	1956年
内蒙古	策克	西伯库伦	在建	—

5）阿拉山口（往哈萨克斯坦方向）

中国与中亚国家哈萨克斯坦的铁路有两个连接点。两国在1992年12月1日起正式开办经由阿拉山口—多斯特克铁路口岸的国际联运，1992年6月21日开通阿拉木图—乌鲁木齐国际旅客列车。

2012年12月23日，哈霍尔果斯至阿腾科里铁路口岸正式通车运营，这是继阿拉山口口岸之后，中哈建立的第二个铁路口岸。同年12月22日12时，中华人民共和国开行的2001次列车与哈萨克斯坦开行的3602次列车在中哈铁路接轨点通过，相向驶向对方车站，标志着由中哈两国元首共同关心推动的中哈霍尔果斯至阿腾科里铁路口岸通车运营。

这是继中国连云港—阿拉山口—哈萨克斯坦阿拉木图—荷兰鹿特丹的新亚欧大陆桥开通运营20年后，中国第二条向中亚、西亚、欧洲开放的国际铁路通道。霍尔果斯铁路口岸年过货量初期设计为1500万吨，远期目标为3000万吨。

阿拉山口处于"新亚欧大陆桥"的关键位置，口岸货物运量自开通后持续增长，由1993年年运量57万吨增长到2006年年运量1300万吨。在2007年由中国各主要港口（连云港、天津、青岛等）经阿拉山口口岸开往阿拉木图方向的集装箱列车为755列，以连云港—阿拉木图的列车为例，全程约4700千米，运行时间为七八天。2007年10月，中国首次开行连云港—莫斯科的国际铁路集装箱班列，运输时间约16天。

中国采用1435毫米的标准轨距，而哈萨克斯坦采用1520毫米的宽轨，因此口岸设有换轮库及换装场。

6）中老铁路

中老铁路连接中国昆明和老挝万象，铁路全长1000多千米。中国段即玉磨铁路正线全长508.53千米，是云南省融入"一带一路"倡议并推进与周边国家互联互通的重大建设项目。老挝段即磨丁至万象境内全长414千米。项目总投资505.45亿元人民币，两国政府共同出资40%的总投资，其中，中国政府出资10%，老挝政府出资30%，余下的60%由中老两国国有企业共同投资。中老铁路全线采用中国技术标准、使用中国装备并与中国铁路网直接连通的国际铁路，预计2021年年底建成通车。建成通车后，云南省昆明市至西双版纳傣族自治州景洪市仅需要3小时左右，至老挝、万象有望夕发朝至。2020年7月3日，中老铁路万象站开工仪式在老挝首都万象市塞塔尼县举行，标志着中老铁路站房施工全面启动。

中老铁路项目建成后，一方面将极大地带动老挝经济社会发展，提高当地运输效率和水平，并为老挝创造大量的就业机会，另一方面也将为中国西南地区经济发展注入新的动力。

中老铁路不仅连接着中国与老挝，未来还将连接泰国乃至马来西亚等国家的铁路，承载着老挝从内陆"陆锁国"到"陆联国"的转变之梦。

7）中巴铁路

中巴铁路，为连接新疆和巴基斯坦的公路和铁路，起点在中国新疆喀什，终点则在巴基斯坦西南港口城市瓜达尔。全长约为3000千米，总投资高达4000亿元人民币，平均1千米要1亿多元。预计2030年开工，2040年建成。

修建中巴铁路的设想早在2008年4月巴前总统穆沙拉夫访问中国时就已提出，最初设想是修建一条连接喀什与瓜达尔港的铁路和一条与之并行的输油管道。后与中国政府提出建设的中—吉—乌铁路一起,归入"十一五"规划中的"西出"战略。中巴铁路一旦落成,位于阿拉伯海沿岸的瓜达尔港最终将成为中国运输中东地区原油的中转站。中国进口石油的 70%以上都可能绕开马六甲海峡,直接从印度洋对接产油国。瓜达尔港与伊朗毗邻,距离伊朗边境 72 千米,距霍尔木兹海峡约为 400 千米。目前从中东到中国的海上石油之路长达 14 490 千米。通过中巴石油管道和中巴铁路,中东的石油可以直接运输到中国的东部地区,石油运输里程将缩短 50%左右。在成本上,虽然走陆运比海运要稍高一些,但时间更短和要安全很多,而且还方便沿途的石油需求。在动乱战争期间就更重要,可以大大地加强中国的能源安全。

> **小知识**
>
> 货物到港、澳地区的铁路运输按国内运输办理,但又不同于一般的国内运输。
> (1)货物由内地装车经深圳中转至香港卸车交货,为两票联运,由外运公司签发货物承运收据。京九铁路和沪港直达通车后,内地至香港的运输更为快捷。由于香港特别行政区系自由港,货物在中国内地和中国香港之间进出须办理进出口报关手续。
> (2)货物到澳门地区的铁路运输是先将货物运抵广州南站,再转船运至澳门。

2. 国际铁路联运货物运费的计算

国际铁路联运货物运费计算的主要依据是《国际铁路货物联运协定统一过境运价规程》(以下简称《统一货价》)和各国有关的铁路货物运价规则。

1)运费计算的原则

(1)发送国和到达国铁路的运费均按铁路所在国家的规定办理。

(2)过境国铁路的运费,均根据《统一货价》规定按承运当日费率计算,由发货人或收货人支付。例如,中国出口的联运货物,交货条件一般均规定在卖方车辆上交货,因此中方仅负责货物至出口国境站这一段的运送费用;但联运进口货物则要负担过境运送费用和中国铁路段的费用。

2)过境运费按《统一货价》规定的计算程序计算

(1)根据运单上载明的运输路线,在过境里程表中查出各通过国的过境里程。

(2)根据货物品名,查出其适用的运价等级和计费重量标准。

(3)根据货物运价等级和总的过境里程查出适用的运费率。其计算公式为:

$$基本运费额 = 货物运费率 \times 计费重量$$
$$运费总额 = 基本运费额 \times 加成率$$

加成率是指运费总额应按托运类别在基本运费额的基础上所增加的百分比。快运货物的运费按慢运运费加 100%,零担货物加 50%后再加 100%,随旅客列车挂运整车费另加 200%。

3)国内段运费按《铁路货物运价规则》规定的计算程序计算

(1)根据货物运价里程表确定发到站间的运价里程。一般应按最短路径确定,并需将国境站至国境线的里程计算在内。

(2)根据运单上所列货物品名,查找货物运价分号表,确定适用的运价号。

(3)根据运价里程与运价号,在货物运价表中查出适用的运价率。

（4）计费重量与运价率相乘，即得出该批货物的国内段运费，其计算公式为：

$$运费 = 运价率 \times 计费重量$$

3．国际铁路联运出口货物程序

1）托运与承运

发货人在托运货物时，向车站提供货物运单和运单副本，车站接到运单后，审核通过，即签证车站在运单上签字表示受理托运。发货人按签证指定的日期将货物送达指定的货位，装车完毕后发货站在货物运单上加盖承运日期章，为承运。

2）发运

（1）货物进站。

（2）请车拨车。

（3）装车加固和施封。

8.4.4　国际公路运输

随着经济全球化和区域经济一体化的不断发展，各国经济互利合作、相互依存程度日益加深。中国陆地与俄罗斯等多个国家接壤，拥有长达 22 000 多千米的陆地边界线。国际公路运输无疑是中国与周边国家开展经济、贸易合作的重要纽带。

便捷、高效、低成本的国际公路运输为货物及人员的跨国流动提供了可能，经贸合作的进一步深化则对国际公路运输提出了更高的要求。国际公路运输虽然面临着良好的发展机遇，但其本身除了口岸基础设施薄弱的问题，还存在一些非物理性障碍。

欧亚各国应进一步加强公路和客货运输站场等口岸基础设施建设，关注本国交通基础设施特别是公路与亚洲公路网和沿线邻国公路的连接，以形成国际运输通道网络；积极协调与国际公路运输有关的国内法律、法规和技术标准的一致性，完善与汽车运输协定、协议相配套的技术标准、操作程序等规范性文件；积极推动在海关、人员出入境、检验检疫等部门间的合作，协调有关法律、法规，方便人员往来与商品流通。

近年来，中国与周边国家之间的国际公路运输取得了积极进展。中国已与俄罗斯、蒙古、哈萨克斯坦、吉尔吉斯斯坦、塔吉克斯坦、乌兹别克斯坦、巴基斯坦、尼泊尔、缅甸、老挝、越南、柬埔寨、朝鲜和泰国 14 个国家签署了政府之间汽车运输协定。中国与周边国家商定开通了 242 条国际道路运输线路，目前已开通的国际道路客货运输线路共有 201 条，其中客运线路 100 条，货运线路 101 条。最长的客运线是昆明至万象的线路，全程 1380 多千米；最长的货运线是乌鲁木齐至阿拉木图的线路，全程 1740 多千米。这些线路经过的对外开放口岸已达 69 对。全国从事国际道路运输的企业已达 181 家，拥有国际道路客货运输车辆 4848 辆，其中旅客运输车辆 492 辆、客位 22 000 多个；货物运输车辆 4356 辆、每车载重 20 多吨。2007 年，中国完成国际道路旅客运输量 768.70 万人次，同比增长 9.32%，旅客周转量 3.92 亿人千米，同比增长 45.29%；完成国际道路货物运输量 1339.50 万吨，同比增长 30.06%；货物周转量 10.02 亿吨千米，同比增长 41.13%；中方客运承运比重占 49.89%，同比增长 22.49%；中方货运承运比重占 49.15%，同比增长 46.48%；查验国际道路运输车辆 137.92 万辆次，同比增长 11.15%（以上统计数据不含中国内地至中国港、澳地区之间的运输量）。

国际公路运输已经成为中国与周边国家沿边地区对外贸易和人员往来的重要运输方式之一，为促进中国与其他国家之间的经贸合作、文化交流，巩固和发展睦邻友好关系，发展区域经济，做出重大的贡献。

小知识

《国际公路运输管理规定》于 2005 年 6 月 1 日开始施行，该规定按照《中华人民共和国公路运输条例》和双边、多边汽车运输协定的规定，提高了国际公路运输市场的进入门槛，设立了行车许可证制度，明确了省级公路运输管理机构和口岸国际公路运输管理机构的职责。《国际公路运输管理规定》的实施，推动了中国与周边国家加强双边公路运输合作和交流，从而为中国与周边国家的经贸合作创造了便利条件。

本章小结

- ☑ 国际物流就是组织商品在国际上的合理流动，即发生在不同国家之间的物流。
- ☑ 贸易口岸是由国家指定对外经贸、政治、外交、科技、文化、旅游和移民等往来，并供往来人员、货物和交通工具出入国（边）境的港口、机场、车站和通道。
- ☑ 按地理环境结构不同，可将世界海运航区分为太平洋航区、大西洋航区、印度洋航区和北冰洋航区。世界上的国际贸易海港有 2500 多个，其中年吞吐量超过 1000 万吨的有 100 多个，5000 万吨以上有 20 多个。
- ☑ 全世界有海峡 1000 多个，其中可航行的有 130 多个，重要海峡有 40 多个。运河被称为"世界的桥梁"，在国际航运中发挥着重要作用。世界运河主要有苏伊士运河、巴拿马运河和基尔运河等。
- ☑ 国际航空运输协会将全球分成 3 个航协区。世界重要的航空线有：北大西洋航空线、北太平洋航空线、西欧—中东—远东航空线。
- ☑ 国际多式联运是一种以实现货物整体运输的最优化效益为目标的联运组织形式。海—陆联运中的大陆运输部分称为"大陆桥运输"。国际铁路联运是发货人由始发站托运，使用一份铁路运单，铁路方面根据运单将货物运往终点站交给收货人的运输。国际公路运输已经成为中国与周边国家沿边地区对外贸易和人员往来的重要运输方式之一。

思考题

1. 在国际物流地理中，贸易口岸处于何种地位？有哪些作用？
2. 太平洋航区的主要航线有哪些？
3. 比较海洋运输与航空运输的优缺点。
4. 国际上有一个与西亚地区密切相关的政治地理概念——"中东"。请同学们查阅地图，找出两者所包括的相同国家，以及该区域在国际海运中处于重要战略地理位置的海峡，分析中东被称为"三洲五海之地"的原因。

参考文献

[1] 王智利. 物流经济地理[M]. 2版. 北京：首都经济贸易大学出版社，2013.

[2] 陈焰. 物流经济地理[M]. 北京：中国物资出版社，2005.

[3] 中华人民共和国国家统计局. 2019年国民经济和社会发展统计公报[R]. 北京：中国统计出版社，2020.

[4] 中华人民共和国自然资源部. 2019中国国土绿化状况公报[R/OL]. [2020-03-11].

[5] 中华人民共和国自然资源部. 中国矿产资源报告2019. [2019-10-22].